国家林业和草原局普通高等教育"十三五"规划教材

创新能力培养项目化教程

韩维生 编

中国林业出版社

内容简介

本教材融合并运用哲学、创造学、教育心理学和系统论等科学理论，依据创新能力形成机制和创造力培养理论，以建构主义学习理论为指导，以研讨式课桌研发项目设计为主线，以学生活动为主体，以唤醒学生创新意识、完善学生创新人格、培养学生创新精神、训练学生创新思维和技法、提升学生创新能力为导向，围绕大学生批判性思维和问题解决、创新能力训练问题进行论述。既立足于指导学生掌握创新理论知识，走上创新之路，也通过项目、案例和研讨，让学生学会自主培养、训练和提升，具有明确的目标和可操作性。

本教材适用于普通高等院校本科各类专业学生创新能力培养通识课程，也可作为教师创造性教学参考用书。

图书在版编目(CIP)数据

创新能力培养项目化教程/韩维生编. —北京：中国林业出版社，2021.7
国家林业和草原局普通高等教育"十三五"规划教材
ISBN 978-7-5219-1192-3

Ⅰ.①创… Ⅱ.①韩… Ⅲ.①创造能力-能力培养-高等学校-教材 Ⅳ.①G305

中国版本图书馆 CIP 数据核字(2021)第 104274 号

中国林业出版社·教育分社

策划编辑：高红岩 段植林	责任编辑：曹鑫茹 段植林	责任校对：苏 梅
电话：(010)83143554	传真：(010)83143516	

出版发行	中国林业出版社(100009 北京市西城区德内大街刘海胡同 7 号)
	E-mail: jiaocaipublic@ 163. com
	电话：(010)83143500
	http://www.forestry.gov.cn/lycb.html
经　销	新华书店
印　刷	北京中科印刷有限公司
版　次	2021 年 7 月第 1 版
印　次	2021 年 7 月第 1 次印刷
开　本	787mm×1092mm　1/16
印　张	18
字　数	440 千字
定　价	48.00 元

未经许可，不得以任何方式复制或抄袭本书之部分或全部内容。

版权所有　侵权必究

前言

2014年春，编者首次在校开设公共选修课"创新能力培养"。在课程教学中，根据时代背景和校内外实际情况，结合学生成长特点，引入自己多年研究成果以及指导大学生创新训练计划项目的经验，启发同学们走近创新。通过教学，启发、帮助、指导一批又一批大学生申报、实施各类大学生创新创业训练计划项目，对这些大学生的能力提升和学业成长起到了积极的助推作用。但由于一直没有较好的教材，难以做到课内外师生教学有机结合，课上难以深入探讨有关创新话题，从而影响教学效果。

大学生的生理、心理因素及其所处的受教育阶段决定了其正处于最佳创新年龄的开始阶段和创新竞赛的起跑阶段。大学生对创新活动和创新成果充满渴望和激情，其创新心理正在萌芽和觉醒。但大学生的知识结构正在建立，创新心理障碍有待破除，创新人格和创新思维需要适时加以培养，批判性思维和问题解决能力需要逐步加以提高，创新之路需要加以引导。在大众创业、万众创新的时代背景下，如何切实培养其创新能力，是值得我们深入持续地研究的课题。

为适应三学期制背景下教学时间的调整状况以及以学生为中心的主动学习、研讨式教学的需求，提升教学水平，通过2019年西北农林科技大学本科教育教学改革研究项目、2020年西北农林科技大学校级规划教材重点建设项目，在建构主义学习理论指导下，以项目设计为主线，设计、研究、编写了本教材。

本教材由西北农林科技大学韩维生副教授编写完成。在教材编写过程中，编者完成主线项目"基于事理学的高校课桌概念设计"，吸收了编者关于后仿生设计等方面的多项研究成果，以及关于大学生创新项目的题目，提升了认识水平，丰富并精简了教材内容和案例等细节。

王宏斌副教授、姬晓迪博士在教材编写期间提供了建设性意见。通过2019年年度大学生创新创业训练计划项目"基于燕几图的讨论式课桌研究与设计"，2020届家具与室内设计专业张雯敏同学完成了本教材主线项目讨论式课桌的设计与绘图。在授课期间，修课学生表现出了专注和热情，并通过作业的形式，生成了创新性思想和案例。

在教材编写过程中，参考了大量教材、期刊文献以及网络资料，在此表示衷心的感谢，而对于未被引注的部分,还应添一份诚挚的歉意。在教材出版过程中,中国林业出版社的高红岩等编辑给予了许多具体而宝贵的意见。在此一并表示感谢!

由于编者水平有限,书中难免有不妥之处,敬请读者批评指正。

韩维生

2020 年 6 月

目录

前 言

第1章 概　述 ··· 001
　　创新者的角色 ··· 001
　　1.1 创新能力的内涵 ·· 004
　　1.2 大学生创新能力致因理论 ·· 022
　　1.3 大学生创新能力培养理论 ·· 041

第2章 高校创新环境与大学生创新机遇 ·· 047
　　高校课堂教学及其课桌的事理分析 ··· 047
　　2.1 高校创新创业教育体系 ·· 052
　　2.2 校园文化与创新能力训练 ·· 055
　　2.3 教学活动与创新能力训练 ·· 065

第3章 创新意识养成与创新心理调适 ·· 093
　　基于课堂教学事理的研讨式课桌需求分析及问题界定 ·· 093
　　3.1 创新意识养成 ··· 096
　　3.2 创新心理调适 ··· 142

第4章 创造性思维与知识结构 ··· 152
　　基于产品需求的课桌属性研究与概念设计 ·· 152
　　4.1 创造性思维发展 ·· 158
　　4.2 知识结构合理化 ·· 211

第5章 创新性思维技法与项目管理基础 ··· 223
　　基于事理学的高校课桌概念设计总结与产品组合设计 ·· 223
　　5.1 创新性思维技法训练 ·· 227
　　5.2 用项目管理提升创新能力 ··· 269

第1章 概 述

开篇引入创新者的角色,设立问题情境,造成学生心理困惑,从而引发思考。

主要阐述创新及其相关概念、能力结构理论、创造力理论及创新能力的特点;大学生创新能力的影响因素、大学生创新能力问题及其原因、大学生创新能力形成机制;培养大学生创新能力的重要意义、创造力培养理论。

基本要求:理解创造与创新的含义、创新能力的含义和体现及其特点、创新能力的影响因素;理解创新心理的5个特征;重视全脑思维和培养创新能力的实践环节。

教学重点及难点:智力三维结构模型理论、创造力的投资理论、创新能力的自主性、创新能力形成机制、创新心理过程、创造性思维与创新思维的异同。

创新者的角色

大学生创新是一种创新积淀和创新磨练。一个想法的产生、一个大胆的质疑、一段精彩的交流、一份独立思考的作业等,都是创新性学习的印记,展示了学习创新的艰辛与努力;对事物任何一种不同认知(如发现新用途)或一个思维火花的闪现、对任何一个问题的不同解决方法都是创新的表现,同时也将串成一个富有创新的人生之路。

大学生创新者呈多样化角色,是大学生创新创业训练计划项目的申报者、执行者,或是科研项目的参与者、创意空间的创客;是提出某种创意的人,或是软硬件开发者、产品设计或制作发明者……

知名设计公司IDEO总经理凯利(Tom Kelley)在其《创新的十种面貌》一书中介绍了10种创新人物。IDEO靠着这10种创新人物所扮演的不同角色,表达不同角度的观点,催化出灿烂的创新成果。

① 人类学者。他们观察人的行为,深入了解人和产品、服务、空间的实体与情感互动,从中获得新学习和洞察力。例如,连续48小时观察一位手术后的老年人,从中了解其需要的健康照料。

② 试验者。不断地提出新构想的原型,或者从尝试与错误的过程中获得启示,另辟

蹊径。

③异花传粉者（cross-pollinator）。探究其他产业与文化，把发现应用于所在企业。例如，一位日本女企业家在美国超市中看到无商标，但优质的畅销啤酒，回到日本后创办了零售连锁店"无印良品"。

④跨栏比赛选手。他们知道创新之路曲折，故发展出跨越障碍的技巧。数十年前，3M 的工程师 Richard 起初的创新构想一开始遭到否决，他不死心，利用公司给他的每笔 100 美元采购权限，填写了许多笔 99 美元的采购订单，买进重要器材，最终发明、生产出第一批遮蔽胶带（masking tape）。

⑤共同合作者。他们特别擅长集合各路人马，激荡出新组合和跨界的解决方案。例如，供货商和零售商共同合作，研究出更有效率的送货与陈列方式。

⑥导演。他不仅把演艺人员和工作人员集合起来，还帮助激发他们的创意天赋。例如，美泰尔玩具公司将一群设计师和项目领导者集中隔离了 12 周，从而创造出一个产值 1 亿美元的女孩玩具平台。

⑦顾客经验建构师。他们擅长设计超越功能性、引人入胜的体验，深入连结顾客潜在的需要。冷石乳制品店（Cold Stone Creamery）把冷冻点心转变成表演艺术，不仅创造了口碑，也创造了更高的利润。

⑧舞台设计师。他们善于创造舞台，让创新团队成员得以施展才干，把工作环境转化成影响创新人员行为与态度的有力工具。企业若善用这些人的才能，往往能创造出有利于激发创新的工作环境。

⑨照料者。他们善于预期顾客的需要，不只是提供顾客服务，而是全心照料顾客。当你看到一项真正符合顾客需要的创新产品或服务时，多半会发现其构想源自这类照料者。

⑩说故事者。从戴尔计算机到星巴克，你可以发现许多杰出的公司，以传奇故事来沟通品牌价值观。这些说故事者擅长以故事来提高内部士气，建立外界的认知，也擅长以故事来启发人们的企图心。

为了配合本教材的项目案例，以下着重介绍一下产品经理的职责、角色及其能力。

产品经理（product manager，PM）是互联网、家居等企业中专门负责产品管理的职位，主要负责市场调查，并根据市场、用户及产品等的需求，确定开发何种产品，选择何种业务模式、商业模式等，并推动相应产品的开发组织工作，他还要根据产品的生命周期，协调研发、营销、运营等，确定和组织实施相应的产品策略以及其他一系列相关的产品管理活动。举凡产品从创意到上市，所有相关的研发、调研、生产、预算、广告、促销等，都由产品经理掌控。产品经理是从供应、生产、推广、品牌到销售的全才。产品经理通常被赋予管理及营销特定的产品线❶、品牌或服务的责任。在某些情况下，产品经理也可能被冠以品牌经

---

❶ 产品线指一群相关产品，同类产品系列，由若干使用功能相同的产品项目组成，这类产品能满足同类需求而规格、型号、花色等不同，销售给同一顾客群，经过相同的销售途径，或者在同一价格范围内。产品项目越多，表示产品线越长。

理、顾客细分经理、行业经理等名称。产品经理是每个产品的牵头人,在市场营销部,对某个产品在集团内的盈亏负责,并为这个产品的运作去协调所有的人,充分地协调这个产品的所有运作环节和经营活动。

一般来说,产品经理是负责并保证高质量的产品按时完成和发布的专职管理人员。他的任务包括倾听用户需求;负责产品功能的定义、规划和设计;做各种复杂决策,保证团队顺利开展工作及跟踪程序错误等。产品经理要认真收集用户的新需求、竞争产品的资料,并进行需求分析、竞品分析以及研究产品的发展趋势等,全权负责产品的最终完成。在快消领域,产品经理的角色更侧重于产品(生命周期)管理和品牌推广;而在研发生产型企业里,产品经理的角色通常要关注生产的周转率、产品的故障率、版本更新情况、推广计划、财务数据等方方面面的事情;在互联网领域,产品经理通常最关注用户价值、用户体验,发起或者参与与用户体验相关的所有事情。

产品经理是产品管理的领头人,是鼓动者、是协调员,但他并不是老板。作为产品经理,虽然针对产品开发本身有很大的权力,可以对产品生命周期中的各阶段工作进行干预,但从行政上并不像一般的职能经理那样有自己的下属。在很多企业里面,产品管理会跨越行政管理的职能部门,以跨部门的虚拟产品项目团队方式来运作,产品经理是这个虚拟团队的领导者,其他成员大部分都不是全职地只负责该项目工作,但是有约定比例的时间投入。根据具体情况,也可以约定产品经理对每个虚拟团队成员在该项目的工作表现进行考核。他要调动很多资源来做事,如何做好这个角色是需要相当技巧的。

一个成功的产品经理应该有项目管理、业务、技术及个人能力。产品经理最好具备项目经理的任职资格证书。团队领导力可以让产品经理较好地处理团队内部人员关系及其他情况;在项目团队之外,重要的是沟通和处理冲突的能力。产品经理应该管理项目,制订项目的计划和预算,确定和管理参与项目的人员和资源,同职能部门之间相协调,跟踪相对于项目基线的进展;产品经理领导项目组,指导产品从概念设计到市场接受,保证实现设计、收益、市场份额和利润目标,解决项目组的冲突;产品经理还要负责和管理层进行沟通,提供项目进展状况的报告,准备并且确定状态评审点,提供对项目组成员的工作绩效评审的输入材料。业务能力包括专业的业务管理技能。技术能力对于产品经理是必备的技能,能让产品经理更好地理解产品的性能和特点,更好地进行产品的团队管理。个人能力包括个人情况和能力、领导力及亲和力,它可以帮助产品经理更好地进行产品过程的管理。

产品经理是品牌塑造者,更是营销骨干。一个成功的产品经理通常具有在一个或多个职能部门从事过管理和操作方面的工作经验,并有管理项目开发的经历。产品经理可以来自财务、研发(R&D)、市场等任何部门。其职业路径是产品助理、产品主任、产品经理、产品总监及事业部总经理/产品副总裁等,各阶段岗位有不同的任职资格、能力要求和职责。

一个成功的产品经理不但能引导产品的发展,而且能引导公司的发展。国内多家领先企业相继采用产品经理管理模式,使产品的研制开发有的放矢,快速地满足客户的需求,走出产品研发的"象牙塔"。

在本教材中，我们将基于事理学对高校课桌进行概念设计，并以此产品开发项目为主线进行课程教学。

试问，作为课桌的多年用户，我们能否在如此熟悉的产品中发现任何问题呢？在倡导研讨式教学的新时代背景下，我们有怎样的需求和理想？上课这件事，怎么样进行教学组织效果会更好？

先将产品设计的原点由"实事"还原为"心愿"，深入研究多种教学方式下基于课桌椅及其排列模式的课堂教学事理，提出课堂教学事理学理论。在此基础上，着重探究研讨式教学对课桌的潜在需求，进一步提炼新型课桌的属性，将用户需求转换为设计需求，提炼设计概念，为研讨式教学课桌的新概念设计提供依据。同时，探讨一种基于事理学来挖掘潜在需求，进而提炼产品属性，建立最终产品概念的过程原理与方法，确保概念设计的准确性、多样性与可实施性。

现在请你作为课桌产品概念设计的产品经理助手，让我们进入角色，一起思考吧！

1.1 创新能力的内涵

1.1.1 创新及其相关概念

1.1.1.1 创造

1）创造的概念

创造是人类特有的属性。这一概念在发展初期被赋予了超自然神秘主义色彩，直到19世纪中期哲学家高尔顿（Francis Galton）才将其厘清。他将达尔文进化论中自然选择、适应性和多样性等观点融入创造内涵的理解中，指出创造的基本特征和原动力是"解决问题以达到个体的成功适应"；将生物多样性和适应性的问题深入测量层面，验证了创造性天才并不来自超自然的力量；对977名天才人物的思维特征进行研究，撰写了《遗传与天才》（1869）一书，成为国际上研究创造性思维的第一部文献。

创造是赋予存在、无中生有或开创（《韦氏字典》）。

创造是首创前所未有的事物（《辞海》）。

创造是想出新方法、建立新理论、做出新的成绩或东西（《现代汉语词典》）。

我国创造学研究者李嘉曾认为："创造是人第一次产生崭新的精神成果或物质成果的思维与行为。"

2）创造的层次

美国创造心理学家泰勒根据创造成果的新颖程度、复杂性、新产品的性质及其社会贡献，将创造分为5个层次，见表1-1所列。

表 1-1　创造的 5 个层次[1]

创造层次	含义	性质
表露式创造	因境而生，即兴而发，但确有创意的思维或行为	成果不计作用与效果
技术性创造	对于物品的功能、结构、式样、花色等加以改变	相当于实用新型与外观设计；更简便、更有效、更经济、更美观或更适用
发明式创造及文艺创作	应用科学技术原理、原则或方法，以改进现有事物	新产品有实质性突出特点和显著进步，有较重要的社会价值；一般属于发明专利类成果
革新式创造	在旧事物基础上产生了新事物	在否定旧事物或旧观念前提下创造出新事物或提出新观念
突现式创造	从无到有地突然产生新观念的创造	创造者具有处理复杂信息的能力，并能以简驭繁，将抽象概念整理成崭新原理、原则或系统的新学说

3）创造的成果

(1) 科学发现与假说

科学研究一般是指利用科研手段和装备，为了认识客观事物的内在本质和运动规律而进行的调查研究、试验、试制等一系列的活动，为创造发明新产品和新技术提供理论依据。

科学发现是指经过研究、探索等，看到或找到前人未看到（认识）或找到的事物或规律（《现代汉语词典》）。科学发现的成果或是客观存在的事实或现象、物质，如找到新矿、分析出新的化学元素、观测到新的天体等；或是物质的性质、原理或规律，如发现 DNA 的双螺旋结构、总结出元素周期律等。科学发现是知识积累和创新的手段，是颠覆式创新、全新性发明创造的源泉。

科学假说是人们在已有知识的基础上，对在实践中观察和研究到的一些现象所做的理论上的假定和解释，或在创新思维中初步提出的未经证实的创造性设想。假说是科学理论的前身和先导。在科学试验中，新的事实材料经常冲破已有的理论观点，向人们提出新的问题。这些新问题引导科学家对新事实做新概括，提出新理论。但新理论的最初形态往往既有确实可靠的内容，又有真实性尚未判定的内容，这便是假说。随着资料的积累和研究的深入，假说才能逐步增加科学性，减少猜测性，发展为理论。随着实践的发展，又会出现原有理论所不能解释的新现象，这就需要提出新的假说，建立新的理论。任何科学理论都经过假说阶段。哥白尼的"日心说"、门捷列夫的元素周期表、爱因斯坦的狭义相对论、马克思的唯物史观等都是从假说发展而来的。

(2) 知识产品

知识类型的产品分为 3 种：

第一种，有一个物质的外壳，如各种精密仪器；这些精密仪器有的反过来又成为知识生产的设备。

第二种，很多知识产品就是最终的消费品，如各种游戏软件。

---

[1] 陈爱玲. 创新潜能开发实用教程[M]. 北京：化学工业出版社，2013.

第三种，观念知识与管理知识，虽然这种知识也可以用各种载体进行记载与传播，但是这种知识关注的是各种事物之间的相互作用、相互关系。

(3) 发明

发明就是创造出新事物或新方法(《现代汉语词典》)。发明是指创造新的事物，首创新的制作方法(《辞海》)。发明成果包括物质性的新产品、新工具，也包括认识性的新技术、新工艺等。发明的类型有发明和实用新型两种。

1.1.1.2 创新

1) 语义层面的创新

根据《汉语大辞典》，创新有创立或创造新的事物之义。从词源上分析，创，主要指破坏，是开始"做"；新，是刚获得、刚出现、刚经历到的，侧重指事物的性质变好。innovation 一词起源于拉丁语。它有3层含义：第一，更新；第二，创造新的东西；第三，改变。

案例：不破不立

哥伦布到达新大陆后，回到葡萄牙，国王授予他勋爵称号。当时的王公贵族经常奚落哥伦布，说他是瞎猫碰上死耗子。哥伦布对王公贵族们说，"我发现新大陆有我自己的特殊性，你们要不服气的话，咱们做一个测试。"哥伦布掏出一个鸡蛋说，"你们谁能把这个鸡蛋竖着立起来？"王公贵族们不管怎么试，鸡蛋全都倒下来了，后来哥伦布把这个鸡蛋往桌子上一磕，鸡蛋就立住了。王公贵族们说此法太简单了，我们也能立住。可是之前你们为什么想不到呢？所谓创新思维，就在于意料之外、情理之中。

2) 语用层面的创新

创新是将创造性思想付诸实践的过程，包括理论创新、制度创新、科技创新、文化创新等。

(1) 创新在不同领域的解释

政治领域所讲的创新，具有更多的社会宏观层面的指向性。

大学教育中所强调的创新，是一个综合概念，是大学生为了一定目的，遵循事物发展规律，在前人或他人已创造成果的基础上，对原有事物做出新的突破和发展，包括对事物的整体或部分进行改革，从而使其得以更新与发展的活动。创新是指做出新突破，包括做出新发现、提出新见解、开拓新领域、解决新问题、创造新事物，或做出创新性的应用等。它是一个不断学习、实践、超越的过程。

在科学技术领域，创新则往往指发现新现象、新事物，提出新理论，发明新技术、新产品等。它包括基础研究、技术研究、应用技术研究到技术推广等诸多环节，即科学技术问题或研发链。

在经济学方面，奥地利政治经济学家约瑟夫·熊彼特(Joseph. A. Schumpeter)认为，创新是生产函数的变动，是对现有资源的重新组合，包括5种方式：新供应来源、新生产方式、新组织方式、新产品或产品新特性、新市场。按照熊彼特的观点，创新是指新技术、新发明在生产中的首次应用，是指建立一种新的生产函数或供应函数，在生产体系中引进一种生产要素和生产条件的新组合，以降低生产成本、获取潜在利润。

新经济增长理论的代表人物罗默(Romer，1998)指出，所谓创新实质上就是能使新设计或创意(ideas)得以产生与应用的一种机制。一些学者把创新理解为一项发明的第一次应用，或是科学研究成果的第一次商业化，甚至将创新定义为：发明+推广。

因此，创新是指采用一种新材料、新设计、新方法、新模式，生产一种新产品，开辟一个新市场，实现一种工业的新组织等。它包括产业链和市场链，产业链从一个产品的小试—中试—生产—形成产业，包括多个环节；市场链里也有许多环节，从供应—销售—流通—消费—服务等。照此理解，当一项创造、一个作品、一项发明具有市场价值时，才成为一项创新。

（2）创新的级别

根据问题解决程度，TRIZ理论❶对创新划分了5个级别(表1-2)。

表1-2 创新的级别❷

级别	创新程度	百分比(%)	知识来源	参考解数目	举例
1	显然了解	32	个人知识	10	使用隔热层
2	少量改进	45	企业知识	100	折中法，如发动机罩不对称设计
3	根本性改进	18	行业知识	1000	鼠标
4	全新概念	4	行业外知识	100000	内燃机、集成电路
5	发明创造	1	全社会知识	1000000	飞机、蒸汽机、个人计算机

1.1.1.3 创意

创意的本意是指写文章有新意，即有好的想法和巧妙构思。一般是指有新意的点子、想法、主意、念头和打算；也被扩展为策划、设计。与众不同皆创意，包括生活中的各种事务处理、工作中各种问题的解决，能有新的方式，且处理的效果比其他旧有的方式为佳。这种新点子、新方法产生的能力称为创意商数(creation quotient，CQ)。

（1）文化创意

文化创意广泛涉及广播电视、动漫、音像、传媒、视觉艺术、表演艺术、工艺与设计、雕塑、环境艺术、广告装潢、服装设计、软件设计等领域的创作。

文化创意产业是依靠个人或团体的智慧，通过创意、技术，以产业化的方式开发、营销

---

❶ TRIZ理论是发明问题解决的原理。它是苏联专利分析师阿奇舒勒(1926—1998)通过分析上千万的专利后总结出的一套方法。其基本原理基于以下发现：技术的演化不是一个随机过程，它与顾客需求的演化相关，并且在每个工程领域的演化都对其他工程领域产生影响。创造性问题来源于矛盾，解决问题有两个方法：一是在冲突参数间寻找折中方案，二是消除矛盾。TRIZ理论就是帮助我们发现问题、找得解决问题的途径和寻找问题答案的，其目标是通过消除矛盾来解决问题。TRIZ理论包括九大部分，揭示了技术系统的进化法则、最终理想解、40个发明原理、39个工程参数及阿奇舒勒矛盾矩阵、物理矛盾及其分离原理、物—场模型、发明问题的76个标准解法、发明问题标准算法、物理效应和现象知识库，其中矛盾冲突分析、物—场分析、发明问题标准算法属于问题分析工具，40个发明原理、76个标准解、知识库属于问题解决工具。40条发明原理用于指导找出用于解决技术矛盾冲突的解决方案，每一种解决方案都是一个建议，应用该建议可以使系统产生特定的变化以消除存在的技术矛盾冲突。40条发明原理可直接用于解决发明问题。

❷ 杨清亮. 发明是这样诞生的：TRIZ理论全接触[M]. 北京：机械工业出版社，2006.

知识产权的行业。文化创意产业的核心是创造。

(2)经济创意

从经济学角度看,把任何新想法,或以任何新的方式,转化为效益的过程都是创意。新创意会衍生出无穷的新产品、新市场和财富创造新机会,因此创意是推动一国经济成长的原动力。创意追求新奇,意欲达到惊人、震撼、与众不同的实效。

1.1.1.4 创业

创业是在事业、企业、产业乃至职业、家业等领域进行创建、创立、创办、创造、创新等工作。

(1)广义创业

广义创业是指创立新的事业。无论是创建新企业还是企业内部创业,都离不开事业。创业还包括创办非营利性组织和非政府组织等。

(2)狭义创业

狭义的创业是指创建一个新企业,即个人或团体依法登记设立企业,以盈利为目的,从事诸如生产、加工、销售、服务等商业活动。

创新创业是指基于创新的创业。创业之前的创新主要指知识与技术的创新,创业中的创新则包含了制度创新、管理创新、市场创新等更宽的内容。

创意是起点,创造是过程,创新是结果,创业是将创新商业化并以创造价值为目的。

1.1.2 能力结构理论

能力通常是指使人能成功地完成某种活动所需具备的个性心理特征或人格[1]特征。按表现形态不同,分为认知能力、操作能力和社交能力。根据活动中创造程度不同,分为模仿能力和创造能力。

智力是大脑对于客观世界、主体自身和周围事件进行反应和做出反应的综合能力,是个体最重要的能力特质。一般动物的智力限于直觉、顿悟等非逻辑思维。早期智力理论常涉及学习能力、所获得全部知识、成功适应新情境和环境的能力3个主题,后来又把抽象推理、问题解决和决策等高级思维过程、元认知以及文化适应能力等看作智力的重要方面。

西蒙和纽厄尔认为,智能是一个物理符号系统所具有的输入符号、存储符号、复制符号、建立符号结构、条件性迁移、输出符号功能的综合。机器的智能主要表现为逻辑思维能力。

智慧是智力与智能的综合,是产生新思想的能力,是人类特有的高水平思维能力。新思想是指在思维活动中产生的超越以往认知的思想、观念和知识。

---

[1] 人格被定义为是认知、情感和行为的复杂组织,是一系列具有跨时间和跨情境特点的独特心理品质,对个人生活倾向和个性特征性行为模式(内隐的和外显的)有显著的影响。它包含着多种因素的结构、心理过程,并反映基因和经验。第一,它反映了个体的差异性;第二,对于同一个体而言,人格具有相对的一致性和持久性;第三,它同时受到先天遗传和后天环境的共同作用而形成。人格是个体的一种本质的存在状态,是人的尊严、价值和品质的体现,也是一个人在社会或集体的地位和作用的统一。中国人的人格主要表现为对各种行为表现的评价和综合并在此基础上对内在品质(内心体验、动机、生理反应)的推测,而且人格的内外成分之间存在复杂的交互作用。

1.1.2.1 智力二因素论

1904年，英国心理学家斯皮尔曼(C. E. Spearman)在分析学生考试成绩之后发现，学生每一门课程的考试成绩都可以看作是由一个一般因子(与一般智力相一致)与一个特殊因子(与特殊智力相一致)之和组成的。他认为心智活动包括普通因素(general factor，G因素)与特殊因素(specific factor，S因素)。前者代表一般能力，是一切心智活动的主体，如言词、文字、数、空间、推理、动作；后者代表特别能力，只与少数活动有关，如口语能力因素、算术能力因素、机械能力因素、注意力、想象力、智力速度。因此，按所适用的活动领域范围不同，能力可分为一般能力和特殊能力。

20世纪初，法国心理学家比奈(Binet Alfred)创造了智力测验，用比奈-西蒙智力量表来测量人的智力高低。1916年，德国心理学家施太伦(L. W. Stern)提出了智商❶(intelligence quotient, IQ)的概念。智商是智力测验所得出的数值，表示智力水平，代表一种潜在能力，提供观察、记忆、运算、想象、创造、问题解决等生存必备的能力。智力测验所测量者为G因素，故而一般称智力为普通能力。在20世纪，人们把智商和学业成就作为判定天才创造力的标准。

1963年，美国心理测量学家卡特尔(Catell)以及后来的霍恩(Horn, 1998)根据对智力测验结果的分析，将人的智力分为流体智力和晶体智力。前者是指建立在脑发育基础上的、基本与文化无关的、非语言的心智能力，如空间关系认知、反应速度、记忆力以及计算能力等；后者是指应用从社会文化中习得的解决问题的方法的能力，是在实践(学习、生活和劳动)中形成的。前者在30岁左右达到顶峰，后者在人的一生中都在成长。

1.1.2.2 智力三维结构模型

美国心理学家吉尔福德(J. P. Guilford)于1967年创立了智力三维结构模型理论(structure of intellect, SOI)，认为智力结构应从操作、内容、产物3个维度去考虑。智力活动就是人在头脑里加工(操作)客观对象(内容)，产生知识(产物)的过程。例如，说出鱼、马、菊花、太阳、猴等事物哪些属于一类，回答这类问题进行的操作是认知，内容是语义，产物是类别。

智力操作包括认知、短时记忆和长时记忆、发散思维、聚合思维、评价6个因素。

智力加工内容包括视觉和听觉、符号(由字母、数字和其他记号组成的事物)、语义(词句的意义及概念)、行为(社会能力)，共5个因素。

智力加工产物包括6个因素，即单元(单词、数字或概念)、类别(有关的单元)、关系

---

❶ 智商有两种数值表示。比率智商是指用智龄(心理年龄)除以实际年龄所得的商，乘以100。即 $IQ=MA$(智力年龄)$/CA$(实际年龄)$\times 100$。美国医学心理学家韦克斯勒(David Wechsler)三个年龄段韦氏智力量表的离差智商计算公式为：$IQ=100+15Z$, $Z=(X-\bar{x})/S$，其中100为平均数，15为标准差，代表个人智力水平偏离本年龄组平均水平的方向和程度，Z代表个体的标准分(量表分)；X代表个体测验得分(原始分)，$\bar{x}$代表相应年龄群体平均分，S代表群体得分的标准差。智商测试题一般包括十一类项目，有常识、问题情境理解、数字广度瞬时记忆、心算、词汇类同、字词释义、图画补缺、图片排列、积木拼图、物体拼配、数字符号关联等。智力测量方法通常有观察法、谈话法、个案调查法、作品分析法、实验法、智力测验法等。

(单元之间的)、系统(运用逻辑方法组成)、转换(对所安排、组织和意义的修改)、蕴含(从已知信息中观察某些结果)。

这样,智力便由 6×5×6=180 种基本能力构成。吉尔福德认为每种因素都是独特的能力。

1.1.2.3 多元智能理论

多元智能理论由哈佛大学心理学家霍华德·加德纳(Howard Gardner)于 1983 年提出(表 1-3)。智能是在某种社会或文化环境的价值标准下,个体用以解决自己遇到的真正难题或生产及创造出有效产品所需要的能力。支撑此理论的是个体身上相对独立存在着的、与特定的认知–知识领域相联系的各种智能。

表 1-3 加德纳的多元智力论

维度	定义	代表人物	教学应用举例
言语:语言智力	运用语言达到各种目的的能力,以及对声音、韵律、语意、语序和语言的灵活操纵能力,包括听、说、读、写能力	诗人、记者、编辑、作家、演讲家和政治领袖	让学生流畅地表达出某个思想观点
逻辑:数理智力	运算和推理等科学或数学能力,以及处理较长推理、识别秩序、发现模型的能力	侦探、律师、工程师、科学家和数学家	帮助学生学会用数学、逻辑以及模型来量化和阐述一个思想观点
音乐:节奏智力	感受、辨别、记忆、理解、评价、改变和表达音乐的能力	作曲家、指挥家、歌唱家、演奏家、乐器制造者和调音师	帮助学生理解和欣赏环境声音或将思想观点以旋律的形式表达出来
视觉:空间智力	准确感受视觉空间的能力,包括辨别、记忆、再造、转换以及修改物体的空间关系,并借此表达思想和情感的能力	画家、雕刻家、建筑师、航海家、博物学家和军事战略家	帮助学生以空间形式将一个思想观点表达出来
身体:运动智力	控制自己在体育运动中技术性地处理目标的能力	运动员、舞蹈家、外科医生、赛车手和发明家	帮助学生协调全身动作或掌握一些动作技能
交往:交流智力	与人相处和交往的能力,表现为觉察体验他人情绪、情感、气质、意图和需求的能力并据此做出适当反应的能力	教师、律师、推销员、临床治疗师、话题主持人、管理者和政治家	开展团体活动来帮助学生掌握人际交往技能
自知:内省智力	认识、洞察和反省自身的能力,并在正确的自我意识和自我评价基础上形成自尊、自律和自制的能力	哲学家、小说家、律师	让学生反思其人格和能力,从而使其更清楚认识自己、完善自己
自然察觉智力	认识物质世界的相似和差异及动植物和自然环境的能力	猎人、农民、生物学家、人类学家和解剖学家	提供材料让学生分类并分析自己是如何分类的

1.1.2.4 三元智力理论

1985 年,美国心理学家罗伯特·斯腾伯格(Robert Sternberg)提出三元智力理论,他认为智力包括成分的、经验的和情境的,它们代表了在认知过程或问题解决中智力操作的不同方面。

成分智力,是指个人在问题情境中,运用知识,分析资料,通过思维、判断、推理,以达到问题解决的能力。它包含 3 种机能成分。一是元认知成分,是指人们决定智力问题性质、任务目标、选择问题解决策略以及分配资源的知识和能力。二是执行成分,是指人实际执行任务的过程,如词法存取和工作记忆。三是知识习得成分,是指个人筛选相关信息,并对已有知识加以整合，从而获得新知识的过程。

经验智力，是指个人运用已有或多或少的经验，解决新问题时，整合不同观念所形成的创造能力。

情境智力，是指不同生活情境的个人，在日常生活中应用所学知识、经验解决生活实际问题的能力。

1996年，斯腾伯格提出了"成功智力"的概念，将智力划分为相互关联的三大类，并特别强调创造性思维和实践性思维对于个体成功的重要性（表1-4）。

表1-4 斯腾伯格的三元智力论

内容	定义	举例
分析能力	抽象思维、信息处理能力，语言能力	类推或演绎，学习词汇
创造能力	阐明新思想、联合非相关事实的能力，处理新异情境以及自动提出新的解决方案的能力	诊断发动机问题；为一项新方案找到资源
实践能力	适应新环境的能力，改造环境以最大限度利用机会的能力，在特殊情境中解决问题的能力	在学习时主动避免或减少干扰

1.1.3 创新能力及其特点

高尔顿认为创造来源于潜能和天赋，他所理解的创造力更多的是出于遗传的角度，这成为后续创造性人格研究发展的前奏，也凸显了创造性思维的先天属性。

创造力是个体产生适宜的、具有高质量和可操作性的新观念，或形成新的形象、理论、产品的能力。适宜是指对创造者自身或问题情境有用、有价值。创造力是个体或人群根据一定目的，运用一切已知信息，产生某种新颖、独特、有社会或个人价值的产品的个性心理品质；是由多种心理因素协同作用构成的一种多层次的复杂结构，即是以知识为基础，由创造意识、创造能力、创造人格等多方面因素构成的，是一个人进行创造活动所必需的内在心理素质。

创新能力是指提出设想、解决问题的能力，是运用一切已知信息，对事物（包括自然界、人类社会及人本身等）的现象和本质进行分析、综合、推理、想象，进而产生出某种新颖、独特、有社会或个人价值的新产品、新工艺、新成果的能力。

1.1.3.1 创造力理论

1）创造力结构理论

创造力结构理论由美国心理学家吉尔福德提出。智力三维结构模型（SOI）即可表征创造力的基本结构。创造力静态结构主要指个体内在的创造性表现；创造力动态结构是指个体外在的创造性表现。他认为创造才能与高智商是不同的两个概念，并强调创造力是一种心理能力，是智力的核心成分，来源于具有流畅性、灵活性和独创性3个重要特征的发散思维，并具有表1-5所列的6个特征。

表 1-5 创造力的 6 个特征

	创造力特征	描述
1	敏感性(sensitivity)	对问题的感受力，发现新问题，接受新事物的能力
2	流畅性(fluency)	思维敏捷程度
3	灵活性(flexibility)	产生不同类型思想的能力，较强的应变能力和适应性
4	独创性(originality)	产生新思想的能力
5	重组能力或再定义性(redefinition)	善于发现问题的多种解决方法
6	洞察性(penetration)	透过现象看本质的能力

吉尔福德认为智力应当包括对创造性表现特别重要的种种能力，因而他特别注重鉴别智力中的种种基本能力。为了说明这些能力在解决问题中的运演方式，吉尔福德又建构了一个"智力结构解题(SOIPS)"模式，说明了发散性思维、辐合性思维、评价和转化 4 类能力是如何在解题过程中发挥作用的。

2) 创造力成分理论

创造力成分理论由美国社会心理学家艾曼贝尔(T. Amabile)提出。以往的创造力研究只注意创造性人格倾向和创造性思维，而忽略有关技能。她认为，创造力由工作动机、领域技能与创造技能构成。

(1) 工作动机

工作动机是激励人们达到创造性目标的主观原因，它包括以下两个方面：

①个人对工作的基本态度，即在特定条件下，他对自己从事工作理由的认识。

②对自己从事工作的理解。

(2) 领域技能

领域技能可以看成是一套解决某个问题或从事某项特定工作的认知途径。它们是创造者在特定领域中进行创造活动的基础，决定着创造行为发生的方向。它包括 3 个方面：

①谙熟该领域的实际知识，如事实、原理、各种争论和学术思潮、范例、解决该领域问题的行动方案以及审美标准等。

②具有为该领域所需要的专门技术，如实验技术、写作技巧或作曲能力等。

③有关领域的特殊天赋，如文学天赋、音乐天赋以及数学天赋等。

领域技能所能达到的水平，一方面取决于先天的认知能力和感知、运动能力；另一方面也取决于个体所接受的正规教育和非正规教育。

(3) 创造技能

创造技能决定着个人成就是否超过该领域以前的成果。它包括 3 个方面：

①有利于创造的认知风格❶。

②启发产生新观念的知识,指的是那种能降低探索解决方法平均难度的任何原理或手段。

③有助于创造产生的工作风格。创造技能除了取决于训练之外,还与创造个性有关。

艾曼贝尔还认为一个完整的创新过程是非线性的,包含创造性实践和创新性实践两个相对独立的组件,在这一过程的开始阶段,创造占主导地位,稍后将被创新性实施流程所取代。

3) 创造力的三侧面模型

该模型由斯腾伯格提出。他认为,创造力是由3个既相互独立又相互联系的侧面组成。

(1) 智力维度

这个侧面又包括内部关联型智力、经验关联型智力和外部关联型智力3个方面。其中,内部关联型智力是指与个体内部心理过程相联系的智力,包括智力的元成分、操作成分和知识获得成分;经验关联型智力是指与已有知识经验相联系的智力;外部关联型智力是指与外界环境相联系的智力。

(2) 智力方式

它实际是个体的一种习惯化、自觉的自我控制,常常使创造力的智力维度带有一定的倾

---

❶ 认知方式又称认知风格,是个体在感知、思维、记忆和理解问题等认知活动中,加工和组织信息时,所显示出来的独特而相对稳定的态度和信息加工方式。它以思维风格、思维方式为主。格里戈雷科和斯腾伯格(Grigorenko & Sternberg, 1995)将几种认知方式理论分为3类。以认知为中心的观点。美国认知人格理论代表人物 H. A. 威特金(Witkin, 1954)提出,具有场依存性特征的人,倾向于以整体的方式看待事物,在知觉中表现为容易受环境因素的影响;具有场独立性特征的人,倾向于以分析的态度接受外界刺激,在知觉中根据自身的内在标准和线索认知事物,较少受环境因素的影响。美国心理学家卡根(Kangan Jerome)提出,具有反省风格的人,当处于不明情境中难以作出行为抉择时,一般倾向于仔细考虑所观察到的现象及所面临的问题,并与以往的经验相联系,以使思维更具广阔性和系统性,并在行动前致力于把问题考虑清楚;具有冲动风格的个体,倾向于用自己想到的第一个答案来回答问题。以人格为中心的观点。荣格(Jung, 1923)提出心理类型理论,将人格划分为外倾和内倾两类,同时根据心理功能的不同将人分为直觉型、感觉型、思维型和情感型。并将内外倾向和4种心理功能加以组合,形成了8种人格模式。格里高克(Gregorc, 1979)的能量模型具有两个基本维度:对空间的利用和对时间的利用。空间是指获取和表达信息的知觉类型,可分为具体型和抽象型;时间是指排列事物的两种不同方式,一种是有序的,另一种是随机的。在此基础上,他将人分为4种类型:具体—有序型、抽象—有序型、抽象—随机型、具体—随机型。以活动为中心的观点。学习方式是学生形成的适应于教学活动的各种方式,它对于有效学习和获取信息至关重要。库博(Kolb)将学习方式分为两个维度共4类;即聚合型和发散型、顺应型和同化型。教学方式是教师为完成各种教学活动而采取的方式、方法。亨森和博斯维克(Henson & Borthwick, 1984)则将教学方式分为6类,即任务指向型、合作计划型、儿童中心型、学习中心型、学科中心型和情感兴奋型。斯腾伯格的心理自我控制理论认为,认知方式的形成是个体成长中社会化的结果,即个体的认知方式是发展变化的,也是可以培养的。每个人都有多种认知方式,个体会在不同情况下或针对不同任务选用不同认知方式。他将思维方式分为5个维度、13种方式。在功能维度上,分为立法型、执法型和评判型3种。立法型个体喜欢创新;执行型个体喜欢照章办事,用现有方法解决问题;评判型个体则喜欢对他人活动成果进行评价。在形式维度上,分为君主制型、等级制型、独裁型和无政府型。君主制型个体喜欢同时关注一个目标或一项活动;等级制型个体则会同时处理几项任务,并且有主次之分;独裁型个体会同时处理几项任务,却无主次之分;无政府型个体不喜欢用已有规章制度处理事物,而喜欢用随意的方法处理事物。在水平维度上,分为局部型和整体型。前者在处理事物时倾向于关注细节;后者则喜欢总体地看待事物,并对事物进行概括。在范围维度上,分为内向型和外向型。前者喜欢独立工作;后者则喜欢与人合作。在倾向性维度上,分为自由型和保守型。前者喜欢有新意、不确定的任务;后者则喜欢程式化任务。——贺雯. 认知方式研究的进展[J]. 心理科学, 2001, 24(5): 631-632.

向或风格。

(3) 人格维度

人格维度具体包括对模糊性的容忍、努力克服困难、内部动机、一定的冒险性、求知欲以及乐意为了获得知识去工作的个性特征。

4) 创造力的投资理论

该理论由斯腾伯格及其助手洛巴特(Lubart)在分析以往创造力构成成分理论的基础上于1992年提出。他们认为，人的创造力是将人的能力和精力投入到新的、高质量的思想上面。创造就是用现有的知识、才能创造出更多、更好的有价值的产品。尽管所有的人都想使自己做出创造性的贡献，却往往受到自身的环境方面的种种限制，未能如愿。创造是6种因素相互作用的结果。

(1) 智力(intelligence)

智力可看作是信息的输入、编码、加工和输出的全过程；从作用上可划分为智力的元成分、操作成分和知识获得成分。与创造力联系最密切的关键成分是它的元成分。

(2) 知识(knowledge)

某个领域的专家不仅比新手知道得多，而且以更严谨的方式储存信息。但研究者发现，某一领域的知识与创造力之间存在倒"U"形关系，这表明知识和操作的自动化将损伤知识运用的灵活性。

(3) 思维风格(thinking style)

思维风格指人们如何运用或驾驭他们的智力与知识。高创造力的个体不仅具有较好地处理新情况的能力，而且有以新的方式看待问题、承担新挑战的倾向，有以自己的方式组织时间的愿望，这就是"立法型"思维风格。此外，场独立型、审判型、等级型、全局型和激进型的思维风格有助于创造，而倾向于遵从权威定向的执法型、局部型和保守型思维风格则不利于创造。

(4) 人格(personality)

高创造力个体明显具有的特征：忍受模糊性的能力、克服障碍的意愿、成长意愿、敢冒风险和自信。

(5) 动机(motivation)

研究者一再发现，当人们从事创造性的工作时，他们的动机是任务中心而不是目标中心，是内在的而不是外在的。他们不是只注意目标，而是将注意力放在达到目标的手段上。

(6) 环境(environment)

环境通过以下3种方式来支持创造：帮助传播创造思想；支持创造思想；评价修正创造思想。由于创造性的观点是新颖的，因此没有一个统一的创造力的标准，如果创造力的个人标准与环境中的人们关于创造力的标准是相吻合的，将有助于个人创造力的形成与发挥作用。

5) 创造力的系统理论

创造力的系统理论由创造心理学家米哈伊·西克森特米哈伊(1993)提出并逐步加以完

善。他认为，创造是在特定专业领域里的活动，是具有特定人格特点和人格整体性的人与外部环境互相作用的结果，其中，外部环境包括学科(domain)和领域(field)两个方面。

(1) 个体(individual)

在这个系统中，创造任务的完成人是个体，是对自身所处文化的信息做出一定改变的人。他之所以能够做出这种改变与他自身认知的灵活性、动机或不同寻常的、令人鼓舞的经历有关。

(2) 学科(domain)

个体创造力是以一定的学科及领域为依托。学科具有文化传递与创新参照两种作用。一方面，它将特定文化的活动规则和知识传递给个体，使之成为具有特定知识背景的人，并为个体的创造活动提供知识和信息基础；另一方面，它还作为个体创造活动的背景而存在，个体产生的创新或创造性变化是针对该专业原有的知识状态而言的，在此，学科就成为创造新颖性的参照点与背景。

(3) 领域(field)

领域是由活跃在这个学科及有关的人员组成的，具有选择、评价、鼓励或刺激创造的作用。个体的创造必须受到社会的选择和评价，得到领域内行人士的认可才能推广和流传下来，成为真正的创造。经过专业领域的筛选和评价，进行创造活动的个体为所属学科带来的新变化融入了专业知识和规则体系之中，促进了学科的更新和发展，而个体的创造性也得到了领域内同行的认可，成为真正的创造性成果。

1.1.3.2 创新能力的主要特点

1) 自主性

(1) 主体自主性

自主性也称为自我完善性，是人成为主体的前提和基础，也是主体独立自主行使支配自己权利的能力，体现在根据自己需要和兴趣，自主选择、自我设计、组织、管理和评价。

在思想观念上，自主性集中表现为自尊、自立、自觉、自强、个性等自我意识，即对自己作为从客体中分化出来成为相对独立实体的存在意识，包括符合实际的自我评价、积极的自我体验和主动的自我调控能力等。

课外活动是培养学生自主性的独特途径。

(2) 主体在创新方面的自主性

在创新方面，自主性是指创新主体充分发挥自身的主观能动性，体现在综合应用自身创新知识、创新能力，从事各种创新活动，努力实现创新目标的能动活动之中。

一方面，自主性表现为任何创新活动，都离不开创新主体有目的、有意识、自觉、能动的活动，是创新主体的自主行为。另一方面，自主性表现为创新能力的强弱、是否进行创新活动、创新目标大小的设定、创新方法与路径的选择等，与主体自身素质、知识水平、智力水平等息息相关。

即使同一选题，创新方法和途径会不同，创新能力和结果会有强烈的个性化色彩。缺失了自主性，就会丧失核心(通用)能力，创新项目必然会失败！

案例：中兴事件，自主创新的反例

2018年4月16日，美国政府宣布禁止美国公司向中兴通讯销售电子技术，或通讯元器件，禁令有限期7年。其目的是通过控制关键零部件的出口，限制或迟滞中国在5G领域的发展速度。中国从美国每年进口1700亿美元的产品，其中1500亿美元都是进口芯片和关键零部件，否则我们国内很多高科技产业的产品就无法生产。中兴通讯每年采购的设备元器件，美国就占了34%，最要命的是美国的核心部件是独一无二的，无法在其他国家找到替代品。所以这次事件为我们敲响了包括通信以及半导体产业在内的关键领域的警钟。

2）首创性

（1）一般含义

一个初入学的儿童，如果经过自己的独立思考、大胆想象而产生了一种与他同层次的人不曾想到的解题方法，那么，相对于个体而言，这种方法就具有新颖独特的本质特征，是个体创新能力的体现。首创性具有如下特点：

①前所未有。创新思维和创新目标、产品，在产生或提出的时间上具有优先性。

②形式或内容上与众不同。创新思维、产品的形式、内容，要么是创新主体基于设定的创新目标，进行的独立创造，在形式和内容上都不同于现有事物而产生的新事物；要么是立足于现有事物，对其形式和内容加以一定的改造、综合而产生的另一种具有新内容和形式的事物。

（2）原始创新

原始创新是指前所未有的重大科学发现、技术发明、原理性主导技术等创新成果，意味着在研究开发方面，特别是在基础研究和高技术研究领域取得独有的发现或发明。它又指独立开发一种全新技术并实现商业化的过程。

原始性创新是最根本的创新，是最能体现智慧的创新，是一个民族对人类文明进步做出贡献的重要体现。有观点认为，原始创新是指"元创新"，即是一种观念上的根本性创新，由元创新将会带出其他科技创新。在原始创新、跟随创新和集成创新3种技术创新模式中，原始创新处于重要的核心地位。

原始创新成果除了具有首创性外，还具有突破性，需要在原理、技术、方法等某个或多个方面实现重大变革；具有带动性，需要在对科技自身发展产生重大牵引作用的同时，对经济结构和产业形态带来重大变革，并将引发企业竞争态势的变化，有可能导致社会财富的重新分配、竞争格局的重新形成。

3）层次性

受主体自身遗传因素、知识结构、智能结构、能力结构、个性品质等影响，人的创新能力表现出高低强弱。就创新能力的本身结构而言，它是由多种心理因素协同作用构成的一种多层次的复杂结构。就人类整体而言，它是一个水平由低到高的连续体，即每个社会成员都有创新能力，时时在以不同程度的创新能力影响着社会的发展。

（1）天赋论

天赋论，是指主张人生来具有某些特定的知识、认识能力、注意倾向、原则、素质或概略等的理论。天赋论认为历史上但凡具有创造力的大师，其创造力都是与生俱来的，是无法传授的。

近年来，新兴的脑科学、认知科学、神经科学、神经语言学、婴儿脑激活研究等的最新发现表明：婴儿客体知觉具有先天规定的"原则"，婴儿一出生就能认识物体的界限性、凝聚性、坚硬性和"没有接触就不会动"的特征，3~4个月的婴儿能在知觉输入的基础上推论某些物理学原则（如重力和惯性原则、物体不能穿越一个坚固的表面、不能同时占据同一空间等）；婴儿具有先天规定的计数原则，一一对应、稳定的排序、项目无关与次序无关、基数（最后的数词代表这组物体的总数）；婴儿具有先天规定的语言素质和注意倾向，出生12小时的婴儿能区别语言输入和非语言输入、出生4天的婴儿已经对母语产生敏感；婴儿具有先天规定的常识心理学，婴儿一出生就喜欢注视人的面孔，婴儿用目光注视和指向特定客体来进行非语言交流，对物体的运动产生敏感，18个月大的婴儿擅长假装；成人大脑具有某些天赋特征，自闭症、威廉姆斯综合症、白痴专家[1]等表明认知功能的特殊性，成人脑损伤表明认知系统的领域特殊性（如仅影响面孔识别、数、语言等）[2]。

（2）自我实现者人格特征

美国人本主义心理学家马斯洛（Abraham H. Maslow）认为，创造性有两种，一种是"特殊才能的创造性"，另一种是自我实现的创造性"。具有"特殊才能的创造性"的人，并非天生就有很高的创造力。其创造性也是经过教育和社会实践才产生的，它是在吸取他人的自我实现的创造性的基础上，加上他本人自我实现的创造性，才产生特殊才能的创造性。

设想一下，若不接受钢琴训练，即使李斯特这样的天才也会被淹没。若我们不为创新做任何努力，即使具有创造天赋也无法得到发挥；相反，若能进行系统训练，就可提高创新能力的总体水平。实践证明，大学生在经过一段时间较为系统科学的创新训练后，创新能力就会得到明显的提高。

马斯洛根据他心目中成功人士的人格得出的自我实现者人格特征：

①全面准确地知觉现实。在感知世界时，不会掺杂主观愿望和成见，或自我防御，而是按照客观世界的本来面貌去反映。相反，心理不健康者以己度人，试图使世界与自己的愿望、焦虑和担心相吻合。

②接纳自然、自己与他人。接受自然、自身及他人的不足与缺陷，而不会为此忧心忡忡。对于可以改造或可以调整的，以积极态度来对待，而对那些不可改变的，顺其自然，不会自寻烦恼。

③对人自发、坦率和真实。在人际交往中，具有流露自己真实感情的倾向，行为坦诚、自然，不会装假或做作。一般而言，他们都有足够的自信心和安全感，这就使得他们足以真实地表现自己。

---

[1] 白痴专家是指一类人，他们智商较低，语言能力差，有点自闭，但具有某一种或数种十分出色的能力，如绘画、音乐、记忆或计算等。

[2] 秦恒，张俊桃. 天赋论的历史演变与当代发展[J]. 商场现代化，2012(30)：191-192.

④以问题为中心,而不是以自我为中心。热爱工作,献身事业或使命,并能全力以赴。与常人相比,他们工作起来更刻苦、更专注。对他们来说,工作并非真正的劳苦,因为快乐恰恰寓于工作之中。

⑤超然于世,喜欢独处。以价值观和感情指导生活,不依靠别人去求得安全和满足。独处不是害怕别人或有意逃避现实,而是为了深思、寻求合理化解决问题方案。他们安然地度过各种灾难和不幸。

⑥具有自主性,在环境和文化中保持相对独立性。其动力源于自身发展和自我实现的需要,而不是由于因缺少某种其他东西而需要外部补充,因而能够发挥自我思考的能力,自我引导和自我管理。

⑦具有永不衰退的欣赏力。对周围现实保持奇特而经久不衰的欣赏力,充分体验自然和人生中的一切美好东西。不会因事物的重复出现而习以为常,失去敏感。

⑧具有难以形容的高峰体验。高峰体验是人感受到的一种强烈的、心醉神迷的狂喜或敬畏的情绪体验。当它到来时,人会感觉到无限的美好,具有极大的力量、自信和决断意向。

⑨对人充满爱心。自我实现者所关心的不仅局限于朋友、亲属,而是扩及全人类。他们把帮助穷困受苦的人视为自己的天职,具有同所有的人同甘苦、共患难的强烈意识,千方百计为他人着想。

⑩具有深厚的友情。同伴圈子比较小,但友情深切和充实。就对爱的理解来说,他们认为爱应当是全然无私的,至少应当是给予爱和得到爱同等重要。他们像关心自己一样,关心所爱者的成长与发展。

⑪具备民主精神。谦虚待人,尊重别人的权利和个性,善于倾听不同意见。社会阶层、受教育程度、宗教信仰、种族或肤色,都是不重要的,重要的是其是否掌握真理,并值得学习。

⑫区分手段与目的。一般说来,他们强调目的,而手段必须从属于目的。自我实现者常常把活动经历当作目的本身,因而比常人更能体验到活动本身的乐趣。

⑬富于创造性。在某个方面显示出独到之处和创造性。虽然,他们中某些人并不一定是作家、艺术家或发明家,但他们具有同儿童天真想象相类似的能力,具有独创、发明和追求创新的特点。

⑭处事幽默、风趣。善于观察人世间的荒诞和不协调现象,并能够以一种诙谐、风趣的方式将其恰当地表现出来。但他们绝不把这种本领用之于有缺陷的人。他们对不幸者总是寄予同情。

⑮反对盲从。对随意应和的观点和行为十分反感。他们认为人必须有主见,认定的事情就应坚持去做,而不应顾及传统力量或舆论压力。这不是有意轻视文化传统或舆论,而是自立、自强人格的反映。

真正达到自我实现的人一般都处于中年或老年。这是因为年轻人还有许多较低层次的需要,如安全、爱、自尊等还未得到适当程度的满足,没有形成持久的价值观、智慧、意志力及稳定的爱情关系,也未明确选择自己要为之奋斗终身的事业。不过,年轻人通过积极努力是可以逐渐接近这一目标的。

4）领域性

创造力究竟是领域一般性的还是领域特殊性的？这涉及创造力的内涵、研究方法等基本问题。

(1) 创造力领域一般性

创造力领域一般性观点认为，创造力是一种跨领域的普遍特质和能力。一方面，不同领域的高创造性人群具有相同或相似的创造性人格，在创造性问题解决过程中表现出相同或相似的认知加工机制。研究发现，创造性人才共同的心理特征排在前几位的是一般智力强、内在兴趣和技能策略。创造性个体具有共同的人格特征，如对新经验比较开放、尽责性较差、易冲动、具有较强的自信心和自我认同感等。另一方面，跨领域的创造力表现之间具有一定的相关性❶。

(2) 创造力领域特殊性

创造力领域特殊性观点认为，创造力所需的知识结构、特质和技能在不同领域具有较大的差异性。

评估个体创造力表现最常用的方法是同感评估技术 (consensus assessment technique, CAT)，或称为主观评价法。人们，特别是同一领域的专家们对同一作品会有基本一致的看法，即同感。人们可以基于同感对产品的创造性（新颖性、适宜性）逐项进行等级评定。CAT 得到了内隐理论❷的支持。CAT 的关键是聘请相应领域的专家对个体的创造力作品进行评价，确保结果的权威性。大量使用 CAT 的研究表明：不同领域作品的创造力水平之间具有低相关甚至零相关，并没有发现高相关。

按照创造力的投资理论观点，领域知识在个体创造力表现以及评估中发挥着重要作用。创造力与领域知识有机关联，不同领域关联知识的差异性决定了创造力的领域特殊性。研究表明，在评价诗歌和小说的创造力水平时，新手与专家的结果具有很大的差异，而在评估创造性小故事时却表现出较强的一致性。因为某些领域的创造力评估需要较多的专业知识，而有些领域则不需要。

此外，个体在言语和图形两个领域的创造力表现具有明显的不一致性。

(3) 对两种观点的批判性分析

对立的研究创造力的领域性在各自证据方面存在问题。第一，求证创造力是否具有领域一般性的理论假设存在选择偏向。创造力领域一般性观点主要以普遍共有的个性心理特征为研究证据。在论证过程中，则选择性地关注不同领域创造性个体的共同点，而忽视其差异性。第二，求证创造力具有领域特殊性的理论假设存在逻辑漏洞。有关研究存在跨领域创造

---

❶ 蔺素琴，申超男，段海军，等. 创造力的领域性研究进展：从对立到融合的转向[J]. 心理与行为研究，2016 (3)：426-432.

❷ 内隐理论是一种内在的信念和评价标准，人们使用它来解释环境中的事件，做出判断，并计划自己的行动。创造性产品的内隐理论认为，个体具备某种认知或人格结构，二者互相结合才能产生创造性产品。

力相关性、创造力领域知识关联性和创造力测验内部一致性的三重证据，但其理论逻辑是试图通过获得推翻创造力领域一般性观点的间接证据来证明创造力的领域特殊性观点。反驳性证据并非直接证据。

此外，目前关于创造力领域性的研究结论存在方法学效应。在积累证据的过程中，对立双方都将注意的焦点放在对自己有利的研究方法和研究结果上，造成研究证据完全对立的假象。事实上，以往研究发现使用不同研究方法得到的结论是不一致的。运用创造性作品或成就评价法的研究结果通常支持创造力领域特殊性观点，而运用心理测量学、关注创造性个体认知与人格特性取向的研究结论支持领域一般性观点；双变量分析结果倾向于支持领域特殊性观点，而多变量分析结果则倾向于支持领域一般性观点。

(4) 从对立转向融合

创造力的游乐园理论模型整合了创造力领域性问题的不同观点。该模型提出创造力的 4 个水平层级结构，分别是先决条件、一般主题层面、领域和微领域。处于基础水平的是所有创造性活动发生的先决条件，包括智力、动机和环境等因素，这相当于游乐场门票一样。第二个水平是作为创造活动的基石的一般主题层面，类似于艺术、科学等领域，好比游乐场内主题公园一样。第三个水平关注更具体的领域，如创造性的诗人和新闻工作者都属于文学艺术这一主题层面，但两者的思维风格不同，前者倾向于立法型思维风格，而后者倾向于执法型思维风格。最后一个水平是微领域，如同属于新闻的时事新闻和专题类节目，前者注重时效性，而后者则要求更加深入和详尽。

创造力 4C 理论模型为基于创造力领域性融合观点编制测量问卷提供了理论依据。4C 包括 Mini-C、Little-C、Pro-C 和 Big-C 4 个层级以及 4 个层级之间的过渡时期，代表个体一生创造力的发展轨迹。其中，Mini-C 是蕴含在学习过程中的创造力，即新颖的、有意义的对经验、行为和事件的阐释；Little-C 更加侧重于日常生活，例如，非专家个体所参与的创造性行为；Pro-C 代表了发展性的、蕴含了很多努力的创造力；Big-C 是指具有明确的划时代贡献的创造力表现。4C 理论指出了一条创造力发展的潜在路径，涵盖了个体在创造力行为过程中体验到的各个方面。所有个体的创造力都是从 Mini-C 这一层级开始发展的，很少有个体可以达到 Pro-C 和 Big-C，随着层级的提高，创造性活动的领域专业性越来越强。

创造力教育实践打破了领域性的两分法。早期有两种模式：一种是不分领域的培养个体的创造性思维、问题提出与解决能力(如头脑风暴法、生成性思维❶项目等)，它基于创造力领域一般性观点，即认为不同领域的创造力是可以迁移的；另一种是针对具体领域的特点训练个体的创造力(如即兴表演法、微观发生法❷等)，因为创造力的提升很难在不同领域之间发生迁移。近年来，一些创造力训练试图既根据创造力的领域一般性理论进行架构，又根据

---

❶ 生成性思维是现代哲学中一种重要的创新思维方式，它与本质性思维方式相对立，强调事物的发展是一个动态的、变化的建设过程。生成是指从不存在到存在、从存在到演变的过程，其核心是不以固定的框架去认识事物。本质主义思维方式是一种先设定对象的本质，然后用此本质来解释对象的存在和发展的思维方式。

❷ 发生法是指针对某种心理现象的渊源及其发生发展过程进行纵向研究的方法。微观发生法是对认知变化进行精细研究的一种比较有效的方法，最宜于研究某种心理能力、知识、策略等的形成过程，或阶段间的转换机制。

领域的不同特点编制具体的训练方案。

5) 价值性

(1) 价值及其范畴

价值是客体满足主体需要的属性,也是主体根据自身需要对客体所做的评价。

价值在经济学意义上是指事物的有效性,即事物能满足主体和社会某种需要的属性。创新除了经济价值,还包括理论价值、技术价值、应用及推广价值等。

(2) 创新的价值

创新就是运用知识与技术获得更大的绩效,创造更高的价值与满足感。

创新能力的价值性是指创新成果必须能满足社会需要,能推动社会发展进步。一方面,创新能力作为主体本质力量的最高表现形式,其对主体本身而言具有较高的价值性,主体可以通过运用、发挥其自身所具有的创新能力,实现自身的个人价值和社会价值,体现自己对社会的有用性。另一方面,创新能力的价值特性还着重展现在创新能力所作用的对象上,表现为一定形式的创新成果。

独立判断、正确的价值观导向是创新的真谛所在。

6) 超越性

超越性是指创新主体通过一系列创新活动,不断突破原有思维定式而产生新的飞跃的特性。一方面,是对思维定式的突破,引导着创新能力的超越性。另一方面,是对已有认识成果进行一定的重新排列组合,进而形成新的认识成果的超越性。

根据是否有超越性及超越程度的不同,创新有以下类别:

(1) 模仿式创新

模仿式创新,与率先创新不同,是通过模仿而进行的创新活动。模仿式创新具有技术与市场的积极跟随性、市场开拓性、学习累积性、资源投入的中间聚集性等特点。

模仿式创新一般包括完全模仿创新、模仿后再创新两种模式。前者是对市场上现有产品的仿制。在一定程度上来说,完全模仿本质上也带动了技术创新活动。一项新技术或新方法从诞生到使市场完全饱和需要一定时间,所以创新产品或方法投放市场后还存在一定的市场空间,使技术或方法的模仿成为可能。后者是对于最先进入市场的新产品的再创造,或是对率先被人接受的方法或技术的再改进,即在引入他人技术或方法后,经过消化吸收,不仅达到被模仿产品技术的水平,而且通过创新超过原来的技术水平。

(2) 维持性创新(sustaining innovation)

维持性创新,是通过向最好的顾客销售更好的产品,从而帮助在位企业获取高额利润;或是从市场领导者手中掠夺现有市场。

维持性创新不仅包含微小的、渐进的工艺改进,而且也包括在原有性能轨迹上的跳跃性改进。

(3) 破坏式创新

熊彼特所倡导的破坏式创新,是指重组现有资源,以创新性地破坏市场均衡。

它强调基于重组现有资源进行产品创新、工艺创新、市场创新、资源配置创新,或组织创新。

(4) 颠覆式创新

哈佛大学商学院教授克里斯坦森（Clayton M. Christensen）所提出的颠覆式创新是指在某一行业利用颠覆性技术，开启新的市场，或者扎根于那些现有产品的最差顾客群、低端消费者、全然一新的消费群体。

颠覆性技术是以意想不到的方式取代现有主流技术的技术，是更简单、更便宜、比现有技术更可信赖和更方便的技术；或能改变某一行业主流产品和市场格局，或改变某领域"游戏规则"或操作方式的技术；更是基于科学技术的新原理、新组合和新应用而开辟的全新技术轨道，导致传统产业归零或价值网络重组，并决定性影响社会技术体系升级跃迁，或国家现有基础、能力、结构等重构的战略性新技术。

低端颠覆式创新的商业模式由利润很低而净资产很高的成本结构、运作过程和分销系统构成。颠覆式创新刚出现时技术不成熟、水平不高，不为主流市场所青睐，只能凭其某些新特性服务于低端或新兴市场；随着其产品或服务性能的提高，建立新的市场和价值网络，最终抢占主流市场，取代旧技术。它强调新技术对原有市场的颠覆，即小众产业占据主流市场。高端颠覆作为一种高成本-高性能组合的切入方式，依托于技术突破，大幅提升主流产品性能，同时在其他新产品性能中具有重大突破，以较高初始价格进入高端市场，颠覆路径自上而下扩散。此外，通过改变价值链的组合创造商业模式创新，颠覆既有价值体系，也是一种特殊的市场切入方式。

1.2 大学生创新能力致因理论

1.2.1 大学生创新能力的影响因素

1.2.1.1 内因

1）非智力因素

1935年，美国心理学家亚历山大（W. P. Alexander）首次提出非智力因素概念。广义上它是指观察力、注意力、记忆力、想象力、思维力等智力因素之外一切心理因素、生理因素、道德品质及环境因素等。狭义是指不直接参与认识过程，但对认识过程起直接推动和制约作用的心理因素，如需求、动机、兴趣、情感、意志、性格、焦虑及理想、信念、道德修养等。

根据非智力因素对心理活动的调节范围以及直接作用程度，可将其划分为3个不同层次。

(1) 第一层次

主体思想观念，指理想、信念、世界观、人生观、价值观、道德、事业心[1]。它属于高

---

[1] 事业心是在价值观、人生观和理想、信念支配下，努力成就一番事业的奋斗精神和热爱工作、希望取得良好成绩的积极心理状态，是人类的一种高尚情操。

层次水平，具有广泛的导向作用和持久的影响。

良好的信念和价值观、强烈的事业心和端正的学术行为，有助于学术道路的长远发展。而采取捏造数据等手段的学术造假行为、精致利己而不惜侵占他人成果的行为，不仅意味着道德观和价值观败坏，也是心态浮躁和学术无能的表现。

(2) 第二层次

人格特征心理品质，如情绪稳定性、经验开放性、外倾性、责任性和宜人性等。它们对心理活动起着直接和深刻的影响。

(3) 第三层次

人格动力性心理品质，指需要、动机、荣誉感、好奇、质疑、兴趣、情绪情感、热情、欲望、自制力、顽强性、意志、性格与气质、个性、科学态度、创新意识、创新精神等。它们在心理活动中起具体的发动、保障和调控作用。

一个具有事业心的人，会始终保持开放性，会在不断发生的新事物中发现新的兴趣所在，从而发现新的问题(图 1-1)。通过分析和解决一个个问题，不断发辉自己的潜能。

图 1-1 非智力因素作用机制

知之者不如好之者，好之者不如乐之者。一般来说，个性特征明显、善于发现问题、有冒险精神、富于挑战性的人更具创新力。这是因为，非智力因素是直接影响和制约智力因素发展的意向性因素，不能直接转化为创新能力，但直接决定着知识积累的深度和广度以及智力投入的高低。在主体知识水平相同、智力相差不大情况下，非智力因素对主体创新能力的发展起着关键作用。

2) 智力因素

智力是主体在遗传素质的基础上，在认识、理解和改造主、客观世界的实践活动中表现出来的心理特征和各种能力之和，是保证人进行有效认识活动的那些比较稳定的内在心理特征的有机结合，是人聪明程度的衡量标准。主体的感知能力、观察力、注意力、理解力、记忆力、想象力、思维及推理与判断能力等，即认知能力的总和，都属于智力活动因素。

(1) 知识结构

知识是能力的基础，但知识与能力不是完全的正相关关系。知识结构的优化程度、知识与能力的契合程度等比所掌握知识数量多少对个人能力强弱而言更重要。

知识以某种特定形式复合而存在，这种复合的、多方面的知识系统就是知识结构。合理的知识结构是进行创新思维的硬件系统。哲学、数学、文学、艺术学、心理学、思维科学、创造学等共同形成支持创新能力的知识结构。知识结构是不断更新的动态系统。

(2) 创新思维

思维是人脑借助于语言、表象等，对客观事物本质和规律进行认识，从而析出思想产品的过程，主要表现在概念形成和问题解决的活动中。

创新思维是对事物间的联系进行前所未有的思考，从而创造出新事物的思维方法，是一切具有崭新内容的思维形式的总和。凡是能想出新点子、创造出新事物、发现新路子的思维都属于创新思维。

思维是能力的内在基础，能力是思维的外显结果。思维力是人脑对客观事物间接的、概括的反映能力。创新能力的大小、强弱，与创新思维的强度、持久度、广度和深度等有直接关系。

一定的智力水平是创造力的必要条件和决定因素，但个体智力因素与创造性思维的关系在低龄段或智商中等及以下的人群中关联性较高，个体智力水平与其创造力只有中等程度的相关。智力较高的个体，其知识经验较丰富，如果创造性个性特征也较突出，则其问题提出的新颖性、独创性以及价值也会较高。

凡有所学，皆成性格。智力水平决定非智力水平，非智力因素是在认知活动中产生的，认知活动的效果可转化为非智力因素。非智力因素反过来又影响认知和创新的发展和表现。

1.2.1.2 外因

外部环境包括宽松、自由的社会环境氛围，鼓励创新、支持创新的社会制度体系，健全的法治保障，以及各类创新竞赛项目(全国、学会或省级创新竞赛、创业竞赛、公益项目)。

1）学校教育

传统教育模式以传授知识为重点，在整个认知过程中以教师为中心，而学生只能被动接受老师所教的一切，学生学习的主观能动性受到一定程度压制，进而抑制了其创新思维和激情，使其不敢标新立异，进行创造创新，在一定程度上成为只会答题解题的考试强者，而创新能力却得不到提高和加强。

以人为本的价值理念促使现代教育以学生为中心，尊重学生个性发展，通过建立有效激励评价体系和宽松自由的教育管理模式，充分发挥学生学习的主动性和积极性，使学生变被动为主动，通过积极思考问题、解决问题，激活其创新思维和激情，真正成为学习的主体，学会自主学习，进而培养创新能力。

2）教师素质

教师自身素质如何、品德是否高尚、学识是否渊博、教学方法是否有效，特别是教师自身是否具有创新精神及创新能力高低等，都直接或间接地影响学生创新能力的培养。

教师通过系统的知识传授可以优化学生的创新知识结构，弥补学生在创新知识方面的不足，为学生创新能力形成和发展奠定必不可少的知识储备基础。

老师的眼界决定学生看世界的角度。名师出高徒。教师对每件事物的态度以及是否敢于创新，是否勇于坚持自己观念等，都对学生产生深刻影响。

1.2.2 大学生创新能力问题及其原因

1.2.2.1 创新教育存在的主要问题

创新创业教育是培养具有开创性个性的人，包括首创精神、独立工作能力以及技术、社交和管理技能、创业能力的培养。创新创业教育实际上包含了创新教育、创业教育两个相对独立的范畴。

国务院办公厅《关于深化高等学校创新创业教育改革的实施意见》指出，高校创新创业教育的突出问题主要是，一些地方和高校重视不够，创新创业教育理念滞后，与专业教育结合不紧，与实践脱节；教师开展创新创业教育的意识和能力欠缺，教学方式方法单一，针对性实效性不强；实践平台短缺，指导帮扶不到位，创新创业教育体系亟待健全。

(1) 现行教育评价模式的误导

教育评价体系往往把受教育者获得书本知识的多少作为衡量教育质量的标准，不利于培养学生创新意识。考题中缺少主观评价性和创造性题目，学生忽视知识的融会贯通。在教师评价体系上往往集中于论文或专著等，并与教师工资待遇、职称评聘、评优等挂钩。教师不得不应付这些量化考核，忽视教学质量和学生创新能力培养。对能体现学生创新能力的毕业论文和设计等的考核也放低了要求。

(2) 高校教师创新素质的影响

教师的创造性与学生创造力之间存在一定的正相关。教师的教育观、知识结构、个性特征、教学艺术等，都可以对学生创新能力培养产生重要作用。部分教师在教育思想、理念上没有与时俱进，重知识传授、轻能力培养，重认知发展、轻情感培养；部分教师知识结构趋于陈旧，对本专业前沿性知识掌握不深、了解不多；受学时等因素影响，课堂教学仍以单向知识传递模式为主，互动、启发、讨论式教学少；缺乏高层次人才；学院结构一脉相承、近亲繁殖较突出；科研功利性强，科研成果强调短平快，真正埋头从事基础理论研究较少。

(3) 创新项目的覆盖面不宽

教学立项主要集中在理工科和应用性较强专业，而某些社会项目又不被认可。

教师立项比例占绝大多数，学生参与项目占学生总人数比例较低。

对有希望获得名次的精英型学生创新团队比较重视，在经费等方面都给予一定支持，但对群众性创新竞赛活动缺乏持久关注和支持，往往成为主要由各类社团组织的"民间活动"。

受经费等因素影响，奖励的覆盖面不宽，层次较低，成绩在学分上体现不明显。

1.2.2.2 大学生创新能力的体现及存在问题

1) 大学生创新能力的体现

(1) 创新思维能力

新颖独特地解决问题的思维过程，对个体创新能力的形成和发展具有十分重要的地位和作用，甚至直接决定个体创新能力的大小和强弱。

(2) 创新学习能力

主要表现为个体自觉、能动、有目的、有创造性地从事各种学习活动。学习活动是创新能力形成和发展的基础。创新能力正是在创新思维的主导下，通过系统、有目的地学习各种与创新有关的知识、理论、方法，进行各种创新训练活动而不断形成和稳定的。

(3) 发明创造能力

立足已有事物，对其进行重新组合，进而产生出新颖、独特、有价值的产品的一种能力,是一种产生新思路、新事物的综合能力。无论创新思维、创新学习,都需要通过相应的发明创造活动表现出来,社会也正是通过个体的发明创造能力及其成果(新知识、新理论、新技术、新产品)获得对个体创新能力的认识和体验,并对个体创新能力大小和强弱做出相应评价。

2)大学生创新能力问题及其原因分析

大学生本应将培养创新能力作为在校学习期间学习的重点,努力通过系统的学习和训练,不断提升创新思维、丰富创新知识、完善创新能力结构,从而实现提高创新能力的目的。然而,形成创新特长的学生为数不多。我国17所高等农业院校本科三年级大学生创新能力抽样测试的平均得分为48.87分(满分100),最高分也仅有69.17分,处于普通创新能力水平❶。表1-6为总结的大学生创新能力不足的表现和原因。

表1-6 大学生创新能力不足的表现和原因

	欠缺的表现	原因
创新观念	缺乏创新欲望,缺乏行动信心,学生参与创新实践活动的积极性不高	受墨子以来"尚同"文化观念影响,学生创新勇气不足;以知识传授为中心的传统教育束缚学生;强调知识记忆、模仿和练习的应试教育扼杀了学生的学习主动性,压抑了其创新意识;学生学习主动性和个性被扼杀
观察力	43%"走路时不注意周围环境";大学生在观察的广度、速度及整体性、概括性、计划性和灵活性等方面普遍不足	科技教育与人文教育割裂,忽视逻辑思维和形象思维协调发展;以学科为中心的分隔知识教育,过细专业设置,使大学生知识面窄,不利于培养学生综合运用知识、分析问题和解决问题的能力
创新兴趣	19%自认兴趣广泛;68%自认兴趣深度不够;45.8%自认兴趣随时间、环境、心情变化;39%只是口头讲讲,很少采取行动	重视智力发展,忽视非智力发展,缺乏创新精神
创新思维	缺乏深层思考和自我总结;考虑问题的方法常常千篇一律,依赖模板,没有新意和突破;缺乏新意的发言、作业、试卷、论文比比皆是;很少提出问题	实用主义价值导向泛滥;受社会整体价值导向的影响,学生在专业选择、科研训练项目选择等方面急功近利,缺乏学术自由追求、创新意识、思维方法训练和奉献精神;学生关注更多的是证书、奖励、就业等层面的"价值",而非创新活动本身的社会意义和价值贡献
创新毅力	大学生在实际工作中往往见异思迁,虎头蛇尾,放弃追求	畏难情绪、浮躁心理;就业压力等因素削弱学生创新热情;学历、资格证书等因素分化了时间精力

1.2.3 大学生创新能力形成机制

人的创造才能是区别于其他动物的本能的,其物质基础存在于人脑结构之中。人脑具有剩余空间,允许存储、转移、改造和重新组合大量信息,为创造性思维活动提供了物质条件。

创造性欲望、创造性思维和创造性实践是创造力的三大推动力。创造性欲望等内在意识、需求和动机是原动力,创造性思维不断探寻方向,创新性实践则是成功之路,而社会文

---

❶ 盛馨. 高等农业院校提升学生创新能力的对策研究[J]. 科教文汇,2012(10):24-26.

化环境起到激励和保障作用。主体内外的障碍性因素,则是一种反向阻力。

创造的成功还需要知识、经验、才能、心理素质以及机遇等因素的作用,它们被称为创造力五要素。创新型人才需具有创造性心理素质(事业心、自信心、毅力、机敏、勇于进取心、好奇心、想象力、洞察力、合作精神、幽默乐观、不怕失败等),这是创新能力的核心。成败者之间的差别,并不在于知识和经验,而在于思维方式。相反,消极悲观、怨天尤人、被动等待的人,是不会走向成功的。人人都知道机会重要,但有些个人或组织并不是被外界的威胁打败,而是被外界的太多机会打败的。

1.2.3.1 脑科学

人的神经系统,特别是大脑,大脑是思维的器官,是创新能力形成的物质基础。

1)人脑主要结构与功能

(1)大脑

大脑表面有3条大的裂沟:外侧裂、中央沟、顶枕裂;外表可分为额叶、顶叶、颞叶、枕叶。

从人体各部经各种传入神经传来的冲动向大脑皮层集中,在此会通、整合后产生特定的感觉;或维持觉醒状态;或获得一定的情调感受;或储存为记忆;或进行分析综合等思维活动,影响其他脑部功能状态;或转化为运动性冲动传向低位中枢,籍以控制机体活动,应答内外刺激。

大脑皮层的不同功能往往相对集中在某些特定部位。躯体感觉区接受来自对侧半身外感觉和本体感觉的冲动,产生相应的感觉。躯体运动区接受来自肌腱和关节等处有关身体位置、姿势以及各部位运动状态的本体感觉冲动,籍以控制全身运动。视区、听区、嗅区可接受相应的神经冲动,人类独有的语言代表区又分为听、说、读、写4个中枢。此外,大脑皮质还有3个基本联络区:保证调节紧张度或觉醒状态的联络区(脑干网状结构、间脑和大脑皮层内侧或嗅觉与味觉区——边缘皮层),接受、加工和储存信息的联络区(视觉区——枕叶、听觉区——颞叶、肤觉区——顶叶),规划、调节和控制人复杂活动形式的联络区(高级心理中枢——额叶)。

(2)小脑、间脑、脑干

小脑位于大脑后下方,小脑皮层维持身体平衡、调节肌肉紧张、协调人体随意运动。

间脑位于大脑中间,又称内脑。间脑分为丘脑、下丘脑,前者是神经冲动传入的转换站,具有对传入的冲动进行粗加工、选择的功能,是大脑皮层下高级感觉中枢;后者具有调节内脏和内分泌活动的功能,具有调节体温、摄取营养、平衡水和电解质等重要生理活动,对人的情绪反应和睡眠有密切关系。

脑干由中脑、脑桥、延脑3部分组成,是大脑、小脑和脊椎的联系通道,是生命中枢和许多重要的反射中枢所在地。中脑功能与视听、运动调节、姿势维持等反射活动有关。脑桥和延脑中有心跳、呼吸、血管运动等重要中枢,有吞咽、呕吐和唾液分泌等功能的中枢。

2)左右脑分工理论

正常人的大脑有左右两个半球,由胼胝体等连接沟通,构成一个完整的统一体。在正常的情况下,大脑是作为一个整体来工作的,来自外界的信息,经胼胝体传递,左、右两个半球的信息可在瞬间进行交流,人的每种活动都是两半球信息交换和综合的结果。

(1)左右脑功能对比

20世纪60年代,美国心理生物学家斯佩里博士(Roger Wolcott Sperry)通过手术切断胼胝体以治疗癫痫病人,意外发现并证实了大脑功能不对称性的"左右脑分工理论"。

左脑主要负责和显意识有密切关系的语言、文字、数学、符号、时间的感知、理解、字符记忆、计算、排列、分类、分析、判断、归纳、演绎、推理、抑制、书写等,思维方式具有抽象性、逻辑性和理性等特点。因此又称作"婴儿脑""意识脑""语言脑""学术脑"。左脑就像善于语言和逻辑分析的雄辩家;又像善于抽象思维和复杂计算的科学家;同时又刻板、缺少幽默和丰富的情感。

右脑主要负责对色彩、图像、声音、节奏、韵律、空间的直觉、知觉、图像记忆、想象、灵感、顿悟、情感、身体协调等,思维方式具有形象性、直觉性、跳跃性、感性等特点。所以又称作"祖先脑""本能脑""潜意识脑""音乐脑""艺术脑""创造脑"。右脑就像个艺术家,长于非语言的形象思维和直觉,空间想象力极强,对音乐、美术、舞蹈等艺术活动有超常的感悟力;充满激情与创造力,感情丰富、幽默,有人情味,但不善言辞。表1-7为大脑左右半球功能对比。

表1-7 大脑左右半球功能对比

大脑左半球	大脑右半球
控制身体右侧	控制身体左侧
以序列和分析的方式加工信息	以整体和抽象的方式加工信息
时间知觉	空间知觉
产生口语	通过姿势、面部表情、情绪和肢体语言表达
执行不变的和算数的操作	执行推理的和数学的操作
积极构造虚假的记忆	回忆根据真实
对事情为什么发生寻求假设	将事情置于空间模式中
善于引发注意以应对外部刺激	善于处理内部信息

长期以来,人们总认为左脑占优势,而左脑功能是智力活动的基础,右脑功能则是创造性的源泉。右脑在许多方面明显地优于左脑,许多较高级的认识功能,如具体思维能力、直觉思维能力、对空间的认识能力、对错综复杂事物的理解能力以及形象记忆、想象力等都集中在右脑。右脑还有复杂知觉再认、理解隐喻、发现隐蔽关系、模仿功能等,是发散思维的中枢。新思路、新观点、新设想、新形象、新方法在右脑酝酿产生。在创新过程中,右脑功能起着主导性、决定性作用。

若一个人在使用其大脑的某一半球方面受过专门训练,则他在使用另一半球时,常相对表现出无能。在重视培养创新型人才、推进素质教育的形势下,正确认识左右脑功能,开发右脑更具有重大意义。

(2)左右脑协同工作

后来的研究表明,大脑不是像以前认为的那样分工明确。左右脑分工的流行观点忽视了它们之间密切的工作关系。例如,左脑擅长于识别语音和理解语法,但并没有垄断语言处理过程。右脑对语言的情绪特征更敏感,能够洞察不同语气、语调、语速所携带的信息和含义。

3)脑科学研究对大学生创新能力培训的启示

尽管右脑能力很强,但出现了悖论,即人类现代文明主要依靠语言文字传承,而不是依靠图像传承。

吉尔福德认为,人的创造性是通过全脑思维而表露于外显行为上的。对同一事物以图形配合文字两种方式表达,能让我们左脑和右脑都较好地参与认知加工,能很好地促进"全脑思维"。全脑思维是从多角度、多视野、多层次去生发和联想的思维模式,具有新颖、独到、变通、灵活的特点。全脑加工要求有一个必备的条件,就是知识对象既要以语言文字形式,也要以图像形式进行表现。

(1)重视左右脑的协调发展,使学生创新性地学习和思考

信息化时代,左脑的许多功能,如计算、书写等,正被各种各样的软件替代。在这种情况下,必须在计算机无法触及的领域,如想象、直觉、综合判断等方面使用右脑。

(2)探索促进左右脑协调发展的教学方法

据研究,当左右脑思维不同步、大脑新旧皮质不协调时,人们会感到不舒服、注意力分散、工作效率低下。在授导式教学中,应善于应用非语言信息。探索多种形式的研讨式教学。

(3)开设有利于右脑开发的课程,开展校园文化实践活动

开设思维训练、创新学等课程,能够比较系统地将开发右脑思维的原理、方法传授给学生。

通过校园文化活动,引导学生积极思考,拟定最佳活动方案,辅以动手竞赛项目,使学生有意识地使用左手促进右脑开发。

1.2.3.2 创新心理学

创新心理学是研究创新心理活动及其规律的一门学科。创新心理是指主体在一定需要和动机推动下,从事创新实践活动的、带有倾向性的内心状态。创新心理素质包括创新心理过程和创新个性。

1)创新心理过程

信息加工的心理过程是双向的。从信息流动方向分析,创新心理是由内化与外化所组成的双向交互过程的统一。主体获取外界信息并将其由自然形式(外在信息)转化为心理形式(表象和符号),称为内化过程。主体将内部信息由心理形式转化为自然形式而输出,称为外化过程。

信息的内化过程往往要有外化过程的参与。这种参与有两种形式,其一为协助式外化,其二为验证式外化。前者加强内化的效果,如阅读时的出声助读和识记时的手脑并用。后者检验内化的正确性,如将内化的信息说出来或做出来看看对不对。

信息的外化过程往往也有内化过程的参与，包括补充式内化和验证式内化。前者往往是在外化过程受阻时借助内化激活、提取有关记忆信息，补充外部信息，如文章写不下去时查阅有关资料，这时资料作为一种新信息，通过内化作用与作者头脑中原有的认知结构❶结合起来，并促使原有的认知结构改组，产生新思路。后者检验产品的科学性，如核对有关数据，验证产品是否能达到预期目标，这时数据信息通过内化作用，与头脑中原有的认知结构或称图式相对照，以检验两种信息的符合程度。

(1) 内化创新

以信息的内化为主要目标的创新称为内化创新。内化创新是指主体在获取外界信息并将其由信息的自然形式转化成信息的心理形式的过程中，不仅完成了外界信息与头脑中认知结构的结合，而且引起了认知结构一定程度的重新组合，产生了与众不同或前所未有的新形象、新认识或解决问题的新方法。

内化创新也叫创新性认知或创新性学习。内化创新有两种类型，一种是有预定的创新目的，为完成一定的创新任务而不断地收集信息加以内化，并在内化的过程中力图有所创新。另一种是没有明确的创新目的，但在学习过程中能够积极地进行创新性信息加工，力争有新的发现或产生新的见解。显然，这两种类型的内化创新是促使创造活动得以顺利进行或诱发创造活动的先决条件。

(2) 外化创新

以信息的外化为主要目标的创新称为外化创新。外化创新是指主体根据一定目的或由于某种诱因的引发，通过认知加工进行一定程度的知识结构的重新组合而产生新形象或新认识，并将这种新形象或新认识从信息的心理形式外化成信息的自然形式的过程。

信息的外化过程一般有 3 种方式，即物化、媒体化、操作化，信息的这种自然形式包括人格化了的物质产品、精神产品和行为动作。信息的心理形式在外化的过程中主要凭借 4 种媒体形式：一是有声语言；二是符号语言，如文字、图形、数码等；三是形体语言，如动作、表情、体态等；四是计算机语言。外化创新一般要经过 4 个环节，即认知加工环节、媒体转化环节、物化或媒体化环节、商品化环节。

创新是内化创新与外化创新的统一，而以内化创新为基础的心理过程❷。古人云：成竹于胸，下笔有神。爱因斯坦说：假如我生命中有一个小时的话，我要用 55 分钟去研究我要研究的问题和解决这个问题的方法，最后用 5 分钟解决它。这些皆从侧面说明内化创新的重要性和内外创新的统一性。

---

❶ 认知结构就是个人对事物的既有看法，是指人关于现实世界的内在的编码系统，是一系列相互关联的、非具体性的类目，它是人用以感知、加工外界信息以及进行推理活动的参照框架，并以图式、同化、顺应和平衡的形式表现出来。其中图式是动作的结构或组织，是认识的起点，它们在相同或类似的环境中，会由于重复而引起迁移或概括。所谓同化，就是个体将环境因素纳入已有的图式之中，以加强和丰富主体的动作；所谓顺应，就是个体改变自己的动作以适应客观变化。个体就是不断地通过同化与顺应两种方式，来达到自身与客观环境的平衡的。

❷ 崔立中. 试论创新的双向心理过程[J]. 心理科学, 2003, 26(2): 367, 379.

2) 创新阶段论

华莱士和艾曼贝尔等人皆把着眼点放在外化创造过程的分析上。而三重境界说仅是借景抒情。

(1) 三境界说

中国近现代学者王国维在《人间词话》中曾用借喻的手法生动形象地描绘文学创作从向往，到苦思，再到惊喜的活动过程：

古今凡成大事、大学问者，必须经过三种之境界。"昨夜西风凋碧树。独上高楼，望尽天涯路"，此第一境也；"衣带渐宽终不悔，为伊消得人憔悴"，此第二境也；"众里寻他千百度，蓦然回首，那人却在灯火阑珊处"，此第三境也。

(2) 四阶段论

托伦斯认为，每种创造成果后面都有一个共同的过程，这个过程包括：

①觉察问题的缺陷、知识的鸿沟、失去的要素以及事件的不和谐等；

②发觉困难、寻找答案，针对缺陷拟定各种假设；

③对假设予以求证以及再求证；

④修改假设，进一步再求证，最后报告结果。

英国心理学家华莱士(G. A. Wallas)根据对科学家传记和回忆录的研究，提出创造四阶段论(表1-8)。在此基础上，世界资优教育学会主席加拉赫(Gallagher)描绘出创造过程的四阶段模式。

表1-8 创新心理过程四阶段论

名称	华莱士四阶段论		加拉赫描绘的模式	
	简要说明	期望的形式	思考运作	人格特质
准备期(preparation)	有意积累有关知识经验、资料信息，并使旧经验和新知识结合，从中得到一定启示	纯粹、良好的组织	认知、记忆	好学、用功维持注意力
酝酿期(incubation)	对问题和资料深入探索和思考之后，由于思路中断，在潜意识中极可能孕育新观念	漫不经心	个人的思考	智力的自由
明朗期(illumination)	新的思想、观念、形象脱颖而出，问题解决办法突然出现，使人豁然开朗	经常混淆，不协调	扩散性思考	冒险、容忍失败及暧昧
验证期(verification)	对由灵感或顿悟而得到的新思想进行验证、补充和修正，使其趋于完善	纯良的组织及清楚的陈述	聚敛性、评价性思考	直觉引导逻辑的结果

在准备和验证阶段，左脑起主导作用，发挥其言语和逻辑思维功能；在酝酿和明朗阶段，是新观念、新思想产生期，右脑起主导作用。

(3) 五阶段论

美国心理学家艾曼贝尔从信息论出发，认为创造活动由五阶段组成，且可以循环运转。依据创造力成分理论，工作动机负责发动和维持创造过程，并对产生反应的某些方面(一、三阶段)有影响作用；领域技能则是用于该过程的全部材料，它决定了初始搜索的可能途径，并为所产生的可能反应提供评价标准(影响二、四阶段)；创造技能则充当控制和执行部门，它对搜索方式起决定作用(影响第三阶段)。

实用主义哲学家杜威(John Dewey)于1910年提出反省性思维的五阶段，被后人称为解决问题的五阶段模式(表1-9)，并用之于教学之中，这也是思维教学从潜学走向显学的重要标志。反省性思维教学策略是把所提议的假说视为人们所面临的困惑的可能的解决，然后加以反省批判。

表1-9 创新心理过程五阶段论

艾曼贝尔五阶段模式		杜威五阶段模式	
阶段	简要说明	阶段	简要说明
问题	由内外信息刺激引发，提出任务	疑难情境	困惑、挫折或意识到困难的状态，直觉暗示，问题察觉
准备	建立或恢复有关知识的储存以及反应规则系统	问题界定	理智分析，确定疑难所在，包括大概指出所追求的目的、目标，需要填补的缺口
产生反应	仔细检查记忆内容以及产生反应可能性的直接环境	提出假设	提出解决问题的种种假设
验证反应	检查与反应相矛盾的实际知识以及其他标准的可能性	逻辑推理	拟定方案，概念化；对问题及其解决方法的逻辑推理；如有必要，连续检验这些假设，并对问题重新加以阐述
结果	实现目标则成功，没有正确反应的可能性则失败，对实现部分目标则返回	检验假设	用行动进行验证，证实、驳斥或改正这些假设

(4)七阶段论

美国创造教育领域的先驱者奥斯本(A. F. Osborn)在三阶段论(发现事实、提出创意、寻找解决对策)基础上提出七阶段论。加拿大内分泌专家塞利尔参照生育过程提出七阶段论(表1-10)。

表1-10 创新心理过程七阶段论

奥斯本七阶段论		塞利尔的七阶段论	
阶段	说明	阶段	说明
定向	强调某个问题	恋情	追求真理的强烈愿望与高度热情
准备	收集有关资料	受胎	发现问题，明确提出问题以及资料准备
分析	将有关材料分类	怀孕	对问题进行处理，在冷静时可能孕育着新思想
观念	用观念来进行各种选择	阵痛	方案构思与优化，不断寻找突破口，答案临近感
沉思	通过松弛促使产生启迪	分娩	令人愉快和满足的新思想诞生，答案明朗
综合	将各部分结合在一起	查验	思想受到逻辑和实验验证，提炼创新点，反思与展望
估价	判断所得思想成果	生活	新思想独立生存，且被广泛接受；投稿或申请专利

3)创新心理的特征

(1)创新意识

创新意识是不安于现状的精益求精的意识，对任何未知问题、未知领域具有强烈的尝试冲动，是一种求索进取、探寻新知识的内在渴求、需要和心理倾向。

创新意识是创新心理素质形成的必要前提和基础，是一个有层次、有结构的动力系统。它起于创新动机、好奇、兴趣、欲望、质疑等，直达理想。

(2) 创新精神

创新精神是一种追求创新的意识、积极探究问题的心理取向，是一种善于把握问题症结的敏锐性，更是一种积极改变自己并改变环境的应变能力。创新精神表现为不满足于现有的知识和定论，不盲目迷信和崇拜权威，而具叛逆精神、批判精神，敢于独辟蹊径、开拓新领域，提出新见解、新观点。

创新精神包括创新情感、意志和性格等，为创新能力的生成和发展提供动力和保障系统。

(3) 创新思维

创新思维是培养创新能力的起点和关键，并为创新提供方向和方法。

(4) 创新人格

创新人格是个体在创新过程中心理活动所特有的动力特征和内涵特质，包括理想、信念、价值观、兴趣、动机、情感、意志，以及独立性、自信心等心理品质，包含导向因素和动力因素、保障因素3个维度。创新人格的培养和发展有利于创新意识开发、创新精神强化、创新能力提升。

(5) 创新能力

主体为完成创新活动所必备的各种能力的总和，体现在创造性认知和创造性实践中。表现为敏锐的观察力、丰富的想象力、良好的创新思维能力；从事实际操作的高超技能、技巧，包括正确选择试验类型、灵活采用方式方法及精练应用操作技能等；灵活应变、独立工作、与人合作能力等。

4) 当代大学生创新心理的形成与特征

(1) 创造力随受教育年限而变化

心理学家加德纳有一句名言："每个孩子都是一个潜在的天才儿童，只是经常表现为不同的形式。"美国的一项调查表明，一般人在5岁时可具有90%的创造力，在7岁时可具有10%的创造力，而8岁以后其创造力就下降为2%了。这种现象的出现本质上是因为儿童在接受教育的过程中，不断被知识的经验性和规律性所束缚，丧失了独立思考和想象的能力。

创新思维的扼杀期主要在幼儿教育和小学教育期间形成，标准化期在中学教育期间形成。进入大学后，由于学习自主性和批判性被强调，创造力回升，创新思维开始走向非标准化(图1-2)。由于我国文化对"师道尊严""趋同斥异"的强调及当今应试教育对考试选拔的依赖，这一创造力变

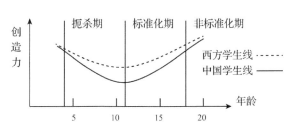

图1-2 中西方学生创造力变化及其对比

化幅度比西方教育制度下的落起幅度要大得多。

案例：人的想象力是怎样丧失的？学生的创造性思维是如何被扼杀的？

先看一例，一年级语文考试，两道看图写话题：第一题，学生对画面上正在给小树苗浇水的男孩写道："哥哥在种树。"结果被老师判为错，标准答案为"哥哥在浇水。"第二题，学生面对画面上大片成熟的麦子和正在捉蝴蝶的小孩写道："庄稼丰收了。"结果又是错，因为标准答案是"小朋友捉蝴蝶。"

再看第二例，好事者的测试：用粉笔在黑板上画一个圆圈，请被测试者回答这是什么？当问到大学中文系学生时，他们哄堂大笑，拒绝回答这个只有傻瓜才回答的问题。当问到初中生时，一位尖子学生回答："是0"，一位差生喊道："是英文字母O"，他却遭到了班主任的批评。最后，当问到小学一年级的学生时，他们异常活跃地回答："句号""月亮""烧饼""乒乓球""老师生气时的眼睛""我家门上的猫眼"……

试想，中小学生要经历多少次考试，核对多少次标准答案，被灌输多少次"唯一正确"的观念，而现实世界却是多样的，创造力的发挥更需要大胆假设。也许正是因此导致了我们想象力的丧失。更多的教育一方面有助于增加知识且提高创造力，另一方面又因减少好奇心和想象力而减少创造力。这两种力量的合力使得判断教育对创造性人才产生的作用变得不那么确定。心理学家岳晓东认为，思维标准化是扼杀中国学生创新思维的首要因素，而这一切都可以说是"应试教育"不可避免的后果。法国哲学家查提尔："当你只有一个点子时，这个点子再危险不过了。"

（2）大学生的创新心理特征

大学生创新思维具有方向的多向性、求异性，过程的突发性、跨越性，结构的广阔性、灵活性，效果的实质性、整体性，表达的流畅性、准确性。

思维敏捷但不会用创新性思维进行引导。经过长期、系统的学习，其好奇心强❶，求知欲旺，理性思维高度发展，反应迅捷，对新事物特别向往。但其考虑问题的思维方式往往是单一的、垂直性的，缺乏灵活性、准确性、全面性和有效性，难以达到理想的思维效果。

想象力受限而不会用创新性能力进行牵引。随着知识的积累，想象力会追溯历史、遐想未来，同时易受原有知识和经验的束缚。在学习中往往死记硬背、临时抱佛脚；在工作中常常一切照章办事。创新思维和创新能力未能同步增长，不能独立产生产生新思维、新概念、新方法、新形象。

有灵感❷但不善于用创新性方法手段进行把握。思维跃动，常有灵感，但却往往忽视它的存在，很少及时把握并充分利用。而灵感既有规律可循，也有办法诱发和捕捉。

有想法但又不善于用创新性途径进行支持。志向高远，抱负非凡，急于在学习、工作中证明自身价值的存在，希望把握机会有所创新、发明。但常常不善于利用高校有利条件进行创新，缺乏与老师同学交流讨论，往往单凭个人满腔热情的苦思冥想，导致许多想法和行动

---

❶ 好奇心能够在正规教育中幸存下来，简直就是一个奇迹——爱因斯坦。

❷ 灵感在此指的是点式思维，它通过思维火花跳跃、偶然发现，或者一些闪念产生了一些发明和创造。

以失败告终。

1.2.3.3 思维科学

思维科学是关于人类思维活动形式和规律的科学。现代思维科学体系,主要是以马克思主义哲学为指导,以总结和体验科学发现、技术发明、文学艺术创作成功或失败的经验教训为主要途径,以探索和揭示各种思维形式和思维规律的本质、特征及其思维方式和方法为主要内容的开放式的思维体系。

1)思维的特征及其分类

思维一直是哲学、心理学、神经生理学等学科的重要研究内容。一般来说,思维是人脑的机能和产物,是人类在劳动协作和语言交往的社会实践中产生发展起来的,借助语言、符号和形象作为载体来间接地、概括地反映事物本质和规律的复杂的生理心理活动。显然,思维具有自然属性和社会属性。

(1)思维的特征和品质

思维是通过对客观事物的比较、分析、综合和概括等,将隐藏在事物中的内在的、本质的、共性的、必然的属性抽取出来,舍弃事物表面的、非本质的、个别的、偶然的属性,并用概念、范畴、规律等形式固定下来,以揭示和反映客观事物的内在本质和规律性。思维具有以下特征:

①概括性。概括性是指在思维中把从某些具有若干相同属性的事物中抽取出来的本质属性,再扩大到具有这些相同属性的一切事物,从而形成关于这类事物的普遍概念。概括是思维活动的速度、灵活迁移程度、广度和深度、创造程序等智力品质的基础。前苏联心理学家鲁宾斯坦认为:迁移就是概括。概括性越高,知识的系统性越强,迁移越灵活,那么一个人的智力和思维能力、创造能力应越发展。

②间接性。间接性指思维凭借知识、经验对客观事物进行的间接的反应。第一,思维凭借知识经验,能对没有直接作用于感觉器官的事物及其属性或联系加以反映。例如,宋代张先有诗:"风不定,人初静,明日落红应满径。"第二,思维凭借知识经验,能对根本不能直接感知的事物及其属性进行反映。也就是说,思维继承和发展着感知和记忆表象的认识功能,但已远远超出了其界限。思维的间接性使人能够揭示不能感知的事物的本质和内在规律。第三,思维凭借知识经验,能在对现实事物认识的基础上进行蔓延式的无止境的扩展。假设、想象和理解,都是通过这种思维的间接性作为基础的。例如,制订计划、预测未来,就是这方面的表现形式。思维的这种间接性,使思维能够反作用于实践,指导实践。

③抽象性。抽象性是着重将事物诸因素变化、作用情况搞清后,再综合分析诸因素之间的主次、交互影响,并对这些作用过程和变化做定性、定量分析,从而抓住并揭示出事物内在变化的规律。

④逻辑性。逻辑思维是人脑借助于表达概念、判断、推理的语言来认识事物的思维形式,其思维过程有一定的形式、方法,并按着一定的规律进行。

⑤形象性。形象思维是人们运用形象材料进行的思维活动。

思维品质是人的思维的个性特征,反映个体智力或思维水平的差异,主要有以下 7 个方面：

①广阔性。广阔性是指视野宽广，思想开阔，多方面、多角度、多可能地进行思考，全面分析问题，避免思维的狭隘和片面。

②灵活性。灵活性是指能打破思维定势及思维活动的灵活程度，反映的是智力的迁移，主要表现在思维起点、角度、方向、方式、方法、过程和结果的灵活以及灵活调整方案和特殊的概括——迁移能力。

③缜密性。缜密性是指有序地、逻辑性地认识和思考问题，周密分析问题，表现为观点缜密、材料缜密、结构缜密和语言缜密。

④深刻性。深刻性是指人脑在感性材料的基础上，去粗取精，去伪存真，由此及彼，由表及里，在大脑里生成认知突变，抓住了事物的本质、整体、内在联系和规律性，即能否善于深入地思考问题，抓住事物的规律和本质，预见事物的发展进程。

深刻性的个体差异具体表现在思维形式方面，即在形成概念、构成判断、进行推理和论证上的深度是有差异的；在思维方法方面，即在如何具体、全面深入地认识事物的本质和内在规律性关系的方法方面，正如归纳和演绎推理如何统一，特殊和一般如何统一，具体和抽象如何统一等方面都是有差异的；在思维规律方面，即在普通思维规律、辩证思维规律上，以及在思考不同学科知识时运用的具体法则上，其深刻性是有差异的。只有自觉地遵循思维的规律来进行思维，才能使概念明确、判断恰当、推理合理、论证得法，具有抽象逻辑性，即深刻性。此外，也表现在思维的广度和疑难程度方面，即在周密的、精细的程度上是有差异的。一个能在深广度和疑难程度方面思考的人，也能全面细致地考虑问题，照顾到和问题有关的所有条件，系统而深刻地揭示事物的本质和内在的规律性关系。

深入地思考问题，理解概念，抓住事物的本质和规律，反映思维活动的抽象程度和逻辑水平。为此，要追根究底，善于发问；积极开展问题研究，养成深钻细研的习惯。

⑤批判性。批判性指思维活动中独立发现和批判的程度，表现为独立性、分析性、策略性、全面性和正确性。表现在对思维过程各环节、各方面进行反省、精细检查、调整、校正的自我意识，表现为严格地估计思维材料，不盲从附和而敢于坚持自己正确的意见或结论，不为情境性的暗示所左右。在思维过程中不断地分析解决问题所依据的条件和反复验证已拟定的假设、计划和方案。在问题面前，根据自己原有的思维水平和知识经验在头脑中构成相应的策略或解决问题的手段，然后使这些策略在解决思维任务中生效。在思维活动中善于客观地考虑正反两方面的论据，认真地把握问题的进展情况，随时坚持正确计划，修改错误方案。思维过程严密，组织有条理；思维结果正确，结论实事求是。

⑥敏捷性。敏捷性指思维活动的速度，反映的是智力的敏锐程度，也表现为善于迅速准确地做出决定，快速灵活地解决创新过程中遭遇的问题。

⑦独创性。独创性指思维活动的创造意识、创造人格、创新能力和创新精神，表现为创造性地提出问题和解决问题。为此，应加强思考独立性，保持好奇心；增强问题意识，善于发现和提出问题；注重思维发散，在问题解决中注意思路多变。

(2)思维的形式和分类

思维形式是用以反映对象及其属性的不同方式,即表达思维内容的不同方式。

概念、判断、推理、证明是不同的思维形式。具有不同结构的判断形式、推理形式、证明形式也是不同的思维形式。

在具体思维中,思维形式和思维内容总是结合在一起的,既不存在没有思维形式的思维内容,也不存在没有思维内容的思维形式。但是思维形式对于思维内容具有相对的独立性,所以逻辑学可以把思维形式抽出来作为自己的研究对象。

根据思维的凭借物和解决问题的方式,思维分为具体思维(动作思维、形象思维)和抽象思维(逻辑思维、辩证思维)。

按照思维的应用领域和表现形式不同,思维可分为艺术思维与科学思维。

根据思维过程中的指导方式,思维可分为经验思维、理论思维。

根据解决问题时的思维方向,思维可分为聚合思维、发散思维。

根据思维的创新成分的多少,思维可分为常规思维、创新思维。

根据思维是否有明确的步骤和意识的清晰程度,思维分直觉思维、分析思维。

2)思维规律和思维模式

(1)思维规律

思维规律是客观世界的规律在人们意识中的反映,是思维对事物发展过程中的本质联系和发展的必然趋势的再现。

客观事物的规律和思维规律的一致是在认识中实现的。支配外部世界运动的规律,同样贯穿于人脑思维运动之中。唯物辩证法的规律不仅是客观世界的普遍规律,而且是人类思维的最一般规律。外部世界的规律和思维规律在本质上是同一的。这种同一,是通过实践的中介达到的,通过人们长期的、亿万次的社会实践的重复,使外部世界的规律反映到人的意识中并内化为思维的规律固定下来。

但是,思维规律和外部世界的规律在表现上又有不同。外部世界的规律是以外部必然性的形式,在无穷无尽的表面的偶然性中不自觉地表现出来的;思维规律则表现为主观逻辑的形式,与人的有意识的自觉活动相联系。

因此,思维规律虽然以外部世界的规律为基础,但它又具有相对的独立性和特殊性,成为逻辑科学研究的对象。

(2)思维模式

思维模式是人脑多种思维过程和思维结果的集合,是人类通过对客观世界的认识和实践形成的受一系列基本概念所规定和制约的、模式化的思维定势❶,是人们看待事物的观点、参考结构和信念的一种内在程式,并对人们的言行起着决定性作用。

---

❶ 定势是一种由先前活动所形成的准备状态或行为倾向,决定着同类后继活动的趋势。

3) 创造性思维与创新思维

（1）创造性思维及其特征

创造性思维是人类充分发挥想象力，以全新的思维视角和新颖的方式来探索世界的一种带有奇异性的思维活动。

关于创造性思维的本质特征，有几种不同的观点：

一是唯一论。美国心理学家吉尔福德（J. P. Guilford）认为，发散思维具有流畅性、变通性和独创性3个维度，能代表人的创造力。

二是主导论。有人认为在创造性思维中，发散性思维是矛盾的主要方面。

三是组合论。心理学家克罗普里（A. J. Cropley）等认为，创造性思维是由发散思维和集中思维两种能力有机结合而构成的。

苏颂兴等人认为，辐合性思维是创造性思维的本质特征[1]，唯有辐合思维才能结合众多知识有效地作用于某一客体，而实现预期的创造目的。

（2）创新思维及其特征

关士续等人把创新思维分为广义和狭义两种基本含义。前者是指在创新过程中发挥作用的一切形式的思维活动的总称；后者则专指提出创新思想的思维活动。

创新思维由先天禀赋（思维品质）和后天努力（思维培养）共同决定，其中先天禀赋决定创新的可能性，后天努力则把这种可能性转变为现实。

创新思维具有动态性、多向性、超前性和独创性等特征。

①求异性。要求不拘于常规，不盲从和迷信权威，而以怀疑和批判的态度对待一切事物和现象：假设、概念、过程和结论。包括异中求同。

②联想性。可以利用已有经验由此及彼、触类旁通，也可以借用别人发明创造引发进一步创新。

③发散性。发散思维是一种开放性思维，有复杂的活动方式和结构。

④逆向性。有意识地从常规思维的反方向思考问题。

⑤综合性。是逻辑的、系统性的思维。

⑥独创性。表现在思路的探索上、思维的方式方法上和思维的结论上。自觉而独立地分析条件、提出问题，找出解决问题的关键、层次和交结点；能提出新创见，取得新发现，实现新突破。具有开拓性、延展性、突变性、新颖性。

⑦灵活性。指思维机敏、思路跳跃，能根据情况变化随时做出相应调整和修正。

（3）创造性思维（creative thinking）与创新思维（innovative thinking）的比较

创造性思维建立在遗传与天赋、智商、思维联结、经验重组、想象力和问题解决等的基础上，进而发展为强调独创性、发散性和适切性（即有价值、有用、符合特定需求）的一种原生性思维；而创新思维则是建立在新技术和新产品的发明、应用与推广上，强调其社会和经济效益的一种再生性思维。

---

[1] 苏颂兴，林国正. 论辐合性思维是创造性思维的本质特征[J]. 上海社会科学院学术季刊，1986(3)：102-109.

两类思维在以下方面存在共同点：

第一，新颖性。强调求新求异。二者均处于高阶思维的最高层级，通常和设计思维❶、分析思维、批判性思维联系紧密，通过问题解决的行为来达成。

第二，可行性。在真实世界中考察创意或产品的可行性和有效性，以及被目标群体所接受的程度，需具有现实意义和价值。

第三，环境激发性。思维不能直接教授，但可通过营造环境和采用一定策略、手段来激发。二者均须建立在个体身处的领域和学科知识背景下，跨界协作对于思维激发具有巨大作用。

第四，主观能动性。二者都应是有意识、有目标地进行的，且都需要相关非智力因素的支持，譬如渴望设计和开发产品的个体动机和核心驱动力、自主性，以及对目标的长期坚持。

第五，产品承载性。二者均可承载于其思维产品中。思维产品是物质产品，或组织创新或服务产品；可以是实物形式，或各类设想与方案；可以是一些小工具的发明，或全新的系统开发；可以是对已知信息的重新组合，或调整现状以适应新情况的策略。由于思维本身的创新程度往往难以精准测量，所以以产品质量来反映思维质量是解决两类思维可测性难题的共有思路。

两类思维在价值目标、思考方式、时间阶段、主体规模和务实程度等方面存在差异❷（表1-11）。

表1-11 创造性思维与创新思维的区分

辨析维度		创造性思维	创新思维
实施主体	革新方式	在某一领域中改变基本范式❸	使用新的范式来改变现实状况
	偏好	喜欢在问题解决过程中研究理论	喜欢在理论研究和实现过程中解决问题
	行为动机	内在动机驱动	外在动机驱动，或源于超越标准的需要
	行为态度	持有好奇、怀疑、客观和个性化的态度	实用主义、系统思维和开放灵活的态度
	主体规模	重在个体行为，创造力是基于先验知识、相关技能和动机而发展起来的个体特质	侧重于集体力量，创新过程是协作和动态的，以图扩大产品规模
实施过程	预期目标	原创性构思（新思想、理论、方法和设计）	新事物（把原创性构思转化为实际产品）
	价值取向	认为创意和想法本身就具备效益	认为创意和想法在应用中才会产生效益
	知识用途	知识是理解性的，通过重组深化理解	知识是实用性的，可转化为各类产品
	理论/应用取向	创建理论来解释相关联的观点（形成和提出原创而独特的想法和创意）	创建能够阐释理论的产品（基于相关知识、方法、技能，把创意转变为产品）

---

❶ 设计思维是用设计者的感知、想象和其他方法，去满足在技术和商业策略方面都可行的、能转换为顾客价值和市场机会的人类需求的规则。

❷ 詹泽慧，梅虎，麦子号，等. 创造性思维与创新思维：内涵辨析、联动与展望[J]. 现代远程教育研究，2019(2)：40-49，66.

❸ 范式是指运用科学思想、开展科学研究、建立科学体系的坐标、参照系与基本方式，科学体系的基本的模式、结构与功能。

1.2.3.4 科学实践与创新能力培养

1) 马克思主义的科学实践观

思维的对象是实践;创新活动的基础是实践,归宿也是实践。

(1) 实践是认识的来源

实践是人们能动地认识、改造和探索现实世界一切客观物质的社会性活动。实践是人的、社会的、历史性的、有目的、有意识的物质感性活动,是人类社会发展的普遍基础和动力。实践的基本特征是客观性、能动性和社会历史性。

实践的基本形式包括改变自然,使自然满足人们物质生活需要的生产活动;以探索客观世界奥秘或寻觅有效实践活动方式为直接目的的科学试验活动;以调整和改变人与人之间社会关系为目的的活动,在阶级社会里主要表现为阶级斗争。此外,教育、管理、艺术等一切同客观世界相接触的人有目的的感性活动,也都是实践。

人及其认识都是在实践的基础上产生和发展的。人对事物的初认识,或对已有认识进行深化或扩展,都属于新认识。获得新认识的活动,对于个体来说就是创新性实践。唯有实践活动才能产生新认识。

(2) 实践是创新能力形成的唯一途径和发展动力

创新能力是获得新认识的能力,必须通过实践才能形成。实践是培养创新能力、提升创新水平的重要途径。人类创新的过程往往是在实践活动中提炼出一定创新目标,并采取各种创新技法,试图验证、实现创新目标。

人类的进化意味着本能的退化。人类越走向文明,就越需要更多地依靠实践活动去创造新生活。

(3) 实践是检验创新活动成果的唯一标准

当人们根据某一认识去指导自己的实践,并且实现了预期目的时,某一认识的真理性才得到证实。

一项具体的创新活动是否获得成功,其结果达到什么水平,具有什么样的价值,都需要用某种比照标准来检验,而这个标准只能是实践。

2) 马克思科学实践观对大学生创新能力培养的启示

(1) 课堂教学及作业

课堂教学是学习间接经验的主渠道和主阵地。在掌握知识的同时,要十分注重方法的训练和能力的培养,而作业是自主学习的重要途径之一。通过作业,融会贯通;通过作业,理论联系实际;通过作业,提升能力,获取学习成果。

(2) 实验课及其报告

实验课是检验知识、获取直接认识的重要途径。通过实验课,从中复习有关理论,明确实验目的,理解试验方案,掌握实验步骤、方法、技能和仪器的使用,在实验中开拓眼界,提高观察分析能力。

(3) 实习及其总结

实习是大学生理论学习与实践相结合的教学环节,目的是使学生获得生产技术和生产管理知识以及运用知识分析、解决问题的能力,促进知识的系统化,增强独立工作的能力。

(4) 调查和科研活动

社会实践活动是指在校本科生利用课余时间深入社会,开展以社会调查、科技服务、义务支教、公益活动、志愿者服务等为主要内容的活动;参与学校民主管理,投身地方"物质文明、精神文明、政治文明"建设;服务"农业、农村、农民"经济建设等的实践活动。

开展社会调查对学生学习撰写调查提纲、整理资料、写调查报告、参加科研活动、进行课题研究和设计、制作简易实验装置以及培养、提高动手能力和研究能力都具有重要意义。

(5) 毕业论文或设计

这是综合检验和展示大学生在校期间的学习成果,提高综合能力的重要环节。其中能力包括:

①学习能力。包括信息获取、应用和对新知识的快速领悟能力等。

②科研能力。贯穿于选题、开题、制订研究方案、实施科学研究、整理研究结果、分析实验数据、撰写论文,直至答辩这样一个系统的训练过程。

③写作能力。包括文献综述、开题报告、毕业论文或设计说明的写作。要求文体格式合乎规范、语言准确简练、文献引用和标点符号的使用准确、图表绘制和说明科学规范。

④沟通能力。包括表达能力、概括能力和演讲能力、答辩能力。

⑤统筹能力。通过思路整理和规划,培养独立思考、论证、分析和解决问题的能力。

1.3 大学生创新能力培养理论

1.3.1 培养大学生创新能力的重要意义

(1) 加强大学生创新能力培养是建设创新型国家的必然选择

美国从20世纪50年代开始进行青少年创造力的研究,在培养青少年创造性人才方面取得了丰硕成果。1996年,联合国教科文组织在专题报告《学习:内在的财富》中指出:"教育的使命是使每个人(无例外地)发展自己的才能和创造性潜力。"澳大利亚学者强调未来的人才应当把变化视为机会,对变化持积极、灵活的适应态度,能够从容地处理危险、难题和未知的问题,能提出创造性思想并有付诸实施的能力,要敢于负责,善于交流,学会组织规划,会进行谈判和施加影响等,并且要有良好的人格和积极的人生态度,有信心而不朝三暮四,有主见而不总是依赖别人。

在国际竞争成为国家综合实力竞争,最终是人才竞争的形势下,能否培养出大批具有创新能力的人才将在一定程度上影响国家的综合实力。我国要想在日趋激烈的科技经济全球化竞争中立于不败之地,就必须坚定不移地实施科教兴国和人才强国战略,努力培养和造就符合现代化建设需要的数以千万计的创新型人才和一大批优秀拔尖人才,从而实现中华民族的伟大复兴。

(2)加强大学生创新能力培养是时代赋予高等教育的重要使命

21 世纪是以高新技术为主的知识经济时代。高新技术是指那些对一个国家或地区的政治、经济和军事等各方面的进步产生深远的影响，并能形成产业的先进技术群。知识经济，是从实物经济演化而来的，指以知识和信息的生产、储存、使用和消费为基础的经济。知识经济的核心是知识生产，本质是创新，关键在人才。知识经济是一种以创新为灵魂、以教育为基础、以造就人才为关键，强调创新、鼓励创新、支持创新、体现创新的一种新经济形态，创新是支持其不断发展的最重要源动力。

《中华人民共和国高等教育法》中指出，"高等教育的任务是培养具有创新精神和实践能力的高级专门人才，发展科学技术文化，促进社会主义现代化建设。"

为促进高等学校转变教育思想观念，改革人才培养模式，强化创新创业能力训练，增强高校学生的创新能力和在创新基础上的创业能力，培养适应创新型国家建设需要的高水平创新型人才，教育部发布《关于做好"本科教学工程"国家级大学生创新创业训练计划实施工作的通知》，面向中央部委所属高校和地方所属高校实施大学生创新创业训练计划。

国务院办公厅《关于深化高等学校创新创业教育改革的实施意见》指出，深化高等学校创新创业教育改革，是国家实施创新驱动发展战略、促进经济体质增效升级的迫切需要，是推进高等教育综合改革、促进高校毕业生更高质量创业就业的重要举措。

(3)加强大学生创新能力培养是提升大学生综合素质的重要内容，是实施终身教育的关键所在

创新意识和创新能力是一种认识、人格、社会层面的综合体，其形成和发展涉及人的生理、心理、智力、思维、意志、人格等诸多方面，是这些方面相辅相成、综合作用的结果。它以深厚的文化底蕴为基础，以高度凝练、系统的知识体系为承载，以充分体现个性特征的思维能力和精神境界为表征，在很大程度上主要体现为个体的综合素质和综合能力。个体的创新意识和创新能力定型后，对个体其他方面素质和能力的训练和培养将起到一定的推动、激发、稳固的重要作用。创新意识和创新能力在大学生素质结构中居于核心地位。严峻的就业形势和成才成长的迫切需求，进一步激发了大学生提升自身综合素质的内在动力。

社会实践和生产力的发展无止境，创新无止境，知识的更新无止境。大学生是社会主义事业的建设者和接班人，承载着实现中华民族伟大复兴的艰巨使命，承载着国富民强的百年梦想，承载着发展中国特色社会主义事业的光荣责任，更应以创新能力培养教育为重点，适应社会和时代的需要，坚持终生学习，使自身的知识结构始终处于较完善的状态，始终保持与时代的同步发展，才能随时根据社会发展所提出的创新要求，开展创新实践，实现创新目标，进而实现自身的社会价值和历史使命。

1.3.2 创造力培养理论

1.3.2.1 Taylor 的三维课程模型

Taylor(1967)提出了一种用于培育学生创造力的课程模型，其三维是指知识、心理过程和教师行为。知识，即学生所学习的学科知识与各种技能。心理过程，即学生在学习过程中

发展起来的心理能力和所需的心理过程,包括认知、记忆、发散思维、聚合思维、评估、学习策略、直觉及敏感性、情绪、需求等各种非智力因素等。教师行为,包括了教师的教学方法、教学媒体等对学生学习产生影响的师生和环境因素。该模型强调了通过学科教学来培养和促进创造力。

1.3.2.2 Williams 的认知-情感交互作用理论(cognitive-affective interaction theory,CAI)

英国创造性教学研究专家威廉姆斯认为,个体创造性由两方面因素组成:一是创造性思考能力,即属于认知范畴的那些因素;二是创造性倾向,属于个性范畴。基于此,他提出了一种创造性思维培养理论,即认知—情感交互作用理论,并设计了一个思维培育方案。整个方案包括以下3个部分:

①教学内容及指导手册。包括鉴别和测量创造潜能、激发创造潜能、教师用书、教学资料、激发思维和情感的18种课堂教学策略;磁带,包括教师培训磁带、示范课磁带(表1-12)。

表1-12 威廉姆斯18种课堂教学策略

类种		说明
思辨式	矛盾法	发现一般观念未必完全正确,发现各种自相对立的陈述或现象
	归因法	发现事物的属性,指出约定俗成的象征或意义,发现特质并予以归类
	类比法	比较类似情况,发现事物间的相似处,将某事物与另一事物做适当的比喻
	辨别法	发现知识空隙或缺陷,寻觅各种信息中未遗落的环节,发现知识中未知部分
变化式	激发法	多方追求事物的新意义,引发探索知识的动机,探索并发现新知或新发明
	变异法	演示事物的动态本质,提供各种选择、修正及替代的机会
	改变法	确定习惯思维的作用,改变功能固着的观念及方式,增进对事物的敏感性
	重组法	将一种结构改组为新的结构,在无序的情况里发现并提出新的处理方式
探索发展式	探索的技术	探求前人处理事物的方式(历史研究法),确立新事物的地位与意义(描述研究法),建立实验的环境并观察结果(实验法)
	容忍暧昧法	提供各种困扰、悬念或具有挑战性的情境,让学生思考;提出各种开放而不一定有固定结局的情境,鼓励学生发散思考
	直觉表达法	学习通过感官对事物的感觉来表达感情的技巧,启发对事物直觉的敏感性
	发展调适法	从错误或失败中学习,引导发展多种选择性或可能性
创造式	创造过程分析法	分析极富创造性的任务的特质,以学习洞察、发明、思考及问题解决方法
	情境评鉴法	根据结果及含义决定事物可能性,检查或验证对于事物的预测是否正确
	创造性阅读技术	培养运用由阅读中所获得知识的心理能力,学习从阅读中产生新观念
	创造性倾听技术	学习从倾听中产生新观念的技巧,倾听由一事物导致另一事物的信息
	创造性写作技术	学习由写作来沟通观念的技巧
	视觉化技术	以具体方式表达各种观念,说明思想和表达情感,通过图解来描述经验

②教师教学行为。包括思维-情感过程、教学策略实施。教学策略范围广泛,包括预备活动、教材的讲解、媒体的应用、提供练习与反馈、问题及解答方式、测试及回馈原则、互动的应用。

③学生行为。包括认知层面的思维流畅性、变通性、独创性和周密性,个性层面的冒险心、挑战心、好奇心和想象力8个品质。以此鼓励学生勇于面对失败或批评,勇于猜测,积

极寻找各种可能性,明了事情的可能及现实间的差距,能够从杂乱中理出秩序,愿意探究复杂的问题或主意,富有寻根究底的精神,与一种主意周旋到底以求彻底了解,愿意接触暧昧迷离的情境与问题,肯深入思索事物的奥妙,能把握特殊的征象并观察其结果等❶。

这是一种强调教师运用启发性的策略以提高学生创造性思维的教学模式,强调教师在课堂教学和课外活动中的渗透。教学中宜采取游戏和活动方式,以便学生在宽松自由的氛围中,大胆猜测,多方向发散,最大限度地发挥自己的想像力,从而有效地培养学生的创造性思维能力。

1.3.2.3 崔芬格的创造性学习模型

崔芬格(Treffinger)提出的创造性学习模型(MCL)包括创造性学习的三级水平,并且在每一级都考虑到认知与情感两个维度。

第一级水平包括一类具有发散功能的认知与情感因素,强调开放性——发现或感觉到许多不同的可能性。因为这一级水平包括基本而重要的一类发散思维和情感过程,因此构成创造性学习的基础。

第二级水平包括更高级的或更复杂的思维过程,如应用、分析、综合、评价、方法论和研究技能、迁移、比喻和类比,同时还包括更高级或更复杂的情感过程如认知冲突、善于想象等。

第三级水平是学习者真正融入真实的问题和挑战,认知方面包括独立探究、自我指向学习、资源管理和产品的发展,情感方面包括价值的内化、对有效生活的承诺、自我实现。

1.3.2.4 任祖利的创造力培养理论

任祖利(Renzulli,1992)提出的创造力培养理论认为,教师、学生及课程这三者之间的相互关系对创造力的培养所起的作用是不可忽视的,处理好彼此的关系有助于营造理想的学习活动,从而促进青少年发展。

教师、学生及课程三者各自的内部因素之间的相互作用也是影响学生创造力的重要方面❷。

①教师的内部因素。教师对学科的热爱、学科知识、教学技能等。
②学生的内部因素。学生的能力、学习风格和兴趣等。
③课程的内部因素。学科结构、内容及方法等。

1.3.2.5 斯腾伯格基于智力三元理论的教学模式

斯腾伯格设计的教学模式是以其三元智力理论为基础的。该理论认为好的思维具有分析的、创造的和实用的3个方面,即批判-分析性思维、创造-综合性思维、实用-情境性思维。

(1)思维技巧

创造性的学生擅长于把思维技巧应用于相对新奇的问题,实用性的学生则愿意把这些技巧应用在日常问题上。而不管哪一类型的学生在具体的思维过程中至少存在7种基本技巧:

---

❶ 徐宏伟. 国外教学创新思维模式探讨[J]. 经济师, 2008 (6): 132-133.
❷ 李植霖. 现代心理学中的创造力理论述评[J]. 科技经济市场, 2007 (3): 365-367.

①问题的确定。确定问题的存在,定义这个问题到底是什么。
②程序的选择。选择或找出一套适当的程序。
③信息的表征。把信息表述为有意义的形式。
④策略的形成。策略按照信息进行表征的先后,把一个个程序按顺序排列起来,形成步骤。
⑤时间资源分配。实际解决问题时,最重要的决策就是决定如何恰到好处地把时间分配给各个部分。
⑥问题解决的监控。必须留意已经完成了什么、正在做什么和还有什么没做。
⑦问题解决的评价。能够察觉反馈,并且把反馈转化为实际行动。

(2)教学策略

斯腾伯格三元理论课堂教学的3个策略:

①以讲课为基础的照本宣科策略。教师只是简单地把教材的内容呈现给学生,师生之间几乎不存在互动,学生之间也不存在互动。这种策略有利于批判-分析性思维。

②以事实为基础的问答策略。教师向学生抛出大量问题,这些问题主要是为了引出事实。而对学生的回答,教师的反馈大致上无外乎是"对""好""是"或"不是"之类。在这种策略中,师生之间互动频繁,学生之间几乎没有互动。这种策略对创造-综合性思维者比较有利。

③以思维为基础的问答策略。鼓励教师和学生以及学生之间进行交流。教师提出问题以刺激学生的思维和讨论,通常这些问题并没有固定的正确答案,教师不轻易回答"对"或"错",而是评论或补充学生的发言;学生之间互相讨论,互动大大增多。这种策略对3种不同思维风格的学生都有帮助。

(3)教学要点

在思维教学的实施过程中,要抓好以下几个要点:

①鼓励学生学习如何问问题,如何回答问题。在教学生发展实用性能力的过程中,可以通过一个4步模型实现:熟悉问题,组内解决问题,组间解决问题,个别解决问题。

②通过选择性编码、选择性合并、选择性比较3个过程,培养学生的洞察力。

③必须理解一些基本原则和潜在困难。这些原则如强调答案的同时要强调问题的确定和定义、要向学生平衡呈现结构良好问题和结构不良问题。潜在困难如错误地认为教师不是学习者,正确答案比其达成过程更为重要,等等。

④要知道缺乏对冲动的控制、缺乏坚持、不能把想法转化为行动等情感障碍会影响到成功的取得。

案例、研讨、训练

案例与素材

熟悉与陌生

1928年,英国细菌学家弗莱明(Alexander Fleming)在研究各种葡萄球菌的变种。

其实，实验桌上留置了一部分培养皿，以备不时检查。由于时时打开盖子，培养液不免为空气中的微生物所污染。一天，弗莱明一边与同事谈话，一边观察培养皿中的细菌。忽然，弗莱明惊奇地叫了起来："这真是件怪事……"原来他发现，在培养皿边沿生长了一堆霉菌，这霉菌周围的葡萄球菌不仅没有生长，而且离它较远的葡萄球菌也被它所溶解，变成了一滴滴露水的样子。

对于这个奇特的现象，弗莱明进行了仔细的研究，他终于发现这些培养液里含有一种化合物，于是便紧紧抓住不放，最后从中分离出一种能抑制细菌生长的抗菌素——青霉素。

然而，日本科学家古在由直对这现象的发现，却早在弗莱明之前。为什么古在由直却没有意识到这是一种新的抗菌素而丧失了获得诺贝尔奖的机会呢？这是由于他们两人的认知心理与思考方法不同。

弗莱明是有意识地把熟悉的事物看作陌生的，不轻易放过它，所以经过细致观察，能发现葡萄球菌被污染的霉菌所吞噬的现象，它不同于一般污染，从而得到新的发现。而古在由直彼时却感知不敏锐，相反地把这种污染现象看作一种普遍熟悉的现象，即认为这是由于被污染的霉菌迅速地繁衍，消耗了培养皿中的养分而导致葡萄球菌的消失而引起的。一念之差，失去的是科学界最高的荣誉和奖赏。

我们要有能力主动忘掉已知的。

古人云，人生三大境界——见山是山，见水是水；见山不是山，见水不是水；见山还是山，见水还是水。我们每一位在人生的大部分阶段都处于第二重境界，然而却常将新事物与类似的事物混为一谈，缺少一双发现的眼睛。若遇到了新事物，却依然把它当旧物件，往往会将其损坏甚至引发事故。保持警觉和敏锐的眼光，以差异化的观点看待事物，应作为生活基本素质之一。

研讨与互动

微辩论：以下3个辩论题，任选一个，分别为正方、反方寻找3~5个论点、论据。

(1) 应试教育的利与弊　　(2) 创新属于精英还是大众　　(3) 剑走偏锋还是全面发展

无论你的学业与职业规划是要考研，还是就业与创业，或其他远大志向，都要根据自身条件和特长及社会环境进行综合分析思考。你是一个偏科生吗？遇到挫折，如何办？你的优劣势在哪里？机会在哪里？威胁是什么？策略是什么？不妨参考SWOT分析模型进行自我分析，以便制定战略方向。学习成绩好，是不是意味着创新能力强？剑走偏锋，又能凭什么？在万众创新的时代，我会是哪一个角色？

训练与思考

1. 你最近一次新创意、微创新发生在什么时候？那是个什么创意？是什么因素激发了你的创意？

2. 目前你以为自己已初步具备哪方面的创新能力？你认为自己有哪些创新能力不足的表现和原因？

3. 根据创新能力形成机制，结合学业与职业规划，如何进一步培养自己的哪方面能力？谈谈你的社会使命与志向/未来五年职业目标？你的志向服从于国家或行业需要，还是个人雄心或别的因素？

4. 产品管理能力是否会对产品研发能力起到提升促进作用？你比较了解哪种产品及其经理？

第2章　高校创新环境与大学生创新机遇

　　开展高校课堂教学及其课桌的事理分析，帮助学生逐步澄清研讨式教学对课桌的需求、问题的目标状态，同时启发就未来教室展开想象。

　　主要阐述高校创新创业教育体系；校园文化与大学生创新创业活动；教学观念与教学模式、教学方法；学习理论与创新性学习。

　　基本要求：结合高校实际，了解我国高校开展学生创新能力培养的主要做法和经验。学习学校精神、校训等校园文化，体会高校物质文化、精神文化和制度文化，引导提升创新能力。了解高校校园内外各类课外创新平台和活动，在高校科技创新文化中激发创新意识、体会创新精神，让创新走进身边。理解并积极配合各类创造性教学，通过敢于质疑、自主学习等一定的方法，学会创造性学习。

　　教学重点及难点：大学生创新创业训练计划以及创新的原则、"挑战杯"全国大学生课外学术科技作品竞赛选题。质疑、研究性学习、发现法等创造性学习的各种方法。

高校课堂教学及其课桌的事理分析

　　近年来，我国高校积极倡导小班研讨式课堂教学。小班教学意味着教学组织形式❶发生变化。研讨式教学是以问题解决为中心的教学模式，通过由教师创设问题情境，然后师生共同查找资料、研究、讨论、实践、探索，提出问题解决的方法，使学生掌握知识和技能。它包括阅读自讲式、研讨式、启发式、专题式、课题式、案例和讲授式、合作学习等多种具体教学方式❷。

　　教学辅助条件是教学模式的五大要素之一，它是指促使教学模式发挥效能的各种条件(教师、学生、教学内容、教学媒体、教学策略、时间、空间、心理气氛等)的最佳组合方

---

❶ 教学组织形式简称"教学形式"，是指为完成特定的教学任务，教师和学生按一定要求组合起来进行教学活动的结构方式。它主要研究教师是如何把学生组织起来进行教学活动、如何分配教学时间、如何利用教学空间等问题。按组织结构分，有全班的、小组的和个别的3种形式。

❷ 教学方式是指为达到教学目的，实现教学内容，运用教学手段而进行的，由教学原则指导的一整套方式组成的、师生相互作用的活动状态和形式。

案。践行研讨式教学需要课桌椅等设施的配套支持,而不相适宜的课桌椅显然是研讨式课堂教学倡导者心中的痛点。

1 课堂教学事理学

1.1 事理学及其重要性

设计事理学是清华大学柳冠中教授提出的设计方法论,它通过事理分析,研究不同的人、群体在不同时间、环境、条件等因素的需求,以及由此影响人的使用状态、使用过程的特征。"事"特指在一定时空下,人与人或物之间发生的行为互动或信息交换。在此过程中,人的意识中有一定的"意义"生成,而物发生了状态的"变化"。"事"的结构包括时间、空间、人、物、行为、信息和意义。

从分析事理出发,才能逐步明确需求并确定产品设计的目的。先设计"事"再设计"物"是解决用户问题的根本之道。

1.2 事与愿——设计原点观念的再演进

工业设计的目的是"为人类创造更合理、更健康的生活方式",思考、研究的起点是从"事"——生活中观察、发现问题,进而分析、归纳、判断问题的本质,以提出系统解决问题的概念、方法及组织、管理机制的方案。"实事"是塑造/限制物及其需求目标的"外部因素",也指为发现、定义问题并确立设计目的,对不同的人(或同一人)在不同时空环境条件下的需求、使用状态和使用过程的研究过程。

设计事理学的局限性在于其研究的事是"实事"而非"心愿"。从系统生成论看,"心愿"在"实事"之前。"心愿"是愿望、愿景,是对物及其需求目标的本真念头和内在想法,这些心愿或许没有机会被表达出来,或许已在某些研究展望的文献之中。研究"心愿"与"实事"具有不同的研究方法,研究"实事"采用市场调查等方法,研究"心愿"则可以采用希望点列举法或文献研究等方法。只有对"心愿"进行深层次探究,才能深入挖掘用户潜在需求。

1.3 课堂教学事理学的研究目的、内容和方法

在教学模式从"以教师为中心"到"以学生为中心"的过渡过程中,传统模式如授导式教学和新的模式如研讨式学习、竞合式学习会并存于高校课堂。

课堂教学事理学是将事理学的理论应用于对各种模式课堂教学的组织形式、活动状态和活动过程等的分析之中,分析课堂教学活动的现存不利因素,深入挖掘师生对课堂教学组织活动的潜在需求。

面向未来的课堂教学事理学的研究可以结合5W2H法、希望点列举法等方法,最终明确师生对课桌椅及其排列模式的各种需求和使用方式,明确设计问题和目标,以寻找课桌椅设计的新的方法途径,最终满足研讨式教学的需求。

2 基于课桌椅及其排列模式的课堂教学事理分析

在高等院校中只设一种高度的课桌椅,男女通用,品种分固定式(分体)课桌椅和非固定式课桌椅(图2-1~图2-3),前者适用于阶梯教室和平面教室,固定于教室地面,多人使用;后者适用于平面教室,单人使用。近年来出现而未列入标准的半固定式连体课桌椅适用于平面教室,多人使用。

(a) 两联桌椅　　　　　　　　　(b) 三联桌椅

图 2-1　固定式课桌椅

(a) 两联桌椅　　　　　　　　　(b) 三联桌椅

图 2-2　半固定式课桌椅

(a) 轻型矩形课桌　　　　　　　(b) 梯形桌椅

图 2-3　非固定式课桌椅

2.1　基于课桌椅的课堂教学人际互动事理分析

课堂互动有多种形式，本文以人际互动为主，兼顾人机(桌椅)互动、桌椅组合。

1) 师生互动

固定式课桌椅适用于授导式课堂教学。GB/T 3976—2014 规定：固定式课桌椅坐人侧桌缘与靠背点之间的水平距离为 420mm，座面有效深 360mm。其差仅为 60mm，净空(课桌椅之间和课桌椅周围的空隙为身体及肢体所提供的活动范围)狭小，因而使学生不仅不能通畅出入，也不能随意起坐，只能弯腰屈膝。净空狭小进一步会造成两方面的影响，一是学生课间活动减少；二是课上起身回答问题受阻。久而久之，则使学生习惯养成，影响学生个性发展和课堂教学效果。

课桌椅导致的学生行为可以用事理学或设计心理学加以解释。在事物的结构内,行为和信息是联结人与人、人与物、人与外部环境之间的纽带。Donald A. Norman 认为人的行为过程分为目标、行为意图、一系列内部指令、行为执行、感知外部世界的状态变化、解释被感知到的变化、评估解释7个步骤。

在此行为模式中,若学生感到课桌椅间净空狭小,则起身受阻;若净空充足,则阐述见解。若教师充分调动学生动机,此时学生深刻认识到回答该问题的某种行为"意义"和价值,也会克服净空狭小的限制,阐述自己的见解,并产生愉悦的情感。

通过课桌椅改良设计,使课桌椅间净空变宽,也可以为学生回答老师提问提供便利(图2-4)。

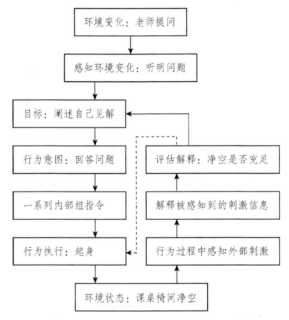

图 2-4　与课桌椅相关的学生答问行为模式

2) 生生互动

固定式课桌椅使教学方式"事"(授导式教学)与"愿"(研讨式教学)违。同学之间若想进行讨论,根本无法转身活动,只能在邻座两三位同学之间进行。

非固定式课桌椅目前在高校已逐步扩大使用。现有非固定式课桌桌面一般为长方形,单人桌规格统一而缺乏变化,可重组性差;目前市场上出现的可移动课桌采用弧形桌面,可围合成特定大小的圆桌供特定的人数参与小组讨论,因而依然缺乏组合灵活性和不定人数适应性,仅供社会培训机构采用。

2.2　课桌椅排列模式及其教学适应性分析

教学课桌椅布局有多种形式,具有不同的事理特点、互动性,适用不同的教学方式(表2-1)。大致而言,对于授导式教学,电影院模式最差,马蹄形及会议方桌较好,而会议

表 2-1　课桌椅排列模式❶及其意义

类型	课桌椅		适应性		效果	
	排列模式	事理特点	教学方式	班组/人数	互动性	总体
固定或半固定	电影院模式	多排，面向同一方向；有效利用投影设备	授导式	大班	交互不够	最差
	论坛模式	多排弯曲，面向中心讲台	授导式为主	大班	讨论比较方便	差
	传统教室模式	小电影院模式，同属秧田式布局	授导式	大小班	师生互动、邻座同学之间互动均有限	差
移动或非固定	宴会厅模式	空间分组，必要时共同面向讲台	研讨为主	大组为主，教师辅导	组内多维信息沟通	较好
	会议方桌模式	一张大桌子，同排人员没有视觉信息交流	兼顾型，研讨不便	小班	全员广泛讨论	一般
	咖啡馆模式	类似宴会厅模式，组距大，组员人数少	研讨式	小组为主教师主导	小组深度研讨	好
	会议圆桌模式	一张大圆桌，成员之间有视觉信息交流	兼顾型，便于研讨	10~25人	全员讨论，信息共享	较好
	马蹄形	座位围合呈马蹄形，中央地带留空	兼顾型	小班	教师走动，或有角色扮演	较好
	培训室模式	每位学生面壁独立学习	辅导式	个体	人机互动，辅以师生互动，生生互动性差	较差

---

❶ 张伟. 教室设置与学习模式[J]. 远程教育杂志，2004(1)：26-30.

圆桌模式最好；对研讨式教学，若是全班范围则会议圆桌模式较适合，会议方桌模式次之，若是分组研讨则咖啡馆模式是首选；对于竞合式小组学习，咖啡馆模式也较好；对于独立学习，培训室模式最好，传统教室模式和电影院模式最差。

研讨式教学有多种组织形式。按成员之间的关系分为协商式和辩论式，按信息交流的通道分为视觉信息共享式和听觉信息共享式。在无线上网背景下，视觉信息共享可能是屏幕共享或分屏阅读。

不同的教学方式和组织形式、不同的参与方和参与人数，都会需要不同的课桌椅的种类、规格、数量、组织和布局。需要依据不同的教学场景，发现具体的需求和问题(状态)，探索适应研讨式教学的课桌椅及其排列新模式、新格局。

结合各个教学楼教室现场调研，请你突破现状，就研讨式教学的教学组织形式、课桌种类、规格、数量、排列组合展开想象和讨论。

2.1 高校创新创业教育体系

2.1.1 高校创新创业教育的指导思想和总体目标

(1) 高校创新创业教育的指导思想

国务院办公厅《关于深化高等学校创新创业教育改革的实施意见》明确指出，高校创新创业教育的指导思想是，全面贯彻党的教育方针，落实立德树人的根本任务，坚持创新引领创业、创业带动就业，主动适应经济发展新常态；以推进素质教育为主题，以提高人才培养质量为核心，以创新人才培养机制为重点，以完善条件和政策保障为支撑，促进高等教育与科技、经济、社会紧密结合，加快培养规模宏大、富有创新精神、勇于投身实践的创新创业人才队伍；不断提高高等教育对稳增长、促改革、调结构、惠民生的贡献度，为建设创新型国家、实现"两个一百年"奋斗目标和中华民族伟大复兴的中国梦提供强大的人才智力支撑。

(2) 高校创新创业教育的总体目标

高校创新创业教育的总体目标是，到2020年建立健全课堂教学、自主学习、结合实践、指导帮扶、文化引领融为一体的高校创新创业教育体系。

2.1.2 高校创新创业教育体系的建设

(1) 完善人才培养质量标准，创新人才培养机制，改进学生创新创业指导服务

完善人才培养质量国家标准并修订人才培养方案，明确创新创业教育目标要求，使创新精神、创业意识和创新创业能力成为评价人才培养质量的重要指标。

深入实施系列"卓越计划"、科教结合协同育人行动计划等，多形式举办创新创业教育实验班，探索建立校校、校企、校地、校所以及国际合作的协同育人新机制，积极吸引社会资源和国外优质教育资源投入创新创业人才培养。

各高校要建立精干高效的管理队伍，负责制定大学生课外科技活动的规划和措施、协调

和指挥，提供指导和服务，组织督促和检查等任务。调动技术水平高、责任心强的教师，积极参与指导学生课外科技活动，形成互动机制。

各高校要健全学生创业指导服务专门机构，做到"机构、人员、场地、经费"四到位，对自主创业学生实行持续帮扶、全程指导、一站式服务。健全持续化信息服务制度，完善全国大学生创业服务网功能，建立地方、高校两级信息服务平台，为学生实时提供国家政策、市场动向等信息，并做好创业项目对接、知识产权交易等服务。各地区、各有关部门要积极落实高校学生创业培训政策，研发适合学生特点的创业培训课程，建设网络培训平台。鼓励高校自主编制专项培训计划，或与有条件的教育培训机构、行业协会、群团组织、企业联合开发创业培训项目。各地区和具备条件的行业协会要针对区域需求、行业发展，发布创业项目指南，引导高校学生识别创业机会、捕捉创业商机。

(2) 健全创新创业教育课程体系，改革教学方法和考核方式，加强教师创新创业教育教学能力建设

理论是行动的先导，创新能力培养训练同样离不开正确、系统的知识学习和理论教育。开设创造学、研究方法、学科前沿、创业基础等选修/必修课、系列课程，并在学科教学中渗透创新创业教育。实践证明，接受过系统的创新理论教育的学生，会少走弯路、事半功倍，在确定创新目标、选择创新方法、克服创新过程中遇到的困难等方面均有较明显优势。

广泛开展启发式、讨论式、参与式教学，扩大小班化教学覆盖面，推动教师把国际前沿学术发展、最新研究成果和实践经验融入课堂教学，注重培养学生的批判性和创造性思维，激发创新创业灵感。运用大数据技术，掌握不同学生学习需求和规律，为学生自主学习提供更加丰富多样的教育资源。改革考试考核内容和方式，注重考查学生运用知识分析、解决问题的能力，探索非标准答案考试，破除"高分低能"积弊。

要明确全体教师创新创业教育责任，完善专业技术职务评聘和绩效考核标准，加强创新创业教育的考核评价。配齐配强创新创业教育与创业就业指导专职教师队伍，并建立定期考核、淘汰制度。聘请知名科学家、创业成功者、企业家、风险投资人等各行各业优秀人才，担任专业课、创新创业课授课或指导教师，并制定兼职教师管理规范，形成全国万名优秀创新创业导师人才库。将提高高校教师创新创业教育的意识和能力作为岗前培训、课程轮训、骨干研修的重要内容，建立相关专业教师、创新创业教育专职教师到行业企业挂职锻炼制度。加快完善高校科技成果处置和收益分配机制，支持教师以对外转让、合作转化、作价入股、自主创业等形式将科技成果产业化，并鼓励带领学生创新创业。

(3) 构建校内外创新实践基地，实施系统创新能力训练，开展科技创新竞赛活动，强化创新创业实践

应以学院为单位，以专业为依托，建立各种创新团队、专业实验室、虚拟仿真实验室、创新创业实验室和训练中心，促进实验教学平台共享。鼓励各地区、各高校充分利用各种资源建设大学科技园、大学生创业园、创业孵化基地和小微企业创业基地，作为创新创业教育实践平台，建好一批大学生校外实践教育基地、创业示范基地、科技创业实习基地。创新基地的建设有利于高校对校内各种创新资源进行有机整合，并以基地作为培训学生创新能力的

平台，开展各种创新实践活动。对学生而言，基地是科学研究的基地、技术开发的基地、成果转化的基地，各种理论知识都可以利用基地一一予以实验、实现，从而激发自主创新意识，引领创新实践，实现创新产品，形成良性循环。

例如，西北农林科技大学校内外相结合建设"人才培养、科技开发与生产服务三结合"实践教学基地和创新创业训练基地。校内基地以教学实验农场、工程训练中心、校办科技企业为重点，学校整体投入，增加其教学功能。校外基地以学院为单位，以专业为依托，充分发挥学校专家教授和科技成果的优势，瞄准先进的农业企业和具有典型性的地区，通过各种合作方式，建立校外实践教学基地。创业基地主要依托杨凌示范区，在科技企业中设立创业学分，鼓励学生积极进入科技企业创业锻炼。

完善国家、地方、高校三级创新创业实训教学体系，深入实施大学生创新创业训练计划，扩大覆盖面，促进项目落地转化。学生课外科技活动包括课题立项与审批、过程监督、作品参评和奖励、作品对外展示与宣传及技术转让等一系列复杂工作。

举办全国大学生创新创业大赛，支持举办各类科技创新、创意设计、创业计划等专题竞赛。支持高校学生成立创新创业协会、创业俱乐部等社团，举办创新创业讲座论坛，开展创新创业实践活动。高校鼓励大学生参与全国、学会或省级创新创业竞赛、社会实践活动，并给予学分、资助和奖励。一些知名企业出资组织专题竞赛，设奖鼓励大学生进行创新创业活动，并借以发现人才。校内组织学科竞赛，增强学生参与实践的广泛性和积极性。这些创新竞赛以活泼、丰富而有效的形式鼓励学生自己探索，赋予学生内在学习动力、好奇心、热情、乐趣和积极性，让学生在冲突中寻求解决问题的方法，在应付困难和危机中增强信心和勇气。在参与竞赛的过程中，学生不再是消极的知识接受者，而是主动的求知者、参与者和探索者，学生的创新技法和创新能力得到充分锻炼和提高，而这正是创新教育的实质所在。

（4）重视创新制度系统设计，改革教学和学籍管理制度，完善创新创业资金支持和政策保障体系

科学、规范、可操作性强的鼓励创新、支持创新、服务创新的制度体系，教学管理、科研管理、学分制、社团管理等制度有机结合，可以促进学生敢于创新、勤于创新，不断增强创新能力的可持续性和成效。要有一系列可行的管理制度、运行机制和部门组织机构负责大学生课外科技活动的组织和协调。

要设置合理的创新创业学分，建立创新创业学分积累与转换制度，探索将学生开展创新实验、发表论文、获得专利和自主创业等情况折算为学分，将学生参与课题研究、项目实验等活动认定为课堂学习。为有意愿有潜质的学生制订创新创业能力培养计划，建立创新创业档案和成绩单，客观记录并量化评价学生开展创新创业活动情况。优先支持参与创新创业的学生转入相关专业学习。实施弹性学制，放宽学生修业年限，允许调整学业进程、保留学籍休学创新创业。设立创新创业奖学金，并在现有相关评优评先项目中拿出一定比例用于表彰创新创业的优秀学生。指导大学生课外科技活动的教师可获得教学工作量，优秀指导教师视同主持教改课题。

各地区、各有关部门要整合发展财政和社会资金，支持高校学生创新创业活动。各高校

要优化经费支出结构,多渠道统筹安排资金,支持创新创业教育教学,资助学生创新创业项目。部委属高校应按规定使用中央高校基本科研业务费,积极支持品学兼优且具有较强科研潜质的在校学生开展创新科研工作。中国教育发展基金会设立大学生创新创业教育奖励基金,用于奖励对创新创业教育做出贡献的单位。鼓励社会组织、公益团体、企事业单位和个人设立大学生创业风险基金,以多种形式向自主创业大学生提供资金支持,提高扶持资金使用效益。深入实施新一轮大学生创业引领计划,落实各项扶持政策和服务措施,重点支持大学生到新兴产业创业。有关部门要加快制定有利于互联网创业的扶持政策。

(5)营造浓厚的创新文化氛围,重视创新合力形成

把完善高校创新创业教育体制机制作为深化高校创新创业教育改革的支撑点,集聚创新创业教育要素与资源,统一领导、齐抓共管、开放合作、全员参与,形成全社会关心支持创新创业教育和学生创新创业的良好生态环境。

教学科研系统为学生的创新能力培养提供师资力量和教学支持,并通过科研立项、设立创新基金等方式提供经费支持;学生工作系统下设科技创新部、社会实践部等部门,提供日常管理环境、各种创新活动的组织和训练等;校园文化系统营造鼓励创新、宣传创新的氛围,并通过各种社团提供各类讲座与交流、训练平台;后勤保障系统提供后勤服务,解除后顾之忧。

要结合重大科技事件进行科普宣传,举办科技报告;结合自身实际情况,组织学科知识、科技作品竞赛、科技文化艺术节,并进行媒体表彰和宣传;结合暑期社会实践,进行科技服务等活动。

2.2 校园文化与创新能力训练

2.2.1 校园文化建设及其作用

校园文化是在社会主体文化背景中的一种具有自身特色的亚文化形态,属于社区文化范畴。

高校校园文化指在高校校园里的一种特殊文化现象和系统,是指在高校的办学过程中,为促进高校学生健康成长,为提高高校师生文化素质、道德品质、审美情操,实现高校的教育发展目标,由高校师生在教学科研活动中创造的物质文化、精神文化、制度文化和活动文化的总和。它是在特定时空条件下,以师生为主体创造并共享的校园精神气候和氛围,是一种在大学社区中生活的每个成员所共同拥有的校园价值观和这些价值观在物质与精神上具体化的文化形态。

2.2.1.1 当前高校文化建设

由于我国市场经济的发展、国际环境的变化和高等教育的大众化,当前我国大学校园文化面临新的机遇和挑战。特别是多元文化崇尚开放、包容、个性、批判性等精神,给大学校园文化建设带来新的思维方式,提供了一些新理念、新途径。

(1) 校园物质文化

校园物质文化环境是指校园内对学生的学习和生活产生影响的一切物质条件的总和。它渗透着一定的审美文化意蕴，能够给学生传递富有教育意义的思想信息，能产生持久的、潜移默化的教育影响。

校园环境应凸显人文关怀，彰显学校的个性和精神，对校园环境进行有目的的优化、人格化，给学生一种美的感受，并使其产生诱导、约束、凝聚、愉悦、传承、辐射等作用。

①营造"墙壁能说话，草木能劝学"的创新环境。塑造符合大学校园文化内涵的建筑艺术形象，建设独具特色、具有纪念意义、道德审美和创新教育功能的校园雕塑和人文景点，营建富有思想价值和文化品位的学校标志物、纪念馆。

②建设具有技术含量，并反映现代文明的技术设施，即进行教学、科研、生活所需要的物质设施，如数字图书馆、第二课堂以及实验器材、多媒体设备、网络设施等。

(2) 校园精神文化

精神文化是校园文化的核心与精髓，它直接影响着一所大学的教育水平和教学质量。精神文化的建设决定校园文化的建设方向，是培养高素质人才的目标得以实现的保障，是学校增强其核心竞争力的有效途径。

创造开放兼容并蓄的校园文化传统。传承中国优秀的传统文化、民族文化以及党的优良传统，大胆吸收和借鉴世界各国的优秀文化，融合和创新有自身特色的精神文化。主要是办学理念的创新、价值观念的创新、管理体制和管理模式的创新、人才培养模式的创新。提炼有利于培养大学生创造力的校园时代精神。注重科学精神与人文精神的统一。科学精神注重理性的思考、严密的思维；人文精神关注人的思想和价值观念。

校园精神文化可分为以下 4 个方面：

①观念文化。观念文化包括思想意识、价值观念、生活信念、学校精神、校风校训等，从深层次影响着全体师生的理想、信仰、意志、情感及行为。

②学术文化。学术文化是指倡导科学精神，重视学术活动的文化氛围和传统，是校园文化的价值取向。

③文体活动。校园社团和文体活动是校园文化中的行为文化形态。它有利于激发学生的学习兴趣及认识作用的发挥，有利于各种知识的获取和水平的提高。它是培养道德情操、精神境界及评判观念的必要手段。

④校园制度文化。制度是带有持久性、权威性等特点的规范体系，在运行过程中将对其作用对象产生强大的指引、约束、规范、修正功能，并以其权威的刚性制约功能使制度对象产生信任感和服从感，并以之作为自身的行为准则。校园制度是校园文化的框架，制度文化促进校园物质文化、精神文化的发展。

按照国家政策和党的教育方针，从学生思想和身心发展特点出发，遵循教育发展规律，制定和完善有利于发挥大学生主体性的各种行为规范、文明公约和校规校纪等规章制度，并切实抓好具体实施工作。以学生为主体的校园文化是创新能力培养的要求，学生主体性的发掘是素质教育的前提和关键。要通过民主管理、创造性教学、承认差异和个性、学生自我展示、引导和维护学生对校园文化的发展主动权等途径，尊重学生的主体地位，发挥学生的主体作用，激发学生主体积极性。同时，学生要进行自身观念改革，增强主体性意识。

知识分子和青年学生思想活跃、观念先进、自我意识和民主意识较强，希望被尊重、关心、理解、爱护和激励。因此，制度文化建设要在原则性中融入"以人为本"的教育理念。

制度建设的最终目的是形成师生自我激励、自我约束、自我管理的文化环境。学校应制定并完善有利于实施创新教育的规章制度，在规范学分要求与获得、经费与奖励等基础上，推进创新教育走上科学化、规范化、制度化轨道。

2.2.1.2 高校校园文化对大学生创新能力培养的影响

高校物质文化环境具有隐性育人功能，而精神文化则具有显性育人功能。

校园文化具有导向功能、激励功能、调适和约束功能、凝聚与辐射功能。高校校园文化对创新型人才的内化作用也体现在导向、激励、品质优化等方面。

①高校物质文化环境。包括图书馆、资料室、教室等，通过其隐性及显性育人功能，有利于培养学生创新学习能力。图书馆里的整洁静雅、教学楼里的名人名言，对人的心灵和言行都起着潜移默化的作用。在现实与虚拟的网络环境中，学生根据特定目的组成学习共同体（学习社区），在沟通、交流、分享各种学习资源中，共同完成学习任务。学习共同体有两种功能：一是社会强化，即使学生找到自尊和归属感。二是信息交流，学习者与指导者及学习者之间都有一种沟通机制，可以实现信息交流与合作。在沟通交流中学习者能够接触到不同观点，这促使学习者进一步反思、丰富、重组自己的理解和思路，达到对所学知识的同化和顺应。

②以学生为主体的校园文化观念形态，通过引导性、启发式教学，能够有效激发学生的创新力。学生应树立主体观念，重视学习的主动性和动手能力以及人际交往能力的培养。

③通过学术与科研活动了解学科动态，强化学习兴趣，提高知识运用的实践能力，发展个性和特长。通过课外活动，动手动脑、联系实际，有利于提高大学生的自主学习钻研能力。校园文化活动激发右脑活力，提高分析问题和解决问题的能力。以想象为原则，探索原由、推演结论为形式的校园文化模式设计，能够有效培养学生创新性解决问题的能力。通过建立"创造力"学生机构，可以促进学生开展创造性活动。组织校外学术科技竞赛活动，能够促进学生创新思维的提高。

④自主性、知识性、思想性、实践性的社团活动能促使大学生提高管理自己、教育自己的能力，开阔视野，调整知识结构，从而使其进一步创造性地运用、理解和掌握知识。学生社团能够加强信息的交流。演讲、辩论、竞赛等校园文化活动促进和加速了大学生的信息消化与融合。校园刊物是展现校园文化氛围和信息沟通的重要媒介。校园文化，通过成员相互影响，有助于大学生树立合作理念，进行自由平等的探讨、真诚密切的合作。各类校园活动，通过其桥梁作用，能够培养大学生的合作方式。

⑤新生入学教育、学生手册、校规校纪等一系列制度对于约束、规范、引导学生行为具有良好作用。

2.2.2 校园文化与创新创业活动

校园课外活动是指在课堂教学之外，根据受教育者的需要和自身的努力以及教育、教学的需要，在教育者的直接或间接指导下来实现教育目的的一种活动。

根据内容和作用不同，课外活动可分为：思想政治与道德素养类、文化艺术与身心发展类、社团活动与技能培训类、学术科技与创新创业类，包括校内外各类学科竞赛、社会实践与志愿服务类，包括公益活动。也包括各种报告、演讲、征文、辩论、文艺演出、知识竞赛及其他课外文化活动形式。

2.2.2.1 在参与校园文化中提升创新能力

（1）发展学生社团

学生社团是学生为发挥个人兴趣爱好和特长、开拓知识面、挖掘潜力、培养综合能力而自愿组织发起的群众性组织。社团以共同兴趣爱好为基础，适应了学生兴趣多样性特点，为学生发现、发展、挖掘自己的兴趣、潜质、特长创造了条件，为因材施教和发展学生个性拓展了空间。学生在活动和交往中，好奇心、自尊心等都得到了满足，有利于其兴趣爱好的培养，能促进学生情感和健康人格的养成，能激发起上进心和求知欲，从而有利于创新素质的培养。

①大力发展创新型社团。科学研究协会、兴趣小组，如创造学协会、环保协会、机械创新协会、发明协会、IT兴趣小组、机器人研究兴趣小组、创业兴趣小组等。

②健全社团创新体制。学生社团作为一种非正式群体组织，结构松散、活动方式灵活多样。要建立健全各项规章制度，组织和引导社团开展高品位文化活动、高水平学术活动、高层次科技创新活动，以形成健康有序的发展局面。学生生涯是一种"未完成的存在"状态，纯粹的兴趣驱动由于缺乏深层次的理性思考，容易陷入感性和冲动。校党政、团委和学生会必须为社团成立、发展和壮大进行正确导向，通过审批、监督、扶持、管理等帮助社团保持正确思想导向，并在法规范围内开展活动，确保其良性健康发展。

（2）参与校园文体创新活动

①校园文体创新活动。校园文体创新活动包括演讲辩论、才艺展示、基础学科竞赛、社团活动、科技文化艺术节、科普活动等。其中，辩论是思想的交锋、智慧的较量，是语言的艺术。根据辩论比赛的对立性、严密性、机敏性、抗辩性等特点，学生若想在辩论比赛中取得胜利，不但要有丰富的知识积累，而且必须具有敏捷的思维能力、缜密的逻辑推理能力、灵活的现场应变能力、良好的语言组织能力以及团队精神等。

②通过创新校园文体活动的形式激发大学生创新能力。例如，举办一场文艺晚会，可以从单一的歌舞形式发展为魔术、杂技、相声、朗诵等多种娱乐形式并存的综合性文艺演出，其邀请函也从简单购买卡片，到DIY贺卡，再到添加一些刺绣等加工。

2.2.2.2 大学生创新创业训练计划

1969年，美国麻省理工学院（MIT）创设了本科生研究机会计划，鼓励和支持达到一定条件的本科生参与教师的科学研究项目。这一项目的实施为促进本科生参与科学研究开创了先河。

1995年，清华大学提出学生科技训练计划（students research training，SRT），加强对学生的科技开发能力和创新意识的培养，进一步培养具有竞争性和开创性的人才。

2006年11月起，教育部在全国正式实施"国家大学生创新性实验计划"，首次在国家层面上直接针对大学生的研究性学习和创新性实验进行立项资助。参加这些训练的学生可以自主地经历科研创新课题的选题、立项、实验设计、完成项目书、制作成品、撰写论文、答辩验收及专利申请全过程。

1）大学生创新创业训练计划类别

大学生创新创业训练计划包括3类项目：

①创新训练项目。支持本科生团队在导师指导下，自主完成创新性实验方案的设计、实验条件的准备、实验的组织实施、数据处理与分析、撰写总结报告、成果（学术）交流等工作。

②创业训练项目。支持本科生团队在导师指导下，团队中每个学生在项目实施过程中扮演一个或多个具体的角色，通过编制商业计划书、开展可行性研究、模拟企业运行、进行一定程度的验证试验，撰写创业报告等工作。

③创业实践项目。支持学生团队在学校导师和企业导师共同指导下，采用前期创新训练项目的成果，提出一项具有市场前景的创新性产品或者服务，并以此为基础开展的创业实践活动。

2）走近创新

科技创新活动是指在校大学生利用课余时间主持或参与的科学研究、科技发明与制作、调查报告等活动。其内容包括：主持或参加学校许可的科研项目、调查报告，发表学术论文，申请发明专利，参加国际级、国家级、省部级、校级科技竞赛，组织校内科技活动，参加科技类展示会、交流会等。

创新是为适应系统内外变化而进行的局部或全局的调整，原则是行事所依据的准则，创新的原则有如下几条。

（1）充分发挥自主性，树立正确的价值观

创新源自兴趣、热爱和坚持。在大学生创新训练项目中，教师立项比例占大多数，学生参与项目占学生总人数比例较低。教师对学生的要求主要是积极主动性（23%）和勤奋刻苦（44%），对项目重视并肯投入精力和时间，对学生的学习成绩和基础并不是非常看重。学生选择创新项目的因素主要是兴趣（占70%）。从筛选学生进入创新项目的方式来看，41%的教师希望学生通过提交项目设想后再进入项目，因为学生自己设想的项目必然与兴趣有关，但是这种判断的前提是必须建立在学生和教师充分沟通的基础上。调查发现，41%的教师和67%学生希望项目是在教师指导下由学生自己思考后形成的选题❶。要敢于挑战新的领

---

❶ 黄骥，王建飞，鲍永美，等. 农科类大学生科研训练（SRT）计划实施策略探讨[J]. 中国农业教育，2008（6）：43-45，64.

域，把自己的思想和思路凝结在作品当中。从事创新要将个人兴趣与专业和学科发展相结合，与企业战略相结合，与国家需求相结合。若选国家项目的子项目，则应把研究范围划清楚，说明申报者在此项目中具体负责并完成的任务。

(2) 把握全局，发现具体问题；立足原始创新，面向科技前沿

只有把握全局，创新才有意义；把握全局，有利于明确创新的价值和目标，提升创新的独特性和层次。因为了解细节，创新才有依据；有效的创新始于细微之处。现代管理学之父德鲁克(Peter F. Drucker)认为，创新开始时不能设定太远的目标，这样往往会失败。要从细微处入手，慢慢走向成功。要先在特定领域取得领导地位。也有例外，例如，苹果挑战了这些原则，出生就瞄准领导地位，而且获得了成功。这是对传统的颠覆。只有发现问题，创新才有突破口。

原始性创新有其独特的研究技巧和方法：对已有知识的科学整理与发掘；善于发现已有理论与实际的矛盾，勇于挑战传统理论；重要科学发现直接用于技术领域。利用特殊的仪器(设备)对自然现象进行探索或对理论预言进行检验；独具创意的实验和对实验事实敏锐的观察。在良好的科学基础上的前沿性、交叉性研究；运用众多基础研究理论解决重大技术创新中的难题；利用数据与计算机手段创造出过去技术原理的实现条件；理论成果的应用形成全新技术原理，并在此基础上开发研究。

(3) 创新源自对机遇的分析和对机遇来源的彻底思考

创新源自与时俱进，创新需要融入时代元素。这种时代性创新源泉，可能来自课程学习信息捕获、心得体会或批判性思考，也可能来自课外讲座、信息、实践的启发。

创新需要对机遇的冷静分析和思考。面对创新机遇，需要深入思考，做出决断，而不能人云亦云，也不能头脑发热、贸然行动。试着用理性与感性协调处理。

应多看多问多听，多向互动。与上级交流，其经验、见识给我们方向；与同级交流，会让我们更全面地认识现状，明确创新重点；与下级交流，其稀奇古怪的想法往往是我们最缺少的元素；与外组织交流，互通有无，相互借鉴，常有意想不到的效果。

所有的创新机会都来自外界环境的变化。德鲁克把企业外界的变化分成 7 个方面，每一个方面都是创新机会的来源。若理解了这 7 个来源，对怎样管理创新活动，让组织内部的结构、政策、财务、人事适合创新的要求，以及如何把创新的成果最大化，也就是市场战略，就能融会贯通。创新的来源、创新的管理、创新的市场战略，合起来构成创新的实务部分。这对大学生创新同样具有启发意义。

创新的来源分为两组。第一组，即前 4 个来源存在于机构或行业内部，其实是行业外部大环境的改变反映到行业或机构内部的一些征兆或信号。第二组是机构或者产业以外的变化。除非它们以前 4 个来源的形式反映出来，否则经常会受到忽视。但是它们更带有根本性，是直接可以被用来创新的。

当我们把"变化"当成观察和分析的对象时，很难把一个变化限定在某一个领域中。一个变化总是牵一发而动全局。这 7 个创新机会的来源界限相当模糊，彼此之间有相当大的重叠部分，它们是在不同领域、不同方面都会有所反映的、立体而复杂的变化的切入点。

①意外事件是最容易被利用、成本最低的创新机会。意外事件包括意外的成功、意外的失败和意外的外部事件。认真分析意外事件背后的原因，或许就会发现创新机会。能够利用意外成功的人就是企业家，其头脑是开放的。曾经利用意外成功起家的，到后来对于意外的成功也还是会拒绝。为什么意外成功显得挺有挑战性？因为已经做得不错的那些企业、企业家，对意外的成功有种天然的排斥性。所以，在如何对待意外成功的问题上发生了一种很奇怪的现象：小公司往往能抓住机会，反倒是原来的成功者把握不到。意外的失败不是掉以轻心地去做失败了，而是周详计划、精心设计、努力实践后失败了，这个失败就值得重视。也许是产品或服务设计或营销战略所依据的假设不再符合现实状况；也许是客户已经改变了他们的价值和认识，尽管他们仍然购买同一种东西，但他们实际所购买的是截然不同的价值；也许是原本的同一市场或同一最终用途，现在分裂成了两个或者更多的市场，而且每一个市场所要求的东西都完全不同了。客户认知的价值与生产供应者以为客户需要的那个价值是不一致的，这涉及另一个创新的来源，就是不协调；市场和客户群分裂了，分成不同的两个或多个部分，这牵涉另一种创新的来源，就是产业结构和市场结构发生改变。

②不协调事件或现象，即此事明明从逻辑上、道理上应该行，但实际结果就是不行。不协调事件或者现象，是指现实状况和设想推测的状况不一致，以及其他不协调状况。它分4种情况：经济现状的不协调；现实和假设的不协调；你所认定的客户价值和客户实际价值（追求的东西）之间的不协调；程序的节奏或逻辑的内部不协调。例如，远洋货运的主要问题是船闲置成本过高，但从业者误以为是船航行的工作成本太高，只要用集装箱把货物装卸在陆地上而不是甲板上，就解决了现实和假设之间的不协调。若是方向错了，越努力，船开得越快，装得越多，到港后要等待的时间就越长。

③程序需求，就是现有流程中的薄弱环节，有待改善和创新。例如，最后1千米配送，是指客户通过电子商务途径购物，商品被运到配送点后，从一个分拣中心，通过一定的运输工具，将货物送到客户手中，实现门到门的服务。其间若存在诸多问题，将影响重大。

基于程序需要的创新有5项要素，具备这5个要素才有条件去进行创新：一个不受外界影响的独立存在的程序（如白内障手术），是第一个决定条件；在这个程序中，存在某一个特定的薄弱或欠缺的环节（割除韧带）；使用者对解决这个薄弱环节有一个清晰、明确的目标（去除韧带不出血）；解决方案的详细规范可以清晰地加以界定（用酶溶解韧带、酶的保存和运输方法）；大众的接受度（包括医生、病人、病人家属）。基于程序的创新是从工作和任务出发的，不像基于不协调的创新往往是因为形势所迫。尽管在不协调的4种现象中，有一种也和程序有关，但单独把程序的需要作为一个来源提出来，是因为它与不协调是基于两种不同的感知（发现）途径，它需要创新者对一项工作而不是对环境进行研究。

④产业结构和市场结构的变化。宏观经济环境的变化、技术的变化都会带来创新的机会。如数码技术的出现，让影像行业发生了很大变化。柯达公司因为没有重视这个变化，很快就被市场所淘汰。其实早在1975年，柯达就发明了第一台数码相机，但它只想着保护自己的传统优势，没有看到这个行业变化带来的创新机会，结果错失市场。

⑤人口结构的变化。像人口数量、年龄结构、性别组合、就业情况、受教育状况、收入

情况等方面的变化。这个很好理解，如中国现在的老龄化，就会带来很多创新机会。

⑥认知、情绪以及意义、观念上的变化。意外的成功和失败能产生创新，是因为它能引起认知上的变化，包括文化与价值观念的转变。如计算机，最早认为只有大企业才会用，后来意识到家庭也能用，才有了家用计算机的创新。反之，如果认知上没有变化，就可能失去创新。如福特公司一直以为买车的都是男人，汽车声音大，开起来才带劲。后来，丰田生产出乘坐舒适度更高，噪声更小的家用轿车。

⑦新知识。新知识创新往往需要好几个因素。例如，喷汽式发动机早在1930年就发明出来了，但应用到商业航空上是在1958年波音公司研制出波音707客机，中间隔了28年。因为新飞机的研发不仅是发动机，还需要空气动力学、新材料以及航空燃料等多方面知识技术的汇合。

3) 积极参与大学生创业活动

高等学校培养大量具有创新精神和创业能力的高水平人才，是我国经济社会实现快速发展的先决条件，是建设创新型国家和全面发展小康社会的客观需要。大力培养大学生创新创业能力，日趋成为建立高校创新体系的关键环节和基础内容。

(1) 以"三大基本建设"为根本，夯实创新创业根基

一般来说，一个人的创新创业能力源于他精深的学科背景、过硬的专业知识和开启智慧的课程内容。因此，学科、专业与课程建设构成了大学生创新创业能力培养的三大基本建设。

①学科建设。加大学科创新力度，瞄准学科发展前沿和重大生产及社会实践问题，体现前瞻性；突破原有学科界限，通过推进学科交叉与融合培养新的增长点，体现创新性。

②专业建设。以掌握理论、强化应用、突出创新能力为目标；按照优势突出、特色鲜明、新兴交叉、社会急需的原则，调整和优化专业结构，建立创新性专业课程体系。

③课程建设。把培养学生接受新知识、分析问题解决问题的能力、创新能力、实践能力等作为出发点和归宿。它决定学生的知识、能力和素质结构，对人才培养产生最直接影响。

(2) 以开设"三类课程"为途径，丰富创新创业知识

①开设"大学生就业与创业指导"，使每个大学生接受创新创业的基本理论知识培训。

②为有创业意向的大学生开设"创业精神教育、创业知识教育、创业务实类"教育选修课，使他们掌握创新创业理论，学习创新创业方法，树立创新创业意识，提供创新创业能力。

③为准备创业的大学生开设"模拟创业、实战训练类"的选修课程，例如，YBC(中国青年创业国际计划)、KAB(国际化创业教育项目)，让优秀创业导师进行一对一具体指导，并提供资金、技术、网络支持，帮助大学生创业成功。

(3) 校企合作，搭建创新创业能力培养平台

培养创新创业能力，不仅依赖于学校的资源和环境，更需要企业提供实习实训基地。根据联合办学协议，学校和企业向学生提供必要的设备及生产实习场地，建立与完善实习实训教学基地。同时，请有实践经验的工程技术人员担任相关专业指导教师，协助学校完成学生

实践技能的培训，从而使大学生接受企业创新创业文化氛围的熏陶，感受职业规范和要求，掌握有关新知识、新技术、新工艺、新方法，初步认识实际岗位工作能力和素质要求，增强学生团结协作意识，培养发奋进取、忠于职守的敬业精神和精益求精的工匠精神，从根本上解决学生在校学习的职业针对性、技术应用性等问题。

2.2.2.3 学科竞赛

学科竞赛包括学校（国家、省部级）组织的各项学科竞赛，如高等数学、数学建模、大学物理、英语竞赛、电子设计、机械创新设计、外语水平考试、计算机水平考试等基础课程的竞赛。

以下简要介绍"挑战杯"全国大学生系列科技学术竞赛。

20世纪90年代，我国高校本科生科研活动主要以科技竞赛的形式出现。1989年，在共青团中央的支持下，清华大学、北京大学等高校联合举行了第一届"挑战杯"大学生课外科技活动成果展览暨技术交流会，这标志着我国本科生科研活动正逐步迈向正轨。"挑战杯"全国大学生课外学术科技作品竞赛是由共青团中央、中国科协、教育部、中国社会科学院、全国学联主办的一项具有导向性、示范性和群众性的全国竞赛活动，被誉为中国大学生学术科技的"奥林匹克"。

"挑战杯"全国大学生课外学术科技作品竞赛以"崇尚学术、追求真知、勤奋学习、锐意创新、迎接挑战"为宗旨，培养了一大批在学术科技上有潜力、有作为的创新型人才，充分展示了我国大学生的科技创新成果，积极推动了高校与社会间的交流。

"挑战杯"全国大学生课外学术科技作品竞赛和中国大学生创业计划竞赛两个项目的全国竞赛交叉轮流开展，每个项目每两年举办一届。

1) "挑战杯"全国大学生课外学术科技作品竞赛

"挑战杯"全国大学生课外学术科技作品竞赛的基本方式：高等学校在校学生申报自然科学类学术论文、哲学社会科学类社会调查报告和学术论文、科技发明制作3类作品参赛；聘请专家评定出具有较高学术理论水平、实际应用价值和创新意义的优秀作品，给予奖励；组织学术交流和科技成果的展览、转让活动。"挑战杯"已经形成了国家、省、高校三级赛制。

(1) "挑战杯"全国大学生课外学术科技作品竞赛选题

要从事科技创新活动，就要发现问题、选择问题。选题是在对客观问题和资料进行研究的基础上，选择并确定研究方向和目标。从选题角度就应该树立创新意识，建立批判性思维，敢于突破思维定势和障碍，不拘泥于某种结论或形式，才能发现问题和创新点，萌发创新思路，提出创新方案。选题应遵循客观与主观、需要与可能相统一的原则，体现研究的可行性、新颖性和独特性。

在选题过程中，要有意识地培养自己敏锐的洞察力，把观察问题和已知知识联系起来，严格而客观地评价、冷静地分析一种思想、一种观点的是非利弊，联系其普遍性和特异性、相似性和差异性，从而根据已有的关于某一事物的结论审查借以得出结论的依据，把自己对事物的推测看作尚待验证的假设，认真加以检验，去伪存真，发现、发挥和补充前人研究不足甚至研究错误，以便能够产生突破性效果，形成别开生面的选题风格。

① 创新来自学科发展、学科交叉，以及基础与前沿的结合。要重视学科内部薄弱环节或学科交叉点，以研究目标为出发点，从研究需要出发考虑人员组成，善于协同作战。探索性课题研究是运用所学知识、消化新知识、更新知识，并进行与学科前沿相结合的创造活动。选题可以是已经解决但能够进一步改进和探讨的理论问题，尽可能反映当代科技发展水平，这就要了解、把握国内外在该研究领域的最新成果和发展动态。

要结合本校具体条件、专业特色等进行选题，并进行有效整合。一般来说，多种资源、信息、学科、领域的交叉点就是切入点。

② 注重理论与实践相结合。参赛者的研究工作以扎实的基础理论、专业知识和实践能力为基础，在不断丰富经验的同时补充理论上的不足，在艰苦实践中促进理论的学习和掌握。要及时掌握丰富信息。通过查阅图书资料、信息查新、网上查询，请教专家、教授等，了解拟选项目的最新信息。

③ 选题体现对社会科技经济发展的关注。创新源于身边，要学会关心社会、留意生活、注意细节。所选题目应反映社会关注的重大问题、关键问题、亟待解决的问题、热点、焦点及现实生活中存在的问题。具体关注科研、生产、教学、工作、生活等各方面社会需求。

在选题过程中，还要培养自己的发散思维能力。选题中的发散性思维培养是指从思维的中心点出发，通过多角度的思辨，从不同侧面、用不同方法去考察、分析选题，摆脱思维定势的禁锢，打破常规思维范式的影响，捕捉思维的目标，发现创新点和创新萌芽，开发选题的多样性。只有这样，才能保证选题向蕴藏丰厚而又处于盲区的"富矿"开采和挖掘，使选题独辟蹊径，有真知灼见。

定题之前，可对立论的科学性、论点的准确性、论据的可靠性、概念的周密性、资料的确凿性、结论的信服性等提出质疑、排除和诘问。

(2) "挑战杯"全国大学生课外学术科技作品竞赛项目筛选

项目筛选首先主要关注作品的科学性、先进性和现实意义。自然科学类论文对科学性要求较高；科技发明制作则要求现实意义更高。

其次要求文件资料完整性。各种证明文件、鉴定证书、专利证书、使用说明书等有关证明，科技发明制作类作品一定要有研究报告。

最后注意，同一学校申报的作品，不要集中于某一学科领域，避免自相竞争。

2) "挑战杯"中国大学生创业计划竞赛

创业计划竞赛起源于美国，又称商业计划竞赛，是风靡全球高校的重要赛事。它借用风险投资的运作模式，要求参赛者组成优势互补的竞赛小组，提出一项具有市场前景的技术、产品或者服务，并围绕这一技术、产品或服务，以获得风险投资为目的，完成一份完整、具体、深入的创业计划。

"挑战杯"中国大学生创业计划竞赛采取学校、省（自治区、直辖市）和全国三级赛制，分预赛、复赛、决赛3个赛段进行。大力实施"科教兴国"战略，努力培养广大青年的创新、创业意识，造就一代符合未来挑战要求的高素质人才，已经成为实现中华民族伟大复兴的时代要求。作为学生科技活动的新载体,创业计划竞赛在培养复合型、创新型人才,促进高校产学研结合,推动国内风险投资体系建立方面发挥着越来越积极的作用。

此外,还有各级各类创新创业竞赛、由与学校有合作关系的企业针对其自身发展需要而在学校内部单独设立的竞赛项目、就业指导竞赛等。

2.3 教学活动与创新能力训练

2.3.1 教学观念、教学模式与教学方法

课堂教学既反映教师教学水平,也反映学生学习程度,是大学生创新能力培养的重要途径之一。

2.3.1.1 创新视野下的课堂教学的本质

1)创新视野下的课堂教学价值观

传统观念认为,教育的价值在于知识的传递和接受。通常在教学目标设定上,被明确规定的是知识重点与难点,需要掌握的技能与技巧。认真负责的老师往往把力气花在讲清知识、落实练习,使学生能牢固掌握知识。学生重视听讲而忽视思考,重视笔记而忽视参与,重视考试而忽视过程,把课堂学习目标局限于知识的接受上。

学生与教师应一起对教学实践作批判性的反思,找出课堂上教与学背后深藏的教学价值观,认识这种价值观的问题所在;需要探索重建教学价值观的依据及合理性,进而在师生的头脑中建立新的课堂教学价值观,并在教学实践中有意识地、持久地去实现。

(1)重新认识教学在培养人的过程中的价值以及为培养怎样的人服务的问题

要从单一传递教科书上的现成知识,转变为培养能在当代社会中实现主动、健康发展的一代新人。

传统的学科教学依靠死记硬背或强化练习,追求的是牢固记忆、熟练应答、考试成功。教学大纲和教科书主要突出的是已经形成的基础性知识,它以客观真理的面目出现在学生面前,要求学生理解、掌握和应用,其后果是造成学科育人价值的贫乏化。它割裂了抽象的书本知识与人的生活世界的丰富复杂的联系,割裂了书本知识与人发现问题、解决问题、形成知识过程的丰富复杂联系。

学科书本知识是育人的资源与手段,服务于育人这一根本目的。只关注现成知识传递价值的教师,或只关注对现成知识接受的学生,实际上是被动地适应、执行他人思想与意志为基本生存方式的人。

(2)认真分析和对待各学科的独特发展价值

每个学科不仅传授必须掌握的基础内容,更是学生争取多方面主动发展的基本立足点。除了其领域知识外,还可以为个人认识、阐述、感受、体悟、改变世界和实现自己的意愿提供不同的路径和独特的视角;提供一种唯有在这个学科的学习中才可能获得的体验,提升独特的学科美的发现、欣赏和表达能力。

2) 创新视野下的课堂教学认识观

课堂教学的中心或唯一目的是完成认识性任务吗？传统课堂教学认识论忽视师生的多种需要与潜在能力，忽视师生交互和创造能力。关注教师的教，忽视学生的学；重视知识传递，忽视能力培养；忽视学生学习中的非智力因素。它使课堂教学变得机械、沉闷和程式化，缺乏生气和乐趣，缺乏对智慧的挑战和对好奇心的刺激，使教学本身成为导致学生厌学、教师厌教的因素。

从学的角度看，要从生命价值的层次，用动态生成的观念，重新全面认识课堂教学。

①课堂教学是人生中一段重要的经历，是生命的有意义的构成部分，关乎现在和未来。

②课堂教学的目标应是促进学生的全面发展，而不是只局限于认识方面的发展。

③课堂教学蕴含着巨大的生命力，只有师生的生命活力在课堂教学中得到有效发挥，才能真正有助于创意人才的培养，课堂上才有真正的创新生活。

3) 创新视野下的课堂教学过程观

教师、学生、教学内容是课堂教学不可缺失的三要素。

教师在教学过程中的角色不仅是知识的呈现者、对话的提问者、学习的指导者、学业的评价者、纪律的管理者，更重要的是课堂教学过程中呈现出信息的重组者。

在教学过程中，学生不仅是对象、主体，还是教学资源的重要构成者和生成者、评价者。鼓励学生努力做到以下几点，成为课堂的主人：

①主动参与、有深刻情感体验、有挑战性思维活动、有适当学习方式。

②学习有具体目标、能完成知识有意义的建构、有一种清晰的反馈。

③有迁移和创造的欲望和能力❶。

2.3.1.2 创造性教学模式

创造性教学，是指教师在教学过程中，根据学生创造活动的客观规律，运用创造性思维方法，通过学生自身的能动作用，以有效发展他们的创新潜能和创造心理素质为目的的教学范式。

1) 教学模式

(1) 概念

美国学者乔伊斯和威尔认为，教学模式是试图系统地探讨教育目的、教学策略、课程设计和教材以及社会和心理理论之间的相互影响，以设法考察一系列可以使教师行为模式化的各种可供选择的模式。

教学模式，是指符合特定的教学理论逻辑的、为特定教学目标服务的、相对稳定的教学活动结构；它能够帮助教师根据一定程式设计课程，安排教学材料，进行课堂教学。

(2) 组成

教学模式可以分为结构序列、社会系统、反应原则、支持系统4部分。结构序列指对教学活动阶段、顺序的安排。社会系统是指师生角色、关系及其规范。反应原则指教师如何对

---

❶ 郭绍生. 大学生创新能力训练[M]. 上海：同济大学出版社，2010.

待学习者，怎样对其表现做出反应。支持系统是为了使特定的教学模式达到预期目的所必须具备的前提条件。

一个完整的教学模式包含 5 个要素：理论依据、教学目标、操作程序、辅助条件和教学评价。

(3) 分类(表 2-2)

表 2-2 4 类教学模式

类别	内涵
行为模式	以行为主义为理论基础，重视学习者的外部行为，而不是内部心理结构和心理活动，强调教师的及时反馈、强化和行为塑造、知识技能在学习中的决定作用
信息加工模式	重视教学的信息加工过程，着眼于如何充分发挥每个学生的信息加工能力以及如何提高这种能力
个人模式	通常采用个别或小班教学形式，重视个人及自我的发展，重视个人知识和经验的建构及创造性培养
社会相互作用模式	重视个体与社会或他人之间的关系，认为每个人眼中的"现实世界"都是不同的，它实际上是个体与社会、他人签订协议的过程

(4) 创造性教学模式及其特征

创造性教学模式是在教学实践中形成的、以培养学生创造性为目的的一种用简化形式表达的创造性设计和组织教学的理论。创造性教学模式有以下特征：

①主题的前瞻性。主题因素是指创造性教学模式赖以成立的教学思想或理论。

②形式的多样性。通过不同的学科、年级、师生等因素及其组合表达出来。

③结构的整体性。包括理论结构的全面性、实践结构的完整性和方法体系的整体性。

④功能的有效性。从理论功能到实践功能两方面反映效果。

⑤方法的灵活性。多种方法便于根据学科、年龄、创造力品质等进行选择。

⑥评价的多元性。学生的差异是创造性教学注重个性化的前提。

2) 建构主义的教学模式

(1) 抛锚式教学

抛锚式教学有时也称"基于问题的教学"或"实例式教学"。这种教学要求学生到实际的环境或事件中去感受和体验问题，而不是听这种经验的间接介绍和讲解。在实际情境中一旦确立一个问题，整个的教学内容和教学进程就被确定了(就像轮船被锚固定一样)。

抛锚式教学与情境地学习、情境认知以及认知弹性理论❶有着极其密切的关系，只是该理论主要强调以(超文本)技术学为基础的学习。

(2) 支架式教学

当学生面对新的学习任务时，教师应当用直观的教学方法给学生做出示范。一旦学生能

---

❶ 认知弹性，意指以多种方式同时重建自己的知识，以便对发生根本变化的情境领域做出适宜的反应。这既是知识表征方式(超越单一概念维度的多维度表征)的功能，又是作用于心理表征的各种加工过程(不仅是对完形的修复，而且是对一整套图式的加工过程)的功能。

力有所增强时,就应当逐渐减少指导的数量。教师的作用就像建筑中的脚手架,当学生需要的时候就会提供支持。当项目展开时,便需要适时地调整或去除支架,而不要对学生自己能做好的事情加以过多的帮助。

(3)认知学徒式教学

让学生像手工艺行业中的徒弟跟随师傅那样在实际中进行学习,从多角度观察、模仿专家在解决真实性问题时所外化出来的认知过程,从而获得可应用的知识和解决问题的能力。教师的作用是示范、支持和鼓励。

(4)随机通达教学

对于同一教学内容,在不同时间、重新安排情境下,带着不同目的、从不同角度多次进行学习,以达到高级知识获得的目标,即随机通达。

教学中应努力使学生形成对概念的多角度理解,并要与具体的情境联系在一起,通过以不同方式交叉浏览结构不良知识领域,并且揭示知识的多种关联性,使学生认识到知识应用的多样性。要为学习者提供知识的多重表征❶并鼓励学习者自身多知识进行多种方式的表征。学习的关键在于围绕关键概念组成网络结构,包括实事、概念、策略以及概括化的知识,从而形成随机通达的状态。

内隐性学习和默会性知识对高级知识学习意义重大。内隐性学习是一种自发的、无意识的自动化执行活动。默会知识常涉及认知者对特定情境问题的兴趣、热情和思维方式。

3)强化"问题意识"的教学模式❷

(1)奥斯本的"创造性解决问题的五步骤"

由亚历克斯·奥斯本总结归纳的"创造性解决问题的五步骤"特别强调学生自己的"发现"。

①发现问题,或从不同的角度搜寻真正具有挑战性的问题。

②发现事实,为了更好地理解情景,并设想可能的解决方案。

③发现观念,旨在汇集来自潜意识的观念,并在它们全部涌现之后才对它们的质量进行判断。

④找到解决方案,并对诸多观念的贴切性和适用性进行评价,从中选出最佳观念用以实施。

⑤寻找认可或获得一批这一观念的拥戴者,并将其付诸实施。

(2)奥斯本-帕内斯创造性问题解决教学模式

由美国创造学家帕内斯及其同事根据奥斯本的创造过程理论创立。在创造性培养中,已有知识发挥着重要作用。个体创造性只有在运用知识解决问题的过程中才能表现出来。教师

---

❶ 表征是指客观信息在人心理活动中的表现和记载方式。不同表征所具有的共同信息称为表征的内容,而每一种不同的表征形式称为编码。主要有命题表征、类比表征、程序表征。命题表征以精确的信息加工为主要特征;类比表征按照直接感知的方式储存信息。

❷ 龚放,岳晓东. 强化问题意识 造就创新人才[J]. 高等教育研究,2000(1):57-61.

担负着调动起学生创造行为的责任。为此，一种适宜的宽松愉快的氛围是非常重要的。为了创设这种氛围，教师必须允许学生自由表达，鼓励学生表现幽默，并不断酝酿一些新的想法，同时对学生思维的质和量提出一定的要求。

培养学生创造性的有效途径应当是以创造性问题解决为核心和目的的教学。

①使学生善于发现困惑、发现问题。在给定的困境中，指导学生提出值得探讨的许多具体问题，描述有关问题的诸多要素。仔细而客观地观察情境中的事实，从杂乱无章的事实中分析出已知者。发现资料，收集有关资料。从若干观点思索可能的问题，把范围缩小到主要的问题。

②使学生学会确定问题。给定一个复杂的问题情境❶，要求学生找到陈述问题之后的潜在的、真正的问题；并扩展或重新定义问题，识别若干可能存在的子问题。重新以可解决的形式陈述问题。

③学会打破习惯性思维。发现构想，产生许多主意和可能解决问题的方法。

④学生应能推迟判断。发现解答，对某一问题提出诸多答案，但暂时不作评价。

⑤进一步发现新的关系，如事物或经历之间的相似或差异。

⑥学会评价问题及解决方案。在数种可能解决问题的方法中选择最可行者。就解决方法发展评鉴准则，根据准则评估可选择的解决方法。寻求接受、发展行动计划，针对所提出的问题解决方法征求意见。

上述每一步骤，都需要运用发散和集中两种思维。最大的特点在于，"发现"被置于重要的地位。

(3) 托马斯-布鲁巴克探究式教学模式

托马斯和布鲁巴克 1971 年提出了发现、提炼、解决问题的一般步骤：

①明确有待调查研究的问题。

②把这些问题分解为若干组成部分，以便清晰地了解回答问题所需收集的各类信息资料。

③收集所需的信息资料，并加以综合。

④以解决或回答问题的方式来阐明信息资料。

⑤陈述结论。

⑥对解决问题过程的成就进行评价。每一步骤是否都有效地完成？若无，为什么？如何补救？

"这样一种探究式的教学方式比教师的讲授、解释和示范更能促进迁移。"

(4) 布鲁贝克倡导的"问题"课程

这种"问题课程"不从学科着手，不强调学科或知识的系统性和完整性，而是从那种多面性问题——各门学科复杂地结合在这一问题里——开始。例如，"贫穷问题""妇女问题"

---

❶ 有两个或两个以上的可能性可供选择时即形成情境。如果情境与经验不一致而发生冲突时就形成问题。问题情境指个体面临的刺激与已有知识结构之间形成的差异。

"代沟问题",以及种种全球性、区域性问题。学生在教师指导下,围绕专门问题进行研究,通过这种问题研讨,激励思维,并将各学科知识整合起来。

4) 发现法教学模式

(1) 教学目标和观点

布鲁纳根据认知-发现学习理论,提出了认知结构-发现教学理论。他强调,学习的结果是形成认知结构,教学活动的最终目标是"学科结构的一般理解"。学科的基本结构包括基本概念、原理及其规律,应处于教材编写和课程设计的核心。教师要为学生提供一定的材料,创设问题情境,引导学生独立地发现解决问题的可能方法,从中发现事物之间的联系和规律,获得相应的知识,形成或改造认知结构。

其主要特点是:教学围绕一个问题情境展开而不是围绕知识项目展开;教学中以学生的"发现"活动为主,教师起引导作用;没有固定的组织形式;可以最大限度地发挥学生在学习中的主动性和创造性。

(2) 发现型问题教学过程

发现型问题教学的一般过程包括以下6个步骤❶。

①创设问题情境。教师选定一个或几个一般的原理,学生的任务是带着疑惑去学习,提出弄不清的疑难。让学生在一种包含未知的、新的东西的环境中处于一种心理困境。情境中的问题既适合学生已有的知识能力,又需经一番努力才能解决,从而促使学生形成对未知事物进行探究的心向。

②教师为学生提供资料。包括有助于形成概括性结论的实例,每一组资料可包括关于概念的各种肯定的例证或否定的例证。资料内容为事件、人物、物件、故事或图片等。所有肯定的例证都有共同性。引导学生观察各种现象的显著特点,并逐步缩小观察范围,把注意力集中于某个中心点。

③引导学生提出关于概念的假设。教师要帮助学生形成丰富的想象,防止过早语言化。与其指示学生如何做,不如让学生自己试着探究,边做边想。学生利用所掌握的资料,对问题提出各种可能性。学生对不同的例证加以比较,最后根据例证的基本属性,给概念命名、定义,或阐述规律,亦即形成概念。

④对获得的概念进行检验。对各种可能性进行反复的求证、讨论、寻求答案。让学生从已提供的例证以外,去寻找与概念同一的无标签的例证,然后由学生自己提出他们的例证。接着用新例证来检验假设是否成立,有必要时修正假设。得出符合科学的结论。

⑤引导学生将获取的新知识(即通过自己的发现得出的结论)纳入自己的认知结构中的适当位置,并运用于新的问题情境中,使其得以巩固和深化,形成迁移能力。

⑥要求学生分析他们获得概念的策略。反省自己是如何获得概念的,通过反省逐渐认识到哪些策略是有效的,其中哪一种最有效。

---

❶ 吴春燕. 发现型问题教学[J]. 教育教学论坛,2014(38):120-121.

(3) 教学效果

学生学习的效果，有时取决于教师何时、按何种步调给予学生矫正性反馈，即要适时地让学生知道学习的结果，如果错了，还要让他们知道错在哪里以及如何纠正。让学生有效地知道学习的结果，取决于两点：一是学生在什么时候、什么场合接受到矫正性信息；二是假定学生接受的矫正性信息的时间、场合都是合适的，那么学生在什么条件下可以使用这些矫正性信息；三是学生接受的矫正性信息的形式。

学生利用矫正性信息的能力与他们的内部状态有关。如果学生因驱力太强而处于焦虑状态，那么，提供矫正性信息不会有多大用处。另外，如果学生有一种妨碍学习的心理定势的话，学习往往会显得异常困难，这时，学习的每一步骤都需要及时给予即时反馈。教学的目的在于使学生能独立学习、独立解决问题。提供矫正性反馈也有可能会产生负面作用，即会使学生一直依赖于教师的指正。因此，教师必须采取适当措施，使学生最终能自行地把矫正机制引入学习中去。

(4) 发现型问题教学的类型

根据教师所起的作用不同，将发现学习、发现型问题教学分为3种类型。

第一类是体验发现型。学习课题、假设、验证用的资料、实验都由教师事先准备好，学生凭借已有经验从几种假设中选取一种并围绕所选取的假设展开讨论。

第二类是指导发现型。教师提出学习课题，指导其学习、收集有关资料，设想、假设都由学生自己提出，以求发现概念及原理。验证假设用的资料由教师事先准备好，或者由学生提出要求教师再准备。

第三类是独立发现型。课题由学生自己或教师提出，整个过程与科研相似，都是由学生自己独立进行，教师仅仅是辅助者、组织者。

(5) 问题情境的创设策略

①实验型问题情境。实验过程常因受到未被关注的变量的影响，而使实验结果出乎意料。

②生活型问题情境。水果不洗不能吃，为什么自来水洗了的水果可以吃？

③设计制作型问题情境。通过对设计图纸和实物模型的对比，发现差异和问题。

④调查型问题情境。在调查中，发现各种问题。例如，实际情况与理论的不同。

⑤错误型问题情境。试误是一种勇敢的尝试，也是一种发现问题的方法，而错误是一种宝贵的资源。不怕犯错误，更不要隐瞒错误。孰是孰非的争辩及纠正错误是最有效的学习过程。

⑥知识型问题情境。学科的理论体系主要由概念、规律等组成，也是创设发现型问题情境的素材。

5) 苏赫曼的探究训练教学模式

(1) 基本理论

探究性学习的理论基础是皮亚杰的认知发展理论和布鲁纳的发现学习理论。它通过使学生学会用来组织知识、形成原理的各种过程的方式，以便掌握一种用于调查并说明特殊现象的方法,从而成为独立的学习者。它是指学生在教师指导下,从社会、自然和生活中选择并确定专题进行研究,并在研究中主动获取与应用知识和技能、解决问题、培养创新精神和科研素质的教学方法。

(2)基本过程与环节

探究性学习要求学生必须发展并熟悉基本的探究过程。这些探究过程包括观察、归类、运用数字测量、运用时空关系、预测、推论、操作定义、形成假设、解释资料、控制变量、实验和沟通(表2-3)。

表2-3 苏赫曼探究训练教学模式的基本环节

过程	举例
面对问题情境	教师呈现一个引起认知冲突的事件,例如,某人正在勘测一座高山,突然滑倒。他滑倒时离山顶有50米,但摔落后却发现自己到了山顶。他没有爬这50米,也没有人帮他,而且他一直在同一座山上。他究竟怎么到达山顶的呢
提出假设,收集资料	学生通过提问来收集更多信息,分离相关变量;教师只回答是或否
形成解释,做出结论	学生可以检验因果关系,最终得出结论
分析探究过程	教师引导学生对他们自己的思维过程进行讨论:重要的变量是什么?你是如何把原因与结果联系起来的

教师应注意使教学内容问题化、教学过程探究化、探究方式多样化、学习成果创新化。

6)创造性培养的教学模式

(1)吉尔福德的思维培育教学模式

吉尔福德依据其智力三维结构模型,设计了一种以问题解决为主的思维培育教学模式。在吉尔福德看来,教学创造性思维与问题解决很难完全分开。

他强调记忆储存(知识经验)是问题解决的基础,问题解决的过程始于环境和个体的资料对系统的输入,经过注意的过程以个人的知识经验基础对资料加以过滤选择,然后引起认知操作,了解问题的存在及本质。接着进行发散思维酝酿各种解决问题的方法,通过集中思维选择解决问题的方案(有时可能未经发散思维而直接以集中思维解决问题)。而在这一过程中,如有反对观点,则必须靠评鉴的运用;但在发散思维的情况下,有些取出的资料则避开评鉴的作用,也就是所谓的"拒绝批判",这在创造性思维能力的培养中是非常重要的。[1]

(2)泰勒的发展多种才能的创造性思维教学模式

泰勒(Taglon)认为,几乎所有的学生都具有某种才能,之所以多数学生的才能没有发挥出来,是因为大多数教师只重视学生的学习成绩,忽视了学生才能的发展;不是学生没有才能,而是才能没有机会得以发挥。教学不应该只局限于传授知识,还应该注重对学生多种才能的开发。

该教学模式的操作程序为:

①呈现思考的问题或情境;给学生充分的思考时间,并列出主意。

---

[1] 胡卫平,韩琴. 国外青少年创造力培养的理论与实践[J]. 外国中小学教育, 2006(3): 40-43.

②提供一个分享、修改、完善主意的环境；其间提供酝酿的时间；让学生分享新的主意；让学生选择最好的问题解决方法；让学生选择最有独创性的解决方法。

③将选定的方法付诸实施。

泰勒列举了教学应着重发展学生6个方面的才能：创造的才能、决策的才能、计划的才能、预测的才能、沟通的才能、思维的才能。为了达到发展这6种才能的目的，在教学中应该注意以下几个方面：

①在教学活动开始之前，通过让学生参加各种训练，提供机会和材料，观察学生的参与情况和在活动中的表现，了解学生的特长和缺点，既便于以后的分组活动，也可以使学生选择自己专长的领域。

②重教学过程胜于教学结果，教会学生获取知识的方法而不仅让学生掌握知识。

③坚持教学的开放性、发现式、自由选择和多样性。重视学生的主体地位、独立性和自主性。

④提倡、鼓励学生在集体讨论中求新求异，重视学生的观点、疑问和困难。

⑤在非学业活动中鼓励学生独立学习，避免教师过多指导、干涉甚至包办代替。

(3) 戈登的集体研究制

集体研究制是美国麻省理工大学教授戈登(W. J. Gordon)及其同事发明的一种发展创造力的方法，即建立一个创造性群体，并加以发散思维等方面的训练，使他们共同成为问题解决者或新产品开发者。该模式用来提高学生解决问题的能力、创造性的表达力、人际沟通以及对社会关系的洞察力。

集体研究制建立在4个假设上：

①创造力的重要性也表现在日常活动中。大多数人把创造性思维与其在艺术、音乐方面的巨大作用联系在一起，再不就联想到聪明的新发明。戈登却强调，创造力是我们日常工作和闲暇生活的一部分。

②创造过程一点也不神秘。它能够被描述出来，而且可以直接通过训练来增强人们的创造力。若每个学生都能理解创造过程的基础，他们就能学会在其学习、生活、工作中运用这种理解，独立或者集体地提高自己的创造性。

③创造发明在所有领域(艺术、科学和工程技术)都是类似的，且都依赖于相同的智力活动过程。

④个人发明和集体发明是非常相似的。个人和集体是以极其相似的方式产生出思想和成果的。

这种创造力训练方法有3个要点：

①提高个人和群体的创造力，都必须将创造的过程从暗处移到明处，上升到意识层面，同时再制订出一些增强创造力的具体方法。

②创造力是新的心理形式的发展，在这个过程中，情绪因素重于智力因素，非理性因素重于理性因素。非理性因素使心灵空其所有，拓展产生新概念的最佳心理环境；最后的决策则依靠逻辑的力量。创造过程从根本上讲是一个情绪过程，一个需要由非理性因素去推动智

力活动的过程。

③必须提高对那些情绪性的非理性因素的认识,以提高对其控制能力以及问题解决的概率。对非理性因素的控制可以通过隐喻活动(类推)实现。隐喻,是在熟悉与陌生之间,用一个事物替代另一事物来对不同事物或观念进行比较,从而激发想象力、洞察力和创新观念。

2.3.1.3 创造性教学方法

创造性教学是创造性学习的先导和条件,创造性学习是创造性教学的实现途径和目标。

1) 启发型教学法

(1) 启发式教学

启发式教学,自孔子以来,备受推崇。孔子云:"不愤不启,不悱不发,举一隅不以三隅反,则不复也。"宋代理学家朱熹解释:"愤者,心求通而未得之状也;悱者,口欲言而未能之貌也。启,谓开其意;发,谓达其辞。"它脱离了浅层次的知识传递,带有浓厚的思维训练意涵。

启发式教学的本质在于,通过启发知识,来启发创新。要求教师不仅要"传道、授业、释疑、解惑",还要启思、置疑,引而不发。启发式教学的基本形式有:启发问题、启发猜想、启发概括。

①启发问题。科学问题总是发生在已知与未知的交界处,并用已知向未知提问的方式使未知世界的某处能被认识所触及。于是,问题的解决便必然意味着某种知识的创新。为此,前提就是发现问题并正确地表达问题。

②启发猜想。绝大多数科学知识在获得严格和公认的形式前,都曾有一段自由酝酿、推测和猜想的过程,以严谨和精密著称的数理科学也不例外。数学教育家 G. 波利亚(George Polya)说:"数学的创造过程与其他任何知识的创造过程是一样的。在证明一个数学定理之前,你先得猜测这个定理的内容,在你完全做出详细的证明之前,你先得推测证明的思路。"

的确,一切新知识被创造以前,先得有一个对其内容的猜测过程,这个猜测是充分自由、大胆的。它所依据的不是严密的逻辑推理,而是基于已知知识所牵动的科学想象、联想和直觉。这些想象、联想和直觉发生于已知知识,因而有科学性;直接超越已知知识,因而有创新性,虽无逻辑约束因而未必可靠,却又是引起一切严格的推理和验证的前提。

为什么要"举一反三"? 因为不同的问题背后可能存在着相同或相似的思维方法,"举一反三"正是帮助学生进一步认识、反思并应用背后隐藏的知识的思维方法,这也是实现从"相同问题"向"同类问题"并进一步向"新异问题"迁移的重要步骤。

③启发概括。概括是在一个科学技术领域,把对全体细节的认识提升到更高的层次。用尽可能少的知识更深刻地表达尽可能多的知识就是科学概括。它使知识在积累中不断被选择、提炼或淘汰,使已知知识不断以更普遍的形式而更新。

启发式教学体现以学生为主体的教育思想。教师创设问题情境并进行点拨与学生发现问题、解决问题相结合,后者为主;从感性认识到理性认识与从理性认识到实践相结合,发散思维与集中思维相结合,以前者为主;全面发展智力与非智力因素,教的方法与学的方法相结合。

(2)疑问式教学法

疑问式教学法,是指教师通过提问的方式,引出新概念、新内容、新结论,并培养学生生疑、思考、质疑、探究和释疑能力的一种教学方法。

每一门学科都是由一系列问答构成的,归根结底要回答3个问题:是什么?为什么?怎么做?教师要善于设疑,即在教学中,由教师提出问题,启发学生思考,让学生在教师指导下,分析、解决问题。同时,鼓励学生质疑,即鼓励其自主、开放地提出问题,在教师指导下,分析、研讨、解决问题。

2)问题解决型教学法

问题解决型教学法是指教师针对学生在学习、活动(思维、创造)或生活中遇到的困难或提出的问题,指导学生进行分析,寻求假设,进行实验,以求创造性地解决问题。

子曰:"吾有知乎哉?无知也。有鄙夫问于我,空空如也。我叩其两端而竭焉。""叩其两端"是指教师应从学生提出问题的"始终、本末、上下、精粗"去探求,然后尽力为学生解释清楚。其中体现了以教师为主导,促进学生高级思维能力发展的教育思想。

问题解决是一个反复、持续地探索的大致过程:

①疑难问题的发现;确定疑难问题所在和性质。

②提出各种假设,即各种可能的对策、方案、意见、结论。

③考评所提假设;假设经实验证实而形成理论。

3)案例教学法

案例(范例)教学法,是根据教学目的,选择一个或几个有代表性的案例,进行讲授或讨论,使学生掌握有关此类问题的知识和方法,并提高思考问题、分析问题和解决问题的能力。

案例教学以点带面,有利于精简教学内容;有利于理论联系实际,学用一致;有利于启发思考,培养创造性分析和解决问题的能力;有利于把调查、科研引入教学,培养学生科研工作能力。

4)讨论式教学法

讨论式教学法,即学生在教师指导下,自学有关教材和资料,然后以小组讨论为主要形式,围绕一定的论题展开探讨和阐述理由,或对某一项目发表自己的看法和主张。它包括辩论教学等。

一般每个小组4~10人;教师既要指导又不能包办代替;小组成员据理赞成或反对,互相启发、加深理解、产生新思想。讨论式教学具有群体性、民主性、互动性等特点。正如陶渊明《移居》诗云"奇文共欣赏,疑义相与析"的情景和氛围。

研讨式教学能有效提高学生的学习主动性、认知水平、口头表达能力、应变能力、民主精神和创新能力;可以更好地促进学习者进行知识建构,增强其对信息的理解和把握。

5)生成性教学

生成性教学是教师根据课堂中的互动状态,及时调整教学思路和行为的教学形态,是一种需要规则,但在适当的时候又敢于放弃规则并适时有所调整的教学形态。其核心是带有特殊背景的教师与处于一定情境中的具有个性的学生，对他们面临的周围世界的问题进行共同商讨而确定课程生成的过程。

学生进入教学的初始状态是教学能否对学生发展起真实有效作用的基础性资源，也是课堂上师生交互作用的起点。学生在课堂活动中的状态，包括其学习兴趣、积极性、注意力、学习方法与思维方式、合作能力与质量、发表的意见、建议、观点，提出的问题与争论乃至错误地回答等，无论是语言或行为、情绪的表达，都是教学过程中的生成性资源。通过教学后，学生呈现的变化状态，则是评价性资源和下一个教学流程的基础性资源。

和一切教学形态一样，生成性教学有个限度问题。其限度主要涉及两方面：一是关于生成本身的限度问题，是不是可以以生成的名义来包容课堂上的一切错误和偏见，走向什么都行的"相对主义"；二是生成性教学是否在所有的教学目标和教学内容上都适应。

6) 实验探索型教学法

实验探索型教学法，就是把教学和实验、科研结合起来，让它们互相促进、共同提高。即在教师指导下，学生自学教材、亲自操作；自己设计实验、观察实验，自己分析、研究和判断，最终得出结论。

实验探索型教学法应按科学研究的具体过程和实际阶段来组织教学。这种方法不仅可以验证知识，还可以进行科研训练，并有可能获得科研成果。

2.3.1.4 创造性教学环境

创造性教学离不开宽松、民主、自由的环境。

现代教学手段提高了效率，但多媒体不能像传统板书那样的"在行动中反思"，限制了人际互动，两者应取长补短。

任何一个学科都是在不断发展的，仅仅注重和应用经典理论和方法远远不够，甚至会赶不上时代步伐。传授应与探究相结合。通过设置问题情境，让学生带着兴趣独立自主地发现问题。通过调查、信息收集和处理、表达和交流等活动，经历探究过程，获得知识和能力，掌握问题解决方法，获得情感体验。

教学内容应与师生情感交流结合。教师只有对每个学生倾注满腔的爱，加强情感交流，亲近他们，爱护他们，热情帮助他们解决学习中的问题，学生才能充满信心，积极学习，才能在师生互敬互爱的和谐气氛中产生学习动力，才能产生强烈的学习欲望，创新意识才能呼之欲出。

2.3.2 学习理论与创新性学习

我国心理学界把学习分为4类：知识学习、技能学习、思维学习、道德品质与行为规范学习。

2.3.2.1 主要学习理论

学习理论是说明人和动物学习的性质、过程和动机等影响学习的因素的各种学说。

心理学家从不同的观点，采用不同的方法，根据不同的实验资料，提出了许多学习理论。主要有刺激-反应（联想主义或行为主义）理论和认知理论、人本主义学习理论和建构主义学习理论。

1）行为主义学习理论

行为主义者认为，学习是刺激与反应之间的联结。其基本假设是：行为是学习者对环境刺激所做出的反应。在教育实践上，要求为学生创设一种环境，掌握塑造和矫正学生行为的方法。

（1）"试误-联结"学习理论

桑代克的联结论（联结心理学）认为，心理是人的联结系统，学习就是情境与反应之间的联结。"试误-联结"学习理论认为，学习的实质是一种渐进的尝试与错误的过程，最终形成稳固的刺激-反应联结。

（2）操作性条件反射学习理论

斯金纳操作性条件反射学习理论认为，学习是有机体在某种情境中自发做出的某种行为，并由于得到强化而提高了该行为在这种情境中发生的概率，即形成了反应和情境的联系，从而获得了用这种反应应付该情境的行为经验。

程序教学法受益于斯金纳强化原理，将各门学科的知识，按其中的内在逻辑联系分解为一系列的知识项目，这些知识项目之间前后衔接，逐渐加深，然后让学生按照知识项目的顺序逐个学习每一项知识，伴随每个知识项目的学习，及时给予反馈和强化，使学生最终能够掌握所学知识。

（3）社会学习理论

班杜拉的社会学习理论，将学习分为直接学习和观察学习两种形式，强调行为的观察学习和示范在这个过程中的重要作用。

2）认知主义学习理论

（1）认知主义学习理论概述

认知主义学习理论把学习视为个体对事物经过认识、辨别、理解而获得新知识的过程。个体运用已有的认知结构去认识、辨别和理解各个刺激之间的关系，增加自己的经验，从而改变并发展自己原有的认知结构。

认知主义学习理论包括格式塔派的完形学习理论、托尔曼（E. C. Tolman）的符号学习理论❶、布鲁纳的认知-发现学习理论、奥苏贝尔（David Pawl Ausubel）认知-接受学习理论❷以及加涅（Robert Mills Gagne）的认知-指导学习理论等。

（2）布鲁纳的认知-发现学习理论

美国教育心理学家奥苏贝尔按学习的实现方式将学习分为接受学习和发现学习。接受学习是指将学生要学习的概念、原理等内容以结论的方式呈现在学生面前，教师传授，学生接受。发现学习是指学生要学习的概念、原理等内容不直接呈现，需要学生通过独立思考、探

---

❶ 符号学习理论认为，学习是对情境所形成的完整认知地图中符号与符号之间关系的认知过程。

❷ 认知-接受学习理论认为，学生的学习主要是有意义地接受学习，是通过同化将当前知识与原有认知结构建立实质的、非人为的联系，使知识结构不断发展的过程。

索、发现而获得。

①发现学习理论的基本内涵。学习的实质就是一个人把同类事物联系起来，并把它们组织成具有一定意义的结构，而学习过程就是主动地形成认知结构或知识的类目编码系统的过程。学习即认知结构的组织和再组织。

发现学习是指学生利用教材或其他条件自己独立思考、自行发现知识、掌握原理和规律的学习方式。布鲁纳认为，"不论是在校儿童凭自己的力量所做出的发现，还是科学家努力于日趋尖端的研究领域所做出的发现，实质上都不过是把现象进行重新组织和转化，使人能超越现象本身，在更一般层次上再进行类别组合，从而获得新的编码系统，得到新的信息或领悟而已"。

在知觉理论中，布鲁纳强调知觉的选择性，知觉是对课题的归类，个体的期待与需要决定类别的可接受性。知觉的重心在于主体积极、主动的建构过程。人的知觉过程涉及4个步骤：第一步，初步归类。第二步，搜寻线索，寻找可以用来辨别该事件的那些属性，以便把它较为精确地归入某一类别。第三步，证实检索，搜寻那些可以用来证实该事件的线索，以检索原来的归类是否确切。第四步，结束证实，它是以终止搜寻线索为标志的。由此可见，知觉过程是以对刺激输入开放、选择、关闭为特征的。

人们通过把刺激输入置于某一类别来加工它们。一个类别就是一个概念。因此，概念是思维过程的核心。他最早系统地提出了概念形成的假设-检验理论。

②发现学习的程序和环节。发现学习的基本程序与发现型问题教学过程类似，所不同的是，教师的角色与作用被学生替代，主要包括创设问题情境、提出假设、概念化、知识应用等步骤。

发现学习包括3个几乎同时发生的具体环节：首先，获取，习得新信息、新知识。其次，转换，把旧知识整理成另一种形式，超越所给予的信息。最后，评价，对新知识的转化过程和结果进行检查和验证，从而确保对新知识分类和推导过程的合理性以及新认知结构的合理性。

③发现学习的特点。学龄前儿童获得初级概念的主要手段就是通过对具体事物归类而发现概念的一般属性。发现学习是概念形成的典型方式。发现学习的内容是尚无定论的实际材料，而不是现成的结论，必须是独立地分析事物的各种属性和联系，发现其中的规律和原理。学生面临实际材料，并没有现成的方法可以套用；而是需要学生自己对材料所提供的信息加以重新组织、转换，使之与已有的认知结构发生联系，将新的发现纳入认知结构中或重构已有的认知结构。

发现学习的整个过程要经过复杂的独立思考、发现、整合内化等诸多环节，有时候可能还需反复实验，多次转换。然而，正是因为这种复杂性、探索性，发现学习能够更好地激发和培养个人主动探索精神，学习者成为自主独立的思考者、学习者与问题解决者，更快地适应社会要求(表2-4)。

表 2-4 发现学习的优点和局限性

	优点（布鲁纳观点）	局限（奥苏贝尔等人观点）
必要性	培养内在动机和激励好奇心；学生易受好奇心的驱使，对探究未知的结果表现出兴趣。通过发现学习，学生以发现作为自我奖赏，从而增强自主学习的动机和自主掌握知识结构的优胜动机（即自信心）；通过激励学生提高自己才能的欲求，从而提高学习效率。对自己能力是否具有信心，对学习成绩有一定影响	一切真知未必都需要自我发现；一个人完全靠自我发现学习一切东西，既无必要，也不可能 发现法耗时过多，不宜于需要在短时间内向学生传授一定数量的知识和技能的集体教学活动
方法适应性	学会发现的试探法，学习者只有通过练习解决问题和努力于发现，方能学会发现的试探方法	发现法不应作为课堂学习的首要方法。真正能用发现法学习的只有极少数学生。在学习任务困难，学习者处于认知发展的具体阶段，或虽处在认知发展的抽象阶段，但缺乏有关学科领域的知识基础时，可以考虑安排和设计这种方法。发现学习适合中小学低年级学生，因为他们主要以概念形成方式获得概念。对于中学高年级学生而言，他们获得概念的方式主要是概念的同化，因而主要学习方式是接受学习
内容	有助于记忆的保持和提取，记忆的首要问题不是储存而是提取。储存的信息只有经过合理组织，才能得到最准确的保持；有明确结构的材料便于检索，有利于提取。采取发现行为者总想寻觅解决问题的可能路线，接二连三地提取有用信息，直至问题解决，提取信息的关键在于如何组织信息，知道信息储存在哪里和怎样才能提取信息。如何组织信息，对提取信息有很大影响，学生亲自参与发现事物的活动，必然会用某种方式对它加以组织，从而具有最好的记忆效果	发现学习就其内容而言，不都是有意义的，有时可能是机械的；学生解决问题时，有时不用所涉及的原理、原则，他们只按记住的问题类型和操作符号指示的程序来完成操作任务 发现法只适合自然科学的某些知识的教学，对于文学、艺术等以情感为基础的学科是不适用的；布鲁纳的学习理论非常重视概念和原理的学习，但对人工概念的形成进行了系统的实验研究，而对原理方面的研究至今还是一片空白
能力	提高智慧潜能，发现学习能使学生成为知识建构主义者，能够按照一种促使信息迅速地用于解决问题的方式去获取信息，发现法强调学生直觉思维在学习上的重要性；直觉思维不根据仔细规定好了的步骤，而是采取跃进、越级和走捷径的方式来思维的；直觉思维的形成过程一般不是靠言语信息，尤其不靠教师指示性的语言文字，直觉思维的本质是映象或图像性的	问题解决能力并非教育的首要目标；如不掌握一门学科的内容，不论怎样"善于"解决问题，仍将解决不了涉及运用这些知识内容的重要课题 过于强调学生的"发现"，夸大了学生的学习能力，放弃了教师的系统讲授，忽视了知识学习的特殊性，忽视了知识的学习与知识的生产过程的差异

布鲁纳的理论提示人们：教育过程是一个掌握知识和发展能力并重的过程，要正确认识和处理知识、技能和智力三者之间的关系。通过提倡发现学习的方法来提高学生解决问题的能力，并在发现学习中应使用一定的策略。这样，布鲁纳就把知识、技能和智力统一起来，为探索三者的关系做出了杰出的贡献。

3）人本主义与建构主义学习观（表 2-5）

表 2-5　人本主义与建构主义学习观

	人本主义学习观	建构主义学习观
知识观	教育的目的绝不只限于教知识或谋生技能，更为重要的是针对学生的情感发展，使其能在知识、情感、动机等方面均衡发展，从而培养其健全人格；马斯洛认为，知识学习实际上是一种自我实现，其明显表现是好奇心和求知欲；罗杰斯指出，学习的主要目标是培养学生形成独立思维与创造力。所学的知识能使个人产生意义；只有学生的心智、感情、愿望、兴趣和需要投入其中，（教材、知识）才能反映出意义；忽视科学知识技能的系统学习	强调知识学习的内在生成及主动建构活动；在知识建构过程中，学习者头脑中已有的知识经验如同预先准备好的图式和零部件；这些先前经验包括日常生活经验、语言文化、学习动机、信念和态度、学科知识和学习策略，构成了学习的特殊基础和方式，从而影响着知识学习本质性活动；学习者以此为基础，通过与外界相互作用来建构新的理解
学习观	学习的实质是个人潜能的充分发展，是自我的发展、人格的发展；马斯洛指出，学习是依靠学生内在驱动、充分开发潜能、达到自我实现的学习，是一种自觉的、主动的、创造性的内在学习模式；罗杰斯提出，学习是一个有意义的心理过程，它能使个体的行为、态度、个性以及未来行为选择方针发生重大变化，忽视规范约束	学习的实质是学习者主动建构内部心理意义的过程；强调学习的主动建构性、意义性、情境性和随机通达性；通过对话交流、合作学习、相互启发，个体会逐渐丰富、深化和发展对同一知识主题的理解；情境是指知识的内在关系，包括物理情境、社会情境（文化、实践活动和背景知识）
学生观	教育的宗旨和目标是促进人的成长，培养能够适应变化的人，即培养学会学习的人；育人比教书更重要，教育就是要培养学生良好的态度、品质与健康、健全的人格和心灵；罗杰斯建立了"非指导性教学"学习理论，提出教师要尊重学生、珍视学生，在感情上和思想上与学生产生共鸣；应对学生产生同情式的理解，从学生内心深处了解其反应，敏感地意识到学生对教育与学习的看法；要相互信任	或强调个体主动建构与理解知识；或强调在社会背景中学习，在相互之间建构知识；后者认为，知识内容受生活环境、语言、信念以及技能影响
教师观	罗杰斯主张用"学习的促进者"代替"知识和权利的拥有者、学生学习的支配者"，教师的任务不是教学生学习知识，而是为他们设置良好的学习环境，让学生自主选择，学到自己所需要的一切。忽视教师作用	在确定的经验领域里，在概念建构上给予学生支持和控制；教师是引导者，更像助产士；教师是学生学习的辅助者、教学环境的设计者、教学气氛的维持者、教材的提供者，最终成为学生学习的合作者和促进者
教学观与模式	开放课堂模式：班内摆放各种学习材料，学生按照其兴趣和速度来学习。可以个体自习，或小组（2~4人）学习，学习优良与一般者混合编排效果最好。其特点是在教师引导和鼓励下，让学生在课堂上自由从事能激发自己兴趣的活动 自由学习教学模式：大学师生共同决定课堂学习内容和完成时间，强调学生享有更大自主权和选择权	针对学生观点和问题，进行"少而精"的教学，有抛锚式教学、支架式教学等多种教学模式

2.3.2.2　学会创新性学习

大学生中间存在的学习心理障碍主要表现为过分焦躁、学习积极性降低、存在懒惰心理和自卑心理作祟4个方面。创新性学习，首先要认识和破除学习心理障碍。

1）创造性学习

（1）学习的基本原则

①苦乐结合原则。学习的艰苦性是由学习的社会性、能动性、继承性和创造性决定的。孔子《论语》云："知之者不如好之者，好之者不如乐之者。"这是对乐学的精辟概括。乐学包括乐知、乐思和乐用3方面。同时，乐学分为4个阶段：一是由好奇心支配下的乐学；二是由兴趣、爱好、求知欲、自信心支配下的乐学；三是由事业心、信仰、信念、理想、理智支

配下的乐学；四是由毅力、意志和奉献精神支配下的乐学。

②学思结合原则。学是继承，思是消化吸收和扬弃，是创新的思维形式和艺术。孔子《论语》云："学而不思则罔 思而不学则殆。"若学而不思，所学知识就得不到理解和巩固，就不能形成合理的结构，就不能转化为智慧，就不能有所发现、创造；若思而不学，思维活动就如同无本之木、无源之水，就不会升华，更不可能创造发明。

③学用结合原则。学中有用，更重要的是用中有学，以用促学。通过应用来检验知识，并学到书本上学不到的知识；在应用中加深对学的理解，能够把知识中言不尽意的部分体会出来，促进知识深化。

④用思结合原则。在实践性学习中，若用而不思，就不可能产生创造性思维，也不可能生产新知识；若思而不用，知识和主张、意见、方案、对策等无法得到检验，实践能力得不到培养。

(2) 创新性学习的概念和特征

①创新性学习的概念。创新性学习，广义上是指在知识内化过程中，利用最适合于自身的方法和手段，使当前知识与头脑中原有知识进行结构性重组，从而创造性地掌握知识和经验以及产生新形象、新思想或问题解决方法的行为。狭义上是指学生不囿于教材或教师所讲的结论，能提出独到新颖的观点和方法；或通过自己的独立思考和探索，得出与前人相同或相似的结论。

创新性学习是一种可以带来变化、更新，重建和重新系统地阐述问题的学习，其核心是强调一种主动性、探索性的学习，目的在于让学生学会学习、了解社会，培养学生分析问题、解决问题的能力。创新性学习实质是面对现在和未来，功能在于通过学习提高人发现、吸收新信息和提出新问题的能力。相较而言，守成式学习则重在对现成知识的掌握，实质是面对过去和现在，功能在于获得已有知识和经验，培养对现实社会的适应能力。

②创新性学习的特征。创新性学习具有自主性。强调学生的主体地位，重视学生的积极反应。学生在教师指导下，在规定的时间内，成为某一个研究课题的提出者、设计者、实施者，学生对课程目标的实现负有主要责任。

创新性学习具有探究性。不拘于现成结论，而多方寻求答案或以不同思路去考虑和解决问题。要明了知识的来源并应用知识，否则你的大脑里堆放的是一个个互不相干的定论式的知识。学科是粗线条的、动态的、开放的、多元的。

创新性学习讲究策略性。需要根据学习目标、学习对象的特征与学习者本身的需要、特点，来合理地选择、积极地寻找和发现适合自己的独特的学习方法、学习方式、学习策略。

创新性学习具有过程性。通过设计课程、查找资料、动手实践、社会调查、解决问题等亲身实践，了解科研的一般流程和方法，获得直接感受。

2) 课堂中的创造性学习

听课可以训练创新思维，体验创新感受。

(1) 早准备，正态度

除体力准备、用品准备外，还包括心理准备，即不能凭对老师印象好坏，或凭对某一学科没有兴趣，带着情绪去听课；主要是知识准备，即带着问题有目的地听。

采用适于自学和预习的符号记录法，在课本、参考书原文旁边加上各种符号，如直线、双线、曲线、箭头、红线、蓝线、三角、方框、圆圈、问号等，便于找出重点，加深印象，或提出质疑，使之成为听课重点。读完后再做笔记；要善于选择，做到简洁、整齐、迅速。

每个同学要在摸清老师的教学方法特点的基础上去适应老师的教学方法，而不是相反。

(2) 专心听、及时看、重点记

旧知识是已学会、熟悉的知识，新知识是待学的、未知的知识。听老师怎样讲清晰新旧知识的联系；怎样讲解有关要领、定律、法则、公式的概括、推导及应用；怎样讲解重点难点。听同学是怎样回答老师提问的，哪些答对、哪些答错，应怎样纠正；同学怎样提问，这些问题自己解决没有。

看板书推演、看画图与演示、看教材中关键语句和段落。有目的，边听、边看、边思考。

好的笔记是一张思路图。它有助于指引并稳定注意力，注意到老师的思路和学习内容。有助于对学习内容的理解，因为同时在思考。有助于对所学知识的复习和记忆。有助于积累资料，扩充新知，因为老师可能讲授课本上没有的。重点记知识结构，即知识间的联系和事物发展规律；记重要内容和典型案例，把握重点，提高能力；记不懂的问题，便于钻研，或请教；记课本上没有的内容，便于深入理解问题；记听课心得体会，包括自己的联想。

5R笔记法，用于听讲和阅读。记录(record)：在主栏内尽量多记有意义的概念、论据等内容。简化(reduce)：下课后，尽可能及早将这些概念、论据简明扼要地概括在副栏(回忆栏)。背诵(recite)：把主栏遮住，只用回忆栏中的摘记提示，尽量完满地叙述课堂讲过的内容。思考(reflect)：将自己听课随感、意见、经验体会之类的内容，与讲课内容分开，写在卡片或笔记本的某一单独地方，加上标题和索引，编制成提纲、摘要，分成类目，并随时归档。复习(review)：每周花10分钟，快速复习笔记，主要看回忆栏。

(3) 善于想、勇质疑、敢于问

一边听课，一边积极思维。根据老师提出的富有启发性的问题和精心设计的板书，积极开展思考。跟着老师思路走。眼、耳、脑、手、口并用。多问几个why，多想几个how。

①质疑的概念。质疑是主体在原有事物条件下，通过提问"究竟是什么""为什么"(可否或假设)，综合应用多种思维，试图改变原有条件而产生新事物(新观念、新方案)的思维。

这是一种不迷信书本和权威，不受传统观念束缚，也不人云亦云地跟着别人的思路转，敢于多角度提出问题，并在此基础上推翻旧理论、创立新学说，或者做出新发明的思维方法。

②质疑的特征和作用。通过质疑，可以培养人的独立思考、积极进取精神，有助于破除思维定式，逐步形成独特思维方式。

深化认识，离不开质疑的探究性。没有质疑，就没有思维的游移、矛盾和冲突，则认识无从发展。明·陈献章曾说:"前辈谓学贵知疑,小疑则小进,大疑则大进。疑者,觉悟之机也。一番觉悟,一番长进。"

通过质疑,对知识化繁为简。宋·朱熹说:"读书,始读,未知有疑;其次,则渐渐有疑;中则节节有疑;过了这一番,疑渐渐释,以致融会贯通,都无所疑,方始是学。"好奇的心理、探索的勇气,将激发大脑沿着新路子思考,最终因问题得以解决而使系统从无序走向有序。

创造性思维离不开质疑的否定性。质疑从否定的角度对已有命题、结论、理论体系进行批判审查,从相反方向提出问题,或对问题反过来加以思考和研究,是一种包含肯定的否定,是对原有认识、理论的超越。

质疑是创新中必备的开放心理特征,质疑具有求实性。此时,大脑—信息—环境是一个开放性、动态、反馈系统。创造性思维的开拓性需要质疑的试探性。质疑就是探索未知的思维活动,目的在于开辟新的研究领域。

质疑的不确定性伴随创造性思维的多向性。质疑阶段的思维包含多向发展的可能性,常常在两种或多种可能性中摸索、游移、选择、比较、试探,接受各方面信息,获得全面认识。这种发散思维特征是创新过程的预警机,指挥着创新的突破方向。

科学技术史表明,质疑是人类创新的"武器"。通过质疑,找到创新生长点,推动发明创造和科学发展。陶行知说:"发明千千万,起点是一问。智者问得巧,愚者问得笨。人力胜天工,只在每事问。"

③质疑思维的形式(表2-6)。

表2-6 质疑思维的形式和方法

形式	内涵	举例
探究思维	以"究竟是什么"为关键词,即在思考、发现和处理问题时,通过对现在、过去的事情提出疑问,来寻求"准确"答案、观念、概念、理论的思维方式	基于阈限理论的设计尺度体系❶ 在回顾设计尺度与尺度体系的概念与功能的基础上,引入心理物理学中的阈限理论,以形成量化的设计尺度体系;根据韦伯定律、费希纳定律、标准对数视力表、人体工程学、产品标准化、意象尺度等理论,形成设计尺度体系并加以命名
起疑思维	以"为什么"为关键词,将肯定句置换为疑问句,并以此为起始点,探究事物的起因和本质属性的思维过程	唐·卢纶《塞下曲》:"月黑雁飞高,单于夜遁逃。欲将轻骑逐,大雪满弓刀。"诗中所言,是否有错 华罗庚:"北方大雪时,群雁早南归,月黑天高时,怎得见雁飞?"
追问思维	由"为什么"所引出的问题开始,顺着事物的原理或结构,或与之相反,经再提问并一直追问下去,直到找出问题本质、产生的根源,并解决问题,或发现新事物的思维过程	德国物理学家伦琴发现X射线后,法国科学家贝克勒尔立即由此追踪,提出X射线可能伴随磷光现象存在的问题,最后发现铀的天然放射性;居里夫人沿着"除了铀的放射性外,是否还存在其类似的放射性元素"这一思路进一步深入追踪,终于发现钋和镭
目标导向	设问时就提出目标。利用发散思维和假设推测,围绕目标产生新颖独特、有价值和高效的方法,并达到目标的过程。这是一种从结果倒推出条件的逆向思维过程	树上有10只鸟,用枪打死一只,还剩几只 结论:树上剩下0~10只鸟的情况都可能存在,就看你的假设条件是什么

---

❶ 韩维生,赵明磊,王宏斌.基于阈限理论的设计尺度体系[J].西北林学院学报,2013,28(1):197-201.

④学贵善疑。正确区别质疑与怀疑论。怀疑主义竭力否定世界客观性和可知性,唯心地认为一切靠不住。质疑首先承认世界本质是物质的,其内在客观规律性能被人们认识;质疑正是人们认识世界及其客观真理的一个方法,它对事物的否定是作为联系的环节、作为发展环节的否定,是保持肯定的东西。

把握质疑的科学性。坚持辩证唯物主义世界观和方法论;质疑与新旧事实相符。质疑不是全盘否定;质疑必须合逻辑性、辩证法。

在实践中质疑。质疑不是离开实践的胡思乱想,不是随心所欲的猜疑和狂妄,更不是主观唯心主义的臆测,而是有其一定的事实依据和实践基础的。只有建立在实践与事实基础上的质疑,才是科学的质疑。只有出现了同理论相矛盾的事实,才是引起怀疑的推动力。在实践中新发现准确可靠的事实,是检验质疑是否正确的根据。

塑造质疑的良好勇气、意志品质。大胆回答老师提问,敢于发表自己见解,敢于暴露自己问题。不懂装懂必然湮灭创新的思维和火花。

掌握质疑的思维技巧。生疑—质疑—释疑是开动脑筋、大脑探索的过程。在这个过程中,思维技巧是探索质疑的工具,必须运用发散思维、质疑思维等多种技巧,思路开阔,触类旁通,开拓思维的广度和深度,才可能渐渐释疑,达到无所疑的境界。

(4)勤于解,善于答,多互动

解题就是应用,就是检验和巩固。帮助同学解答问题,会促进交流、加深理解。

互动形式包括课堂讨论、问答、辩论、情景剧、项目活动、在线论坛等。

3)创新性学习方法

目前教育界积极倡导学生自主学习、研究性学习、合作学习,目的在于改变传统的以教师为中心、以课堂为中心、以书本为中心的教学方式,促进学生自主协作、创新意识以及实践能力的发展。

(1)种类法

种类法是分别按人文和理工不同学科的共性,分类学习的方法(表2-7)。

表2-7 文理科不同的学习方法

	文科	理工科
范围	文学、语言、艺术、历史、政治、法律、经济、管理	物理、化学、生物、工程、天文、数学及前面六大类的各种运用与组合的科目
材料	注重社会经验和社会阅历的累积	注意教材逻辑强的特点,认真钻研教材
自主性	高度自觉性和责任感;注重自学,在学习内容和方法上有较大选择性	自习应与教师讲授同步;重视数学基础的训练
结构化	关注观点和材料的关系	重视操作能力的培养,包括运算、制图等
习得性	做读书笔记、卡片,并用计算机辅助积累资料;敢于向权威的错误挑战,多提问、探讨、寻根究底,有理有据地提出新观点	对现有概念、公式、原理和理论尽可能进行再次发现,如诱导公式、设计实验并进行观察判断;敢于质疑;尽可能参与新产品仿造、研制

(2)快学法

运用讲授和阅读的方式,迅速掌握一部教材或著作的内容。首先,根据目录,调动自己已有的有关知识进行"自我讲授"。讲完之后，才打开书本，进行通读。通读时不记笔记，更不问他人，只是在不甚理解的地方做上记号，以便精读或研读。通过通读，第一次自我讲授，不足之处、谬误所在都会跃然纸上，使你体会颇深、获益匪浅。然后，用自己的语言编制一张精炼而又实用的"目录一览表"，对照进行再次自我讲授。这次比上次的内容更完善、丰富，许多模糊之处也逐渐清晰起来，印象也大大加深。在此基础上进行再次通读，这次通读所获得的感受、心得和体会就会像闪光亮点一样刻在心里。当你进行第三次通读时，就会更加顺利，发挥更加开阔。

(3) 厚薄法

先从薄到厚，即求知必须从少到多；再由厚到薄，即由浅入深，由多到精。勤学精思，从专到博，由博返约。

(4) 出入法

深入理解，灵活运用。南宋·陈善《扪虱新话·读书类》："读书须知出入法。始当求所以入，终当求所以出。见得亲切，此是入书法；用得透脱，此是出书法。盖不能入得书，则不知古人用心处；不能出得书，则又死在言下。惟知出知入，乃得尽读书之法也。"

(5) 自主学习

自主学习即学生对自己的学习活动进行计划和安排，对自己学习活动监督、评价和反馈，对自己学习活动进行调节、修正和控制。自主学习把学习建立在人的独立性层面上，首要的问题是自我定向。

(6) 合作学习

合作学习，是在教学过程中运用小组等方式，使学生共同开展学习活动，最大限度地促进相互交流知识、经验，相互学习。即在教师引导和监督下，学生相互依赖，制订明确的学习目标，具体分工，各负其责，共同完成学习任务，获得比单个个体所能获得的更多的知识和经验。

它提倡学术民主、讨论交流，鼓励自由发挥、自由想象、各抒己见。具有互补性、合作性、交流性等特征，是一种开放的、自由的、集思广益的学习方法。优点是便于不同观点的碰撞与交流，能在短时间内使同一团队的每个成员都对同一复杂问题获得多方面的较深入认识；对于了解事物的复杂性和培养辩证思维、发散思维大有好处；有利于和谐人际关系，有效培养学生为同一目标而团结共事的合作精神。

(7) 比较法

就某个问题，集中有关材料，进行对照学习，以求全面深刻认识问题。它有利于发现科研课题(表2-8)。比较方式有3种：一是纵横比较，通过纵(同一事物)横(同类事物)对比相结合的方法，综合认识客观事物。二是同类比较，将一个问题的论点和论据，尽可能多找几个，进行比较，以深化对同一问题的认识。三是对立比较，将不相对立的事物放在一起，形成鲜明对比，令人留下清晰深刻的印象。除了类型和观点相近的著作、文章以外，风格各异、观点相悖的著作、文章也可以进行比较对照。

表 2-8 比较的基本过程

序号	步骤	解释
1	选题	确定学习的课题
2	文献检索	选几本或几篇与课题有关的书刊文献，要有特色、代表性
3	阅读	只读与学习课题有关部分，阅读时相互补充
4	比较	对不同观点进行比较分析，分清异同，深刻认识事物的特征和规律
5	综合	通过比较、相互补充，弄清是非，认识事物的联系和规律，最后形成综合观点

(8) 研究性学习

研究性学习，或探究式学习，是指学生在教师的指导下，以类似科学研究的方法去获得知识和应用知识的一种学习方式，是一种以问题为载体、以主动探究为特征的学习活动。

研究性学习是以"培养学生具有永不满足、追求卓越的态度，以及发现问题、提出问题、从而解决问题的能力"为基本目标；以学生从学习生活和社会生活中获得的各种课题或项目设计、作品的设计与制作等为基本的学习载体；以在提出问题和解决问题的全过程中学习到的科学研究方法、获得的丰富且多方面的体验和获得的科学文化知识为基本内容；以在教师指导下，以学生自主采用研究性学习方式开展研究为基本的教学形式的学习活动。

一般来讲，凡是学生通过自己亲身参与的实践活动(如观察、调查、访谈、试验、设计、制作、评估等)获取知识、得出结论、形成产品，而不是由教师将现成的知识、结论通过传递式教学直接教给学生的学习方式，都属于研究性学习。

研究性学习的本质在于，让学生亲历知识产生与形成的过程；使学生学会独立运用其脑力劳动；追求知识发现、方法习得与态度形成的有机结合与高度统一。这也是研究性学习所要达到和追求的教育目标。若学生只能遵照教师制订的方案，按照教师规定的步骤与路线，探究教师提出的问题，生成教师想要的答案或结论，那么这并不是真正的探究性学习，因为它缺乏知识的自主建构。所以，若教师在课前就已预设了所谓的正确答案，然后在教学中总是有意无意地把学生的反应往预设的方向上引，不鼓励学生反应的多样性与异质性，不允许学生失败，这样的探究多半是有名无实的伪探究、假探究。

探究是一种人的本能，儿童天生就是探究者；探究是人的生存之本，是人类的一种生存方式；探究是学生了解和认识世界的重要途径；通过亲身探究获得的知识是学生自己主动建构起来的，是学生真正理解并相信是属于自己的知识；探究对学生的思维构成了挑战，有利于思维能力的培养；探究过程要求综合运用已有的知识经验，有利于学生将所学知识加以整合，也有利于学生学以致用；研究性学生有利于保护学生的好奇心，对于兴趣和个性的培养至关重要；探究有利于培养学生实事求是的科学精神、科学态度；探究有利于促进学生学会合作、交流、倾听、批判和反思，从而为民主品格的形成打下坚实的基础；在亲历探究过程中，学生经历挫折与失败、曲折与迂回、成功与兴奋，这种学习经验是他们理解科学的本质与精神的基础；研究性学习引导学生自主获得知识或信息，对于学生学会学习、终身学习和可持续发展具有重要意义。

根据探究题材是否有固定答案的不同，可以把研究性学习分为"半开放、半封闭的准探究"和"完全开放的真探究"。前者通常只是让学生通过一定的探究程序去发现早已存在于书本或教材中的预知结论;后者则要求学生对完全开放的题材或问题进行真正意义上的探究,其中学生所要寻找的答案或结论在某种程度上是未知的,至少从教材中找不到现成的答案与结论;甚至在某些时候,连问题本身也需要学生自己去发现、去界定、去澄清。显然,后者挑战性更高,更类似于真实意义上的探究。

根据探究领域或题材的不同,可以把研究性学习分为科学领域、人文社会领域,以及设计与制作领域的探究学习。不同领域的研究性学习方式各不相同:对于情感、态度和价值方面的研究性学习,"换位思考""移情体验"和"行动参与"是必不可少的要素;对于科学领域的研究性学习,学生的探究过程不外乎是:发现和界定问题,提出理论假设,搜集资料证据对假设进行检验,得出结论;对于设计与制作领域的研究性学习,一般来讲总会涉及"设计""制作"与"评价"三大核心要素。

研究性学习的一般过程,见表2-9所列。

表 2-9 研究性学习过程

序号	步骤	解释
1	识别问题	通过讨论和提问,澄清或识别问题,找到问题的症结所在,并清晰而明确地陈述问题
2	提出假设	针对问题提出假设,或者提出解决问题的想法或思路
3	制订计划	围绕问题解决,制订初步研究计划:"问题是什么""对这个问题已经了解多少""为解决这个问题还需要了解什么""为得到所需要的信息,将要做什么"当然,这个研究计划还会随着后来新想法、新信息的出现,而加以适时调整与修订
4	收集信息	按计划采取行动,通过诸如问卷、观察、访谈、查阅文献资料、收集事物作品等形式,去获取解决问题所需要的资料信息
5	信息加工	对收集到的资料信息进行组织和加工处理,或对原有假设进行检验、得出结论,或提出解决问题的初步方案,或对各种可能的方案进行比较,选择一个最佳答案

(9) 发现法(问题探索法)

以基本教材为内容,以培养学生独立思考为目标,使学生通过再发现的过程进行主动学习。

在教师指导下,主张由学生自己在学习中发现问题,以问题为中心或起点来寻找解决方法、运用推理技能,最终获得解决问题所需的知识和技能。要求学生树立自己能发现的信心,相信自己能解决问题,通过问题、假设、验证去获得正确结论;要激发自己的好奇心,对自己所研讨的问题发生浓厚兴趣和强烈求知欲,才能使自己进入角色,深入思考,大胆提问;要善于找出解决问题的方法,找出研究的问题与正在学习的知识之间的内在联系,设计出最有希望解决问题的途径和方法,从而达到发现的目的。

(10) 循环法

从某一课题出发,用一系列循环知识单元,来代替平铺直叙的知识积累;每一循环在一定程度上解决一定的问题但又会发现新的问题,同时每一循环都比上一循环更高一层、更进一步、更深一些;后一循环需要以前一循环为基础,同时后一循环的学习又使前一循环得到丰富和补充。

一般以感兴趣或想研究的内容为目标。起点可以是某一基本概念、某个公式、某个实验现象、某个疑难问题，甚至是个人的某种设想。从起点出发，围绕中心内容学习、探讨，去掌握与中心内容有直接关系的基本知识。经过一段时间学习探求，可以在一定程度上掌握基本概念、理解和应用公式、分析实验现象、解释疑难问题、丰富和完善设想，同时还了解与所学内容有关的知识领域，掌握有关知识的概貌。在这一循环学习中，又遇新的概念和问题。再以此为新起点，进一步循环、学习、开阔视野，同时为解决起点所提课题，需要查书刊，认真钻研、理解和掌握寻求答案的根据和说明材料。这是一个训练快速查阅书刊文献，有效利用资料能力的过程。

(11) 行动学习法(action learning)

行动学习法，由英国管理学教授雷格·瑞文斯(Reginald Revans)开创(表2-10)。它是在一个专门以学习为目的的背景环境中，以组织面临的重要问题为载体，学习者通过对实际工作中的问题、任务、项目等进行处理，从而达到开发人力资源和发展组织能力的目的。其基本概念就是：经理人们获得管理经验的最好方法是通过实际的团队项目操作而非通过传统的课堂教学。其本质是通过努力观察人们的实际行动，找出行动的动机及其可能产生的结果，从而达到认识自我的目的。

表2-10 行动学习法的一般步骤

序号	步骤	解释
1	开宗明义	明确项目、课题、所面临的困难、所要执行的任务、要交付的成果和验收方式
2	成立小组	学习小组成员包括志愿者或指派人员，应召人员要有互补的专业技能和经验知识，学习小组可以聚会一次或多次，这取决于问题的难易程度以及时间限度
3	分析问题	分析小组所面临的各项问题，思考解决问题的行动计划
4	说明问题	问题提供者向小组其他成员介绍他的问题
5	问题重组	在对各项难题条分缕析之后，并经由行动学习法督导员的指导，学习小组将就亟待解决的关键问题、核心问题达成共识；要找出困难、问题的症结所在，这一发现很有可能不同于起初的判断和认定
6	确立目标	关键问题被找到之后，小组要确立目标，并就此达成共识；这一目标就是要立足长远、从个人、团队及组织的三方立场出发，积极稳妥地解决经由小组重新认定的问题
7	制订战略	学习小组大部分的时间和精力将要用在问题辨析、方案测试上；同样，行动战略的制订和产生也要通过小组成员的相互交流和深思熟虑
8	采取行动	在学习小组聚会前后的时间里，小组成员合作或者独立工作，收集相关信息，搜寻支持要素，执行经由小组议定的行动战略
9	工作循环	小组成员反复聚会、研讨、学习、行动，直到认定的困难、问题被解决，或者又有新的指导方案被提出为止
10	见缝插针	在研讨会期间，督导员被允许在任何可能的情况下，打断小组会议，向小组成员提出问题，借以帮助他们澄清问题，寻找更佳的途径，使得团队行动表现得更好；思考是否能够将个人的学习收获应用到个人成长、团队和组织发展上去；每隔一段时间，要重新召集会议，讨论进展情况、吸取经验教训、审议下一步工作；每次会议都要做好会议记录，以备未来查询参考，要重点记录每一学习阶段所汲取的经验教训

在行动学习课程中，每个参与者所在的机构都提出了一个比较棘手的问题，他们被交换到不同于自己原有专业特长的题目下，组成学习团队，群策群力，互相支持，分享知识与经验，在较长时间内，学习团队里的成员解决这些棘手的难题。

行动学习是一种综合学习模式，是学习知识、分享经验、创造性研究解决问题和实际行动四位一体的方法。行动学习的力量来源于小组成员对已有知识和经验的相互质疑和在行动基础上的深刻反思，即由程序化知识、洞察性问题、反思和执行4个要素合力而成。

案例、研讨、训练

案例与素材

上海交通大学科技创新教育体系助学生走上"挑战之路"

第十三届"挑战杯"全国大学生课外学术科技作品竞赛决赛在苏州落幕，上海交通大学代表队力克群雄获得最高分，蝉联象征比赛最高荣誉的"挑战杯"。这是上海交大学子第三次捧起挑战杯。

挑战杯赛事是对学生课外学术科技活动的检验，也是对学校人才培养模式的挑战。自"挑战杯"竞赛1989年设立以来，上海交通大学团委就将其视为服务学校人才培养工作的新阵地，以"挑战杯"为契机和催化剂，建立了一套创新的人才培养模式。

电子信息与电气工程学院发明的胃肠道无线内窥镜机器人荣获特等奖。若其投入使用，将使患者无须再忍受强烈的疼痛感和不适反应，轻松接受一步到"胃"的全方位、无风险检查。

电信学院的沈悦同学自幼动手能力强，又对自动化控制特别感兴趣。在大学二年级时，她的科研潜能被前所未有地激活了。通过仪器科学与工程系的本科生导师制，大三的沈悦成为颜国正教授的学生，加入了他指导的学生科技创新工作室。一次和工作室的学长聊天时，沈悦得知，他们在动物实验中运用了自主设计的胶囊内窥镜。但它工作时间短，也不能对全胃肠道进行有效检测。聊着聊着，沈悦忽然想到，若胶囊内窥镜可以在胃肠道内主动运动，且无能量限制，可能是胃肠道疾病的一种解决方案。

2012年开始，沈悦和学长们建立了一个团队，着手解决该问题。他们发现传统胃肠道机器人的托缆构造是医生检查病人胃部的手动控制器，施压过大或力量分布不均都会引起患者不适。并且，传统的三维接收线圈空间利用率低，较难实现充足电量的供应，若在诊疗过程中突然断电，会阻碍检查的进行。此外，传统内窥镜的钳位机构不能使机器人有效地停留检测，并且非常容易刮伤患者肠道。

"学校不是有50个科技创新工作室么？我们为什么不向其他专业的科创工作室的同学讨教，说不定会有很大的帮助呢！"这个提议让队员兴奋不已，马上付诸实际行动。

上海交通大学拥有覆盖校内各主要学科方向的50个科技创新工作室，为学生提供固定场地、师资、设备、智力的支撑。50个工作室面向全校开放，学生可以进行跨学科的选择。此外，学校团委还负责牵头成立了60多个学生科技类社团、各类创新兴趣小组、学生自发组织的科技创新沙龙与学术论坛。有兴趣的学生从进入校门伊始，就能够找到与个人兴趣相结合的科创小组。

"采用高效无限供能的新型胃肠道机器人诊查系统"项目涉及机械制造、控制、信息、生物医学等多个学科，通过科技创新工作室的载体，项目内外不同专业的学生开始了交流合作，相互指导和支持。经过几个月的加工装配，团队设计的胃肠道机器人终于顺利完成。

"我觉得早接触科研有助于确定自己对未来的规划，尽早确定自己到底喜不喜欢科研，有没有必要继续深造。此外，也能较早适应研究生的生活。对那些在科研方面天赋异禀的学生来说，也是能尽早展示自己才华与天分的机会。"沈悦说。

如果说科创小组是学生科创体系"前端",是引路人,那么"挑战杯"、各学科国际竞赛等大型科技竞赛,以及上海交通大学教务处推出的大学生实验创新计划(PRP)等专项科技创新赛事则是"中端",为学生提供资金支持,激励学生参与科技创新,促进科创水平的进一步提升。"后端"则是经过"前端"和"中端"的有效孵化而产出的成果,如论文、专利、技术授权产业化等。"通过后端的产出和成果刺激前端的土壤更加肥沃,共同构建了闭循环科技创新工作链条。"上海交大团委的解志韬老师说。上海交通大学构建的"前中后端"三层式学生课外科技创新教育体系,建设了覆盖校内各主要学科方向的科技创新工作室,资助全校共计170项各类高水平科技竞赛,覆盖学生总计4万人次。

物理与天文系的鲍曼没有想到,自己负责的项目"核子分离能公式的改进以及GK关系新特征的发现与解释"能获得挑战杯赛特等奖,也没有想到自己会申请成功物理与天文系硕博连读,把原子核作为今后研究的方向。"最开始,不过是对核物理学有点兴趣而已,是学校的学生科创体系激发了我的潜能"。

鲍曼在大一时就有了自己的专属导师。通过"一对一"结对的形式,由导师以"亦师亦友"的身份对学生的科学精神、责任意识、职业规划、品质意志等各方面进行全方位指导。鲍曼在大一暑假开始跟着老师做科研,从本科三年级开始在物理系赵玉民教授的带领下接触核物理学,并产生了浓厚的兴趣。从看学长的文章、理解数据并重复结果、做出其实验现象等做起,鲍曼慢慢沉浸到科研当中,大四以第二作者的名义发表论文,今年更是以第一作者在权威杂志 *Physical Review C* 发表论文。

"经过锻炼,我的口头表达能力、逻辑分析能力、人际交往能力也都得到了很大的提升。更重要的是,确定了学业方向,学会了如何在现有基础上做深入研究。"鲍曼说。

上海交通大学学生参与科创的渠道,主要为本科生PRP研究计划、大学生创新计划项目、科技类社团、科技创新工作室、科技创新竞赛等,全校有70%以上的学生都参加过这些渠道的创新活动。

学校团委从优秀学子的身上发现,更早地接触科研,是大学生科创之路的好起点。如今上海交通大学很多院系都在试行"强制"大二的本科生跟着专业导师进实验室的模式,希望通过这一新的教学模式让本科生在理论和实验中多摸索,以获得更多自主选择专业方向的机会,为科研道路打下基础。

团委书记赵昕表示,如何进一步提高交大学子课外科技创新活动的参与率,激励更多教授以此为平台,挖掘、培育学生从事科技创新工作;如何不断加强学生科技创新工作与企业、校外科研机构合作,推动协同创新;如何引导学生科技创新活动从"依托竞赛平台"转向"以项目为目标",实现累进创新——对上海交通大学团委而言,是一条崭新的挑战之路。

研讨与互动

1. 微辩论:择创而从还是自主创新,更适合走上创新之路

一路走来,皆有选择。选大学、选专业、选课程、选题、选方法……我是否真的会勇敢地、善始善终地走向创新之路?创新目标是什么?创新之路具体有哪些途径?

《论语·述而》有言:三人行,必有我师焉。择其善者而从之,其不善者而改之。读万卷书不如行万里路,行万里路不如阅人无数,阅人无数不如名师指路,名师指路不如跟着成功者的脚步(思维)。

李开复:选择的智慧。用中庸拒绝极端;用理智分析情景;用务实发挥影响;用冷静掌控抉择;用自觉端正态度;用学习积累经验;用勇气放弃包袱;用真心追随智慧。

2. 微辩论:买教材还是不要买

一流本科教育应该是体现个性化培养、研究性学习和终身学习能力养成的高水平教育,是培养身心协调发展,又具备在现实社会发展潜力的人的教育。因此,这里对一流本科教育的界定,其核心就是"以学生为本"的,旨在充分激发学生潜在创造力的教育。由此观之,目前我国本科教育面临的最大挑战是如何顺应时代的发展对创新性人才的需求,转变长期以来形成的狭窄的、单纯以就业为导向的专业教育的培养

理念，切实加强人才培养模式的改革创新，着力提高本科人才的培养质量。

具体到教材建设，尤其是文科教材，首先需要解决的是"教材观念"问题，即"叙述方式"问题。与现行文科课程体系"概论""通论""原理"性质的课程占较大比例的情况相对应，相当一部分文科教材过分注重"概论""通史"式的叙述方式，和学科体系的系统性、完整性，而缺乏开放式的线索，没有给学生必要的指导和思考、探索的空间。这样的编写方式，实质上还没有摆脱以教师为主体的"保姆式"教学模式和灌输式教学方式的窠臼，学生的任务只是吸收、记忆，然后再将经过系统整理过的知识"送回生产它们的地方"。这样的教学方式根本无法实现上述一流本科教育的目标。

国外一流大学文科教材常采取"指南"(companion)、"文选"(anthology)或"读本"(reader)的编写体例，力求使教材兼具客观化教材、开放性索引和研究性资料的性质，为学生自主学习预留广阔的空间，为其自主探索提供学术性指导。教材不再是学生学习课程的唯一依据，而是进入知识殿堂的"门径书"。要想更好地掌握学科知识，就必须在"门径书"的指引下，研习元典，攻读原著，收集大量研究资料，通过自己的努力综合、概括以形成自己的观点。所以，国外一些大学的文科课程甚至没有指定教材，而是由教师向学生提供一个详尽的教学大纲，并提供与课程内容相关的经典著作和研究成果。

沿着这样的思路，一流的文科课程资源的建设至少应包括"纵"与"横"两个层面。"纵"向的资源侧重于学科知识的深化，包括经典文献、代表性研究著作、最新研究成果等；"横"向资源对于文科教学而言，主要是指反映社会发展和实际部门运作的真实数据和典型案例。只有向学生提供以教材为"入门指南"，"纵""横"结合的课程资源，让学生主动地去"获取"，所谓"个性化教学""研究性学习"和终身学习能力的养成才会有物质的基础，创新性人才的培养才有教学上的保障。

3. 案例研讨：哈克尼斯圆桌教学法

这是一种以学生为主体，老师为辅助的研讨式教学方法。学生围坐在一个圆形桌旁边，自由开放地进行学习交流讨论，每一位学生都必须要进行提问、推导以及缜密的思考来达到学习和进步的目标。教师主要进行辅助性教学，目的是鼓励学生提出自己的观点，学习推理和论证技巧。

哈克尼斯圆桌教学法起源于Facebook创始人马克·扎克伯格母校——埃克塞特学院，这种教学法的名字取自慈善家爱德华·哈克尼斯(Edward Harkness)，他曾在1930年向埃克塞特学院捐款。哈克尼斯捐款时提出了一个附加要求：学校必须创造并实践一种个性教学法。为此，学院邀请知名工匠设计了"哈克尼斯圆桌"，它实则为椭圆形，最长直径6米，周围可摆放13把椅子，圆桌有13块木板，当学生考试时可以抽出来，椅子转90°角后，学生就可以背对背地考试。每张木匠手工定制的圆桌，价值不菲。

传统课堂模式初衷不是教育出能够独立思考的学生，而是批量制造忠诚且易于管理的国民。而圆桌教学法更适用于数理、编程、社会学这些需要学生自己消化理解、形成自己内在知识体系的科目(图2-5)。

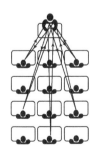

图2-5 传统模式与哈克尼斯模式

以下特点也使得它成为有效的学习工具。

①学生课前准备。老师在课上对教学话题进行简单介绍,并且向学生抛出一些问题,这时学生依据自己做的课前准备能够进行充分的讨论,产生好的学习效果。

②观点共享平台。如同头脑风暴法,每个学生都能够开动脑筋,发挥想象,参与讨论中来。

③增强学生参与度。鼓励每一位学生发表疑问以及分享观点。在老师对面的学生,常常扮演话题引导者的角色;两侧的学生会提供很多证据和问题;离老师最近的学生则常有奇想,给话题注入无限生机。

④双向学习。学生不仅从老师那里获取知识,还能在从课堂上的讨论之中互相学习。

圆桌教学法有什么优缺点?对比本教材主线项目,对两种课桌进行优缺点及适应性对比分析。

训练与思考

1. 环境文化熏陶和机会认知

参观本专业实践教学基地和创新创业训练基地以及实验室等场所,深入细致地了解现有条件和实践项目。最好有目的地进行重点了解。那些实验仪器设备都能做什么?哪台利用率最高、最低?等等。同时,通过网络、校园文化节等途径,了解大学生创新创业训练计划的申报时间节点和要求。了解国家、省级和校级学科竞赛项目的类型、要求和程序。

2. 试图发现问题或需求

试图通过认真听课,发现问题;或用某种创新性学习方法,在教材中发现问题;试图将你所学专业的课程的某些知识点进行联系、比较和融会贯通,寻找问题;以你的专业课程为基础,通过调研和分析社会生活,寻找现实问题,然后与其他学科同学讨论问题中的学科交叉点;关心身边事物和社会科技发展趋势,深入体验生活,敏锐发现潜在需求,寻思创新的来源。

第3章 创新意识养成与创新心理调适

基于课堂教学事理，对研讨式课桌进行需求分析和问题界定。

主要阐述创新心理品质与心理障碍、挖掘人的需求、激发创新动机、培养创新兴趣、树立问题意识；通过情绪管理、压力管理、挫折自我调适，克服制约创新的消极心理。介绍创新人格品质及创新人格障碍，不包括智力品质与认知障碍。

基本要求：了解创新导向性、动力与保障性心理品质及其心理障碍，以突破创新心理障碍；了解创新人格特质与人格缺失及障碍，培养创新人格；了解需求分类、采集、分析与评估，激发内部动机、借助外部动机，培育创新意识；通过一定的环境、途径和方法，培养创新兴趣；培养批判意识、善于捕捉问题、抓住问题本质，能够界定问题、提出问题、解决问题。通过自我情绪管理、压力管理、挫折管理，克服消极心理。

教学重点及难点：创新心理障碍、创新人格障碍、需求理论、批判性思维、问题解决。

基于课堂教学事理的研讨式课桌需求分析及问题界定

深入分析产品需求，是检验现有产品的评判依据，也是开发研讨式教学课桌椅的基础工作。

1. 课桌椅需求重心因不同教学方式而异

(1) 课桌椅需求的多样性

需求是人们在一定时期内购买商品或劳务的愿望和能力，是用户对产品应有属性的期望，同时也是产品(或系统、项目)必须遵从的条件和必须提供的能力，是满足某类用户(群体)的某种愿望或解决某些问题时所发挥的作用。

①从人本主义出发，美国心理学家马斯洛将人的需求分为5个层次：生理需求、安全健康需求、社交(情感归属)需求、尊重需求和自我实现需求。

②从社会角度，一般将需求分为用户需求和业务需求。前者是产品直接使用者在解决问题、完成任务时的需求或愿望；后者是用户所在集体试图保障产品直接使用者完成任务、解

决问题、满足愿望,同时将利益最大化提出的或隐含的需求。它们一般包括安全、健康、舒适、高效4个基本方面。

③从产品角度,将需求分为功能性和泛功能性两类。功能是指产品对人或物发挥直接的、主要的、基本的作用;泛功能则是指除主要功能之外的次要或辅助的功能或特性(属性/性能、安全可靠性、可用性/可容性❶、可拆装/调节/扩充/重组性、可维护性、对人和业务的适应性等)。但两者孰轻孰重,视具体情况而定。

④需求又分为现实需求和潜在需求。前者是指当前显著存在的需求;而后者是相对现实需求而言的、人们尚未意识,或业已意识但因市场上没有理想商品,或者消费者对市场或商品认知不足、购买力不足等原因而在一定时期内不能得到满足的一种需求。

授导式教学与研讨式教学对课桌椅的需求存在明显差异。前者关注低层次需求(生理、安全和社交),后者关注高层次需求(尊重和自我实现);前者注重用户需求,后者注重业务需求;前者限于人机系统,后者广泛涉及教学系统;前者是现实的,后者是潜在的。

(2)课桌椅需求构成要素

需求由4要素构成:

①不同特征、规模和角色的用户。

②真实或虚拟的、不同频次且可以互相转换的场景。

③任务和方案。

④不同层次的目标。

产品需求中哪种需求最重要,首先取决于实事或心愿及其结构要素(图3-1)。

授导式教学与研讨式教学的需求特点和重心不同。对于前者,场景是现实的、单调的,需求是显性的、明确的;对于后者,场景是虚拟的、多变的,需求是隐性的、不确定的。授导式教学课桌椅的改良设计,重心在于人机匹配。对于相对稳定的用户,研讨式课堂教学事理对课桌椅的需求,重点在于场景的多样化,因此需要重点研究新型课桌椅以及由此带来的适宜的排列组合模式和格局。

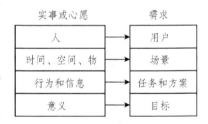

图3-1 事理决定需求

(3)课桌椅产品层次

依据产品层次理论,产品分为5个层次:核心利益、基础产品、期望产品、增值产品和潜在产品。一般课桌椅仅提供核心利益(基本效用)和基础产品(基本形式),远没有满足用户的期望(美观等属性),也少有厂商提供超出用户期望的差异化属性或增值服务,对在使用过程中或将来产品可以如何附加或转换等的前瞻性设计(潜在产品)已占风气之先。

授导式教学与研讨式教学的课桌椅都可以有不同的产品层次。通过深入研究课堂教学事理,采集和分析用户需求,可以设计面向不同教学方式的不同层次的课桌椅。

若用马斯洛需求层次理论加以审视,现有课桌椅也多属低级产品。产品层次须与需求层

---

❶ 可容性是指产品对人体或物品的可容纳性。例如,课桌下方须容纳人体下肢并为其提供舒适活动空间。

次(价值重要性)相适应。产品层次理论为全面开发研讨式教学课桌椅指明了方向和定位，产品的差异化和潜在价值是设计追求的目标。

2. 适应不同教学方式的课桌椅需求优先级

(1) 需求采集方法

由于场景的虚拟性，对研讨式教学课桌椅的需求采集除了可以采用问卷调研、用户访谈、业务干系人需求征询、借鉴类似产品(授导式教学课桌椅需求采集也可采用这些方法)并就其应用场景进行优缺点分析外，还可以采用希望点列举法、关于课堂教学事理的文献研究等方法。其中只有通过事理研究、希望点列举法，才能深入挖掘潜在需求、提升设计。

(2) 课桌椅需求分析及优先级评估

在需求的优先级评估方法中，依据四象限法，授导式教学课桌与研讨式教学课桌针对的需求不一样，优先级就不一样。场景分析法则提供了一种更加客户化的需求量化分析和产品评价方法。产品生命周期法和金字塔模型法为产品迭代指明了程序。

至此，应该明白，对研讨式教学课桌而言，可重组性的业务需求已是当务之急。

需求优先级评估为产品属性决策提供了重要依据，为产品快速上市及差异化、系列化设计提供基础。

3. 初步定义研讨式课桌的设计问题

产品设计是一种不明确的问题，高校研讨式教学课桌的问题空间需要逐步明确：

①初始状态。当代大学生群体人体尺寸、现有教室室内空间尺寸、学生用品等，这些信息和数据经过分析和处理就是已知的。

②目标状态。目标状态是一种未知的存在。只有进行充分的事理分析、教学形式分析和需求分析，充分展开想象力，才能逐步确定某种设计目标。此时目标状态是基于用户需求而设定的，暂时是一种想象的情景和直觉的假设，需要通过属性分析提取设计需求、进行系统分析等设计操作进一步加以论证，才确定为具体设计目标。研讨式教学课桌椅的基本目标状态是：课桌单体统一而富有变化，单体之间便于灵活移动组合，以满足研讨式教学的不同场景的业务需求。

③操作状态。将通过基于产品需求的课桌椅属性分析与产品概念设计、原型启发、系统分析等方法途径加以研究解决。

请对当前问题的目标状态做一个设想，将你脑海中的研讨式课桌及其排列用简图勾画出来，并说明其适用的教学场景和活动。

3.1 创新意识养成

3.1.1 创新心理品质与心理障碍

3.1.1.1 创新的导向性品质及其心理障碍❶

主体思想观念，指理想、信念、世界观、人生观、价值观、道德、事业心等。具有广泛的导向作用和持久的影响。

1) 哲学思想

一个人若受错误哲学思想支配，要么迷失方向，误入歧途；要么否定正确见解，与真理失之交臂。

由于受到形而上学世界观的束缚，牛顿把天体看成是亘古不变的东西，结果在无法解释行星绕日旋转的切线运动的原因时，便归因于"上帝的第一推动"。普朗克首先提出了能量子的概念，开辟了量子力学新领域。然而，他在量子力学的大门口徘徊了数年，最后竟否定了自己的科学发现。

只有摆脱了错误哲学思想的桎梏，创新思维才能破茧而出❷。为此，要用马克思主义哲学矛盾的、联系的、发展的、全面的、系统的观点看问题。

2) 理论观念

（1）错误理论

原有的理论可以或可能指导人们去认识和改造世界，但若把它当作教条和绝对真理，就势必束缚创新思维。这是因为传统观念、旧有理论容易使人们因循守旧，产生思维惰性，不敢越雷池一步，给创新思维戴上紧箍咒。尤其是当它们与日常生活经验十分吻合、或非常符合统治阶级（特别是神学）的需要时，其消极影响更为明显。如统治人们思想达千年之久的古希腊先哲亚里士多德的"天然运动"理论❸、古罗马天文地理学家托勒密的"地心说"就是典型例证。

即使科学家面对确凿的实验结果，若他不肯摘下传统观念的有色眼镜，也难以提出新见解。长期以来，化学界流行"燃素说"，认为物体之所以会燃烧，是因为它含有"燃素"这种特殊物质，而燃烧就是"燃素"从物体中分离出来。受此束缚，尽管先后有科学家发现氢气、氧气等"新"气体，却未对燃烧现象做出正确解释，直到拉瓦锡（Lavoisier）提出氧化学说。

（2）理论的局限性

有些理论虽然在逻辑上具有一定合理性，但它在特定阶段和背景条件下可能并不是最优

---

❶ 医学上的心理障碍是指一个人由于生理、心理或社会原因所致各种异常心理过程、异常人格特征及异常行为方式，以情绪障碍、精神病性症状、社会功能下降和本人感到精神痛苦为特征。心理障碍与其负性生活事件、消极应对方式、不良社会支持和不合理认知方式等社会心理因素关系明显。

❷ 郭晓东. 创新思维的思维障碍[J]. 北京高等教育，2001(10)：40-42.

❸ 所谓"天然运动"，就是物体回到自己"天然位置"的倾向和过程，而每一个物体都拥有属于自己的天然位置。

的，若照此行事或将付出极大代价，影响问题的有效解决。

例如，群体免疫，它是指人群或牲畜群体对传染的抵抗力。群体免疫水平高，表示群体中对传染具有抵抗力的动物百分比高。因为，疾病发生流行的可能性不仅取决于动物群体中有抵抗力的个体数，而且与动物群体中个体间接触的频率有关。若群体中有70%~80%的动物有抵抗力，就不会发生大规模暴发。群体免疫分为自然免疫和疫苗免疫。群体免疫战术的大前提是得过一次病的人就不会再次得，这叫作获得性免疫。有些人不能接种疫苗，这些人可能包括新生婴儿、老人、病人和天生免疫功能弱的人，他们获得保护的唯一手段就是群体免疫，他们在没有专用疫苗的传染病暴发初期是最危险的。

(3)理论的适用性

有些理论在特定条件下适用于特定的目的，当条件变化时便不再适用于这种用途。例如，工作抽样是采用统计学中的随机取样法，对生产作业当中的操作者和机器在每一间隔时间的信息进行测定后，再用统计推理的方法加以整理，从而获得有益信息。它是在较长时间内分散地观测操作者和机器，在大规模生产时代可以用于测定工人的作业标准时间。对于多品种小批量生产，工作抽样不再适用于作业标准时间测定，而其结果只能作为标准时间和时间定额的宽放依据❶。

3)文化和环境

Adams教授总结了6种类型的思维障碍，即文化障碍、环境障碍、情感障碍、感知障碍、智力障碍和表达障碍❷。

文化和环境障碍是指约定俗成的文化观念和文化模式以及社会环境对思维方式的影响，如服从观念和标准答案对创新的负面影响，崇尚自由或协作的观念对传染病暴发时期实行隔离措施乃至传染病及时有效控制的影响。

4)心智模式

(1)心智模式的概念、作用

此概念由苏格兰心理学家肯尼思·克雷克(Kenneth Craik)在20世纪40年代提出。它在人们人心中根深蒂固，影响人们如何了解世界及自身、如何采取行动的许多假设、成见、图式、故事或图像、印象。它反映了人们对外部系统的认知结构并呈现自身的信念体系，在内容上体现为结构化的知识和信念。信念系统是指一些不言而喻的心理生活原则、老生常谈、范式所构成的网络系统，一般被人们用来解释和预言人们的心理和行为。

心智模式决定人们如何认识周围世界，影响人们如何看待事物，令人做出选择性观察，也影响人的认知方式。它通过描述、归因、预测3类关键活动来发挥其作用。当人们观察到某种事件时，首先用已有知识结构对输入的信息进行描述，然后通过其信念体系解释其原因、预测事件未来发展趋势。

---

❶ 韩维生.设计与工程中的人因学[M].北京：中国林业出版社，2015.
❷ 郭国选，孙迎远，袁峰.突破机械产品创新设计的思维障碍[J].矿山机械，2008(18)：1-4.

（2）心智障碍模式

人的心智模式，若在形成过程中受到了扭曲，也会产生障碍。缘由之一是自我价值不足，缺乏自信、自爱和自尊。自我价值不足可能会有两种心态：一是认为不能让别人知道他内心不足，因此不惜一切地去维持假像。例如，争强好胜，好面子，坚持己见，任性妄为，不顾他人等。二是认为自己不如人，处处退缩，怕担责任，却不肯认错，到处批评人，希望借此使他人减分，终于与自己同等。缘由之二是错误的信念塑造过程。信念形成有一个最重要的来源是经历和经验。通过学习，人们不断地塑造自己的信念系统；若信念是错误的但无人去纠正，会逐渐影响到心智模式以至行为模式。例如，在少年时有人告诉你不负责任更轻松，你也亲眼目睹了他在某件事上本应负责但未担责，而且他表现出更加轻松快乐，那时你在潜意识中就可能形成一个信念：逃避责任更好❶。心智障碍会令人在所面临的事情面前，看不清真相，无法正确解决。若其对拥有者不断进行不良引导，就会形成恶性循环，甚至导致失败的人生。

9种心智障碍模式：

①局限思考。一种作茧自缚、沉溺其中、自我受害模式，其表现是"是的，道理是这样；但是……"惯于固有做法；在遇到困惑、问题的时候，也不接受支持和建议。

②过度概括。指将一个观念或理解不断抽象极端化、泛化，或由一个偶然事例而得出一种极端信念，并将之不适当地应用于不相似的事件或情境中。有时以偏概全，认识不到自己对某事物擅长与否。

③自动化思维。指无意识、不带意图目的、不需努力的、自然而然的思维。当对一个任务或信息有大量经验时，可以采用自动化过程来完成该任务或加工信息。如采用某个群体的图式对该群体成员的归类。自动加工快速简单但是容易忽略准确性，如刻板印象。它有3种类别：一是由激发事件引起的，二是由幻想、联想、回忆引起的，三是由身体感觉引起的。

④逃避问题。碰到必须及时解决的问题（冲突或矛盾）时，置之不理或以为忍忍或逃避，它就会自动消失，无法察觉缓慢而渐近的危机，最终问题积累到不得不解决时就只有"一次搞定"。使用这种模式的人其内心非常懦弱，从而不断积累垃圾、负面能量，直到一个极限，无法忍受就激情爆发了。

⑤专注小我。其表现是"我是对的……"甚至抬杠、钻牛角尖。为了证明我是对的，往往会搜集一堆资料来辅助。这样的人表现出极度的自以为是，根本无法听取他人建议或批评。其实多是极度不自信或者自我价值不足造成的，需要在争论中证明自己；又或是拿过去的不俗表现证明自己的能力。

⑥归罪于外。其表现是"都是你的错……"一些人在潜意识里是不负责任的，当事情发生的时候都是别人的错。这是因为他非常自我保护，其实是害怕自己不能承受这个压力，所以表现为抱怨。

⑦身心不合。其表现是缺乏自律，不断重复过去失败的人生，无法完整地掌握自己的人

---

❶ 杨富云. 对七种障碍性心智模式的深层认识[J]. 商业文化(学术版)，2009(9)：277-278.

生。表面看来是上瘾，内心会表现不稳定、害怕承诺、极度的内耗无力。

⑧活在过去，其表现是"过去我是……"活在过去的荣誉、恐惧、受害、不公平中，错以为自己就这样了，使人不能正确地面对现实，逃避当下。成绩属于过去，跌倒了可以重来！

⑨滥用外力。过分依赖他人或团体的力量，把个人能解决的问题寄希望于别人，或两个人的问题变成了团体的矛盾的表现。用这样的心智模式来处理事情，难以超越自己，或者只能让问题复杂化。

从事创新活动，就要通过对照反省或问卷测试认清自己的心智模式以及它如何影响自身的行动，从而意识到心智模式的隐蔽性、根深蒂固性和不完善性。通过与人沟通、合作，分享问题解决的成果，找到改善心智模式的途径。

3.1.1.2 创新动力与保障性品质及其心理障碍

动机、兴趣、情绪、情感、意志、性格等，是认识活动的动力与保障系统。

1）情感

情感是人对客观事物是否满足自己的需要而产生的态度体验。

（1）适当的情感

适当的情感对人的认知活动具有积极的组织功能。良好的情感会提高大脑活动的效率，提高认知操作的速度与质量，促进创造性思维的发展，提高创造力，对创造活动有启动和维持作用。积极情感的运用有助于创造性思考，灵活性的计划，改变原有的注意方向，并对个体产生动机作用。激情是合理想象的催化剂，是追求创新的最直接根源。

良好的竞争意识本身就包含着积极进取的精神，它是人生发展的动力，是人对自己不满、对现状不满、不甘落后而产生的一种积极向上的心理状态。它能激励人们不断地发现自己的不足，锐意进取，为创新提供可能。因此，从某种程度上讲，竞争意识是开拓创新的先决条件，也是参与竞争的必备条件。

（2）不当的情感

不当的情感对人的认知活动具有消极的瓦解功能。情感障碍是创造过程中经常容易出现的现象，而且也较难克服。情感障碍，是指在问题解决过程中出于安全和归属需求，不敢冒险，怕担风险，担心失败，悲观失望，怕遭受非议，运动和思维迟缓，缺乏挑战精神或者情绪浮躁、急于求成等。这是由于新设想一般不能很快为社会或其他团体成员所认同，容易使创造者因被拒绝而失去归属感。

嫉妒是指由于他人占了优越的位置，或者是自己所珍视的东西被别人夺取时产生的情感。它由羡慕到嫉妒，再由妒忌到猜嫌，再由猜嫌到陷害，若不加以调控，一旦超越心理防线，就会产生不良后果。

培养情感的主要方法是：以知育情，以情育情，以意育情，以行育情，以境育情。

培养创新情感的具体方法是：时时保持愉快向上的心理期待，对与创新活动密切相关的学习集体、指导教师等始终如一地热爱；情感丰富、信念坚定，对创新学习活动充满激情；具有积极健康的创新生活体验，崇尚科学、追求真理，在创新学习活动中胜不骄、败不馁，始终保持饱满的精神状态。

2）意志

意志是指人们自觉地克服困难，实现预定目标的心理品质。它是创新过程中和行动联系最为紧密的主观能动性和内心力量，是在创新过程中自觉确定目的、并为实现最终目标而自动支配和调节行为的心理过程。毅力是人类自觉确定目标，并为之克服各种困难，坚持不懈地支配、调节自己行动的心理过程，是个体积极性和意志程度的集中体现。

（1）创新意志

创新意志突出表现为敏锐洞察事物发展趋势和关键环节的能力，并能准确制订行为目标，以坚定信念一往无前，最终实现创新目标。只有把创新意志的坚强性、坚韧性和坚毅性作为保障，创新者才能在困难面前表现出决不退缩、持之以恒的品质，创新行为才能得以维持下去。拥有创新意志，便不会避风险、畏艰难、惧失败，具备不达目的不罢休的气概，得以克服障碍，战胜困难。

（2）不良意志

许多学生希望自己有所作为，有发明新事物的愿望，但是又不愿吃太多的苦；希望一鸣惊人，但缺乏百折不挠的意志，表现为浅尝辄止，做事不下苦功、不深入，稍遇不顺、失败就自暴自弃放弃追求努力，这必然会影响他们日后创新成就的取得。三心二意、意志薄弱是造成大学生创新差异性的重要原因。

培养意志的方法主要是：从小事做起，从平时做起，从今天做起，自我要求，自我激励、自我监督。

创新意志的培养，首先要目标导向，自觉磨练，心理暗示。在创新活动之前，给自己拟定一个明确目标，形成长期目标和近期目标相结合的目标体系，避免行动的盲目性，加强创新的目的性，形成牢固的目标意识。同时，不停地告诫自己，不达目标决不罢休。在训练过程中，不断地把活动结果进行自我反馈，以创新的目标来调节创新行为，使自己达到最终创新目的。结果的反馈有助于增强创新自信，坚定创新意志。另外，给自己找一个可比性榜样，谨记古训，自我激励。榜样能克服困难、坚持下来，我必坚定自己信念、坚持到底。马克思："在科学上没有平坦的大道可走，只有不畏艰苦沿着陡峭山路攀登的人，才有希望到达光辉的顶点。"苏轼："古之立大事者，不惟有超世之才，亦必有坚韧不拔之志。"

3）性格

性格是人对现实比较稳定的态度和与之相适应的习惯行为方式。良好的性格如勤奋、自信、自强等，对一个人的成长起积极作用，而不良的性格如懦弱、懒惰等，则对人的成长起消极作用。

（1）懒惰成性

失去进取精神和开拓意志，养成惰性心理，缺乏责任。思维封闭不开阔，想象平乏，只好用惯性方式去考虑问题。思维惰性是标准化思维的后果之一，它使得学生不愿也不善于对学习内容做深入的思考。应试和功利性的教学对创新的阻滞非常明显。它不但养就学生的思维惰性，也奴化学生的人格。许多已经流行的观点，即使有弊病，却很难纠正；对新事物、新理论、新设想的抗拒,都是思维惰性的表现。

(2)胆怯个性

总是寻求安全归属,对新事物存有一种恐惧情绪。墨守成规,追求井井有条、整齐划一的秩序就会束缚人们创新的手脚。不愿打破平衡,不愿自找麻烦,缺少冒险意识与精神,使人做什么事都畏手畏尾,难有大的作为。要克服畏难情绪,客观评价困难,敢于尝试,正确看待失败。

(3)自我意识障碍❶

自我意识障碍主要是不能客观公正估计自己。或是认为自己没有创造力,或是认为自己没受过某种专业训练。实际上,在创造过程中,一定的自责有时虽然必要,但过分看重自己的不足则会失之客观而造成归因上的误差,甚而导致对自我丧失信心。

(4)自我中心型障碍

自我中心是指人想问题、做事情时,完全从自己利益与好恶出发,主观武断地不顾他人的存在与感受。这种心理障碍容易出现在三种人之中。一是年少无知,思想停留在自己世界里;二是有一定能力并取得一定成绩而固步自封的人;三是性格刻板、固执己见的人。须知,成绩属于过去,应安下心来,虚心接纳、理解、判断,才能取得更大进步。

(5)自卑心理❷

自卑心理一种自我情感、认知、性格障碍。自卑,即信心不足,是个体在自我认识过程中对自身能力或品质评价过低,轻视或看不起,担心失去他人尊重的一种心理状态。它来源于个体主观认为自己在某些方面不如他人所产生的消极情感。自卑就会情绪低落、无精打采,不积极参与活动,不敢提问,造成心理上、学习上、能力上的恶性循环。妄自菲薄,会损害创新。自卑是束缚创造力的绳索。信心是调动积极性、创造性的最重要因素,也是充分发挥人潜能所必需的条件。大学生创新方面的自卑心理主要是指他们对自己能否从事各种具有"新颖性"的活动不自信,对自己在这方面的能力、品质等做出偏低评价的消极心理状态。认为创新是少数天才的事,自身拥有的知识不足以支撑进行创新活动所需的高深知识体系。对创新思维表现茫然,认为普通人不具备创新思维。自认无法,不愿尝试。为此,要充分认识自身优势,树立正确价值观和创新观;用长处鼓舞自己,用短处警戒自己。

(6)完美主义

完美主义是人性中一个古老而鲜活的情结,又是一种"流行病"。它会压抑创新的萌动。须知,如果要求"问题"都有创意或者都很成熟才能提出、发表、交流,那就等于在事实上取消提问、质疑。对于申报创新项目来说,80%的可能即可。即使实施失败之后,也应给予宽容。经验教训也是一种资产。正所谓,蹒跚学步难免跌撞,而母亲总是充满期待。

---

❶ 买买提吐尔逊·牙库甫. 消除大学生心理障碍培养创新性人才[J]. 和田师范专科学校学报,2009,28(4):45-46.

❷ 培养自信心的方法:早上起床,对着镜子说:"我很棒!我真的很棒!"说话时,配合手势动作。称赞自己:"我性格开朗,待人热情。"晚上睡觉前,对自己重复说。称赞自己今天的收获,如"我今天作业做得很好,上课收获很多"。

美国生理学家洛布(Jacques Loeb)有一次被学生课后的提问所难倒,他并未掩饰自己的"无知",而是非常坦然地说:"我回答不出你的问题,因为我自己还没有看过教科书的那一章。不过你明天来的时候我已经看过了,也许能够回答你的问题。"采取这种平等、开放、诚实的态度,对于增强年轻人的自信心,对于形成一种激励思考、勇于创新、不怕出错和露短的氛围大有好处。

培养性格的主要方法是:提升世界观,优化心理因素,投入集体生活,加强实践活动。

3.1.1.3 创新人格特质与人格障碍

人格理论是用来描述或解释人的心理与行为的一套假设系统或参考框架[1]。人格理论有众多流派,每一流派分别立足于某一领域进行研究,出发点和角度不同,其解释力和预见力也各有不同。

1)特质人格理论

(1)大五人格

20世纪30年代,早期特质人格理论家高尔顿·奥尔波特(Gordon W. Allport)认为,特质是一种概括化和聚焦的神经生理系统,是人格构造单位,它激发和引导人的适应性和表现性行为。特质之间是相对独立而又彼此重叠的,一系列特质相互交织整合在一起,就构成了人格。他确定了一个含17953个人格术语的词表,并提出一个词汇分类体系,但无法提炼出关键人格特质词汇。

后来,心理学家卡特尔(Raymond B. Cattell)与斯皮尔曼共事,用因素分析法[2]从人类的行为表现中抽取出16种根源特质,即卡特尔16人格特质(16PF)。这16种人格特质是:乐群性、聪慧性、情绪稳定性、恃强性、兴奋性、有恒性、敢为性、敏感性、怀疑性、幻想性、世故性、忧虑性、激进性、独立性、自律性、紧张性。卡特尔认为,每个人的身上具备以上16种人格特质,它们通过不同程度的组成,构成了一个人独特的人格,完整地反映了一个人个性的全貌。

20世纪80年代,在卡特尔人格特质理论和大量样本研究的基础上,科学家们发现:在不同性别、学历、测试环境下,人格特征检测的最后结果都能被提炼为五个相对显著而且稳定的因素。美国心理学家戈尔德伯格(Lew Goldberg,1981)称为"大五"(big five)人格特征。此后,美国心理学家科斯塔(Costa)和麦克雷(McCrae)提出了人格五因素模式(five-factor model,FFM)。词汇学取向的"大五"结构与理论取向的五因素模式在形式和内容上有诸多相似之处,但在历史渊源、内容形式、基本性质、研究走向等方面都存在一定的差异[3]。

"大五"结构采用罗马字母命名系统,即Ⅰ.外向性或热情;Ⅱ.随和性;Ⅲ.尽责性;

---

[1] 宋剑祥,何亚芸. 国外人格理论研究的主要流派述评[J]. 昆明冶金高等专科学校学报,2013,29(4):49-56,88.

[2] 因素分析法是利用统计指数体系分析现象总变动中各个因素影响程度的一种统计分析方法,包括连环替代法、差额分析法、指标分解法等。使用这种方法能够使研究者把一组反映事物性质、状态、特点等的变量简化为少数几个能够反映出事物内在联系的、固有的、决定事物本质特征的因素。

[3] 尤瑾,郭永玉. "大五"与五因素模型:两种不同的人格结构[J]. 心理科学进展,2007,15(1):122-128.

Ⅳ. 情绪稳定性；Ⅴ. 文化或智慧。其本质是一种现象型人格，即可观察的外在特征。

人格五因素模式通过五种相对独立的因素来描述人的个性，是一种基因型人格，包括了潜在的因果本质，通过这五个人格因素可以大体反映出一个人未来的职场表现（表 3-1）。因此，被西方国家广泛应用在人才测评、发展心理及职场招聘中。其中，和悦性（利他性）和外向性（社交性）属于人际维度，公正性（道德感）属于气质❶维度，神经质属于情绪维度，而开放性则与认知紧密相关。公正性与情绪稳定性这两个因素适用于各种类型工作。其他三种人格因素分别适用于不同类型工作：外倾性特征与销售表现密切相关；经验开放性是具有技术含量工作选拔人才的重要尺度；和悦性在客服工作与团队工作中尤为重要。

表 3-1 人格五因素及其相关特征

高分者特征	人格维度及其层面	低分者特征
好社交、活跃、健谈、乐群、乐观、好玩乐、重感情	外向性，评鉴人际间互动的数量和强度、活动水平、刺激需求程度和快乐的容量；所含层面：热情、合群、自信、活动性、寻找兴奋、积极情绪	谨慎、冷静、无精打采、冷淡、厌于做事、退让、话少
心肠软、脾气好、信任人、助人、宽宏大量、易轻信、直率	和悦性，评鉴某人思想、感情和行为方面在同情至敌对这一连续体上的人际取向的性质；所含层面：信赖、坦诚、利他主义、顺从、谦逊、温和	愤世嫉俗、粗鲁、多疑、不合作、报复心重、残忍、易怒、好操纵别人
有条理、可靠、勤奋、自律、准时、细心、整洁、有抱负、有毅力	公正性，评鉴个体在目标取向行为上的组织性、持久性和动力性的程度，把可靠的、严谨的人与那些懒散的、邋遢的人作对照；所含层面：能力、秩序、尽责、力求成就、自律、谨慎	无目标、不可靠、懒惰、粗心、松懈、行为不端、意志弱、享乐
烦恼、紧张、情绪化、不安全、不准确、忧郁	神经质/情绪性/适应性，评鉴顺应与情绪不稳定，识别那些容易有心理烦恼、不现实的想法、过分的奢望式要求以及不良反应的个体；所含层面：焦虑、愤怒的敌意、抑郁、自我意识、冲动、易受伤害	平静、放松、不情绪化、果敢、安全、自我陶醉
好奇、兴趣广泛、有创造力、有创新性、富于想象、非传统的	经验开放性/创造性，评鉴对经验本身的积极寻求和欣赏；喜欢接受并探索不熟悉的经验；所含层面：幻想、美感、情感丰富、行动、理念、价值	习俗化、讲实际、兴趣少、无艺术性、非分析性

大五模型在选词方面有两个致命缺陷：一是它不能代表自然语言中人格的所有方面。像"独立的""特异的""保守的"等重要人格术语无法归入"大五"结构的任一维度。它没有完全抓住自然语言的人格范围，是因为其研究大都使用奥尔波特等的词表，而且在做因素分析之前就删除了评价性术语以及描述暂时状态（如心境）的术语。二是做因素分析前的选词标准主观随意性大。研究者在制定特质词分类标准，按此标准去掉多余词或选词构成测量词表时，可能出现一系列决策误差。词表内容有偏颇，依此构造的人格维度显然也不全面。严格的分类标准使很多潜在的人格术语进不了因素分析的筛选范围。

---

❶ 气质是指心理过程的速度、强度、稳定性和内外倾向性的心理特点的总和，分为胆汁质、多血质、黏液质和抑郁质。

(2) 大七人格

特莱根(Tellegen)和沃勒(Waller, 1987)率先提出了人格的七个维度❶。"大七"力求全面反映语言的"自然"状况,这就使特质词选词过程相对容易化,增强了分析过程的客观性。

①正情绪性。标定词包括:抑郁的、忧闷的、勇敢的、活泼的等。
②负效价❷。标定词包括:心胸狭窄的、自负的、凶暴的等。
③正效价。标定词包括:老练的、机智的、勤劳多产的等。
④负情绪性。标定词包括:坏脾气的、狂怒的、冲动的等。
⑤可靠性。标定词包括:灵巧的、审慎的、仔细的、拘谨的等。
⑥宜人意。标定词包括:慈善的、宽宏大量的、平和的、谦卑的等。
⑦因袭性。标定词包括:不平常的、乖僻的等。

(3) 中国人的人格结构

北京大学心理学教授王登峰等人从汉语字典和日常用语中选取中文人格特质形容词(表3-2),并将大陆和中国台湾的选取结果汇总,经因素分析得到了中国人的人格结构。

表 3-2 中国人的人格结构❸

维度	小因素及其含义
才干 精明干练-愚钝懦弱	敢为:精明果敢-退缩平庸,描述个体的能力水平、勇气和气魄、自信程度以及个体的决断能力 机敏:机敏得体-羞怯保守,描述个体人际交往的主动性水平、与人交往中的机智程度以及个体心高气傲-保守落伍的程度 坚韧:优雅多才-肤浅愚钝,描述个体的风度和才智水平
行事风格 严谨自制-放纵任性	自制:坚韧自制-浮躁任性,描述个体在做事上是否具有进取心、有恒性及做事风格是否成熟稳重 严谨:严谨自重-放纵狡猾,描述个体是否遵循社会准则和是否刻苦耐劳 沉稳:沉稳严肃-活跃轻松,描述个体行为表现上的灵活性和兴奋性
处世态度 淡泊诚信-功利虚荣	淡泊:淡泊客观-贪心虚荣,描述人对名利的态度和在人际交往中的行为表现 自信:诚信公正-功利虚假,描述在人际交往中,对待他人的态度和行为表现
人际关系 温顺随和-暴躁倔强	宽和:温和宽厚-好斗计较,描述在人际交往中,亲和、体恤及温顺的程度 热情:含蓄严谨-直率急躁,描述在人际交往中,含蓄严谨急切的程度
外向性 外向活跃-内向沉静	活跃:活跃随和-安静拘束,描述一个人在行为风格上喜动还是喜静,自己想法的表露程度,以及与人交往的适宜程度 乐观:开朗热情-拘谨多虑,描述生活态度、善交际程度以及心中的思虑程度 合群:主动亲和-被动孤僻,描述与一般人的相似性和对一般人的接纳程度
善良 善良友好-薄情冷淡	真诚、利他、重感情:描述一个人在感情上的丰富性,是否顾念他人的感受以及理性决策的坚持性
情绪性 热情豪爽-退缩自私	耐受性、爽直:描述一个人做事的气势大小,计较个人利益的程度,以及对待异性的专一程度

---

❶ 张智勇,王登峰.论人格特质"大七"因素模型[J].心理科学,1997,20(1):48-51.
❷ 效价(Value)是大七人格中的评价因素。
❸ 崔红,王登峰.中国人人格结构的确认与形容词评定结果[J].心理与行为研究,2003,1(2):89-95.

2) 创新人格特质

(1) 大学生创新人格特质

创造性人格主要指个体所具有的创造性人格特质。这种个性倾向，通过引发、促进、调节和监控来对创造力发挥作用。它决定着动机的产生以及思维活动的维持和延续，是创新心理与创新能力形成的关键，是创新活动的动力，是创造性成果的决定因素，深刻影响着创造活动与创造力表现。

Guilford(1967)提到创造性人格8个方面：高度的自觉性和独立性、有旺盛的求知欲；有强烈的好奇心；知识面广，善于观察；工作讲究条理、准确性、严格性；有丰富的想象力和敏锐的直觉；喜欢抽象思维和智力活动；富有幽默感；意志坚定，能长时间专注于感兴趣的活动。

Williams总结了4点创造性个性倾向的特征：冒险性、好奇性、挑战性、想象力。

针对Williams等关于创造性人格的研究，申继亮等人通过对476名中学生进行问卷调查研究，得到创造性倾向由自信心、好奇心、探索性、挑战性、意志力5个维度构成的构想，并得到验证。

杨治良等人运用社会效度的方法对中国大学生调查研究发现，创造性的内隐观主要涉及12个因素：道德品质、才情、异常人格、独创性、探究、自主敢为性、思维发散性、知识经验、勤勉、问题发现、智力、自强，其中道德品质是具有中国特色的人格特点。

①独立性。是衡量个体能否有所成就的重要尺度，也是个人意志的表现。独立性是指拥有原创的意愿、能力和自信，并进行独立思考和判断、选择、行动，不受权威和成规束缚的心理品质。循规蹈矩、人云亦云，只知一味地服从和依赖前人的研究或他人意见，将严重影响创新想象和行动。

②自信心。决定一个人创造力能达到的高度。它是对自我能力的肯定，是跨越障碍最可靠的资本，有利于发掘和表现自身的潜能。当你的意见、判断、主张受到否定时，你会坚持吗？

③开放性。开放性的人对创造性、无现成答案的问题更感兴趣；他所发展的思维技能更偏向于灵活性和流畅性；他喜欢寻求刺激与多变的经验，这是思维流畅与灵活的基础。当创新者拥有开放性的人际交流时，他能够与他人进行特定的信息交流，以创设有利于创造的外在环境；而人际交流的闭塞则阻碍信息流动和知识交叉。开放性还表现在人的观念不断更新。

④合作性。合作可使成员相互弥补知识技能的不足，产生思维的共振，激发创新的火花。具有合作特征的人往往因交往范围较大而有机会接触到其他领域的人和信息，获得更多无形优势、机遇和人脉，从而提高创新素质和成功概率。合作者善于沟通和理解，配合默契、和平共事，这是团结合作的理想境界。

⑤冒险性。是指不受传统文化和陈规陋习的约束，不满现状，不轻易服从于已有的研究和现成的结论，不迷信于权威专家观点，疑人所不疑、敢于提问，有叛逆精神，勇于开拓、做别人没想过、没做过或未竟的事业，不怕困难、失败和批评，愿意承担合理风险，勇于坚持己见，并为之辩护。

⑥挑战性。包括寻找各种可能性，了解事物的可能性及其与现实间的差距，能够从杂乱中理出秩序，愿意探究较复杂问题，有勇气、有魄力去探索新的想法，尝试新鲜事物，不断寻求挑战和突破，敢于行动和拼搏，并接受创造过程中不稳定的外环境和内心冲突，勇于承担行为后果，有奉献精神。相反，胆怯、犹豫、患得患失、墨守成规，往往使人丧失良机，即使有所发现也不敢公布。

⑦责任感。是任何事业取得成功的必备条件，在创新中起激励作用。高责任感的人能为自己设立较高的工作目标并为之不懈努力，从而产生满意、愉快的情感，使个人的价值得到充分、合理的体现。责任是最足以激发我们力量的东西，从来没有担负过职责的人，绝不会激发他真正的力量。

（2）不同领域具有创造力的人的典型人格特征（表3-3）

表3-3 不同领域具有创造力的人的典型人格特征

职业	研究项目	人格特征
科学家	对物理学家、生物学家和心理学家的研究（卡特尔，1955；Gough，1958）	更加内向、聪明、刚强、自律、勇于创新、情绪稳定
发明家	对710位拥有多项专利品的发明者进行调查（Rossman，1935）	有实践革新之态度，具开放性、独创性、善于分析；富有毅力、想象力、知识与记忆、经营能力及创新力
建筑家	对40位富有创意的建筑家所做的研究（Mackinnon，1965、1978）	有发明才能、独创性、开放的经验、责任感、敏感、高智力、洞察力、流畅力❶、独立思考
艺术家	Cross et al.，1967；Bachtold & Werner，1973；Amos，1978；Gotz，1979	内向、精力旺盛、不屈不挠、焦虑、易有罪恶感、情绪不稳、多愁善感、内心紧张
	弗兰克·贝伦（Frank Barron）对艺术学院学生的研究	灵活、富有创造力、自发性、对个人风格的敏锐观察力，热情，富有开拓精神，易怒
作家	以卡氏16种人格因素测验对作家进行研究（Cattell & Drevdahl，1958）	较为聪慧、成熟、有冒险性、敏感、自我奔放、自负等
	精神分析（弗洛伊德，1908）	发现创造力与白日梦之间高相关

（3）我国科学家创造性人格

我国学者甘自恒概括出中国科学家创造性人格的10种基本素质：高尚的理想和志向；爱国主义精神；善于合作的精神；尊敬师长、关爱晚辈的精神；善于提出和讨论问题的精神；善于综合、勇于创新的精神；善于奉献、敢冒风险的精神；求实严谨的治学精神；逆境发奋、老当益壮的精神；争创一流、再创辉煌的精神。

3）创新人格缺失和人格障碍❷

（1）大学生创新人格的缺失表现及其成因

人格缺失，不同于人格缺陷和人格障碍，而是相对于独立人格而言的。

---

❶ 流畅力，指短时间内产生观念的多少，能够思索许多可能的构想与答案。参见发散思维的特征之流畅性。

❷ 医学上的人格障碍是指明显偏离正常且根深蒂固的行为方式，具有适应不良的性质，其人格在内容上、质上或整个人格方面异常。因此，病人遭受痛苦和（或）使他人遭受痛苦，或给个人或社会带来不良影响。

西方哲学家康德曾经对独立人格提出3个理性判据，即精神自由、意志自律、良心自觉；美国心理学家费洛姆则认为独立人格可以理解为明晰的自我意识、创发性的爱和思维、开创性心理特征等几个方面的统一和综合，同时表现为个体的独立思考和选择能力。所谓独立人格是指人的独立性、自主性、创造性，是现代社会生活中个体存在的首要标志。它要求人们既不依赖于任何外在精神权威，也不依附于任何现实政治力量，对真理的追求具有独立判断能力，在政治参与中具有独立自主精神。只有内心自由才能精神独立，才能重建道德判断标准，才能开出理性、平等之花，才能结出创新、文明之果。

大学生独立人格至少包含以下4个方面内容：一是正确的自我认识，二是独立思考的能力，三是批判和创新的精神，四是勇于承担社会责任❶。我国已经把培养学生的独立人格作为重要的指导思想写入《国家中长期教育改革和发展规划纲要（2010—2020年）》。

大学生创新人格缺失的表现及其成因❷：

①创新意识淡薄。长期的应试教育造就了大学生的二元主义思维模式。他们认为，知识、信息、观念、方法只有绝对的对或错，正确答案永远掌握在权威人士手中。他们缺乏质疑意识和批判性思维，也无须坚持自己的看法和观点，只要记忆和运用权威人士的观点即可。书本上没有的、教师没讲过的东西不敢去想、更不敢去做。这种思维模式淡化了对事物的好奇心，造成目前许多大学生的创新意识不强。

②创新的信心不足。高等教育大众化使大学生再也无法保持精英心态。培养方案和教学方法缺乏对创新思维的培养。近年来，大学生就业难的残酷现实，造成许多大学生都对自己的能力持怀疑态度，对创新缺乏必胜信心。

③创新的独立性不够。等级制和特权、儒家伦理以及计划经济体制只要求适应和顺从，而忽略个人独立见解。这些传统思想以及习惯至今影响深远，弱化了大学生主体意识以及独立思考和判断的能力。即使自己有一些新的、与众不同的想法，也会担心受到别人的挖苦、讽刺而失去提问的勇气。

④创新的意志不坚定。独生子女在其成长过程中得到了过多的呵护与关爱，往往缺乏坚强的意志，这造成许多大学生虽然渴望尝试创新，但由于意志力不强又缺乏安全感，又不善于表达和沟通，一遇到挫折就半途而废。

⑤创新的责任感不强，缺乏成就动机。受功利主义影响，许多家庭子女教育，重科技轻道德，对责任感培养不够，造成一些大学生将享乐作为人生目标，崇尚金钱，唯利是图，相互攀比，将学业抛之脑后，也就谈不上社会责任感和爱国热情。大学期间，将精力投于出国、深造、好工作等事关个人切身利益的方面，对创新的认同度不高。

⑥创新的实践性较弱。大学教育仍以知识本位主义为主，注重对已有知识和技能的传授，偏重于理论学习，忽视实践锻炼，有的学生对实践的渴望不强，这使得大学生实践机会不多，扼杀了大学生创新实践能力，造成许多大学生对事物的认识仅仅停留在观念构造阶

---

❶ 张思佳. 大学生独立人格缺失的现状分析及对策研究[J]. 新西部（理论版），2012(3)：160-161.
❷ 张玉新. 大学生创新人格的缺失与培养[J]. 教育与职业，2010(33)：85-86.

段,缺乏实践策略与方法,使理论知识无法在实践环节得到优化。

(2)创新教育视野下学生常见的人格障碍类型❶

任何心理结构或功能的缺失或不正常,谓之损伤。障碍则指个人由于损伤或残疾造成的不利条件,限制或妨碍这个人正常(取决于年龄、性别及社会文化因素)完成某项任务。

①保守观念。反映在人格上,就是缺乏独立自信;反映在观念和感知方面,就是对事物的知觉被主观垄断,麻木不敏感,对于新事物和客观情况的变化视而不见;在心理上,就是刻板效应❷;思维僵化、封闭、因循守旧、目光短浅;反映在性格上,就是心胸狭窄、患得患失,缺乏应变能力和合作精神;在行为上,畏缩不前,不敢承担风险。

②从众心理。指在群体的直接或隐含的影响和压力下,个体放弃自己的观念、独立思考和意见而盲目采取与大多数人相一致的行为,长此以往则会形成一种定势。从理性上讲,真理往往掌握在少数人手里;然而从情感上讲,人是社会性群居类生物,一般人都害怕被社会孤立与遗弃。安徒生《皇帝的新装》用优美的语言嘲讽了从众心理。许多学生对一些新生事物起初有一些与众不同的想法,但他们往往会看"潮流",害怕自己出错而被人耻笑,故往往表现出人云亦云、缺乏主见,放弃自己本真的意念。从众心理,一方面是态度问题,表现为疏于学习,懒于思考;另一方面是能力问题,体现为学识浅薄,认识有限。从众心理,销蚀自信,使人不敢坚持己见、附和他人说法,已成为创新人格的大敌。

斯特劳斯(Straus)的"从众与抑制"原理指出,从众程度越高,儿童创造力便越低。他对印度、美国两国两所初中的学生进行了一种非语文创造力测验。结果发现,美国儿童在流畅性与应变性上均较高。这是由于印度社会不鼓励儿童表达个性,社会期望儿童多方面服从。美国则甚为重视个性表现,儿童的意见常受到尊重,父母也关心儿童的兴趣与潜能的发展。何昭红在高中生创造性人格发展与教育研究中,发现学生独立性得分都很低,这反映了中国文化注重群体关系,个体必须服从群体❸。

4)创造性人格的形成与培养

(1)创造性人格形成机制

①生理机制的遗传。身体器官的结构和机能及身体的外表都会直接或间接地影响着人格的形成。巴甫洛夫学派认为,人格特征与个体的大脑细胞群配置特点以及细胞层结构的特点有关,这些特点既影响个体的高级神经活动特点,也影响个体的气质、性格和能力的特点。

卡特尔指出体质性潜在特质就是由生理状态或遗传因素决定的,如情绪性、速度、冲动性、支配性、敏感性和自信心等,它通常不受特定情境因素的影响。动机和情绪受遗传因素影响较大。而兴趣、态度、价值观念等则更多地受环境影响。与创造性相关的人格因素,如乐群性、聪慧性、兴奋性、敏感性等属于性格范畴,都是先天具有的特性,所以受遗传的影

---

❶ 周桂芹. 创新教育视野下学生的人格障碍问题[J]. 徐州教育学院学报, 2002, 17(4): 95-96, 106.

❷ 刻板效应,即刻板印象,是指对某个群体产生一种固定的看法和评价,并对属于该群体的个人也给予这一看法和评价。

❸ 潘聪绒,郑莉君. 创造性人格研究综述[J]. 浙江教育学院学报, 2007(6): 38-43, 55.

响更大。

②心理品质的培养。良好的心理品质是创造性人格的基础。情绪好坏影响创造者能否专心地从事创造性活动，可见内部环境的平静（情绪稳定性）的重要性。意志具有目的性和调节性，当面临巨大障碍和困难需要克服时，意志的表现就会尤为明显。自信是一种对自我的正确和积极的评价，是一种对自己的肯定和支持的态度。进行一项创造性活动能否成功是一个未知数，所以有自信心是成功者所必须的。

③社会环境的影响。包括家庭因素、学校因素和社会文化因素3个方面。

家庭结构类型、家庭气氛、父母受教育程度、教养方式等因素都会对个体人格的形成起着重要作用。家庭教养方式分为专制型、溺爱型和民主型。前两类易使孩子形成依赖、顺从的习惯，思维懒惰，缺乏创新。民主型教育让儿童积极参加各种事物，注意激发孩子的创造动机，家庭气氛和谐融洽，亲子之间存在积极交流，儿童的创造性人格才得以发展。尼克尔斯（Nichols）对母亲抚养态度的调查发现，母亲专断性抚养态度与儿童的独创性和创造力呈负相关。韦伯斯格等人研究表明，父子关系与儿童的创造能力高低有较高的正相关，父亲比母亲对儿童创造力发展的影响大得多。

学校的教育观念、教学方式、教学环境、教师人格及同伴关系等也是影响学生人格发展的重要因素。不同类型学校学生的创造性倾向水平在各个学段都存在差异，并存在不同的发展趋势。个体在各种人格特质形成的时候接受的教育大都来自学校，个体的创造力也正是在学校的教育中培养形成。

一些心理学家从跨文化角度研究了社会开放程度及价值观念对创造性人格的影响。如雷纳（Raina）对印度学生的研究。由于印度社会女性备受环境限制，社会期望女性表现坚强的自制、和气、服从以及从众，而不表现任何野心以及超越常理或独立创造的思想。因此，印度女性在创造力上显著低于男性。

（2）创造性人格的培养

教育的第一职能是发展学生的人格（心理），第二是开发智力，第三才是传授知识。

通过改善育人环境和机制，改变教育观念和教学方法，实施多元化教学与评价等途径，促进学生个性化成长。在学校教育中营造创造氛围，提倡开放教学，坚持教学民主。摒除以教师为中心的思想，鼓励学生进行探讨，发表自己的意见。要在教学内容上体现探索性和开放性，多为学生设计科学探索的问题情境，鼓励学生结合教材进行一些问题的研究。勇于和善于创新的教师将以最具号召力的榜样，带动学生进行创造性学习，在潜移默化中增强学生的创造意识和创造能力，培养学生的创造性人格。

就个体而言，建议从以下方面，克服从众心理：

①独立判断，保持高度自信。对一些约定俗成的说法或做法保持应有的判断力。既要相信"群众的眼睛是雪亮的"，又要相信"真理往往掌握在少数人手里"。自信心十足的人通常坚持己见以避风险，做出独立判断后不轻易改变观点。

②提高自制性。自制力较高者一旦做出决定，便会主动顶住群体压力，迫使自己执行已有决定。

③保持清醒头脑。易从众？"我是独立的个体，没有准确的证据绝不盲目改变初始判断，要做到众人皆醉我独醒。"不一致？"我一定要同意大家的意见吗？理由是？不同意见各有什么合理之处？"

3.1.2 挖掘人的需求

需求是个体(或集体)由于内部(身心)的一种不平衡状态，产生对内部环境或外在生活条件的一种稳定的要求，并成为引发个体活动的原动力，同时反映到外部物质条件上。

3.1.2.1 需求分类

1) 个体需求

马斯洛将人类社会的个体需求归纳为七大类，并形成由低到高的层次。这七大个体的需求是：

(1) 生理需求

人们对衣、食、住、行、医疗等维持基本生活条件的需求。

(2) 安全需求

安全需求即对自身行动、自有财产安全以及生活稳定有保障的需求。

(3) 归属与爱的需求

归属与爱的需求即人们之间交往、友情、爱情等社交、关怀、理解、信任和归属的需求。

(4) 尊重需求

尊重需求即自尊、他尊以及权力欲的需求，如自主、自由、自信和受人尊重，以及显示职业、身份、地位、民族、特征等。

(5) 认知与理解需要

认知与理解需要是指个人对自身和周围世界的探索、理解及解决疑难问题的需要。

(6) 审美需要

每个人都会对周围美好事物进行追求，以及欣赏。

(7) 自我实现需求

自我实现需求即实现自我目标的创造性需求，如各种与心理、精神需求相关的产品或活动。

其中，生理与安全需求是基础。只有满足了基础需求，才能实现其他层次需求。心理、精神上的需求是高级需求。不同的需求展示不同心理状态与价值观念，如求实、求廉、求新、求奇、求快心理等。由低级到高级的动态需求模式是科学技术进步、文化教育水平和生活水平提高的结果。

2) 社会需求

社会需求是一种社会心理状态，是人们各种心理欲望的集合，是人们为了自身的生存和维持社会的发展而对政治、经济、教育、文化、科技等方面产生的追求。

(1) 按照需要的对象不同

社会需求可以分为物质需要和精神需要。

(2) 按需要的用途差别

社会需求可以分为消费需要和生产需要。消费需要主要体现在人们对各种消费品及相关服务方面的追求；生产需要则指人们为了进行生产对各种产品及相关服务的需要。

(3) 按需要产生的时差不同

社会需求可以分为现实需要和潜在需要。现实需要是指当前显著存在的需要，而潜在需要是相对现实需要而言的、人们尚未意识或也已意识但因种种原因而不能得到满足的一种需要。一种需要的产生，必然会导致另外几种需要的出现。

对前者要审时度势，兵贵神速；对后者要高瞻远瞩，暗度陈仓。

3) 圈层与族群及其不同需求

(1) 圈层

圈层是对特定社会群体的概括，是具有相同社会属性的阶层，或一个区域内社会联系、社会属性相近的群体。其中的个体具有相似的经济条件、生活状态、艺术品位，而作为群体则会有其业务性、象征性的特定需求和利益所在，这是一种正式的或非正式的社会群体。圈层的产生为人类的生存提供了安全保障，使人类的生存概率增加。随着生产水平的提高，人群的聚集必然产生阶级或者不同的分工，分工的产生就会出现差异，进而使从事相同工作的人主动聚集形成大的圈层。

小的圈层与喜好相关。印刷术的广泛应用，人们识字能力的提升，使得各种文学作品都有了自己读者与拥趸，这就构成了一个个小的圈层。互联网出现之前，这些小的圈层规模较小、影响也有限，主要活动是通信或者在精英阶层的各种读书研讨会。互联网的出现使这些小的圈层之间有了联系，形成一个较大的圈层，当然这种圈层不局限于文学作品，还有绘画、音乐、影视作品、流量明星。

圈层的出现使孤独的个体获得了归属感，但是也产生了偏执及集体的认知固化！这种偏执与固化表现为"事物本身的属性不重要，重要的是人们认为它的属性！"

(2) 族群及其生活方式(lifestyle)

族群是指人类有史以来区分我族及他者的分类。例如，民族可能因历史及时空环境，基于历史、文化、语言、地域、宗教、血缘祖先认同、行为、生物/外貌特征而形成。

生活方式，又称生活形态、生活模式，狭义指个人及其家庭的日常生活活动方式，包括衣、食、住、行以及闲暇时间利用等。广义指人们一切生活活动的典型方式和行为特征的总和，包括劳动生活、消费生活和精神生活(如政治、文化、宗教生活)等活动方式。其基本要素分为生活活动条件、生活活动主体和生活活动形式。生活方式反映人的情趣、爱好和价值取向、具有鲜明的时代性和民族性。

对生活方式可从多角度作类型学分析。按主体层面不同分为社会、群体和个人的生活方式。社会生活方式是在一定历史条件下该社会全体成员生活模式的总体特征。群体生活方式包括各阶级、阶层、民族、职业，以至家庭生活方式等庞大体系。个人生活方式从心理特征、价值取向、交往关系以及个人与社会的关系等角度可分为：内向型和外向型，自立型和依附型，奋发型和颓废型，进步型和守旧型等。按生活方式的不同领域，分为劳动生活方式、消费生活方式、闲暇生活方式、交往生活方式、政治生活方式、宗教生活方式等。

生活方式是"类型化"了的族群习常的、特定的事系统。若要确定一个人在社会、文化中的具体位置，他所归属的群体类型，最好的方式是看他周围的物，他日常的事，即看他的生活方式。

由于客观及主观的原因，现代社会分化出大量族群，按生活方式侧重的不同领域，归类、举例如下：

①劳动型族群。

威客：网上出售个人智慧、知识、专业特长与创意点子，也可以是问答平台上的问题解决者们。

SOHO族：在家工作，家与公司合而为一，工商部门和税务局需要重点监控的人。

本本族：对学历证、技能证、等级证等证书相当热爱和迷信，让他们成为知识的奴隶。

小镇做题家：这个带有自嘲意味的概念诞生于豆瓣"985废物引进计划"小组，意指"出身小城，埋头苦读，擅长应试，缺乏一定视野和资源的青年学子"。

久坐族：需要经常坐着上班(长时间面对计算机或开车等)的一族，一周至少坐5天。

②消费型族群。

啃老族：不升学、不参加就业辅导、不就业。又分追求梦想型、丧失自信型、自闭型和家庭溺爱型。

拼客：天赋是整合资源，将无偿使用他人车辆理解为节约、快乐、沟通与交友；拼房、拼网、拼卡。

蚁族：可分为典型蚁族、蚁居族与蚁工族。本来形容拥挤状态及工作任劳任怨、劳动时间长、工作忠良、有团队精神的日本居群。典型蚁族即指成群拥挤地蜗居一起，又勤劳辛苦、工作忠良、团队合作的人。蚁居族是指低收入劣居群体。蚁工族是工作任劳任怨、有团队精神的人群。

③闲暇型族群。

慢活族：提倡慢工作、慢运动、慢阅读。慢生活是追求平衡，该快则快，能慢则慢。放慢速度，关注心灵成长，动手劳动，注意环保。步行上下班，改掉性急的毛病，远离喧嚣的人群，同时也有益健康。

向日葵族：善于发现微小幸福的人。敏感与细腻，不完全代表多愁善感，对微小快乐的敏感其实是幸福的来源之一。并不是每个人的生活都很精彩，蕴藏在平淡里的小幸福才更值得珍惜。欲望越少，越容易快乐。无法掌控的事情，带来的压力只能选择承受；可以掌控的事情，往往不会主动给自己加压力。

低头族：长时间低头玩手机而疏于与人交流的群体。

④交往型族群。

留守儿童：指外出务工连续三个月以上的农民托留在户籍所在地家乡，由父、母单方或其他亲属监护接受义务教育的适龄儿童少年。

空巢老人：指没有子女照顾、单居或夫妻双居的老人，分为3种情况：一是无儿无女无老伴的孤寡老人，另一种是有子女但与其分开单住的老人，还有一种就是儿女远在外地，不得已寂守空巢的老人。

4) 用户需求

用户是直接或间接地使用产品的人。用户是产品的使用者，包括当前使用者、未来使用者、潜在使用者；用户是人类的一部分，这意味着用户是特定的群体或集体，具有人类需求的共性和特殊性。

(1) 原始需求

就是未经加工的需求，可能是客户提出的，也可能是行业共性（有可能是监管机构提出的）。

例如，懒惰是一种更舒适、便捷、低劳动强度的生活追求，从社会意识和个人意识两个层面推动科技进步和服务业发展。它促使更高效的系统或技术的诞生，或者既有事物的改进；它提供了科技进步的一种动机，给人一种憧憬，从而使人去追求这种实现；它使操作简化、快捷，从而实现人类的懒惰。

(2) 群体用户需求

使用产品、系统的人们提出的需求，可以根据用户角色、用户类型划分来归类。提取用户群需求的共性，找出用户需求的矛盾点，进行综合分析处理。

从产品设计与工程的角度，对用户需求进行重新认识，见表3-4所列。

表3-4 与产品设计相关的用户需求

类别	内涵
生理性需求	用产品功能设计来满足；工具是手的延伸
心理性需求	求实心理、求廉心理、求新心理、求奇心理、求快心理 认知需求、审美需求、宜人、情感需求 身份、地位、个性、自我实现需求、成就和归属感
智性需求	提高智能水平、解决问题的能力、效益和速度 产品的信息和符号、语意

用户画像是根据群体用户社会属性、生活习惯和消费行为等信息抽象出的一个标签化的用户模型，本质是一个用以描述用户需求的工具。

(3) 个性需求

用户提出的个性化需求，并不一定适用于所有客户。他们是定制时代的推动者。

(4) 产品需求

上述各层次的用户需求，经设计需求，最终部分转化为产品需求，即对产品未来发展有益，对产品迭代有帮助，有益于产品用户体验、市场认同和提高竞争力的需求。

3.1.2.2 需求采集、分析及优先级评估

1) 需求采集与识别

获取用户需求的常用方法有问卷调查法、用户面谈法、用户会议法、用户研究、沉浸式体验等。

(1) 用户面谈法

用户面谈法是访谈者跟用户针对产品进行一次面对面的典型交谈,深入获得用户使用动机、经验、使用形态(方式)、愿望、想法、理由、目标等,能真实准确地记录用户需求。其内容往往从用户如何得到和使用产品开始,到用户使用完收好产品甚至丢弃产品为止;也可在访谈结束之前征询用户愿望,或就设计者设想征询意见。进行访谈之前先要设计用户访谈表(表3-5),以便准确地记录用户陈述。

表 3-5 用户访谈表

项目:研讨式课桌		地址:某大学某校区	日期:	
用户类型:学生		年龄:21		
重要性等级从高到低:必须、很好、好、应该、一般				
问题	用户陈述	需求释义	重要性	满意/不满意
用途	肘臂凭依、读、写			
	物品陈放	水杯、笔、手机		
	小组讨论			

(2) 沉浸式体验

沉浸式体验通过角色转换的方式深入目标用户的生活中,把自己变成用户,遵照 MECE 原则❶,体验他使用某产品或服务时的全部过程或步骤,调查在每一个环节上有哪些影响用户行为的因素,分析频度和因果关系,面对他的困难。

(3) 需求识别

需求识别,就是理解、辨别真伪并表达客户的真实需求,确定用户究竟要什么。真需求可以实现用户的强关联,从而实现产品的稳定增长,而伪需求要么无法获得用户,要么昙花一现。用户对问题表述错误或者对解决方案缺乏想象力,以及需求频次太少或过于私密以至无法落实,就会造成伪需求。

可以通过用户表达(what)、用户行为(how)、用户意向(why)对需求逐步加以识别。

2) 需求分析

(1) 需求池

需求池是一种需求管理工具,相当于需求的数据库,为需求分析提供数据来源(表3-6)。采集整理的需求以表格形式记录,从而形成需求池,并要求以宽进严出、先到先得等原则加以管理。

---

❶ MECE 原则,mutually exclusive collectively exhaustive,相互独立、完全穷尽,中文称为枚举分析法,即对某个重大议题或某一整体(客观存在的或概念性的)借助头脑风暴法和鱼刺图进行逐层分类分析,做到同一维度上不重叠、不遗漏,而且借此有效把握问题核心,并有效解决问题。

表 3-6 产品用户需求池

产品	功能模块 新/旧	需求及其背后情景 名称、描述、类型	来源 时间、人/部门	反馈 是否已反馈	优先级 及其理由	计划	备注
课桌	学生用品存放						

（2）用户需求分析方法

用户需求分析方法有客户分类法和近似图表法❶，其中后者简单，容易操作。

近似图表法即将每一项个体用户需求作为列元素，根据所有用户需求列出每项需求；相似需求进行合并，组成列元素组。为每一用户设定一个编号，然后针对每个编号的需求与列元素进行匹配，成功则将该编号贴于该列元素下；依次逐一匹配列元素，完成一个列元素组编号统计。依次完成所有编号统计，这样所有需求与用户也都对应起来，从而形成柱状图。由此可知，每种需求的需求数，并便于进行比较。

（3）自身需求分析工具——SWOT 分析

SWOT 分析即态势分析，是在分析自身（企业或个人）优劣势、来自外界的机会与威胁的基础上，制定战略规划，进一步策划项目，同时防范风险（图 3-2）。做项目需要看看应如何利用优势、弥补和回避劣势，抓住机会、克服或回避威胁。企业可以通过 SWOT 分析，与内部资源、外部环境有机结合，制定发展战略。一个人或组织最难的是了解自己。首先，要了解你能做什么，不能做什么；其次，要了解外部环境的变化对你将产生什么影响？

	O 机会	T 威胁
S 优势	发挥优势，利用外部机会；增长性战略	利用优势，回避外部威胁；多种经营战略
W 劣势	利用外部机会，弥补自身不足；扭转性战略	减少劣势，回避外部威胁；防御性战略

图 3-2 SWOT 矩阵

3）确定产品需求的优先级

经需求采集与识别、初步定性及定量分析，一般在产品设计之前要确定产品需求的优先级。

（1）群体用户需求重要度

群体用户需求重要度是根据个体用户需求重要性标准及相应的用户需求数而取得的加权平均值（表 3-7）。重要性标准依次为无视 0、一般 1、应该 3、好 5、很好 7、必须 9。群体用户需求重要度计算公式为：

$$W = \left(\sum w \times R\right)/Z$$

式中，W 是群体需求重要度；w 是个体需求重要性评判值；R 是需求数；Z 是参与评判的用户总数。

---

❶ 图表泛指可直观展示统计信息属性（时间性、数量性等）、对知识挖掘和信息感受起关键作用的图形结构，是一种将对象属性数据直观、形象地可视化的手段。数据图表可以方便地查看数据的差异及预测趋势，使数据比较或数据变化趋势变得一目了然，有助于快速、有效地表达数据关系。常用图表类型有柱状图、直方图等。

表 3-7　用户需求分析及群体重要度计算表

用户需求	必须	很好	好	应该	一般	无视	提及次数	用户总数	群体重要度
安装脚轮	8	5				1	13	14	

（2）需求的优先级评估方法

需求的优先级评估有四象限法、产品生命周期法、金字塔模型法和场景分析法。

①四象限法。按重要性和紧急性两个维度将需求大致归类定位，其中关乎产品核心功能和用户基本体验以及商业利益的需求为重要需求，影响产品未来路径的需求为紧急需求。

②产品生命周期法。根据产品的萌芽期、成长期、成熟期和衰退期，采取不同的需求优先级策略。市场培养期注重基础和特色功能，扩张期增加产品品类或功能，保有期优化产品体验，衰退期剔除产品短板并拓展产品方向。

③金字塔模型法。按能用、易用、好用、爱用及传播将需求分为 5 个级别，其中能用即可为最高优先级。

④场景分析法。将影响人数、需求频次、满意度等加以考虑，从而确定需求的优先级。

（3）痛点

痛点是指尚未被满足，而又被广泛渴望的需求；背后是急于解决而一时又难以有效解决的问题。当痛点在某种程度上被解决的时候，就变成了痒点。很多痛点，貌似理所当然，却隐藏在日常生活细节中。

痛是因为事与愿违，而事与愿因人而异。有些人对很多事物都表示出无感、随便、都行的态度，并没有意识到自己正在经历着不合理、不如意的事情；有些人发现现状不能满足其需求，就会想办法凑合，以适应现状；而另外有些人发现自己解决不了现状问题，就会产生抱怨，做出差评。创新者应该知道，抱怨是关于需求的逆耳忠言。面对固定式课桌，就是研讨式教学的痛点。

3.1.2.3　NABCD 模型

需求是创新的动力。满足人的各种希望、解决现实产品存在的问题，从而创造价值，是产品设计的外在动机，也是企业发展的动力源泉。

NABCD 模型是一种竞争性产品需求分析框架。通过 NABCD 这 5 部分，可以清楚简明地把产品开发项目特点和设计概念概括出来。例如，根据 NABCD 模型对支付宝进行需求分析。

（1）需求（need）

随着网上银行、智能手机的普及，一人多张银行卡已是常态，将多张银行卡"放进"手机共同管理正是人们需要的。对于年龄稍大的用户，他们担心自己账户的安全问题，又或者没有使用银行卡消费的意愿，往往只是用来存款。从这个角度考虑，支付宝又推出了"账户保险""余额宝"等功能。

（2）做法（approach）

将智能手机与银行卡绑定，使用手机便可完成支付等功能。

(3) 好处(benefit)

支付宝开创了手机支付的新时代，让人们体会到了支付的便利，迎合了人们的潜在需求。简单易学的使用方法大幅降低了用户的迁移成本。

(4) 竞争者(competitors)

与支付宝类似的 App 还有 iPhone 自带的"钱包"App。作为 iPhone 自带的系统软件，这款 App 面向所有苹果手机用户，因此在推广部分有着绝对的优势，然而同样，劣势则是只能面向苹果手机用户。

(5) 推广(delivery)

支付宝通过发红包、免费赠送商家收钱码、与其他消费类 App 联动等手段，拉拢了大批用户。

3.1.3 激发创新动机

3.1.3.1 动机的功能与类型

动机是在需要的基础上产生的，由对象、目标或目的、意义引导、激发和维持、推动个体从事某种活动的一种内在动力与心理过程。

1) 动机的功能

动机具有激活功能，即激活或发动个体行为，推动个体产生某种活动。动机具有指向功能，将行为指向一定的对象或目标。动机具有维持和调节功能，即维持行为的持续性，当活动指向个体所追求的目标时，活动能在相应的动机维持下继续进行；如果行为受阻，但只要动机仍然存在，行为就不会完全避免，它会以别的形式继续存在，如由外显行为改为比较隐蔽的行为，这是动机的调节作用。

有时人们在成功的机会很小时，也会坚持某种行为，这是因为人的长远信念起决定性作用。

2) 动机类型及层次

(1) 根据动机的性质，分为生理性动机与社会性动机

生理性动机又称原发性动机、原始性动机、生物性动机，它是以生物性需要为基础的动机，如饥饿、渴、睡眠、空气、性、躲避危险等动机。

社会性动机或称心理性、习得性、继发性动机，是指以人的社会文化需要为基础，在社会生活环境中通过学习和经验而产生的动机。它是直接推动个体活动达到一定目的的内部动力、内部刺激，是个人行为的直接原因。如学习与工作、权利、成就、交往、自主性、支配、服从、反作用、防御、显露、避免伤害、避免损失尊严、拒绝、养育、秩序、游戏等。

与此相似，根据学习在动机形成和发展中的作用，分为原始动机和习得动机。前者是本能需要，如母爱；后者是后天获得，如恐惧感。

(2) 根据动机的意识水平，分为有意识动机和无意识动机

有意识动机和无意识动机即显性动机和隐性动机，根据能否意识到自己行为目的来划分。

（3）根据动机的来源，分为外部动机和内部动机

外部动机是由个体所从事的活动以外的刺激诱发而产生的动机。如想当先进，不愿挨批评惩罚，为孝敬父母而努力工作。

内部动机是指个体内在需要（如兴趣）引起的动机。哈佛大学心理学教授布鲁纳指出，内部动机有三种内驱力引起：一是好奇（求知欲）；二是好胜（求胜欲）；三是互惠，即需要和睦共处、协作活动。

成就动机是人们希望从事有重要意义、有一定困难、具有挑战性的活动，并能取得优异成绩，能超过他人，是个人愿意去做、去完成自认为有价值的工作，并努力达到完美地步的一种内在推动力量。奥苏贝尔认为，学校情境中的成就动机至少应包括3方面的内驱力：认知内驱力、自我提高内驱力、附属内驱力。认知内驱力是指一种学生渴望了解和理解，要求掌握知识以及系统地阐述问题并解决问题的倾向。自我提高内驱力是指个体要求凭自己胜任工作的才能和工作成就而赢得相应地位的愿望。附属内驱力是指学生为了保持家长和教师等的赞许或认可而努力学习的一种需要。

一般来说，创新动机有3个层次，分别代表3种价值取向。对短期功利主义者而言，创新是为了发论文、申请专利、公司上市，这些能够在短期带来奖励的结果。对长期功利主义者而言，创新是为了填补空白、争国内一流、创世界一流，这些需要长期才能见到成效的结果。而对非功利主义者而言，创新是由于一种内在动力，而不是为了个人回报和社会奖赏，是为了追求真理、改变世界、让人更幸福。这种内在价值是一种心态，一种永不满足于现状的渴望，一种发自内心、不可抑制的激情。

利己主义是以自我为中心，以个人利益作为思想、行为的原则和道德评价的标准。与利他主义相对，利己主义者是在他人无利可图或者有所损失的基础上，着意为自己谋求福利的人。北京大学钱理群教授（2008）认为，实用主义、实利主义、虚无主义的教育正在培养出一批"绝对的、精致的利己主义者"。所谓"绝对"，是指一己利益成为他们言行的唯一的绝对的直接驱动力，为他人做事，全部是一种投资。所谓"精致"，是指他们有着很高的智商和教养，其所做的一切都合理合法和无可挑剔；他们惊人地世故、老到、老成，故意做出忠诚姿态，很懂得配合、表演，很懂得利用体制的力量来得到自己的目的。精致的利己主义者利用规则、利用别人达到个人目的得心应手，对于审批、立项、执法、管理等程序，大多烂熟于胸，并总能找出其中缝隙、空子，钻进去大捞好处。同时，他们会选择性遗忘，遗忘诺言、遗忘责任、遗忘他人无私的帮助，而毫无歉意。他们是短期功利主义者，当多种利益同时存在或发生冲突时，他们会毫不犹豫地做出自利性选择，而悄然放弃本该有的担当，并忽视对他人的交待。

金钱激励论认为，没有金钱的激励，就很难获得创新能力。研究表明，金钱并不是激发个体创新能力的主要动力。事实上，在创新过程中，大多数人很少考虑会受到什么奖励，也只有少数人认为奖金只能激发非常少的创造性思想。当创新能力得到有关部门的支持、重视和认可的时候，人们才会去尝试更多的创新。提供创新的机会以发现创新能力，给予荣誉以奖励创新成果，远比奖金更能激发创新意识。

"每一项国家科技奖背后,都是科学家们平均16年的'坐冷板凳'"。"冷板凳"一词原用来比喻不受重视而清闲的职务。坐冷板凳的精神就在于打好基础,专攻一点,心无旁骛,甘于寂寞,享受孤独,还在于有滴水穿石的毅力,养其根而俟其实。必须抗拒诱惑,求真务实,敢于打破教条、破除迷信,安贫乐道,陶冶心智。坐在"冷板凳"上,不免会经受挫折或失意,如稿件石沉大海,在工作上错失许多关键契机,再如遭遇人生大起大落。坐冷板凳的精神更在于一种责任和使命。它以追求真理为最终目标,明白科学研究对社会进步的意义,为国争光,以实现人生的价值和意义。

3) 优势动机与动机强度

人由于有多种需要而形成多种动机,其强烈而稳定的称为优势动机;微弱而不稳定的是非优势动机。在个体动机结构中,优势动机对行为起支配作用。

动机引发与维持活动,对提高活动效率有重要意义。一般说来,动机强度与活动效率之间的关系大致呈倒"U"形曲线,即中等强度动机的活动效率最高。过强的动机使个体处于过度焦虑和紧张的心理状态,干扰记忆、思维等心理过程的正常活动,可能会使人失去超越自己的能力。每种活动都存在最佳动机水平,这种最佳水平随活动的性质不同而有所不同,并具有明显的个体差异。较简单任务,活动效率随动机提高而上升;随着任务难度增加,最佳动机水平有逐渐下降趋势。

时间压力论认为,在紧迫的最终完成期限下工作的时候最具创新能力。但研究表明,人在与时间赛跑的时候最不具有创新能力。时间压力还会带来后遗症,即人们在承受巨大时间压力的情况下进行研究的时候,创新能力会在短时间内持续下降。时间压力迫使人们无法深入地透视问题,无法获得灵感。

3.1.3.2 激发内部动机,提升创新意识

内部动机更有利于创新意识的培养和创造活动的发生、创造力的发挥,对创造性的作用比外部动机更稳定和长久。对于高内部动机的人,活动本身就是一种奖赏,尤其是当其所从事活动的挑战性与自身的技能水平相匹配时。这种技能不一定是很专业性的。

创新动机障碍是对创造不感兴趣,满足于做好常规工作;在认知需要上浅层化,只有了解需要,没有理解需要,没有深层探讨的驱动力;以及缺乏危机感等。

1) 准确评估与开发创新潜能

激发创造动机,不仅是"我要",还要创造"我能"的心理状态。人类的潜能是无限的,据心理学家威廉·詹姆斯(William James)研究,一个正常人一生只用了不到10%的能力。

(1) 营造轻松的环境

轻松的环境有助于人脑充分地放松和想象,达到忘我状态,最大限度地开发和释放潜能。

(2) 保持良好的精神状态

紧张的情绪容易造成大脑神经受损,使人思维迟钝。请看下面一组数据:人们担心的事情有40%永远不会发生;30%的忧虑涉及过去做出的决定,这些都是无法改变的;12%的忧虑是出于自卑感;10%的忧虑与健康有关,而越担忧问题就会越严重;只有8%的忧虑可以

列入合理范围。可见，有时紧张、忧虑，并非真正压力所致，而是自寻烦恼。舒畅的心情使人的思维活跃，思想无拘无束，灵感才会层出不穷。良好的精神状态还需要从准确的视角看问题，保持一颗乐观豁达的心。

(3) 寻找特长潜能及其灵敏点

不妨做如下小游戏：

①所有自愿参与者将自己的名字写在纸条上，置于容器内；然后以随机的方式抽出一个名字，被抽中名字的人就成为被攻击的靶子。

②他先将其人格及能力结构一一列出，然后问其他人："你们认为我还有什么长处和潜能？"大家根据此人的人格、实际能力以及他为何没有充分发挥这些能力的印象攻击他。研究发现，他人往往比自己更了解自己的能力，也更了解自己为什么没有充分发挥能力的原因。

③攻击近尾声时，所有参与者一起对以下问题作延伸性想象："假定从现在起，这个人能将我们所发现的潜能完全发挥，5年后将是什么光景？"

2) 寻求激发内部动机的方法，提升创新意识

培养动机的方法：目标与反馈、表扬与激励、竞赛与合作、期望与评价。

①寻找自己真正感兴趣的工作。可以在纸上分级列出自己感兴趣并愿意从事的工作内容。

②寻找对工作的自我满足点。该工作的哪些方面使自己感到了满足，满足了自己哪些需要？

③接受一些更具有挑战性的工作任务，会有许多别样体验。

④在与人合作的基础上重视自己工作的独立性。

⑤设立自己的工作标准，并努力达到这个标准。

⑥接受旁人对工作的有益建议，对其不良评价持保留态度，至少是在这项工作完成之前。

3) 进行积极的归因

归因是指个体根据有关信息、线索对行为原因进行推测与判断。一个人对成败的归因将影响其创造性工作的动机强度。

(1) 归因的维度和分类

根据来源，可以将归因分为内部归因和外部归因。内部原因包括能力、人格、动机、态度、情绪、努力程度；外部原因包括各种背景因素、机遇、他人的影响和从事工作的难度。

根据稳定性，可以分为稳定原因和不稳定原因。前者是指个体认为引发行为的原因是稳定的，如能力和工作难度；后者是容易改变的，如努力、运气、身心状况和别人的反应。

根据控制点，可以分为内控性原因和外控性原因。前者是指个体认为自己可以控制行为结果，而行为结果是由于自己可控制行为的因素造成的，如努力程度；后者是指个体认为自己无法控制行为结果，成败归因于他人压力、工作难度及运气等外因。

（2）积极的归因

积极的归因有利于保持创新的积极性和主动性。进行积极归因的两个维度：

①内控性归因。若将行为结果归因于运气等不可控因素，即使成功，个体积极主动性也不会太高，因为他会认为成败并非自己说了算，从而放弃努力；若失败了就会听任失败，表现冷漠、压抑、自暴自弃或丧失动机（习得性自弃）。若将成败归因于可控因素，如努力程度，就会充满信心，保持工作热情。

②适度地进行"自利性归因"。个体将成功原因归于自身因素，把失败原因归于自身之外的情境或他人。适当自利性归因，有助于胜则骄而败不馁，继续前行。

3.1.3.3 巧借外部动机，激发个体创新意识

人们对某一工作的原始兴趣往往来自外部支持、肯定和认可，在付诸实践过程中才逐渐发展为内部动机；而那些减损个人内在愉悦感和满足感的外在因素会摧毁创造力。

（1）借用外部动机，激发内部动机

工作、学习达到一定程度，可给予适当奖赏，奖励可以内化为习惯。例如，奖励孩子讲卫生，当孩子逐渐长大，习惯也就养成了，而他也不在乎是否还有奖励，因为其明白讲卫生没什么不好。

案例：奥斯本求职与职业之路

在美国的一座城市里，有个青年人在街上徘徊，他叫奥斯本。突然，奥斯本在招贴栏前被一则招聘广告吸引住了，他读完广告，立刻飞也似地奔进了一家报社，终于赶上了那里的招聘考试。主考人问他："你从事写作已有多少年的经验？"奥斯本回答说："只有三个月，但是请你先看一看我写的文章吧！"主考人看完后，对他说："从你写的文章来看，你既无写作经验，又缺乏写作技巧，文句也不够通顺，但是内容富有创造性，可以留下来试一试。"奥斯本由此领悟到"创造性"的可贵。工作以后，他"日行一创"，积极主动地开发自己的创造能力，尽力在工作中发挥出来。后来，这位没有受过高等教育的小职员成了一名大企业家，并且还撰写了《思考的方法》一书，成为一名创造工程学家。

（2）避免外部动机抑制内部动机

艾曼贝尔发现社会环境中有一些"创造力杀手"限制了个体创造力，这些"杀手"包括在监督下工作、限制反应以获得好评或奖励，它们都会导致低水平的内在动机和高水平的外在动机。

过分强调外部奖赏，会降低内部动机，甚至使其完全丧失。强烈的外部动机，会导致滥用外力，或被人利用，甚至会使人迷失自我，丧失独立人格。

3.1.4 培养创新兴趣

3.1.4.1 兴趣及其在创新中的作用

1）好奇心

好奇心是与兴趣密切关联的心理特征。好奇心是"学生内部动机的原型"。

好奇心是指外界环境作用于人的感官，所引起的感官的异常兴奋和大脑的新鲜感，并由

此能动地引导和驱使人们为之产生一系列的探索行为。好奇心孕育着思考和探索，是产生兴趣和求知欲的基础。对未知事物充满好奇，就会富有追根究底精神，善于透过表面现象探索事物内在规律，思路灵活，点子多，在复杂情景下能有效把握关键环节。

2）兴趣

兴趣是个体内在需求的一种表现方式。兴趣是创新过程中最重要的心理品质之一。

兴趣是一个人在明确目标对象的基础上积极探究某种事物及爱好某种活动的心理倾向。它表现为对某件事物、活动的选择性态度和积极的情绪反应。爱因斯坦："兴趣是最好的老师。"

3）兴趣在创新中的作用

（1）兴趣可以诱发创新意识

兴趣爱好是创造性思维和创新行为的直接诱因，是创新心理态度的体现，是创新的原动力。如法国病理解剖学家雷奈克（Laennec）发明听诊器，就是因看到几个儿童在一堆木料旁玩耍时，一个孩子用手指轻轻敲打木头的一端为信号，另一个把耳朵贴在木头另一端收听，而受到了启发。

（2）兴趣是创新活动中积极的情绪体验

兴趣促使观察准确、注意集中、思维敏捷、想象丰富、记忆牢固，有助于智慧和能力的发挥。法国著名昆虫学家法布尔说："兴趣能把精力集中到一点，其力量好比炸药，立即把障碍物炸得干干净净。"兴趣的多元化会使人观点新鲜、生活多彩，发现新问题，产生新思路。

（3）兴趣有利于个体提高工作效率和质量

兴趣促进创新的成功。相反，性情冷漠，就会对事物缺少强烈的兴趣和求知欲。都市中许多学生具有"楼房封闭症"，对人的关怀的减少也导致对事物探究欲望的降低。学生只求在现代化教育手段、条件下掌握知识、技能，而对别的一切漠不关心，这种对事物的漠然反过来又影响到学生对新知识的接纳。性情冷漠一方面对学生创新发明有负迁移❶作用，另一方面又使学生缺少社会责任感，并有可能导致智力犯罪。

3.1.4.2 兴趣的培养

1）创设培养兴趣的物理环境

主动投身创新氛围浓厚的环境，创造能够激发兴趣的物理环境。

（1）择"创"而从，榜样示范

选择创造氛围浓厚的环境，或与富有创造力的人在一起。

（2）积极参加社会实践活动

社会实践活动有利于增强兴趣的广度和深度。

---

❶ 迁移是指在一种情境中获得的知识、技能及态度形成对另一种情境中知识、技能获取的影响。按照影响效果，分为正迁移和负迁移，前者对新任务的学习或其他情境产生积极效果，后者对新问题的解决等产生干扰、抑制等消极效果。

2)创造安全、宽松、自由的心理环境

美国心理学家罗杰斯(Carl Ransom Rogers)认为,心理的安全和自由是促进创造性的两个充要条件。外部的肯定与夸奖能激发兴趣,兴趣便从无到有。

(1)保持童心

回归儿童式的提问、想象、判断和感受。英国诗人柯勒律治(Samuel Taylor Coleridge)说:"保持儿时的感情,把它带进壮年才力中去;把儿童的惊奇感和新奇感和四十年来也许天天都惯见的事物结合起来,这是天才的本质和特权,也是天才和才能所以有区别的一点。"

(2)增强自我成就动机

为此,应树立理想、目标、价值观、世界观、人生观。

(3)培养积极的自我期望

期望是人们判断自己是否已达某种目标,或满足原定需要的可能性的主观想法。一个人的自我期望很大程度上取决于其自我认知和未来规划。

(4)进行合理的自我强化

自我强化是指个人合理安排自己的活动或生活,每达到一个目标即给予自己一点物质或精神"报酬",直到最终目标完成。

① 物质强化。进行活动之前,先为自己设立一些行为和活动的标准,在活动过程中常将自己的活动情况与"标准"进行比较,若达到所制定的活动标准,就予以自己一定物质奖励。

② 精神强化。寻求积极心理体验,即寻求快乐、喜悦、自豪、满足等积极情绪和成就感、荣誉感。正确对待挫折,合理归因,避免负性强化导致兴趣消退。想想榜样和竞争对手,激励自我。

3)探寻培养兴趣的途径和方法

(1)从简单尝试开始

"我对这活动根本不感兴趣",或许是你对此认识片面,还可能缺乏信心。不如试着了解、尝试一下。可以先给自己制订一些小目标,从中尝到喜悦,兴趣和信心就逐渐产生。

(2)从日常生活中入手

带着审视的眼光去观察和思考生活环境,关心和关注周围事物或现象,特别是不熟悉的东西;阅读一些非专业书籍。

(3)合理运用兴趣的可转移性

利用直接兴趣培养间接的或深入的兴趣。

培养理想,形成志趣;发展情感,培养乐趣;将直接兴趣和间接兴趣相结合,培养好奇心和求知欲。

3.1.5 树立问题意识

前苏联心理学家鲁宾斯坦说,思维总是始于问题。毛泽东同志曾经指出:什么叫问题?

问题就是事物的矛盾,哪里有没有解决的矛盾,哪里就有问题。

人们在认识活动中,对客观存在的矛盾有较强的敏感性和洞察性,善于意识到一些难以用自身已有的认知结构去解决或令人疑惑的理论或实际问题,并产生一种困惑、好奇、怀疑、焦虑、探索、发现的心理状态,这种心理状态又驱使个体积极思维,不断提出和解决问题。这种问题性心理品质,称为问题意识。问题意识还表现在对研究对象"内在理性"的质疑倾向和对事物追根溯源的探索精神。

3.1.5.1 树立问题意识,应培养批判性思维

1)问题意识贫乏的表现和原因

(1)问题意识贫乏的表现

2019年春季,某高校举行期末考试,电子与电工技术试卷有一道题目"如图所示",由于命题和审题疏忽,试卷上根本就没有此图,而多数学生选择沉默,有些学生竟然做出了"答案",只有个别学生及时提出了质疑。对诸如此类明显的错误都保持沉默,缺乏批判意识和批判精神,谈何创新?

2012年,清华大学教育研究院从23所本科院校中收集了2万多份调查样本,对中国的985院校和美国研究型大学做了一番比较。调查表明,在"课上提问或参与讨论"题项上,有超过20%的中国大学生选择"从未",而美国大学生只有3%;只有10%的中国学生选择"经常提问",而美国大学生为63%❶。

研究表明❷,大学生问题意识处于中等水平,好奇心、思考兴趣水平处于中等偏上水平,而问题敏感性、质疑权威和问题提出的水平依次降低。男生在问题意识总分及相关维度上的得分均略高于女生,尤其在思考兴趣、质疑权威和问题提出三个方面。在问题意识总分,尤其是质疑权威这一维度上,文史类学生显著强于理工类学生。随着年级的增长,问题意识逐渐提高,但大四学生的问题提出均值低于大二和大三。外向型学生的问题意识总分及各维度分值都略高于内向型学生。学习兴趣越浓,问题意识越强。在学习方法方面,采用"积极探索"的学生问题意识总分以及好奇心、思考兴趣、质疑权威和问题敏感性四个维度上的均值明显高于"接受记忆"的学生。学习成绩优秀的学生问题意识最强。

(2)大学生问题意识缺失的原因

①大学生的自身原因。一是集体无意识,瑞士分析心理学家荣格指出,它是由遗传保留的无数同类型经验在心理最深层积淀的人类普遍性精神。二是个体普遍缺乏阅读积累和知识结构,盲目信任和服从,难以发现问题和提出问题。

②教师的教学方式和课堂氛围。许多大学教师采用苏联教育家凯洛夫的"组织教学观",沿用"复习旧课、引入新课、讲解新课、巩固练习、布置作业"的授课模式,学生缺乏自主性。有的老师对学生的听课状态都有明确要求。这种执教方式易使学生产生害怕等消极心理,不愿意分享观点或看法,害怕提出问题,有可能出现逆反心理。有些教师觉得让学生提

---

❶ 谢翾. 大学生问题意识的现状及成因分析[J]. 理论界,2016(2):44-49.
❷ 高芹. 大学生问题意识的实证调查研究[J]. 北京教育(德育),2014(2):15-18.

问会影响教学进度，或担心自己会难堪。教师对应答者的评价一般都是简单回复，对待提问者，特别是讲过几遍的问题，不但不回答，还会批评一顿。

③教学环境的影响。固定式课桌及其布局，对创造力的发展没有帮助，而移动、可重组的课桌有利于教学组织和互动，悦目的色彩能够通过视神经传递到大脑神经细胞，有利于促进人的智力发育与创造力发展。

2）批判性思维（critical thinking）

（1）批判性思维的基本内涵

批判是依据一定标准，分析、提问、理解某事物的意义，体现批判者提问、辨明或判断的能力。批判性思维就是依据一定的标准对现有事物、理论、论题等，以提出疑问为起点，以获取证据、分析推理为过程，以提出有说服力的解答为结果，进行反思、分析、评价、改善的思维倾向和思维技能。

心理学家岳晓东分析比较了中西方批判性思维之教育传统（表3-8）。美国专家认为，批判性思维本质上是一种疑问技巧，它是教育中的一股解放力量，也是每个人生活中的重要资源。作为一种思维技能组合，批判思维包括解析、分析、评估、推理、解释和自我调整六元思维技能。作为一种人格品质组合，批判思维主要包括好奇心、自信心、信任感、谨慎性、敏感性、灵活性、心胸开阔和善解人意等品质。

表3-8 中西批判性思维之教育传统比较[1]

	中国	西方
观念	将批判思维作为治学精神加以对待	将其当作人格成长和自我完善的一部分来对待
核心	以质疑为核心，力图通过不断质疑、探究来深化对特定人或事物的认识	以创新为核心，力图以不断的批判来改变个人对某一特定人或事物的看法
技能	把批判思维当作一种特殊思辨技能加以认识和培养，希望借此提高个人质疑答问能力	将批判思维当作综合思维技能加以认识和培养，希望借此来提高个人的整体生活能力和处世能力
培养	自我领悟	课程学习与自我领悟相结合

（2）批判性思维的发展

哈佛大学原校长博克（Derek Bok）将大学本科生的思维模式分为3个阶段：一是"无知的确定性"，即盲目相信阶段。往往认为学到的知识是千真万确的，这个确定性来源于学生知识的有限性。二是"有知的混乱性"。大学生开始接触到各种对立的知识及学派，往往感到各种说法似乎都有道理，而无法判断出哪个说法更有道理。只有少数学生的思维水平能够进入第三阶段，即"批判性思维"阶段。学生可以在各种不同说法之间，通过分析、取证、推理等方式，做出判断，指出哪种说法更有说服力[2]。

批判性思维分为两个层次，即认知技能和情感特质（心理倾向）两大部分。

第一层次是"能力"层次，即关于"如何思考"的批判性思维能力。包括以下基本能力：

---

[1] 岳晓东. 批判思维的形成与培养：西方现代教育的实践及其启示[J]. 教育研究, 2000(8)：65-69.
[2] 钱颖一. 批判性思维与创造性思维教育：理念与实践[J]. 清华大学教育研究, 2018(4)：1-16.

①解释。理解和表达极为多样的经验、习俗、情景、事件、信念、数据、程序或规范、规则、判断的含义或意义。子技能包括归类、理解意义和澄清含义。

②分析。识别意图和陈述之间实际的推论关系、问题、概念、描述或其他意在表达经验、信念、信息、判断、理由或意见的表征形式。子技能包括审查理念、发现论证和分析论证。

③评估。评价陈述的可信性或其他关于个人的感知、经验、境遇、信念、判断或意见的描述；评价陈述、描述、问题或其他表征形式之间实际的或意欲的推论关系的逻辑性。包括评价主张和评价论证。

④推论。识别和维护得出合理结论所需要的因素；形成猜想和假说；考虑相关信息并根据描述、原则、证据、数据、信念、概念、判断、意见、问题或其他表征形式得出结果。子技能包括质疑证据、推测选择和推出结论。

⑤说明。能够陈述推论的结果；应用概念的、证据的、方法论的、规范的和语境的术语说明推论是正当的；以强有力的论证形式表达论证。子技能包括陈述结果、证明程序的正当性和表达论证。

⑥自我校准。监控一个人认知行为中的自我意识、相关因素，尤其是在分析和评估个人推论性判断中应用技能导出的结果，勇于质疑、确证、确认或改正其推论或结果。子技能包括自我审查、自我校正。

第二层次是"心智模式"层次，即批判性思维心态或习惯、价值观或价值取向等。作为一种思维习惯更多的是关于"思考什么"和"问为什么"，它引导人们有意识地打破思维"禁区"，走出思维"误区"，走进思维"盲区"。在心智模式上可以通过被感悟、被启发等方式学习。批判性思维具有以下倾向：

①求真。对寻找知识抱着真诚和客观的态度。若找出的答案与个人原有观点不相符，甚至与个人信念背驰，或影响自身利益，也在所不计。

②开放思想。对不同的意见采取宽容的态度，防范个人偏见的可能。

③分析性。能鉴定问题所在，以理由和证据去理解症结和预计后果。

④系统性。有组织、有目标地去努力处理问题。

⑤自信心。对自己的理性分析能力有把握。

⑥求知欲。对知识好奇和热衷，并尝试学习和理解，就算这些知识的实用价值并不是直接明显。

⑦认知成熟度。审慎地做出判断、暂不下判断，或修改已有判断。有警觉性地去接受多种解决问题的方法。即使在欠缺全面知识的情况下，也能明白即使是权宜的决定有时总是需要的。

(3) 批判性思维的探究模型

①苏格拉底方法。被称为"助产术"，是一种探究性质疑。通过苏格拉底式提问（或反驳、辩证），人们被要求澄清其思考或研究的目的和意思，区分相干和不相干的信息，然后检验其可靠性和来源，质疑他们自己和他人所言包含的假设，整理他们知道或以为知道的东

西的理由和证据，也对他们面前的证据和理由保持敏感，以合作精神从不同视角进行推理，探查他们自己和他人所思考东西的后果或含意。通过提问，揭示习以为常、理所当然的信念背后的假设所包含的不一致性，以探求新的可能答案。

②反省性思维(reflective thinking)。杜威发现，日常问题解决方法类似于科学探究方法——定义问题，把期望转变为可能的、合意的结果，形成达至所确认目标的可能方式的假说，想象地思考实施这些假说的可能后果，然后用它们试验，直到问题解决。然而，杜威区别了日常思维和反省性思维。反省性思维是指"能动、持续和细致地思考任何信念或被假定的知识形式，洞悉支持它的理由以及它所进一步指向的结论"。反省，意味着搜寻发展某个信念的其他证据、新事实，或者证实该信念，或者使它的荒谬和不相干更显然。这意味着，在进一步的探究期间，判断被悬置。反省性思维本质上是假说的系统检验，它包括问题的定义、假说的提出、观察、测量、定性和定量分析、实验、解释、用进一步的实验检验暂时的结论。反省性思维关注思维的因和果。了解观念的原因：它们被思考的条件，使我们自己从智力的刻板中解放出来，给予我们自己选择智力资源的自由并据此行动的力量。

③元认知(meta cognition)。美国心理学家弗拉维尔(John Hurley Flavell，1976)提出的"元认知"，又称反省认知、超认知，是指个体对自己认知过程的认知和调节这些过程的能力。元认知是对认知的认知(包括知识、活动和能力)，突出对认知的监控和调节。元认知不同于单纯认知的个体对外部客观事物的直觉、注意、记忆、思维、想象等心智活动，而是积极主动地对心智活动计划、监控以及根据解决问题的不同情境，灵活机智地进行认知策略调节的心智活动。

关于认知的知识是个体关于他自己的认知资源及学习者与学习情境之相容性的知识，即个体关于自己的认知能力、认知策略等的知识，以及在何种问题情境下应该运用何种认知策略、如何最佳地发挥自己能力的知识。对认知的调节指一个主动的学习者所使用的调节机制，包括计划、检查、监测、检验等。

批判性思维技能中的"自我校正"明显属于元认知。而把批判性思维定义为元思维时(为改善思维而对思维的思考)，整个批判性思维就具有元认知的性质。

④批判性推理。批判性推理，即合理批评或支持某个理由和推理。对理由和推理等的鉴别、使用与评价引导这种推理。批判性推理题型即为检测学生评估假设、推论或论证的能力而设计。

从事批判性推理有两个要点。第一，必须要有对所有当下通过合理推理尚未解决的议题持一种批判的态度。这种态度意味着思想开放、允许可错性、承诺理智的完整性(即承诺寻求证据并跟随它的导向——遵照指示正确结论的证据，取代按照预先构想的偏见或先入之见的工作)；第二，采纳思想的规范性标准。规范性标准是恰当思维的规则，不是描述我们实际上如何做的规则，而是我们应该如何思考的规则。这些标准一般被假定是学科独立的，即它们适用于任何学科的思维。

⑤高阶思维或高阶认知(技能)。高阶思维是指发生在较高认知水平层次上的心智活动或认知能力；高阶能力主要指创新能力、问题求解能力、批判性思维能力和决策力。高阶思

维源自美国教育心理学家本杰明·布鲁姆(Bloom,1956)提出的认知目标分类系统(识记、理解、应用、分析、综合和评估)。后来,布鲁姆的学生洛林·安德森(Lorin Anderson)更新了认知目标分类体系(识记、理解、应用、分析、评估和创造),以反映时代性。

识记:指对先前学习过的知识材料的记忆,包括具体事实、方法、过程、理论等的记忆,如记忆名词、事实、基本观念、原则等。

理解:指领会知识材料意义的能力。一是转换,即用自己的话或用与原先不同的方式表达所学内容。二是解释,即对一项信息(如图表、数据等)加以说明或概述。三是推断,即预测发展趋势。

应用:指把学到的知识应用于新的情境、解决实际问题的能力。包括概念、原理、方法和理论的应用。运用的能力以知道和领会为基础,是较高水平的理解。

分析:指把复杂知识整体分解为组成部分并理解各部分之间联系的能力。包括部分的鉴别、部分之间关系的分析和对其中的组织结构的认识,因为既要理解知识材料的内容,又要理解其中的结构。

综合:全面加工已分解的各要素,并再次把它们按要求重新组合成整体,以便创造性地解决问题。它涉及具有特色的表达,制订合理的计划和可实施的步骤,根据基本材料推出某种规律等活动。

评估:指对材料(论文、观点等)做价值判断的能力。包括对其鉴别、讨论、判断、总结、证明等。

创造:指对知识材料进行综合运用,设计、组建新的工作,或者对知识材料进行深度加工,发展出新的知识材料或者推导出新的公式等。这是最高水平的认知学习结果。

布鲁姆认知目标最高3个范畴构成了高阶思维,而且常被等同于批判性思维。也有人将批判性思维仅仅看成是评估,因为正是这个层级"聚焦于在对一个陈述或命题的分析的基础上做出评价或判断"。

(4)批判性思维问题解决过程

批判性思维包括关于开放式问题或结构不良问题的推理。

加拿大远程教育学者兰迪·加里森(Randy Garrison)将批判性思维刻画为5步问题解决过程:

①问题辨识。学习者注意到一个问题,辨识其组成部分并将它们联系起来,获得对问题的基本理解。

②问题定义。学习者进行深入的澄清,即为理解问题价值、解决信念和假设条件而分析问题。

③问题探索——推论。学习者超越基本定义,获得洞察和理解,这是一个包括使用推论,如归纳和演绎,并得出将该问题和先前阐述清楚的命题联系起来的思想的过程。

④问题评估。学习者估量不同的解决方法和新想法,这是一种要求判断的技能。

⑤问题整合——战略形成。学习者搜索并尝试应用一个解决方法,同时做出一个决定。

解决问题需要创造性思维提出新颖的思路,批判性思维随后加以检验,两种思维相辅相成。

（5）批判性思维训练

①有意使用"助产术"。教师在与学生对话时，不要直接把学生所应知道的知识告诉他，而是通过讨论、问答甚至辩论的方式来揭露对方认识中的矛盾，逐步引导学生自己得出正确答案。通过激发学生的认知冲突，促进学生的思维深入，注重知识产生的过程以及对知识的加工，而这种对知识的深入加工需要高度依赖于思维。

②自觉训练元认知。认知是元认知的基础，没有认知，元认知便没有对象；元认知通过对认知的调控，促进认知的发展。元认知和认知共同作用，促进和保证认知主体完成认知任务，实现认知目标。从个体认知发展看，元认知落后于认知的发展。通过加强对元认知的学习和培养，能使大学生的元认知能力获得迅速发展和提高。元认知需要思考过程的独立性，善于批评和辩论。它体现自主控制性、自我批判性和自主创造性。

③把握系统性原则，合理批判。事物都是由有着一定结构和层次联系的元素组成的有机体，批判意识的培养应树立系统观念，避免以偏概全或只顾眼前利益，这样才能抓住事物的本质。

案例：2018年高考全国Ⅱ卷中的作文题材

第二次世界大战期间，为了加强对战机的防护，英美军方调查了作战后幸存飞机上弹痕的分布，决定哪里弹痕多就加强哪里。而哥伦比亚大学统计学教授沃德（Abraham Wald）❶力排众议，指出更应该注意弹痕少的部位，因为这些部位受到重创的战机，很难有机会返航，而这部分数据被忽略了。

④合理看待权威，敢于批判。毋庸置疑，大多数权威是合理的。生活中也存在各种各样的权威，并且与我们如影相随。吾爱吾师，吾更爱真理（亚里士多德）。纵观人类历史，对权威的质疑推动着人类文明的不断发展，不少科学真理的发现，如魏格纳大陆漂移说、哥白尼太阳中心说，都是源于对权威理论的质疑。

案例：杂交水稻的培育

1960年7月，袁隆平在试验田中意外发现一株特殊性状的水稻。他利用该株水稻试种，发现其子代有不同性质。因为水稻是自花授粉的，不会出现性状分离，所以他推论该水稻为天然杂交水稻。随后他把雌雄同蕊的水稻雄花人工去除，授以另一个品种的花粉，尝试产生杂交品种。次年春天，他把这株变异株的种子播到试验田里，结果证明了1960年发现的那个"鹤立鸡群"的植株是"天然杂交稻"。他立志用农业科学技术击败饥荒威胁，从事水稻雄性不育试验。1964年7月，他在试验稻田中找到一株"天然雄性不育株"，经人工授粉，结出了数百粒第一代雄性不育株种子。1965年7月，袁隆平又在14000多个稻穗中逐穗检查

---

❶ 该故事是沃德在第二次世界大战期间帮助美军安全分析的一个例子，它说明了统计分析中的"幸存者偏差"（survival bias）问题。即我们只看到了那些飞回来的飞机，而看不到那些被击落的飞机。所以，只根据"幸存者"的数据做出的判断是不正确的。这是基于统计推断的思维，也是一种批判性思维能力。同时也说明一个心理学判断，注意力不等于事实。

到6株不育株,并在此后两年播种中,共有4株成功繁殖了1~2代。其研究彻底推翻传统经典理论米丘林、李森科的"无性杂交"学说,并推论水稻也有杂交优势。通过培育雄性不育系、雄性不育保持系和雄性不育恢复系的三系法途径来培育杂交水稻,可以大幅度提高水稻产量。他在撰写的第一篇论文《水稻的雄性不孕性》中提出:"要想利用水稻杂种优势,首推利用雄性不孕性。"他的理论与研究实践是对经典遗传学理论的挑战,否定了水稻等"自花授粉作物没有杂种优势"的传统观点,极大地丰富了作物遗传育种的理论和技术。

权威及教科书不一定就对,然而知易行难。有人研究过大学生毕业论文的参考文献,它们都存在一个明显相似之处:常被反复引用的、作为论据的书籍往往集中在有限的几本上,而其作者无一例外地是所谓的权威人士。甚至大部分论述文章完全以这些书的论点为立论基础,而没有进行质疑或进一步突破。

因此,必须解放思想,独立思考,不迷信权威,不被旧观念所束缚,加强创造意识,发挥思维能动性。对待权威,可以从如下方面进行审视:是不是本专业的权威?是不是本地域的权威?是不是当今最新的权威?是不是借助外部力量的权威?其言论是否与权威自身利益有关?其言论是否足够谨慎?

3.1.5.2 树立问题意识,要善于捕捉问题

困惑是在一定的主题领域或生活情境中隐约或明显地感到痛苦和疑惑不解。敏锐者感到痛苦,迟钝者则无关痛痒。困惑有直接和间接之分,直接困惑与本人有关,间接困惑与本人无关但本人也受影响。困惑是问题的序幕。"问题"有两个主要触发点——"好奇"与"质疑"。好奇者不仅对外界信息具有敏感性,而且会主动试图思考和改变外界环境。所谓"强化问题意识",主要是让学生自由探讨、积极思维、大胆提问。这种质疑和探索并非每一次都能有所发现、创造和前进。只有质疑者、好奇者,才会不满足于目前的困惑不解状态,才会试图找出问题的关键所在,并加以解决它。

(1)多角度思考

人们往往用自己习惯的角度看问题,遇到问题时,脑海闪现的往往是最熟悉、最通俗、最符合逻辑或最受以往经验影响的方法,而换个角度观察和思考问题,结果会完全不同。理解力就是从多角度对待事实、理论和人物的能力,其可靠的基础在于对造化和人性的理解,体现文化的包容力和融通能力。

意大利物理学家伽利略说:"科学是在不断改变思维角度的探索中前进的。"

(2)发明创造十二法

为了把握创意的方向和目标,可以用一览表对需要解决的问题提出多个问题进行思考,从多个角度诱发创意灵感。和田十二法(发明创造十二法)是上海交通大学学者许立言、张福奎于1985年在奥斯本检核问题表基础上,借用其基本原理,加以创造而提出的一种思维技法。

①加一加。加大、加长、加粗、加重等,使物品在功能等方面有所变化,如长条搜索框、双层公交车。

②减一减。减小、减轻等,使价值、功能、成本等优化。如电子管—晶体管—集成电

学生根据这一情景来解决后期出现的问题。

3.1.5.4 问题提出

问题意识是问题提出的前提和基础。问题提出是问题意识明朗化的结果。若仅有问题意识，认知结构难以同化，顺应又不能顺利完成，可能导致创造性活动中断或停滞。

问题提出❶是指个体对意识到的问题进行加工、组织，然后用语言、图形或动作等可感的形式表达出来，并传递给自己或他人。问题提出的清楚、准确，能使个体思维更具方向性和目的性，从而提高思维效率和质量。爱因斯坦说："发现问题和系统阐述问题往往比解决一个问题更重要，解答可能仅仅是数学或实验技能问题，而提出新问题、新的可能性，从新的角度去考虑老问题，则需要有创造性的想象力，需要具有怀疑的思维素质，而且标志着科学的真正进步。"

1）问题提出的影响因素和差异性

（1）问题提出的影响因素

问题提出时必须以一定的问题意识和智力水平为心理基础，依靠自己的思维能力对问题进行探索和思考，在创造性人格特征的支持下，问题从混沌到逐步明朗。

①外部因素。如教师权威或控制性、教学方法、同伴压力以及教育环境、教育制度上的障碍等。场独立性儿童在任务分析、区分知觉对象上更有能力，有自我定义目标，能对内在强化做出反应，喜欢对学习做出规划和重新构造，愿意发展自己的学习策略，喜欢探索未知世界，对问题有较高的敏感性；场依存性儿童则倾向于小组学习，即频繁地与教师或者同伴进行交互作用，容易受外部环境左右。

创造性与不同的认知风格和思维过程之间的结合方式决定着创造力的不同。例如，逻辑思维、聚合思维水平高、认知风格稳定的个体，在低意识水平条件下，较容易产生新颖的创造性产品。灵活的场依存者，可能依据环境的需要或帮助，完成创造性目标。

②内部因素。如动机因素、智力因素、元认知。问题意识是问题提出的直接内部动机因素。强烈的问题意识促使个体努力思维，使问题从意识层面跃迁到操作层面；该过程同时也是整理思路和努力思考的过程，可以改善学生安于现状的学习态度和习惯，从而突破思维惰性和思维定势的局限。

创造力强的个体，其智力水平一般在中等偏上。

元认知对创造性活动的监控能力有助于提高问题提出的质量。在认知过程中，元认知对注意的对象加以追踪，对材料进行自我提问，以便使个体警觉可能出现的问题，及时对思维进行整理，发现问题性情境，形成问题意识，促使问题提出。同时，在监控自我提问的过程中，个体可以意识到自己哪些地方不懂、不理解，评价自己已达到的认知水平和完成的认知目标。在遇到问题情境时，明确已有认知结构和当前认知结构之间的关系，若不能够同化则构成问题情境。在元认知的监控指导下，个体不断反思目标与认知水平之间的距离，以及多种可采取的方法和途径，构成问题意识，有针对性地提出问题。

---

❶ 俞国良，侯瑞鹤. 问题提出、认知风格与学校教育中的创造力培养[J]. 教育科学，2004，20(4)：54-58.

(2) 问题提出能力的差异性

一般来讲，个体问题提出能力较低的具体表现为两种形式：

①不愿提出问题。个体具有一定的问题意识，并且也形成了相关问题，但没有明确表示出来，这时个体思维稍加努力，对问题进行一定的组织，使之明朗化，就完成了问题提出。但有些学生囿于以往的教育观，认为有疑问就说明自己没有学好，能力差，从而担心被批评和责备，或担心自己问得不好，简单没水平、太傻，从而影响自身形象。有些学生囿于既有结论，迷信权威、书本、成见，虽已产生疑惑却不敢越雷池一步，因而让很多宝贵的思想火花刚萌芽就被扼杀了。殊不知，很多问题并没有一劳永逸的答案。

②不能或不善于提出问题。不善思考，思维惰性大。部分同学肯于、善于发问，但是低层次提问(封闭性提问)占的比例偏高，而高层次提问(开放性提问)占的比例偏少。封闭性提问是指学生提问往往集中于一些识记、理解型的问题，这类问题往往只需一定的知识积累便能解决，开放性问题最能体现学生自我思考、自我探索的能力，这类问题不仅需要学生有一定的知识储备，还需要学生具有疑问和进一步探究的精神。

为什么开放性问题发问比较少？一是在应试教育的影响下，学生只关注如何能考高分，因此他们偏爱识记，而对于强调知识的应用、分析、综合的融会贯通、举一反三以至于能否提出自己的困惑与挑战，他们并不关心；二是受功利主义的影响，大学生对于知识的获取显得比较浮躁和急功近利。

2) 如何培养问题提出的能力

(1) 因人施策，加以训练

对于场依存者，应在逻辑的、策略的或任务分析能力上提高；而场独立个体，有时则需要转换到较少限制、较少推理的思维过程中，提高对问题场的敏感性。

对不愿提出问题的学生，应以激励和提供宽松心理环境为主；而对不能或不善于提出问题的学生，则需要通过对其进行问题提出策略、思维方式方面的培养与训练，以提高其思维主动性。例如，用有效的认知策略完成结构不明确的学习任务。

①个体首先要意识到自己是否有问题。为此，要对认知活动进行反思，对学习效果进行检查。

②在此基础上，再训练评价问题价值的能力。评价标准包括综合性、有用性以及原创性等。

③问题提出方法训练。如创设问题情境，结合联想法、逆向思维法，进行设问启发。

(2) 问题解决窍门

美国创造力研究学者哈里特·朱克曼(Harriet Zuckerman)在调查1901—1972年获得诺贝尔奖的美国科学家之后发现：在84位诺奖得主中，有48位曾是另一位诺奖得主的研究生或同事。他们有同样一个观点：导师是他们成功的榜样，并教与他们以下3个问题解决的窍门：一是重新界定问题。不要完全接受别人告诉你该怎么想或怎么做的观点，要学会以质疑的眼光看待传统的假设。换一个角度，从产生问题的外围环境而非问题本身来思考解决的方式❶；二是寻找常人忽略的事物。有创意的人往往会选择，同时寻找各种方法的新组合，以求问题解决的突破；三是选择创造的生活方式。培养日常生活中的创造力，这样当你尝试创新时，许多资源才会被利用起来。

3.1.5.5 问题解决

问题提出一般有两个结果：一是继续探究，成功地完成问题解决，产生出创造性产品；二是对问题的探究不彻底，没有完成问题解决，新的认知结构没有重建起来，但认知缺口仍然持续一段时间，使认知处于暂时不平衡状态，保持着创造的潜力。

1）问题解决理论

（1）早期行为主义观点——试误-联结说

美国心理学家桑代克（Edward Lee Thorndike）在1898年通过经典迷笼实验提出试误说。试误论认为问题解决是由刺激情境与适当反应之间形成的联结构成的。创造来自不断尝试错误、最终发现解决方法的过程，带有渐进的性质。其间，适宜的联系被保留和强化，不适宜的联系则逐渐消退。此外，试误的过程也是一个"酝酿"的过程，就是形成定势、再打破定势的过程。例如，爱迪生在发明白炽灯期间，先后用6000多种植物纤维灯丝材料，进行过5万多次试验。

（2）早期认知主义观点——格式塔心理学流派

格式塔心理学派创始人苛勒（Kohler）认为，问题解决是在心理上重构问题情境，直至出现顿悟，从而发现一种可行的解决方法。经验只有在一个有组织的知识整体中才能获得意义和有效的应用；对情境、目标、解决问题的途径等各方面相互关系的重新理解是创造性解决问题的基本要素。完全依赖机遇，依赖重复、盲目的操作和试误的过程，被称为γ过程。而α过程是由一个模糊的情境，通过创造者逐渐完善问题情境结构，结果的形象变得渐渐清晰，直到获得具体的情境。

（3）认知心理学——信息加工模式

问题解决是"搜索问题空间，寻找一条从起始状态通向目标状态的通路，进行问题求解"的过程。

2）问题解决过程

问题解决是指面临问题情境时有意识地运用心理能力找到问题解决方法的过程。创造性思维强调以有别常规的方式对已经习得的概念、命题和规则等加以分析和综合、概括与推理等，以达到一定的目的。创造性问题解决是在任务、动机、领域相关知识和能力、与创造力有关的技能共同作用的条件下达成的。问题解决结果的品质是从常规到创造发展的连续体，创造的产品也存在水平和质量上的差异。

西蒙等学者认为，问题求解是一种对问题空间的搜索过程，即从问题情境的初始状态开始，通过应用各种认知活动、技能等，以及一系列思维操作，达到目标状态。

---

❶ 编者注：在理论研究方面，学科边界需要重新界定；在产品与环境设计方面，功能划分同样需要重新界定。例如，图书馆内是否可设专用教室？小学生研讨式课桌有没有必要设置书籍陈放装置？

德国心理学家邓克尔认为,创造性地解决问题的过程是由一系列相互联系的心理组织构成的,每一个心理过程总是把问题综合成更狭小、更明朗的陈述。这一系列可归并为3个主要的水平,见表3-10所列。

表 3-10　问题解决层次水平

层次	水平	释义
一般解决	思维策略水平	将原来的问题做出非常一般的陈述,目的是寻求解决问题的方向
功能性解决	思维模式水平	缩改一般性范围,其典型形式是:若如此那般能达到,问题即可解决
特殊性解决	运算技能水平	功能性解决的特殊化;如果成功了,它就是最后正确的解决

(1)问题的理解和表征(representation)

建立问题表征,即理解问题的意思,澄清问题到底是什么,并加以表达。要分析问题的表述,明确把握问题的基本要点,包括问题空间、各个条件与目标之间构成的基本关系以及可能的问题解决策略。问题表征不是问题的客观描述或存在形式,而是主动建构起来的心理表征。在分析、理解问题的表述时,需要激活、调动有关背景知识,以澄清问题中蕴含的基本要点和基本关系,明确问题的结构。在以往解决问题经验的基础上,对各种问题的结构特征及其解法形成一定理解,从而在头脑中构成各种问题图式。

(2)问题求解策略

①算法。把问题解决的所有可能的方法、方案一一进行尝试,最终找到答案。当问题空间明确时,人们知道应该以何种程序或规则解决问题,这种规则即"算法"。只要算法正确,就会获得正确的结果。

②手段目的分析法。先把问题的目标状态分解成若干子目标,通过一系列的手段(权衡及操作)实现一系列子目标,最终达到总目标。其间,不断明确当前状态与目标状态之间的主要差距,并加以缩减,从而找到方法。

③爬山法。经过评价问题的当前状态(山脚)后,先设立一个阶段性目标,然后向目标方向走到相邻的某一节点,采用一定方法逐步缩短与目标状态(山顶)的距离,逐步逼近终极目标,以达到问题解决。

爬山法与试误法的差别在于,每做一次尝试就要对离目标的距离做一次估计。爬山法与手段目的分析法的差异在于,它强调每一步骤的顺序性和渐进性。慢性病人用药时,常用此法来确定药的剂量。爬山法的最大弱点就是只能保证爬到眼前山上的最高点,而不一定是真正的最高点。

④溯源法、逆向反推法或逆向搜索法。从问题目标状态开始逆向搜索,直至找到通往初始状态的方法;然后,再从根本上解决问题。溯源法是一种以倒推的方式追寻原因而达到解决问题的工作方式。溯源法具有双向追溯的特性,既能够由表及里深入剖析,也能由内而外对可能出现的问题和错误进行预判,因而有效地解决问题。

追溯法也指从已有文献之后所列的参考文献入手,逐一追查原文,从这些原文后面所附的参考文献再逐一追查、不断扩检的文献检索方法。这种追踪阅读,可以收到事半功倍之效。

案例：食品安全管理系统

1997年，欧盟为了控制疯牛病建立并完善了一套食品安全制度，该系统覆盖了从生产、加工、销售直到消费终端的整个过程。一旦发生问题，该系统能够迅速做出反应，对整个生产上下游进行定位，确定问题发端于哪个环节。该系统的核心设置是信息采集技术的应用——包括RFID、二维码、条码等手段，通过采集各环节信息，形成一个信息链条，便于通过大数据体系和数据链条进行宏观管理。

面临结构不良问题，求解就是一种搜索性活动。理论上，研究或设计者应考察满足目标状态的所有可能状态（备选方案），然后在此集合中找到满足目标约束条件，又能使函数最大化的方案。实际上，这几乎不可能。因此，问题解决或许永远不会是最好的，只能是较好满足约束条件的满意选择。

爬山法和溯源法面对的都是结构不良问题，但前者面对的问题有明确目标，而初始原因或条件未知；后者面对的问题初始条件较为清楚，但目标状态较为模糊。

⑤类比法。依赖于经验知识、联想能力和对当前问题与以往问题相似性的把握，在相似的事物中寻找启示。

⑥启发式。启发式是指在不确定条件基础上和目标指引下，一些能够提供捷径的、非正式经验法则，用于估计概率和预测价值的策略，以将问题状态转换成与目标状态相近的状态。它只试探那些对成功趋向目标状态有价值的方案，不是正规的逻辑程序，却能大幅降低判断的复杂性，节省心理资源。但启发式又易形成一些思维定势，所获得的判断有时不如按照正规搜索程序得到的判断客观、全面，甚至可能造成错误。

代表性启发式，是指人们往往根据事物的代表性特征或类似的线索来做选择或判断，或根据该事物的一些突出特征对其进行归类的时候，若它与某类事物（范畴）的代表性特征相类似，就直观地推断出该事物归属于这一类。事实上，人们早就根据既有经验为各类事物塑造了它们各自的原型。它具有该群体的典型特征和最大的代表性，做决策时，人们往往仅将事物与各个原型相对照。一旦匹配就将其归入该原型所代表的范畴。由代表性启发法造成的认知偏差往往表现在以下几方面：对概率或者先验概率敏感性低；结合效应（与概率论的结合率相反）和小数法则（从一个小样本中武断潜在的大样本的概率分布）。它会使人忽视其他类型的相关信息，而对设计师来说这些信息也许才是创意的突破点。

可得性启发式，是指人们倾向于根据客体或事件在知觉或记忆中的可得性程度来评估其相对频率，容易知觉到的或回想起的事物被判定为更常出现。受事件熟悉程度与突出性等可回溯性因素、搜索方式的有效性和时间以及可想象的事件难易程度的影响，对频率或概率的估计会出现认知偏差。

锚定-调整启发式，是指人们对于不确定数值的估计往往是基于初始值（或起始点）并对其进行适当调整的结果。起始点可以是实践本身提供的，也可以是在估计过程中局部发生的。最初的信息会产生"锚定效应"，人们会以此为参照来调整对事件的估计。

例如，"椅子设计"就会使人产生锚定效应，而"为坐而设计"则可以激发人的创意。设计师搜集图片资料，是想得到可得性启发；模仿则往往是在代表性启发下的作业。

（3）判断和决策

判断是对人、物、事件形成看法，做出评论性评估的过程，它是决策的准备阶段。人们在不确定条件下往往并不遵循期望价值理论❶而是使用一系列的启发式策略进行直观判断。

决策是在备选项中做出选择。设计师的最终方案是对备选方案的判断和决策；用户（客户、消费者）则通过观看、持有和使用对设计方案进行判断，并不断修正下次购买行为中的决策。

问题解决方案是一系列决策的集合。设计师决策方案的优劣除了当时客观条件的局限（如成本、时间周期、技术水平等），也依赖于3点：发散性思维的充分展开，以获得尽可能多的备选方案；大量的经验知识；以及较精密的评价方案的准则（约束）。

①问题诊断。KT决策法是由美国人查尔斯·H. 凯普纳（Charles. H. Kepner）和本杰明·B. 特雷高（Benjamin. B. Tregoe）二人合创的决策分析方法。KT法就事情各自的程序，按照时间、场所等，明确区分发生问题的情形和没有发生问题的情形，由此找出原因和应该决定的办法。问题诊断必须符合条理化的逻辑步骤：第一步，确认问题，即确认有无问题及问题在哪里。在公共决策中，问题的含义是"实际状态与期望状态间存在的需要缩小或消灭的差距"。第二步，问题诊断，即界定问题，准确查明差距的真相及其发生的时间和地点，以便把问题的范围与界限弄清楚。第三步，原因分析。要从变化与差距中寻找原因，要对推断原因做出必要的验证，对于构成因果链关系的情况要从表面原因入手找到终极原因为止。

②有效决策。制定有效决策的3个主要组成部分：对所要完成的任务目标的认识程度；对备选方案进行评估的质量；对采用其他方法可能导致的后果的了解程度。

决策分析的步骤，包括主要因素和方法：首先，制订含有行动方案和行动结果的决策声明，明确决策制定的水平。其次，根据战略需求（必需）、行动目标（期望）及限制条件（局限），确认决策目标，即哪些是必要目标，哪些是理想目标，并衡量每个理想目标的重要性（打分），配以权重，逐一排序。再次，备选方案制订并进行评估确认，如果备选不能满足必要条件则将其删除，否则可根据理想条件进行筛选；对各备选方案进行打分，再根据各个标准进行评分，得出的加权总和为每种备选方案的最终得分，得分高者将被确定为尝试性选择。最后，对各种决策后果进行评估。识别尝试性选择实施过程中的潜在风险，并对这些风险发生的可能性（高、中、低）及严重性（高、中、低）进行评估。

作为一项结构化的决策方法，KT法对决策相关各要素——进行识辨和排序。作为一项管理工具，其价值在于能够有效限制误导决策的各项故意或无意偏见。

（4）实施与验证

执行决策和计划，实施解决方案。对结果进行评定，对答案进行证实或证伪。

---

❶ 传统经济学从"决策者是理性的自私人"角度出发，认为决策者以无偏好的方式对决策后果的概率进行主观估计，即这一主观估计是根据概率学原理能正确推论出来的。其期望价值理论指出，决策行为总是人们对自己认为的价值经过计算之后，再进行主观而无偏的概率估计的结果，力求最大化的期望价值。

3）问题解决的训练

（1）影响问题解决的因素

①问题的表征。分析问题的背景信息，把握问题实质，多角度理解问题的可能性，有利于建立有效的问题表征。

②心理定势。心理定势是受文化传统、社会制度、个人经历、教育方式、知识结构等主客观因素的影响，人对某一特定活动持有的一种感知倾向和心理准备状态，它决定了后续同类活动心理发展趋势。在外化行为上，表现为依据自身以往经验或体会所形成的模式标准或偏见来观察、评估与处理问题。心理定势可以使我们熟练把握类似相关活动，甚至达到自动化的水平，从而节省许多时间和精力。同时，墨守成规，就会缺乏追求创新的热情与思想，束缚我们的思维，致使我们放弃寻求更简便的方式。

心理定势有知觉定势和思维定势等。知觉定势，指个体对某一特定知觉对象或活动（组织、选择等）表现出的准备性心理倾向。由先前的知觉活动形成并决定此后同类知觉活动的趋势。如重复十来次感知两个大小不等的球后，人对两个大小相等的球却知觉为不相等。

③知识经验。根据知识的表征方式和作用，美国认知心理学家安德森（J. R. Anderson）将知识分为两类：一是陈述性知识，是个人能够有意提取线索，直接陈述的知识，即关于对象"是什么"的知识；二是程序性知识，是个人无意提取线索，只能借助某种作业形式间接推测其存在的知识，即回答对许多问题"怎么办"的认知策略、方法、智慧、技能、技巧等的知识。前者是一种百科全书型知识，而后者则是一种能力型知识——产生新知的知识。前者是基础，越丰富越好；而后者是产生新的"陈述性知识"的工具。

善于解决问题的专家一般拥有大量的关于该领域的陈述性知识，如事实、概念、规则和原理，并且在这些信息之间建立了丰富的联系，构成了合理的知识结构。同时，专家的知识得到了更大程度的程序化，形成了诸如用于某一具体情境的算法等丰富的程序性知识。一旦相关的条件出现，这些程序性知识就会被激活和执行，几乎达到了自动化水平，不需要太大的意识努力。

④酝酿效应。根据美国心理学家华莱士（Wallas）的界定，问题解决者从反复探索、尚未解决的问题中暂时离开，而后问题的解答似乎无需额外努力便会自然出现，这种或许由于某种机遇而令人豁然开朗的现象称为酝酿效应。其中从事无关任务的阶段称为酝酿期。酝酿效应是一种直觉思维结果。阿基米德浮力定律即受益于酝酿效应。宋代诗人陆游所作"山重水复疑无路，柳暗花明又一村"即是这一效应的写照。

影响酝酿效应的有诸多因素[1]，如时间因素、内插任务特性、目标任务类型、任务之间线索、饮酒与睡眠等。第一，完成不同类型的创造性任务，其最优的酝酿时长可能不同。准备阶段越长，酝酿效应越大。第二，内插任务（即酝酿阶段所做的无关任务）自身特征及其与目标任务的相似性、内插任务所诱发的认知负荷，以及内插任务的性质对酝酿效应有重要影响。异类、低负荷内插任务更可能产生酝酿效应。第三，不同类型的任务有着不同的认知

---

[1] 郝宁，赵琪琛. 创造性思维酝酿效应研究进展及其实践隐意[J]. 教育生物学杂志，2014（2）：104-109.

需求。视觉顿悟任务需要重构问题；而言语发散性任务则需要激活远距离的不同概念。完成言语推理类任务时更可能受惠于中途的停顿，也即酝酿效应。第四，适度饮酒者具有更强的酝酿效应及创造性。"李白斗酒诗百篇，长安市上酒家眠，天子呼来不上船，自称臣是酒中仙"便是写照。睡眠者对问题有更高的可解性，在目标问题上的表现也有所提升。

酝酿效应内在机制的5种假说。观点一，外部刺激理论认为，酝酿的作用是从问题意识中解放出来，因而得以遇到并同化环境中的外部刺激。观点二，激活扩散理论认为，在酝酿阶段内，无意识层面的语义激活可扩散到远距离的相关概念节点，因而利于新观念或解答的生成。观点三，有益遗忘理论认为，人们在解决问题时，某些与任务无关的概念或错误想法固着了问题解决者的思维；而在酝酿阶段内，这些概念及想法的激活强度减弱，导致问题解决者对其敏感性降低，从而利于其激活其他更有效的信息，也利于其重新审视问题，因而促进了问题解决。与此异曲同工的是固着打破理论，认为酝酿阶段帮助个体忘掉之前不正确的策略或信息，从而打破其已形成的错误思维定势，因而个体可以重构问题，用不同方法解决问题。观点四，注意撤销/转移理论认为，在酝酿阶段中仅是个体注意从目标任务中转出，因而基于目标任务而产生的错误假设的激活会降低。当个体重新完成目标任务时，任务相关元素就处于一种前注意阶段，不属于任何组织形式；继而个体可以重新利用这些元素构建完整的正确假设，并最终找到合理途径。观点五，间断地有意识加工理论认为，在酝酿阶段中，被试者仍然可能会间断地进行有意加工（即思考目标问题）；正是这部分有意加工导致了个体在酝酿之后在目标任务上表现的提升。

（2）一般性问题解决技能训练❶

①形成接纳不同意见的气氛。鼓励学生积极投入问题解决活动之中，允许试误，创造性地看待问题。

②帮助学生正确表征问题。教师可以向学生示范如何正确分析问题，教给学生区分重要信息与不重要信息的技巧，并让学生考虑当前面临的问题有哪些条件不可以运用等。

③提供练习解决问题的机会并给予反馈。教师应将结果及时反馈给学生，以激发其解决问题的动机。

④解决问题面临困境时，不妨暂时搁置问题去做些其他完全不同的、低负荷的事情，也即给自己一段酝酿的时间，这将利于后续创造性问题解决。

3.2 创新心理调适

消极心理主要源于情绪的不合理压抑、压力的积累以及目标的不确定性等。

面对消极心理，应及时自我心理调节，必要时求助外界。平静时，应深层次、客观地分析原因。

---

❶ 《教育心理学》编写组．教育心理学(修订版)[M]．西安：西北大学出版社，2010.

3.2.1 情绪管理

3.2.1.1 情绪及其作用

情绪是人们对于客观事物是否符合或满足自己的需要而产生的一种内心体验和行为反应。

积极的情绪(愉快而平稳)有助于思考和创造,提高工作稳定性和效率。低落的情绪使大脑皮层的高级活动,如推理、辨别,受到抑制,导致记忆力减退,自制力和效率降低,人际关系容易破坏。情绪强度和信息加工效率之间的关系也可以用倒"U"形曲线说明,中等强度愉快情绪有利于提高信息加工效果。消极的情绪若不能得到合理宣泄,在过度焦虑状态下,人的思维灵活性会降低,容易陷入更糟境地。

消极情绪论认为,担忧和害怕在某种程度上可以激发创新能力。创新者总会自我批判,对问题和缺点十分敏锐,有时容易变得不自信;思维缜密,对事物理解层次更高,难免产生悲观情绪;对生活要求很高,不断追求新的目标,难有满足感;处在众人皆醉我独醒的状态,别人很难理解,容易变得孤独内向。创新者总在否定之否定中完成使命和升华。在具有较高创新能力的作家和艺术家中,抑郁患者比例确实较高,但研究也表明,创新能力与欢乐、喜爱是正相关的,与愤怒、焦虑是负相关的。那些抑郁患者的天才正是有了创新的快乐,具有难以形容的高峰体验,才具有了活下去并继续创新的勇气。

3.2.1.2 情绪商数

情绪商数(emotion quotient,EQ),由美国心理学家彼得·萨洛维1991年提出,指面对多元的社会变化冲击,情绪的稳定程度,以及管理他人情绪、与人和谐合作的能力。商数越高表示承受变动的能力越强,不但顺应变化的环境,同时可以调适环境,进而创造环境的一种积极情绪。

3.2.1.3 情绪管理技能

(1)正确评价自我

要客观地分析自我,积极悦纳自我,积极完善自我,做一个自信的我、独特的我、优秀的我。

①人贵有自知之明。要运用全面、客观、发展的眼光进行自我认知,了解自己健康状况、心理状态、情感特点、兴趣倾向、知识水准、专业特长、智力情况、能力特点、性格特征、积极因素和弱点。若以自卑为核心,则胆小、退缩、拘谨、敏感、自暴自弃、自我封闭;若以自负为核心,则自尊心过强、自高自大、孤芳自赏、抗挫能力差。

②悦纳自我。认识到每个人都有不同的优缺点,并且优缺点不是绝对的。客观理智地看待自己,冷静地对待得失。性情开朗,对生活乐观,对未来充满憧憬。接受自己,喜欢自己,觉得自己独一无二,有价值感、自豪感、愉快感和满足感。树立远大理想,以此激励自己克服消极情绪。既不以虚幻的自我补偿内心的空虚,也不以消极的态度回避自我漠视的现实,更不以怨恨、自责、厌恶来否定自己。

③完善自我。确立合适的理想自我。根据自己实际情况,确定具体奋斗目标,把远大理

想、宏伟目标适当分解成一个个远近高低各不同的合理的小目标,使其具有可操作性、可达性、循序渐进,逐步实现。增强自尊和自信,找到实现理想的强大动力,激励自己不断奋进。培养顽强意志和坚强性格,持之以恒并自制自律,增强挫折耐受力,自觉主动认清目标,排除干扰、克服困难,正确面对得失成败。

(2) 调整认知方式

情绪不是由某一诱发性事件本身引起的,而是由个体的信念系统,即对事件的看法和态度引起的。古罗马哲学家爱比克泰德(Epictetus)说:人的烦恼不是起于事,而是起于他对事的看法。不合理的信念有三个特征:一是绝对化的要求,指人们一厢情愿,对某一事物怀有认为其必定会发生或不会发生的信念;二是过分概括化,是以偏概全的不合理思维的表现;三是看待事物糟糕至极,认为一件不好的事一旦发生将是非常可怕的。

(3) 合理宣泄不良情绪

人的不良情绪包括烦恼、焦虑、紧张、愤怒、冲动、伤心、失望等。宣泄不良情绪的方式:

①学会倾诉。若把快乐告诉一个朋友,你将得到两份快乐;若把忧愁向一个朋友倾诉,你将分掉一半忧愁(培根)。

②适度流泪。适度的流泪可以涤荡我们蒙尘的心灵。

③注意转移。暂时避开不良刺激,把注意力、精力和兴趣投入到另一项活动中去,以缓解不良情绪。

④表情调节。通过有意地改变或调节人的外部表情,相应地改变或调节人的情绪状态。

⑤运动调节。运动可以提高身体技能、知觉和控制力。烦恼是一种难以释放的负能量,有节律的运动可将其通过汗水释放出去。同样,运动也在一定程度上转移了大脑对心理压力的关注,从而使情感宣泄、情绪稳定。

⑥呼吸调节。运用特殊呼吸方法以控制呼吸的频率和深度,从而提高吸氧水平并增强身体活动能力,改善心理状态,治愈心理疾病或躯体疾病。具体有胸部和腹部呼吸交替训练、意念性呼吸训练、按摩式呼吸训练。

(4) 学习批评的艺术

如果表达适当,批评是改进工作表现的有效回馈;但若批评者不能体会受批评者的心情,不但会伤害受批评者的工作士气与信心,还会使对方变得对立而难再合作。

批评者最常犯的错误就是含混的批评,例如一句"你搞砸了";或是将失败结果归咎于对方的特质,例如说"你真笨"。这样的批评在受批评者看来是人身攻击而不是就事论事。

具有情绪智商的批评者会留心对方的情绪反应,先明确挑出明显需要改进的问题,并进一步针对问题提供解决方法。这样受批评者既不会觉得受挫,也可以获得确实的改进之道。批评最好私下面对面进行,让受批评者有反驳或澄清的机会。批评者应该时时保持敏感,细心观察自己说的话引起对方什么反应,再调整表达的方式。

(5) 培养适应多元文化的能力

文化偏见会引发情绪反应,很难一下子连根拔除。学习说出心底的感觉,改变处理偏见的方式。

通过一些"自我"课程，可以了解自我感觉及其背后原因，表达自我感觉，了解想法、感觉与反应之间的关系，以及学习处理焦虑、愤怒、悲伤的方法。类似课程有社会发展、生活技巧、社会与情感等。

3.2.2 压力管理

1936年，加拿大内分泌专家Hans Selyes提出心理压力的概念。他认为个体产生压力时，表现出某种特殊症状，这种状态是由生理系统应对刺激的反应所引发的非特定性变化。

3.2.2.1 压力管理组成

压力管理分为两部分：

①针对压力来源及其造成的问题本身去解决。在创造过程中，压力主要来源于情景改变、事件琐碎、心理挫折与冲突等。

②处理压力所造成的反应，即生理、情绪、行为等方面的缓解与调节。

3.2.2.2 压力管理技能

在应对压力时，保持积极心态是最基础也是最为关键的。良好的心态将增加我们应对压力的能力和信心；消极的心态会干扰人的内心，严重影响我们的意志和情绪。首先对压力要有准确认识。压力本身并不可怕，可怕的是我们对压力产生错误的认识和态度，越怕压力，压力的消极影响越明显；而正确认识压力、处理压力的人才会在任何压力中游刃有余。其次要掌握一些压力管理技能，帮助我们调节情绪。

(1) 情景性压力管理

面临压力时，可以使用以下技能。

①认知重构。生活事件、人的信念、情感反应以及行为都在相互影响。特别是人的信念，即对事物的想法、评价和态度等，将会直接影响其自身感觉、情感和行为产生，从而构成"事件—信念—反应"模式。面对挫折时，可以通过改变最初假设来缓解压力。如失败是成功之母。

②运动放松。在人面对超负荷压力时，可以通过插沙箱、击沙袋释放能量，以达到松弛神经的目的。

③兴趣调节。改变兴趣，如听音乐，可以消除疲劳，远离压力。

④意象训练法。自我心像是个人已有的信念系统及其所产生的对等的思维意象，是人们在心灵深处对自己的根本看法和评价，也是人们在内心深处所具有的关于自己的画像，认为自己是一个什么样的人。

(2) 更新性压力管理

当自己已经感觉到承受的巨大压力时，可以使用以下技能。

①时间管理。创造过程包含许多大小琐碎的事情，常会让创新者感到任务繁多但又似乎进展缓慢，进而产生超负荷压力。可依据任务性质(紧急、重要)不同，采取不同处理方式，安排相应时间。

②自我建议。如积极暗示，告诉自己任何事情都会有解决办法，只要不放弃寻找总会找到。

(3) 防范性压力管理

这是压力管理的根本，需要漫长的学习和保持过程。

①随时注意自身乐观健康心态和正确的人生价值观，乐于体验自己在这些挫折失败上的感受。

②从细微处入手，面对小的挫折，也要及时调整情绪。

③自身深厚的知识、技术和人际交往等技能也是必需的。

3.2.3 挫折管理

3.2.3.1 挫折及其内涵

挫折是指人在某种动机推动下，在实现目标的活动过程中，遇到无法克服或自以为无法克服的障碍和干扰，使其动机不能实现、需要得不到满足时所产生的紧张状态和情绪反应。

心理挫折主要包括挫折情境和挫折感受，前者也称挫折源，是阻碍人实现目标、满足需求的情境和事物；后者是指个体由于挫折情境而产生的心理感受和情绪状态。

3.2.3.2 逆境商数

逆境商数(adversity quotient, AQ)，即当个人或组织面对逆境时，其对逆境不同方式的反应能力。它取决于4个关键因素：控制、归因、影响评估和忍耐。控制指自己对逆境有多大的控制能力；归因是指分析逆境发生的原因以及愿意承担责任、改善后果的情况；评估是对问题影响工作、生活及其他方面的评估；忍耐是指认识到问题的持久性以及它对个人的影响会持续多久。一个人AQ越高，越能弹性地面对逆境，积极乐观，接受困难及挑战，越挫越勇，终究表现卓越。而AQ低的人，则会感到沮丧、迷失、处处抱怨、逃避挑战、缺乏创意，往往半途而废，终究一事无成。

3.2.3.3 面对挫折，自我调适

挫折是危机，更是挑战。面对挫折，我们应理性对待并积极化解，从如下方面进行自我调适：

(1) 正确乐观地面对挫折

尽可能少犯错误，这是人的准则；不犯错误，那是天使的梦想(雨果)。在面对挫折和质疑时，人总会从保护自身的角度来选择躲避策略和行为。事实上，任何挫折都有两面性。挫折可以激发斗志，磨练意志，促使人变得更加成熟。要及时把握时机，坦然面对。在逆境中奋起的人是充满人性力量的勇士。

(2) 客观分析原因

要从内因和外因两方面客观分析挫折原因，进行合理归因，并进行可控性分析，及时止损。若不能正确分析原因，找不到根源所在，就不会有针对性的应对策略，就容易使人陷入挫败感而无法自拔。

(3) 调整期望水平

期望水平是指在行动开始之前对自己所要达到的目标假设。期望过高过低，都可能造成挫败感，进而影响后续行动。在确定期望水平之前，应对自身状况与所从事的活动进行分析，客观把握现阶段事实并据此制定目标。

(4) 寻求合适的社会支持

在面临挫折时，若仅采取封闭性应对方式，即寻求自身帮助而忽视社会支持作用，可能会陷入困局；而获得较多支持的人，心理承受能力更高。因此，在遇到挫折的时候，应学会积极寻求他人支持和帮助，包括心理咨询，以缓解应急反应和压力冲击，摆脱挫败感。

(5) 提高自我挫折承受能力

可以有意创设一定的挫折情境，对自己进行受挫排解的训练，学会管理消极情绪、改善思维方式、控制自己的行为。足够的知识储备是提高挫折承受能力的基础，在人生旅途中必须学会自主学习。要尽量考虑到各种可能出现的困难，做好随时应对挫折的心理准备，这样才能从容面对，有备而无患。

(6) 合理运用心理防御机制

心理防御机制是维护心理健康不可或缺的自发心理调节机能，具有积极或消极两面性。积极性机制（仿同、升华、补偿、幽默等）能防止或减轻心理压力，缓解焦虑和紧张情绪，维持心理相对平衡；消极性机制（文饰、潜抑、投射、反向等）会导致我们逃避现实，甚至退缩、退化。若消极情绪不能得以合理宣泄，在过度焦虑状态下，人的思维灵活性会降低，从而易使事情陷入更糟境地。

① 仿同。把所钦佩或崇拜的人的特点当作是自己的特点，用以掩护自己的短处。例如，男孩模仿父亲。或利用别人长处，满足自己的愿望、欲望。例如，一个女孩因为别人夸奖她的朋友漂亮而感到自豪。

② 升华。人原有的行动或欲望，如果直接表现出来，可能会受到处罚或产生不良后果，从而不能直接表现出来。如果能将这些行动或欲望导向比较崇高的方向，使其具有建设性，则有利于社会和本人。例如，心存嫉妒者理智地发奋学习，成绩超过别人。

③ 补偿。即一个人因生理上或心理上有缺陷，而感到不适时，企图用各种方法来弥补这些缺陷，以减轻不适感。注意，过分的补偿有可能导致心理变态或其他不良后果，如寒门富二代现象。

④ 幽默。幽默可以化解困境，维持心理平稳。例如，哲学家苏格拉底不幸有位脾气暴躁的夫人。有一次，当他跟一群学生谈论学术问题时，听到叫骂声，随着他夫人担一桶水来，往他身上一泼，弄得人全身都湿透了。可是苏格拉底只是一笑，说："我早知道，打雷之后，一定会下雨。"

⑤ 投射。一般是指将自己所不喜欢或不能接受的性格、态度、意念，"投射"到别人身上或外部世界去，而断言别人也是这样的现象。例如，"以小人之心，度君子之腹"就属于这种作用。

⑥ 反向。是处理一些不能被接受的欲望及冲动时所采用的方法。例如，有的人对伺机报

复的对象内心憎恨，而表面却非常温和，过分热情。

⑦文饰。指一个人为掩饰易被他人取笑的行为，去寻找理由为自己辩护；或巧妙地证明事实上他不能忍受的感情和行为是他所能忍受的。例如，学生考试不及格时，就说教师评分不公或试题太偏等。

⑧压抑。即把不能被意识所接受的念头、情感和行动在不知不觉中抑制到潜意识里去。例如，一位中年丧女的妇女，经过一段时间以后，把不堪忍受的情绪抑制、存放到潜意识中去，"遗忘"了。但每逢遇难日这位妇女都会出现自发抑郁情绪，自己也不知为什么，药物治疗也无效。

⑨摄入。广泛吸收外界事物，将其变为自己内在的东西。所谓"近朱者赤，近墨者黑"。有时爱和恨的对象被象征地变成了自我的组成部分。如当人失去亲人时，常会模仿其特点，使其举动或喜好在自己身上出现，以慰藉内心痛苦。相反，对外界社会和他人的不满，转变为痛恨自己进而导致自杀。

⑩合理化。个人遭受挫折或无法达到目标以及行为表现不符合社会规范时，给自己找一些有利的理由来解释。虽然这理由经常不正确、不客观或不合逻辑，但本人却坚持用这些理由去说服自己，即用一种能为自己所接受的理由来替代真实的理由，以避免苦恼。

案例、研讨、训练

案例与素材

1. 屠呦呦的创新人格[1]

2015年，屠呦呦因抗疟药青蒿素获得诺贝尔生理学或医学奖。荣誉的背后是其优秀的品格。

（1）社会使命是创新的动力

强烈的社会使命感给屠呦呦的科研创新活动提供了强大而恒久的动力，屠呦呦在医学科研岗位上能长期坚持不懈，是强烈的社会责任感支撑着她，是理想信念转化成了自觉行动和自信的力量。

一项重大的研究课题从开始研发到获得成果，乃至最终获得诺贝尔奖，要经历数十年乃至更长的时间。屠呦呦自1969年开始中草药抗疟研究到获得诺贝尔科学奖，经历了46年的漫长时间。1967年，一个由我国60多家科研单位500多名研究人员组成的科研团队，悄然开始了一项代号为"523"的特殊使命，研究目标是防治疟疾新药。时年39岁的屠呦呦临危受命，接下了疟疾新药研发的国家任务，担任课题攻关组组长。研发期间，屠呦呦课题组历尽艰辛，经历了190次的失败。在实验室待过的人都能体会到，成百上千次的反复尝试是多么寂寞枯燥。为了工作安心，她咬牙把未满4岁的大女儿送到熟人家寄住，把尚在襁褓中的小女儿送往宁波父母家。为了验证研发药品的安全性，她率先自己试服，导致肝中毒。令人欣慰的是，历经千辛万苦研发的青蒿素在非洲至今已经拯救了数百万人的生命。

当年，研制抗疟新药是党和国家赋予的历史使命，崇高的使命感使屠呦呦在科研创新中遇到困难时表现出强大的韧性和必胜的信念。担任课题组长期间，如果屠呦呦没有不计较个人得失、甘于奉献和淡泊名利等优秀品格，就不会有100%抑制疟疾的青蒿素诞生。

---

[1] 朱卫东，蔡德清，谭宗梅. 启迪与塑造：屠呦呦的创新人格与大学生创新品格的培养[J]. 老区建设，2017(10)：81-84.

(2) 匠心专注是创新的核心

屠呦呦一生专注于一件事，体现了弥足珍贵的专注品格。在几十年的中草药抗疟研究过程中，屠呦呦和课题组成员一起整理出640种抗疟药方集，筛选出2000多个中草药方。以鼠疟原虫为模型，检测了380多个中草药提取物和200多种中草药方，始终不断完善和改进，做到对工作兢兢业业，对事业忠心耿耿。屠呦呦及课题组若缺少执着专注的工匠精神，那么研究就可能止步于其中任何一个环节。

"那时药厂都停工，只能用土办法，我们把青蒿先买来泡，然后把叶子包起来用乙醚泡，直到第191次试验才真正发现有效成分，用乙醚制取的提取物对鼠虐猴虐的抑制率达到了100%"。屠呦呦并未满足，针对青蒿素难以根治疟疾及成本高昂等缺点，研发出了双氢青蒿素这一抗疟升级版药物，其疗效为前者的10倍。这种一丝不苟、追求极致的大工匠精神，理应成为科研创新者的共同价值取向。

屠呦呦及其研究团队"咬定青山不放松"的专注执着精神，使课题组最终圆满完成了"523"国家课题，取得了令世界瞩目的成就。诺贝尔生理或医学奖评委让·安德森教授说，"屠呦呦的科研经历对年轻科学家来说是一个很好的例子。如果认准了一个领域，就要坚持去做，坚持到底永不放弃。"

(3) 传承融合是创新的基础

屠呦呦和同事们遵照毛泽东同志"中医药学是一个伟大的宝库，应当努力发掘加以提高"的指示，着手从我国丰富的中草药中寻找新的抗疟药。他们通过大量翻阅中医药典籍，遍访民间医生，共收集了包括青蒿在内的600多种可能对治疗疟疾有效的中药药方，筛查了其中380多种提取物和200多种中草药。从东晋葛洪《肘后备急方》书中获得灵感，改进了提取方式，发现了强活性的青蒿素。正如屠呦呦所言："在青蒿素发现的过程中，古代文献在研究的最关键时刻给予我灵感。"

屠呦呦在关键突破上得到了中医古籍的启发。让·安德森教授评价说，"屠呦呦将东西方医学相结合，达到了一加一大于二的效果，屠呦呦的发明是这种结合的完美体现。"

(4) 团队协作是创新的保障

现代科研基本上都需要团队协作才能顺利完成，科研团队的团结合作、信息共享、优势互补、协调攻关是研究成功的基本保证。屠呦呦也表示，发现青蒿素，不是我一个人的成绩，是团队共同攻关的结果，很多科技人员都参与到了这项研究中，并做出了突出贡献。

青蒿素研究获奖是当年研究团队团结协作集体攻关的成功范例，是我国科学家的集体荣誉和骄傲。当时为研发抗疟新药，国家调集了全国7个省市60多家科研机构的超500名科研人员协力攻关。科技工作者们舍身忘我、团结协作、不计名利、联合攻关，像钉子一样紧紧地钉在各自的工作岗位上，全力推进新药的研发和推广应用，他们都是令人尊敬的全球疟疾患者的拯救天使。

2. 从玩游戏、挂科到保研生——科技创新让他重拾信心

北京理工大学软件学院2006级软件三班的金镇晟同学，已被保送学校计算机学院攻读研究生，还成为一名中共党员，荣获全国信息安全竞赛一等奖、总参优秀国防生。"可是你们绝不会想到刚入大学的我是怎样的无所事事，对学业感到无聊。"金镇晟讲述自己的故事。

"刚入学的时候，我对课程不感兴趣，就开始玩游戏，渐渐地就不去上课，最终导致一门课程不及格！当时我真的是很失落，十分沮丧。我还是国防生，那年去选培办领取国防生奖学金时，我心里都有愧，直到这时我才开始正视自己到大学之后都做了什么！当时很迷茫的我真的不知道该怎么做。就在那时，我们班的党员张亮同学和我思想交流，谈起接下来我该怎么做的问题，告诉我软件学院开始搞学生科技活动了，问我想不想去试试。我当时心里特别没底，一个是我有过一次不及格，其他课程成绩也一般，根本不敢跟老师说'老师你让我参加吧，我肯定行！'我当时战战兢兢地在网上报名了。我就给陈杰浩老师发邮件，说我是国防生，所以我想学信息安全方向的知识技能，以后到部队上也许能有用，给自己将来的从军路打

打基础。老师还真接受我了。

成绩已被别人落下一截了,就从专业技术上追,这样我也不会觉得低人一等。机遇慢慢地就来了。老师对我学习的态度比较认可,就给了我一次参加比赛的机会,于是我就和几个同学组队参加了2008年的全国大学生信息安全竞赛。

8月,正是最热的时候,不仅如此,更是因为全国人民都在关注北京奥运会。当时我们小组成员都几乎没有时间去观看比赛,我们就在机房里工作,盯着计算机一看就是一天。后来开始准备参加决赛答辩的PPT,说真的,我们这些理工科学生不善言表,让我们不断地修改PPT,不断地练习演讲,真有点不堪重负。记得一次给老师进行周期性汇报,没有把上次汇报时老师说的问题进行修改,老师就让我们在实验室不断修改PPT,'今天你们改到多晚,我就陪你们到多晚',就这样老师陪着我们干到深夜,不断地给我们提出意见。"那次比赛,金镇晟和他的团队取得一等奖。

软件学院学生科技活动平台在不断扩大,给了学生更多的发展空间。"基地给我锻炼的机会越来越多。""科技活动做得好了,自信心也提升不少,因为我觉得我没有什么比别人差的,只要努力,我可以做得更好,所以学习方面我也开始努力,就在大三的下学期,我获得了人民奖学金一等奖。"这是专门奖励学习成绩好的同学的奖项。"在基地,我感觉自己的提升很大,不光是在个人技术能力方面,因为我们有时候搞一些读书活动,有时还搞'思想大讨论'活动,所以提升是方方面面的。党组织也接纳了我。今年又被评为'总参优秀国防生',对我来说,获得这个荣誉我真的是非常非常高兴。"

研讨与互动

背景与问题

问题的提出总有一定的背景。一种是理论背景,读者从阅读文献入手发现问题。另一种是实际背景,需要从观察现实事物入手提出问题。纯理论或方法问题,如概念或推理过程有误或计算方法不当等。现实问题,如产品缺陷等。从文献入手往往也脱离不了现实,文献中的论点与现实情况相悖或有矛盾之处,才能构成研究问题。现实问题则往往需要结合一定的科学方法或技术原理,上升为理论问题。

问题背景首先是研究对象所处的现实环境及其变化,包括空间范围、时间尺度、主体立场等方面。在这些变化中,要善于发现现实问题。其次是令人疑惑的现实问题,即上述变化带来的负面影响。要结合事例和数据进行分析,提出供选择的研究问题,这样的问题才显得中肯而且有现实意义。最后是产生该现实问题的原因或关联因素。在文献或实践中会有各种说法,需要加以概括,形成各种可能的问题。在此基础上,再用专业术语提炼出确定性的研究问题。

请用条理化的语言,简要描述在当前时代背景下某一社会的、技术的变化,以及由此给特定人群带来的新问题,并分析其中的原因和关系。小组讨论,确定其中一个最有价值的问题。

训练与思考

1. 围绕独立、自信、开放、责任等关键词,用某一两个事实展示一下你的创新人格。
2. 通过调研、体验等途径,洞察社会、科技发展趋势,描述一种较为具体的人的需求。
3. 列出研讨式教学对课桌椅的具体需求,形成需求池。
4. 词语联想分析。

①选择主题词。关于某一事物的需求;把主题词放在中央,并使用清晰、有强烈冲击力的文字。

②按同义词、近义词、反义词快速向外发散分支,分支数量最好维持5~7个;使用关键词表达各分支的内容,如愿望、建议、意见、需要、不满、抱怨、投诉等。

③可以继续发散,将具体的内容简要表达出来。然后把有创意的闪光点圈起来,并用形象进行表达。

④几个人不加讨论地同时练习,然后比较,找到那些共同词语和个别词语。

⑤进行小组讨论。

5. 翻翻书，或想想某个长者的话，举例说明你的批判性思维（包括肯定和否定）。

6. 和田 12 动词法改造某一日常生活用品。用"和田思维训练法"进行多元思维训练，从多角度诱发创造灵感。提示：可以用列表的方法对所列问题逐一回答，并用适合的图形表达。

7. 能不能明确提出一个问题？理论的，或实际的。注意问题空间。请举两例结构不良问题，试图说明其问题空间；其中一例目标状态明确，一例目标状态模糊。

8. 以小组形式确定一个项目，进行事理学与需求分析，明确设计问题和目标。

第 4 章　创造性思维与知识结构

基于产品需求，进行课桌属性研究与概念设计。

主要阐述智力品质与认知障碍、联想思维与想象思维、发散思维与聚合思维、系统思维与分合思维、逻辑思维与辩证思维、形象思维与直觉思维、动作思维与多元思维，以及建立合理知识结构的方法与途径。

基本要求：了解智力性心理品质与认知障碍及其突破法，理解联想思维与想象思维、发散思维与聚合思维、系统思维与分合思维、逻辑思维与辩证思维、形象思维与直觉思维、动作思维与多元思维的特征、分类及其在创新中的作用、机制，并加以培养。了解建立合理知识结构的主要方法和途径，完善知识结构。

教学重点及难点：创新思维障碍及其突破、联想思维与想象思维、发散思维、系统思维、逻辑思维与辩证思维、直觉思维等。

基于产品需求的课桌属性研究与概念设计

1. 课桌椅属性及其评估与决策

1）属性列举

产品属性是用户需求或愿望的体现，也是产品差异性的集合。

依据属性列举法，产品有 3 种属性（表 4-1）：动词属性（功能）、形容词属性（性质、状态、方式、行为等）、名词属性（全体、单元、零部件、材料、结构、制造原理、使用方法）。其中动词属性通过产品功能分解❶并建立功能结构图获取。然而，这并非全部，产品除了功能还有行为及其载体，行为是指产品为实现其功能所经历的状态序列；载体是指完成行为的产品零部件物理实体。此外，数量词在产品属性中同样起着重要的作用。

---

❶ 功能分解是将产品的综合功能分解成单一的不能再分的子功能。综合功能即产品所具有的全部功能，子功能是综合功能的一部分，是不能再分的功能。功能结构图中蕴含的内容包括：完整的产品功能体系结构和关乎功能的设计需求。功能分解法的优点是可以将注意力始终集中在产品的关键功能上，完成关键问题的设计。

表 4-1 课桌产品属性列举

类别	分项描述	列举及构思
名词属性	1 全体	由几件不同单体构成,单体相互关系,总体风格,环境协调性
	2 单体	各有几个席位
	3 零部件	各有几条腿、多少配件及其作用
	3.1 材料	桌面、腿、配件用材的理化材性
	3.2 形色	主要部件形状与色彩
	3.3 结构	桌面与桌腿等处的连接
形容词属性	1 安全的	无锐角的矩形或弧形桌面
	2 健康的	与人体尺寸相匹配的桌面高度,可调节性,材料的环保特性
	3 舒适的	(一个相对概念,包括主观和客观两个方面)
	3.1 体感	与人体尺寸相匹配的桌面幅度
	3.2 美的	规格统一变化,桌腿渐变而有韵律
	3.3 富于情感的	情感化设计之快感设计
	4 有效的	(用户效率与业务效率)
	4.1 易于移动	(包括近距离移动和远距离搬运)
	4.1.1 轻量化	材料种类、少部件、功能减负
	4.1.2 便利性	前后左右对称设计
	4.1.3 机械化	脚轮
	4.1.4 可拆装	预埋膨胀螺母
	4.2 重组性	(涉及产品重组和人员重组两方面的灵活性)
	4.2.1 少规格	零部件标准化
	4.2.2 人数适应性	席位单元化、桌面模块化且成以正方形为单元的倍比关系
动词属性	1 肘臂凭依、读、写	与人体尺寸相匹配的桌面高度,可调节性
	2 物品陈放	桌面与腿的设计利用、配件及其结构、可容性
	3 系统互动	可调节、可移动、重组性好

对照人的需求理论与产品层次理论,有助于产品属性的列举和提升,这些属性和需求与层次有着复杂的结构关系,列举产品属性并处理这些关系的过程就是设计概念逐步明晰化的过程。在此过程中,需要利用设问、调研等方法、途径,并遵循 MECE(相互独立、完全穷尽)原则,将产品属性逐层、分类地进行枚举。

2) 属性评估或归类

日本狩野纪昭(Noriaki Kano)博士基于客户满意度将需求/属性分为 5 类:必备属性(有之不讨喜,无之则招怨)、期望属性(逢迎则讨喜,否则或招怨)、魅力属性(超常则讨喜,常规不招怨)、无感属性(有或无,用户皆不在意)、反向属性(画蛇添足,招人不满)。潜在需求对应魅力属性。

调研客户对某属性具备与否的满意度,可以了解其需求程度。将问卷调查结果归类统计，绘制卡诺模型(Kano model)❶，其统计数据表明某种属性的重要度。需求与属性的重要度最终经主观(客户方与设计方)、客观多次权衡而定(表4-2)。

表4-2 卡诺模型

无有	喜欢	理应如此/无所谓/勉强忍受	讨厌
喜欢	—	魅力属性	期望属性
理应如此/无所谓/勉强忍受	反向属性	无感属性	必备属性
讨厌	反向属性	反向属性	—

结合客户分类、市场竞争、产品层次和产品规划等，可以用以进一步量化需求的优先级。然后，根据需求优先级和属性评估结果做出属性决策。

3) 产品属性决策，设计需求提取

产品属性的决定因素是消费者特性、人的需求，产品的社会属性、法规标准，以及市场竞争、渠道特性和价格档次等。高校研讨式课桌产品属性的最终决策需要供求双方共同决定，并签订设计合同。

设计需求是设计者对产品应有属性的描述，而所谓应有即反映用户需求。一般通过功能结构图提取设计需求，本章通过对教学事理和用户需求以及产品属性的分析，确定研讨式教学课桌椅的核心设计需求(产品属性)是：课桌单体统一而富有变化，单体桌面之间便于灵活移动、组合，以满足研讨式教学的不同场景(主要是课桌格局)业务需求。为此，其桌面尺寸之间应是以正方形为单元的倍比关系。

至此，产品基本功能、基本行为、主要属性、目标状态已渐明朗。

2. 产品概念设计

概念设计是在产品开发早期提出设计概念、产品概念及开发方案，从而设计出一款概念产品。

概念设计应当以事理分析或其他方法的结果，即用户需求为输入；经需求分析，确定需求的重要度和优先级；通过属性列举、设问及调研、评估与决策等方法程序，完成由用户需求到设计需求的转换；在分析设计需求的基础上，依据设计定位，并通过搜索设计需求的解决方案，生成诸多设计概念，然后以所得票数优选设计概念；通过命名与脚本，将设计概念表达为产品概念，同时设计概念产品。基于事理学的产品概念设计程序，如图4-1所示。

1) 设计概念

设计概念是依据设计定位提出的解决设计问题的独特思路及方案，是整合设计要求或者设计指标，运用最新技术手段以具体的形式来体现设计对象结果式的构想❷。例如，手机的设计概念可以是"个人电话"，也可以是"个人移动数码设备"。

---

❶ 日本的卡诺博士针对传统行业顾客需求提出的模型，目的是通过对顾客需求分类来对顾客不同需求进行区别，帮助企业找出提高企业顾客满意度的切入点。

❷ 陈瑶. 当代情境下的设计概念再解读[J]. 设计艺术研究，2007(5)：34-40.

图 4-1　基于事理学的产品概念设计

(1) 设计定位

根据设计需求等商品信息，应用 5W2H 等方法，赋予设计诸要素以准确位置，明确设计目标(特定年龄或心理的消费群体，有别于其他商品的质量或某种功能以及色彩、风格等属性，细分市场等)，以便进一步确定设计程序和方法，最终"准确地向消费者传达商品信息(属性、用法、功能、文化及档次、特点等)，给消费者留下深刻的印象"。产品设计定位有时细分为目标市场地位、产品需求定位、产品测试定位、差异化价值点定位、营销组合定位等(表 4-3、图 4-2)。

表 4-3　产品设计定位因素

	考虑因素
产品观	厂家的性质、生产设备和方法、技术因素、生产规模等 企业及产品在同行中的地位和竞争对手如何 产品特征，包括大小、材料、造型、结构、功能、质量、价格等 产品差异性，指不同厂家的产品在造型、功能、技术、质量、价格等方面的特点，以及因设计师强调的不同所造成的差异，如心理感受；在此或许要明确种与类的关系 产品所要求的精确性能
商品观	商品属性，包括品牌、商标、价格和质量等 包装策略，除考虑包装的基本功能外，更应关注商品的货架效应 中间商(代理商、批发商)形象或招投标政策 销售场所与方式 陈列方式，是特定销售点还是按厂家分列，或按类混合陈列
消费观	消费对象，性别、年龄、身份、职业、文化程度 消费者经济状况，影响购买能力和商品档次 消费方式，个体消费还是集体消费 地域、地理、气候、节日、习俗、信仰 消费行为，购买心理、生活方式、个性和喜好

通过深入分析设计需求，课桌的主要特征和差异所在逐渐明朗，除了桌面规格差异以及主要属性定义，其他竞品优点也应吸收。课桌椅采购一般采用产品招标而非设计招标的方式，而产品招标并非产品定制，这不利于拉动课桌椅的设计创新，但差异化的商品有利于中标。课桌椅是集体采购，集体性质和办学理念起重要作用。

(2) 方案树

设计概念源于对主要问题及若干次要问题的逐步明确，并通过搜索解决方案，逐渐由抽象变得具体，成为一个设计任务或目标。设计概念的品质又是由设计师独特的个性、阅历、知识面和专业技能以及心智和观念决定的。

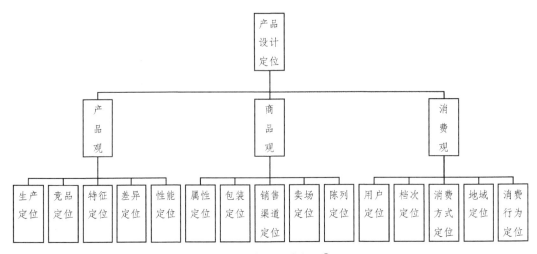

图 4-2　产品设计定位❶

搜索解决方案的方法有外部搜索和内部搜索。外部搜索对象主要包括：领先用户、专家、专利、文献及竞争者同类产品等；内部搜索就是问题求解，有原型设计等多种方法策略。根据概念组合法，研讨式课桌作为一个抽象的概念应有怎样的内涵和外延，以及包含哪些观念，是需要在此明确定义的。寻找适当的原型❷，广受启发，可以促进设计概念具体化。

方案树是以设计需求为根节点，设计需求的解决方案为子节点，直至最简不可再分的产品功能等属性为止的一种树状结构图(图 4-3)❸。根节点需要根据设计需求和属性列举，全面考虑，反复推敲，提炼产品功能和系统行为。方案树是设计概念表达与决策的工具，有助于充分提出各种可能的设计方案。通过方案优选确定设计概念，参与方案优选的人员包括产品经理、设计人员、工程技术人员、市场销售人员、项目负责人。

设计概念的应用。同样的概念，不同的人在理解上会有较大的差异，在运用时会对诸多细节带有选择性，设计形象也会大有不同。

2) 产品概念

产品概念是品牌产品为满足消费者特定需求，并彰显新产品优势，而赋予新产品的一种概述性表达。产品概念是设计概念的表达，包括命名和脚本❹。

(1) 命名

产品概念包括 3 个基本方面：对消费者的洞察(用户需求)、产品利益点(产品卖点)、产品支持点(功能技术的创新)，产品命名与寓意以及对客户的吸引力就围绕这 3 个方面展

---

❶ 胡俊红. 产品设计定位观[J]. 包装工程, 2001, 22(6): 77-78.
❷ 本项目设计原型源于北宋《燕几图》。燕几即招呼客人宾宴用的案几。燕几由大、中、小 3 种桌面组成，高宽相同、长度各异，分别供 4、3、2 人共用，各设 2、2、3 张，名为"七星桌"，可随宾客人数进行分合，能够灵活变化出 25 体(类)、76 格局(种、名)。
❸ 舒红刚, 干静. 基于用户需求的产品概念设计原理与方法[J]. 机械, 2008(7): 43-46.
❹ 王艳. 浅谈产品设计概念的表达[J]. 包装世界, 2013(1): 66-67.

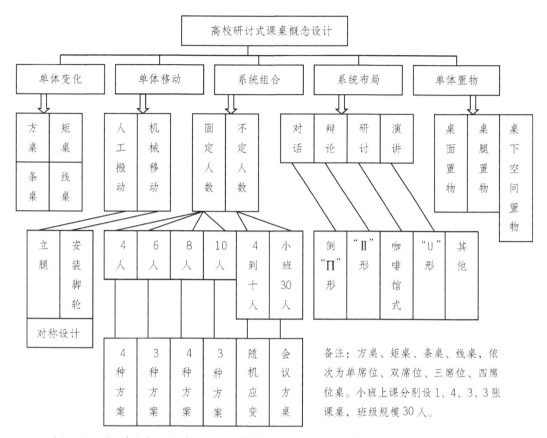

4人组7组4种组合方案：2矩桌(2组)、1线桌(3组)、1方桌1条桌、2条桌，其中2条桌供6人使用。
6人组5组3种组合方案：1矩1线桌(3组)、2条桌、1矩1条1线桌。
8人组4组4种组合方案：4矩桌、2线桌、1方桌1条桌1线桌、2条桌，其中2条桌供6人使用。
10人组3组3种组合方案：每种桌各一、2矩桌2条桌、1矩桌2线桌。
会议方桌或马蹄形模式组合方案：参考8人组组合方案，围合成中空会议方桌或马蹄形模式。

图 4-3　高校研讨式课桌概念设计方案树

开。本项目产品概念命名为"七好"(德、智、体、美、劳、情、创)桌。

从组合创新技法的角度看，研讨式教学课桌是研讨式教学与课桌的概念组合，而在此基础上应当产生怎样的新理解、新观念和新思想，需要广泛而深入的研讨，并对未来展开充分的想象。

(2) 脚本

如何使设计概念的表达顺畅、无障碍，除了语言、文字、草图，还有一种辅助方法，即脚本，即使产品与"人"构成一个具有互动体系的故事。脚本作为一种设计工具，是为表达需求及推动产生解决方案而设计的。脚本以产品使用动机或效果为起点，内容包括用户、产品或服务系统的大概形式、用户经历或预想(用以寻找问题或探索解决方案)、文本(对环境和其他用户等情况的描述)、用户利益(产品优点或希望点)。脚本设计注重用户使用行为，从原有用户的使用案例着手进行任务分析和需求分析，定义目标用户的需要，提供系统解决方案。

(3) 概念产品

概念产品是概念设计的产物,并具有多样性、层次性。概念产品是在一种新的思维模式下产生的新设计,一般是指具备独特消费观念与独特市场前景的原创性全新产品。

基于设计概念核心内涵和(或)产品核心功能(目标效用)的、以最小代价解决用户焦点问题,从而满足用户最优先级需求的,能用即可的概念产品,被称为极简可行产品(minimum viable product, MVP),如图4-4所示。

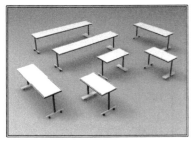

图4-4 极简可行产品

研讨式课桌极简可行产品说明:

以燕几图为原型,课桌由大、中、小3种桌面组成,高宽相同、长度各异,分别供4、3、2人共用(长宽比分别为4∶1、3∶1、2∶1),各设2、2、3张,名为"七好桌"。

与燕几图不同的是,桌面及桌高的具体尺寸应符合现代人体工程学以及课桌国家标准要求;在桌腿上设置搁物架,以备学生存放学习用品;便于移动;组合时,桌间可以有一定距离,也可以拼出较大幅面桌面。

3) 设计检验与评价

设计概念是否满足了设计需求(具有较高群体重要度的用户需求,对研讨式课桌而言是灵活组合这一用户核心业务需求)?是否解决了主要问题?有没有新的问题产生?

在课桌概念设计中,通过单体变化设计,满足了系统组合的多种需求,但由于课桌规格(主要指线桌)和数量的制约,组合性受到一定影响,为此可考虑将线桌替换为矩桌即可。

请讨论用户需求、产品属性、设计需求的关系,概念设计、设计定位、设计概念、产品概念、概念产品的关系。谈谈本项目给你的感受和启发,如设计理论对设计实践的意义。

4.1 创造性思维发展

法国哲学家笛卡尔:人类历史上最有价值的知识是方法的知识。英国科学家卡尔·皮尔逊(Karl Pearson):科学方法是通向绝对知识或真理的唯一道路。

创新方法是指为完成特定的技术创新活动,从而达到创新预期目的而采取的,可以指导(企业)创新实践的一系列途径、步骤和手段,是用于解决创新问题的科学思维、科学方法和科学工具的总称。

科学思维的创新是科学技术研究取得突破性、革命性进展的先决条件。科学思维不仅是一切科学研究和技术发展的起点,而且始终贯穿其全过程,是创新的灵魂。科学方法的突破是实现科学技术跨越式发展的重要基础。只有掌握一批具有自主知识产权的关键方法和核心技术,降低对国外方法和技术的依赖,才能真正提高自主创新能力。科学工具的创新是开展科学研究和实现发明创造的必要手段。科学工具是最重要的科技资源之一,一流的科学研究和技术发展往往离不开一流的科学工具。现代科技的重大突破越来越依赖于先进的科学工具，掌握了最先进的科学工具就掌握了科技发展的主动权。

创新方法自上而下大体上分为4个层次，不同层次解决不同问题，产生不同的效果。

①哲学方法，关于认识世界、改造世界、探索实现主观与客观相一致的最一般的方法理论，是普遍适用于自然科学、人文社会科学和思维科学的方法。

②一般科学方法，是从各门学科中总结概括出来的具有普遍性的方法，如系统论、信息论等。

③具体科学方法，属于各门学科本身的研究对象。从有线到无线，从热传导到微波，海水淡化从蒸馏法到膜渗透法，生物从自繁到组培，从有病才治到预防，这都是创新方式的改变。通信最早是模拟，然后是数字或网络；照像从感光到数码；能源利用上，从化学能转变为物理能，然后为热能、机械能、电能、核能等一系列新能源，都是在关键技术上产生的变化。每一次关键技术或核心技术产生之后都预示着新一代产品的形成，预示着新一代市场格局的重新划分，也预示着旧一代产品被淘汰。

④各种技术手段、操作规程等，属于显性或隐性知识，甚至经验。如工艺改革，主要目的是扩大规模，扩大生产能力。像生物发酵、生产流程的改进都是为了提高工作效率。再如发明革新，指的是产品的功能没有发生根本变化，但是性能有所转变。如电冰箱，发动机的噪声大，就想法减少噪声，制冷用氟利昂不环保，就改用无氟材料，功能没有变，但性能改变了。

思维是智力的核心成分，是意识向能力转化的关键，是人的隐形翅膀。没有思维的创新，就不可能有科技的进步。从口传到电信，从手算到计算机，这首先是一种思维的跨越，每一次思维的跨越都产生了一次科技革命或者产业革命。交通工具的发展，从牵引式思维到驱动式思维，这是一种思维的跨越。横向改进从车体入手，运输能力产生量变；纵向飞跃从动力入手，运输能力产生质变。

提升学生的思维能力是教育教学的核心目标之一。思维教学旨在"拯救学生思维能力""培养具有社会适应能力公民"。思维教学是"四两拨千斤"，对于学生创新能力培养意义重大。

4.1.1 智力品质、认知障碍与思维教学

4.1.1.1 创新智力性品质

1）敏锐的观察力

（1）观察及其作用

观察是个体运用感觉器官或科学仪器，有目的、有组织、有计划地对事物进行主动考察与了解的过程。观察具有获取直接信息、发现现实问题并刺激大脑积极思考的作用。观察所追求的是对事物的新认识和本质认识。有些创造发明直接来源于观察。

（2）观察的局限性

观察是发现问题、进行创造发明的首要任务。英国科学哲学家波普尔（Karl R. Popper）

认为,"由于逻辑的理由,观察不能先于所有问题,虽然观察对于某些问题常常是明显居先的"。

但仅有观察是不够的。一方面因观察到的现象都是现有的,若不加以深化、利用,它就依然停留在旧事物的基础上;另一方面,观察是有局限性的。一是人的思想错误或传统观念常常影响人们观察的效果。例如,在亚里士多德提出"重的物体比轻的物体先落地"以后的1800多年里,竟然无人能够发现其错误,直到伽利略比萨斜塔实验。二是在观察中,因各种误导而引起错觉、影响判断的事例是很多的。

(3) 观察的要求和方法

只有在正确思想、专业理论及创造性思维指导下,观察才会成为创造的源泉。

① 观察要仔细,严谨求实,勿错过遗漏。
② 观察要有目的、有计划,这样才能准确、全面、细致、深入,建立联系。
③ 观察要从多角度出发,全方位实施,这样才会有不同的信息、性质和结论。
④ 要在观察过程中思考和分析。

2) 注意力与专注力

(1) 注意力

法国生物学家乔治·居维叶(Georges Cuvier)说:"天才,首先是注意力。"

注意力是指人的心理活动指向和集中于某种事物的能力,与主体的需要、兴趣、意志有关。注意力也指人们关注一个主题、一个事件、一种行为和多种信息的持久尺度,同时包含对接受信息采取的行动。

有意注意是在预定目的和意识控制下,由活动条件所引起的对客体的注意(表4-4)。

表4-4 有意注意的类型

选择型注意	要求人们对几个信息来源进行监测,以确定某一特定事件有没有发生
聚焦型注意	要求人们必须只注意一个信息来源,而排除其他信息源的干扰
分割型注意	指必须同时执行两项或两项以上的单独作业,而又必须对它们都加以注意的情况
持续型注意	要求在较长时间内不休息地维持注意力,或保持警戒,以便发现偶尔出现的信号

美国认知心理学家奈瑟尔提出前注意加工和集中注意加工的概念。前者负责非目标信息的加工,是一个快速、总体、并行的过程;后者是锁定目标信息,进行精细、串行的加工过程。

注意具有选择性、指向性、集中性、激活性、警觉性等特点,又具有四大功能,即分配、信号检测、搜索和选择。由于人的注意力是有限的,决定了人们搜索目标信息的时候要依照一定的策略进行。信息理论家莫尔斯提出,人们接受信息的步骤和方式有整体理解、顺序搜索和随机获得三类。

纯文本阅读中,人们往往习惯将注意力集中于句子的主谓宾,而忽略其他成分。

（2）专注力

德国唯心论哲学家黑格尔（G. W. F. Hegel）认为：一个人在特定的环境内，如果要有所成就，就必须专注于一事，而不可分散他的精力于多方面。

专注力指一个人专心于某一事物或活动时的心理状态和能力。专注使兴趣由广变浓，使问题由表及里，是创新实践得以持续的准则和保证。涌流是指一个人对某一项活动的专注状态，这种专注状态使这个人完全不在乎其他任何东西，对活动本身的体验就是如此地令人愉快，以致从事这项活动纯粹是为了享受这项活动带来的愉悦，甚至不惜为此付出代价。

由于社会变革与工作压力、高科技与信息产业发展以及各种快餐文化，而容易使人心浮气躁，即呈现浮躁心理。浮躁是指心有杂念，而又无处安放，因而呈现飘忽不定的状态。表现在对现有目标上专注度不够、耐心度不足以及目标设定不切实际。其危害有以下3点：在心态和情绪上，浮躁使人焦虑恐慌、心神不宁、不知所措、敏感脆弱、爱发脾气；在行动上，盲动冒险、急功近利、见异思迁、投机取巧；在后果上，碌碌无为、随波逐流，最终丧失理智、信心和机遇、成功，甚至犯罪。

大学生选择课题的时候常会出现各种困扰：究竟什么才算是创造性课题？当有意创新时，却发现无从下手，似乎所有领域均已被前人研究过了，而更新更深的领域，专家们都尚未探索，自己又怎能找到呢？指望临时抱佛脚，于是就丧失机遇。为此，要克服一时的攀比心理，志存高远，脚踏实地，尽早准备，潜心研究，厚积薄发。若三天打鱼、两天晒网，或贪多求全、漫无目的，是难以发挥潜能的。

如何才能专注于某一事物？

①运用积极目标的力量。明白自己真正想要什么。将大目标分解为小目标。
②培养对自身专注素质的兴趣。要有对专注素质的自信。
③善于排除外界干扰，不轻许诺，学会拒绝，不被世俗诱惑，有所为有所不为。
④应对压力，学会放松，善于排出内心的烦扰。独享清静环境。清理大脑。
⑤劳逸结合，张弛有度，节奏分明地处理学习与休息、工作与工作之间的关系。
⑥对各种感官的全部训练。专注需要各种感官的协调作用。
⑦明确工作范围，不在难点上过多停留。

3）记忆力

记忆力是个体对过去所经历的客观事物进行识记、保持、再认识和重现所反映的内容和经验的能力（表4-5）。

俄国生理学家谢切诺夫说过，一切智慧的根源都在于记忆。

表4-5 记忆的解释

记忆阶段	识记	保持	再认	再现
生理心理学	暂时神经联系（条件反射）的建立	暂时神经联系的巩固	暂时神经联系的再活动	暂时神经联系的接通
信息论观点	信息获取	信息储存	信息辨识	信息提取和应用

4) 创造性思维的归类

(1) 以左右脑为标准，创新思维以右脑思维形式为主

左脑功能主要在于语言性的逻辑思考、推论能力；右脑功能主要在于语言性的直觉、创造想象力等。左脑思维形式是抽象思维；右脑思维形式是形象思维。由于形象思维具有整体性、灵活性以及不受语言和逻辑规则束缚，从而易于把思维导入创新境界。不过，离开思辨即抽象思维的形象思维是有局限性的，同样，离开左脑的纯粹右脑思维也是有局限性的，实际上也不存在单纯的右脑思维。

(2) 以是否遵循逻辑规则为标准，创新思维以非逻辑思维形式为主

想象和直觉都是非逻辑的思维形式。许多学者把直觉思维作为创新思维的标志性、决定性环节和特征。首先，直觉在人的思维过程中是短暂的一瞬。创新思维的产生是一个经过长期酝酿的思维过程。其次，直觉思维的机制至今未能得以充分揭示。把创新思维仅仅界定为直觉思维，显然阻碍了对创新思维本质的揭示。最后，对科学研究者的调查显示，灵感、直觉并非是人人经历过的思维形式，不少创新思维成果的取得并非以灵感、直觉为前提。

亚里士多德早就指出，创造性思维是直觉和逻辑演绎互补的过程。伽利略将直觉看作归纳中的直觉，而归纳即是逻辑推理。美国学者布鲁纳指出："一个人往往通过直觉思维对一些问题获得解决……这种解决，一旦用直觉方法获得，可能的话，就应当用分析方法验核；同时把它们看作这种验核的有价值的假设。"直觉思维做出发现，即创新；分析思维（逻辑思维）提供验核，即验证。

(3) 依据思维的自觉程度，创新思维为自觉思维形式，或非自觉思维形式

从方法论角度看，创造想象受创造观念支配，具有探索性。"发散思维说"将发散思维视为一种典型的创造想象，因为发散思维"总是丝毫不抱偏见"，能"考虑最靠不住的可能性"，体现了"走向不同方向的自由"，具有思维的开放性，有助于克服思维定势，打破旧传统。作为非自觉思维的创新思维形式通常指无意识（或称潜意识）状态下的思维，其典型表现形式是灵感、直觉、顿悟等特异思维形式。"自觉意识与非自觉意识交融说"，将自觉意识与非自觉意识的相互交融视作创新思维的本质形式。潜意识活动在一定范围内是受显意识支配的，灵感系统的发生过程自始至终表现为有序与无序、连续与间断、模糊与清晰、逻辑与非逻辑的辩证统一过程。

(4) 有学者将创新思维称为水平思维或横向思维

垂直思维即从一个固定的前提出发，遵照思考者惯常的推论定势，一直往下推演，直至获得结论的思维，也即习常思维。水平思维无固定的推论前提，当思考者从原有的观点出发，推不出所期望的结论时，便尝试以其他观点为推论前提，探寻认识事物、解决问题的新途径、新角度。

横向思维强调其激发和纵容功能，即旨在找到尽可能多的不同方法，以不断地生成替代模式的功能，质疑和批判旧模式的功能，其特点是不断探索有价值的途径，不做任何许诺，力图脱离既定模式的僵化思路。但它对新思想不做裁决，不做判断，不攻击任何思想，也不对既定思想进行任何辩护。因而，把横向思维视为一种体现创新思维本质的创新思维形式，

是不全面的。水平思维必须与垂直思维结合在一起才能比较全面地体现创新思维的实质。

综上所述，创新思维是一种复杂思维形式❶。决定思维方向性的是发散思维，创造性思维主体是逻辑思维、形象思维以及直觉思维，解决复杂问题的策略以及指导思想是横向思维与辩证思维，多个要素相辅相成，形成统一的有机整体。

4.1.1.2 创新思维障碍及其突破

影响人们认知的主要因素有多个方面。生活环境较为单一、简朴者，所形成的思维多表现为一种直观的、混沌性的整体思维。伴随社会的发展，生活节奏不断加快，生活内容日益丰富，生活关系逐渐复杂，需要人们思考、分析、判断的事物也随之增多，思维的变化则成为必然趋势。音、形、意互相联系的象形文字为形象思维提供了方便的工具，使中国人擅长于形象思维；而西方语言形式是字母文字，仅仅表音，这就容易形成抽象思维。科技向纵深发展，必然要求各门科学技术从单一思维模式中解脱出来，把各个事物、各种性质放在它和世界整体的总联系中来考察。现代人类的思维模式是立体思维。自然科学工作者多显示出很强的逻辑思维，作家多擅长空间思维，政治家、社会活动家应具有横向思维与动态思维。

创新认知障碍❷主要有感知不敏锐、过分遵守规则等在人的感知、认知及问题解决过程中所隐藏的各种障碍。有时会有几种障碍联合作用。创新思维障碍是由人类认知过程本身的特点，以及个体知识储备不足、信息不畅、思考方式不当、急于求成等原因形成的。思维障碍使人难以以激情状态去追求解决问题的新方法。在创新过程中，自觉识别思维障碍，才能有的放矢地寻求突破。

(1) 思维操作障碍

①思维定势。是一种固定认知方式，表现为处理问题和做事的僵化。思维定式主要表现在心向作用、认知结构、功能固着等方面。"心向"指做事的习惯性倾向和思考的习惯性倾向。

②麻木型思维障碍。缺乏对外界事物进行感知和思考，或感知不敏锐、思维不活跃，在心理上对类似事物形成了一种定势，从而对其表现得没兴趣、没激情、没准备。

③感知障碍。是指在认识一开始就呈现不主动、不积极、不敏感的状态。主要表现在对任何事物都无动于衷，不感到新奇，对事物的兴趣只维持一会儿，或先入为主，抱有成见，不喜欢刨根问底，不善于发现问题，见怪不怪，看不出毛病和缺陷；或担心别人误解自己知识不够渊博。

④观察障碍。是指只看到问题表面现象，而不经意漏掉了隐藏在其背后的东西。要克服观察障碍，首先，要明确观察对象不仅包括直观事物，还应包括原理、功能等抽象内容；不仅要观察正常现象，也要观察反常现象。其次，要以观察为载体，充分发挥形象思维作用，积极联想、类比，发现问题并挖掘可用资源和信息。此外，经常留意观察周围事物，有利于

---

❶ 贺善侃. 论创新思维的形式及在科学创造中的作用[J]. 杭州师范大学学报(社会科学版)，2010(6)：13-18.

❷ 医学上的认知障碍是指与学习记忆以及思维判断有关的大脑高级智能加工过程出现异常，从而引起严重学习、记忆障碍，同时伴有失语、失用、失认、失行等改变的病理过程。

联想类比，对问题的创造性解决会产生极大作用。

⑤隐性自我评价。是指人们在潜意识里用理性标准和逻辑规范去判断其所遇到的事物的一种思维习惯，人称之为创新思维中的黑洞。人脑在创新思维活动中所产生的任何种类的创新胚芽，只要落入其中，绝大多数也将难逃不幸夭折的厄运。不少知识丰富且聪颖过人者，其创造成果却不多，原因就在于此。

这与隐性自我评价的固有特性（瞬时性、隐秘性、草率性）密切相关，又是由人脑创新思维的运作机制所决定的。人在进行创新思维时，最基本的思维操作就是重构与选择。重构是创新者通过频繁地想象、联想等思维操作活动，使其脑内也已存在的认知结构不断地发生重组的过程，这期间就可能产生旧有认知结构中不曾存在的表象或概念，即所谓创新胚芽。创新胚芽一开始都是弱小而稚嫩的，且是若隐若现的。人们常说的灵感的火花，就是一种典型代表。创新胚芽虽然在人的创新思维活动中会产生很多，但能真正存活下来并发育成创新成果的却寥寥无几。因为一个完整的创新思维活动在经历了快速重构之后，总要再经历一个快速选择。选择就是脑内旧有的认知结构对新的表象和概念的认同和接纳过程。这必须用旧有的认知结构的逻辑框架之尺去量度和比较这些新的表象和概念，即隐性自我评价过程。

请尽量远离或推迟这一评价过程。心中有了某种新想法，应任其滋长、发展，而不要过早干涉。

⑥惯性思维障碍。即在面对新问题时，不假思索地盲目重复上一次的抉择，对问题的思考总是按照上一次顺利工作的方向和次序进行。

惯性思维表现形式有4种：一是强势惯性，指某种现象虽然是一个特例，但它却是一个最强势的现象印在人的脑海里，这个强势是长期形成的，当我们思考时它就会凸显，并阻挡我们其他方向的思维。二是前提惯性，指人们在预设的、特定的、看不见的语境、逻辑、价值中思考而产生的思维偏颇。三是语境惯性，指人们对自己熟悉的语言在长期的使用过程中建立起了某种定势联想，这种联想会以一种惯性的形式将我们的思维逼近语言陷阱。四是群体惯性，指群体长时间形成的习惯在外部环境变化后仍沿着原有路径继续的思维偏颇。

不要沉迷在固有经验之中，要对思维定势持怀疑态度。不要轻易放弃新的体验和认知，想办法将新体验与固有经验相结合。当新体验或认知明显优于固有经验时，则放弃固有经验。增长见闻，对似曾相识的问题的认识就不会以偏概全。要多应用新的思维方法，经常变换新的角度思考问题。

⑦单线思维障碍。单线思维[1]指人的思维活动只选择一个视角、一个角度去认识对象，遇到问题则习惯于去寻找一个唯一正确的答案，一旦找到一个保险的合适答案时，便不管其完善与恰当程度如何，就死死抱住不放，不愿再去寻找其他可能有的答案，很少能从各种不同的方法去把握和认识对象。

围绕目标，要采取多角度、多方面、多领域、多学科的多路思维和立体思维，并采用发散、收敛等多种灵活变通的思维方式，开拓思路、综合思考，从而有利于问题的圆满解决或

---

[1] 周公良，李培湘．浅论思维障碍的突破与创新思维的培养［J］．科技情报开发与经济，2007，17(6)：250-252.

新构想的提出。

⑧偏执型思维障碍。偏执型思维障碍在思考问题时有多种表现，有的只抓一点，不顾其余；有的顾此失彼；有的常钻牛角尖，走死胡同；有的爱唱反调；有的好大喜功。其共同点是事倍功半。

若遇争执，对方明白就可以；争执之后，心理及行为应发生变化。

⑨偏见思维。是指思维受主客观条件的影响，带有个人主观色彩的经验、地位、感情、文化的印记，对事物的判断有先入为主的偏见。例如，理工科性别歧视会挫伤女生从事理工科专业的勇气，也会影响理工科教师对待男生和女生的态度。

偏见思维的表现形式有4种：一是经验偏见，指人们在自己的经验里生活、思考，不愿接受经验以外的事实而形成偏颇。二是位置偏见，指处在不同位置上的人因看问题的角度不同而产生偏颇。三是感情偏见，指思维带有感情色彩的、无利益因素的、无意识的对公正的明显偏离。四是文化偏见，指不同文化背景的人对事物的看法有明显的差异❶。英国哲学家培根所谓四种幻象，即为偏见思维：一是种族幻象，即以自己的意志或感情尺度去认识事物，使人在第一现象尚未证实时用它们去补充，从而造成理智的倾斜，第一印象成为"先入为主"的人格障碍。二是洞穴幻象，反映在某些行业人士坐井观天，看问题带有强烈的专业视角和色彩。三是市场幻象，由于某种思想观念在传播中走样，或以讹传讹而导致的认识障碍。四是剧场幻象，它是由偏信权威、传统观念和各种"流行的体系"所造成的认识障碍❷。

⑩思维标准化。指思维方向、方法和技能的规范化和模型化❸。应试教育程度越高，思维就越单一，凡事均按标准答案思考。思维标准化对独立思考有3种破坏作用：权威迷信、功能固着、思维惰性。

(2) 思维内容障碍

①权威型思维障碍。人们常常对学识、能力比自己强的人产生尊敬和崇拜，因为这些权威的意见和建议能使我们事半功倍，但过分相信权威而全无批判意识将导致思想僵化和禁锢，极大地阻碍我们的创新思维，使我们缺少"自我思索、冲破权威、勇于创新"的意识和勇气。齐白石："学我者生，似我者死。"

②功能固着。功能固着是一种认知障碍和思维定势，指在解决问题时，因个人在知觉上受情境中条件既有功能的影响，以致使问题不易解决的情形出现。功能固着是思维缺乏灵活性和独创性的突出表现。打破功能固着，可以采用扩展用途法，将物体直接或作为主体，通过物物组合应用于更广泛的情境。

③结构僵化。结构僵化是指个人在认知上受到事物原有结构形态的局限而不能发现其可以变化的形态，以至于不能创造性地解决问题。结构即联系，而联系是普遍的。要想打破结构僵化，思维须具有开放性。例如，有人发明方轮自行车，可以在弧形曲面道路上顺利骑行。

---

❶ 韩敏. 创新的思维障碍与超越性思维的培养[J]. 理论学习与探索，2012(1)：86-87.
❷ 郝印亮. 试论创新的人格障碍及其对策[J]. 山西农业大学学报(社会科学版)，2002，1(1)：39-41，45.
❸ 岳晓东. 大学生创新能力培养之我见[J]. 高等教育研究，2004(1)：84-91.

④文本型思维障碍。书对于文明传承和知识传播起着巨大的作用。不过，书本知识反映的是一般性的东西、理想化状态，与客观现实之间往往存在着较大差异。在处理问题时，若忽视这种差异，不视实际情况，不假思索地盲目运用书本知识，一切从书本出发，那么书本知识在为我们带来无穷好处的同时，也会招来不少麻烦。与此类似，过分遵守规则是一种认知障碍，过分依赖模板会失去思考能力。为此，应注重学习基本原理而不是死记一些规则，有意识地独立思考和灵活应用方法而不陷入教条主义。

⑤知识无活力化。个体与环境之间信息交换以及个体内部知识的自我更新过程，称为知识代谢。其中，从信息输入到问题解决之间的知识转化，称之为知识理解。将知识转化成问题解决的能力，称为知识应用。

知识无活力化泛指学生所学的知识很少或不能在实践中加以运用，它本质上是知识吸收的僵化，而这些知识是指那些在教学过程中仅仅被吸收而不被运用、检验或重新组合的概念（图4-5）。

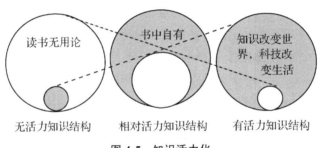

图 4-5　知识活力化

知识无活力化有两种表现。"见树不见林"指所有知识的吸收都是孤立且互不相关的，缺乏综合联想能力。学生机械地看待各科知识结构，不善于融会贯通，对专业以外的知识持敌对态度，对跨专业的理论设想嗤之以鼻。学不致用，指学生对所学知识无法学以致用。学生很快淡忘所学知识，疏于学用结合练习，终而增强思维惰性，导致读书无用论。学用脱离，最后变得越学越蠢。"困而知之"是知识代谢的必由之路。而有活力的知识强调的实践效用正是知识的价值所在。提高活力化的知识就是提高知识的运用及其价值。一个人所学知识运用得越多，其知识活力化越强。

4.1.1.3　思维教学

1) 六大经典思维教学程序❶

(1) 儿童哲学

1969 年，美国李普曼（Matthew Lipman）教授发表小说体教材 Harry Stottlemeier's Discovery。这部用来训练小学生逻辑推理能力的教材在实践中获得了成功，随后逐步发展成系统的思维教学程序。儿童哲学（philosophy for children，P4C）是一个来自哲学视角的思维教学方法的范例，它以故事和小说中的认知冲突为核心内容，用对话、探究和自由辩论的手段（苏格拉底

---

❶ 赵国庆. 经典思维教学程序的分类、比较与整合[J]. 开放教育研究，2013(6)：62-72.

式对话)训练儿童的推理和辩论能力。

(2)认知加速

认知加速(cognitive acceleration,CA)是伦敦国王学院的沙尔(Michael Shayer)和阿迪(Philip Adey)在1981年基于皮亚杰认知发展阶段论和前苏联心理学家维果斯基(Vygotsky)最近发展区理论❶设计的发展学生形式(抽象)思维能力的方法。认知加速教学法注重挑战学生的当前认知水平,鼓励知识的社会建构(协作学习)和元认知(学生对自身思考和问题解决过程的反省)。它具有事实准备、认知冲突、元认知、架桥等特点。它需要认知中介来负责提问,并为学生学习提供线索,帮助学习者实现"有指导的自我发现",通过小组讨论解决认知冲突,提高成功思考的可能性。

(3)工具丰富

工具丰富(instrument enrichment,IE)是以色列心理学家费厄斯坦(Reuven Feuerstein)提出的一种通用认知干预程序,其理论基础是认知可塑理论和中介学习理论。工具丰富定义了那些被认为是"关键"的潜在思维技能,如比较、分类和清晰的感知等。在此基础上,费厄斯坦开发了14个相互独立且难度递增的纸笔任务(工具),每个"工具"用于训练一定的思维技能。

(4)激活儿童思维技能

激活儿童思维技能(the activating children's thinking skills project,ACTS)是英国麦吉尼斯(McGuinness)教授发起的在常规教学中发展批判性思维、创造性思维、计划、问题解决和决策等各类思维技能的项目。麦吉尼斯于2006年提出思维能力教学的中心框架——将孩子的认知发展图式概念化,注重元认知意识和能力的培养,注重合作、探究学习等,并在此基础上发展思维技能的教学法,具体包括:注重思维技能的显性化;开发一个思维词典;为学生提供反馈、辅导和脚手架、反思;注重反思、讨论、元认知和迁移;注重思维品质提升,打造思考型课堂。

(5)柯尔特思维课程

柯尔特思维课程(the cognitive research trust thinking program,CoRT)是爱德华·德·博诺(Edward de Bono)博士基于哲学、心理学和神经生理学而开发的直接思维训练课程,旨在培养学生的生成性思维。该课程分6个模块:思维的广度、思维的组织、思维的交互、创造力、信息与情感、行动。每个模块包括10个工具。该课程以其简单性而广受欢迎,并在商业培训领域取得了巨大成功。此外,博诺还是"六双行动鞋❷"等思维训练课程的创始人。

(6)思维导图

思维导图(mind mapping,MM)是由英国心理学家东尼·博赞(Tony Buzan)于20世纪60

---

❶ 最近发展区理论认为学生的发展有两种水平:一是现有水平,指独立活动时所能达到的解决问题的水平;二是可能的发展水平,也就是通过教学所获得的潜力。两者之间的差异就是最近发展区,它可以通过别人帮助而表现出来。

❷ 六双行动鞋,一种水平思考策略,系以6种不同风格的行动模式来解决问题。

年代基于意义学习理论、认知负荷理论、双重编码理论[1]和脑分工理论而发明的一种笔记方法。思维导图是发散性思维的表达。其核心目的是激发并整理思考，手段是"从中心向四周发散的非线性笔记"。它是促进思维激发和思维整理的可视化，并针对线性笔记的不足而发明的一种新型笔记工具。

2）经典思维教学程序的分类

（1）按思维教学与学科教学的关系分（表4-6）

①附加式思维教学。直接思维教学将思维作为独立技能来教授，目标是在单独开设的课程中通过专门设计的思维教学程序来教授通用思维技能。主要理论依据是认知可塑理论和中介学习理论，认为认知能力可以通过一系列的特定课程来提高。它以"清晰的概念"和"系统的方法"见长，实施时间长、参与者流失可能性大、需要常规课程之外的时间、情境依赖程度高、迁移性低、教材和教师培训等问题都是其较致命的弱点。

②嵌入式思维教学。在特定学科中教授特定思维技能。认知加速采纳了皮亚杰的认知发展理论和维果斯基的知识社会建构论，通过一组课程来生成认知冲突，激发高级思维能力的发生，加速儿童认知向更高发展阶段迁移。它以"与特定学科无缝整合"见长，不足是跨学科的迁移相对比较难。

③融入式思维教学。在常规课程中教授思维，强调思维技能运用的常规化。这种教学程序采纳了思维分类学思想并高度重视元认知。激活儿童思维技能将思维技能分为批判性思维、创造性思维、意义搜寻、问题解决、决策，并将元认知置于这些思考技能的核心位置；马扎诺（Marzano）"思考的技巧"将思维技能分为核心思维技能、思考过程、创造性思维、批判性思考和元认知。激活儿童思维技能鼓励学生以有意识的、清晰的方式使用先前教授的多种思维技能进行积极的思考；马扎诺则将元认知作为思维的组成部分。融入式思维教学的致命弱点在于对教师培训的要求更高，教学模式的改变需要花费较长时间。它仅对聪明学生来说是好的策略，因为他们能够识别出一般的思维技能和模式。

表4-6 附加式、嵌入式与融入式思维教学

类型	基本方法	理论导向	代表性程序
附加式	在内容无关的情境中教授通用思维技能	思维是信息加工	儿童哲学、工具丰富、柯尔特思维课程和思维导图
嵌入式	在特定学科中教授特定思维技能	思维是意义生成	认知加速
融入式	将思维教学融入到所有学科中	思维要在情境中进行	激活儿童思维技能

（2）按思维教学的影响范围分（表4-7）

①工具丰富类思维教学。教授内容是具体的思维技能，通常采用独立设计的思维教学材

---

[1] 双重编码理论认为，人的认知系统由两套编码组成，分别为言语编码和非言语编码。两者各自拥有不同的表征单元，分别为词元和象元。词元是指任何以语言为形式所感知的信息的编码表征单元，以关联和层次的形式组织；象元是指任何以非语言形式所感知的事物以及情景的编码表征单元，以部分与整体关系组织。该理论认为，同时以视觉形式和语言形式呈现信息能够增强记忆和识别。

料与当前已有的课程平行教授,用来发展学生的通用思维技能。这点与"附加式思维教学"基本一致。

②融入类思维教学。不仅关注思维技能,还关注思维技能与知识学习的整合。融入的对象既包括特定学科(如科学、数学、历史),也包括多种课程,因此,可以看作是"嵌入式"和"融入式"的综合。

③思维倾向类思维教学。一位好的思考者必须具备一定的批判性思维和创造性思维能力,而优秀思考者还需具有良好的思维倾向和习惯。因此,要将注意力放到更多元素上,强调对思考动机、情感、态度、价值观、思维语言、思维管理策略、知识迁移、思维可视化等的关注。思维倾向类思维教学的目标是自动化的高效思考,须强调教师促进者作用的发挥和学生的主动建构,以及教育行政部门、学校、家长和社会环境的多方配合。

表 4-7 工具丰富类、融入类和思维倾向类思维教学

类型	基本方法	代表性程序
工具丰富类	在内容无关的情境中教授通用思维技能	工具丰富、儿童哲学、柯尔特思维课程和思维导图
融入类	在学科中教授思维技能	认知加速、激活儿童思维技能
思维倾向类	思维技能,动机、态度、价值观和习惯	无

(3)按思维教学的载体分(表 4-8)

①思维活动类思维教学。以活动为主要载体,通过在活动中制造认知冲突进一步引发反思与辩论,提高学习者的推理、论证和元认知能力。优点是趣味性强、思考氛围好,有利于激发思考动机。不足是过程的随意性强、思维技能因往往淹没于激烈讨论中而使其显性化程度不高、可迁移性较低以及高度依赖教师的引导能力等。因此,教师需要有意识地引导学习者对思维过程和思维结果的显现化反思,增强元认知作用的发挥。

②形式训练类思维教学。大量的批判性思维训练教材都以形式逻辑为核心。认知加速强调抽象思维的形成,也或多或少带有形式训练的影子。这类教学能够深入训练学生的逻辑推理能力,但其内容抽象程度较高、过程相对枯燥、入门门槛相对较高。虽然思维技能显性化程度较高,但需要创设更多有挑战的问题情境以促进迁移。

③思维工具类思维教学。以思维工具为支撑。物化工具包括概念图、思维导图等可视化认知工具,意识工具是一些起到指引作用的思维策略,5W2H 法、SWOT 分析法以及 CoRT 思维教程中的 60 个思维工具都是典型的代表。其优势是有清晰的思维指引、简单易学,不足是需要大量的练习才能促使其向其他情境迁移。这种教学情境创设最灵活,加上思维技能

表 4-8 思维活动类、形式训练类与思维工具类思维教学

类型	思维教学载体	典型代表
思维活动类	思维活动	儿童哲学、激活儿童思维技能、认知加速
形式训练类	逻辑训练	形式逻辑、认知加速
思维工具类	思维工具	工具丰富、柯尔特思维课程和思维导图

本身的显性化程度较高,对同类问题往往有立竿见影的效果。

好的思维教学应该是三者的有效结合:以活动创情境,以工具做支撑,以形式训练促提升。

(4)按思维教学的实践取向分(表4-9)❶

思维教学源于"授之以竿"的思维技能教学,发展于"授之以饵"的思维倾向教学,回归于"授之以渔"的知识理解教学。3种思维教学并没有明显界限,它们之间是相互重叠的。

①思维技能取向。知识更新急剧加快,思维技能却具有永恒的生命力。思维技能具有主观和客观的双重意义。它不仅指对思维方法的有效使用,即快速精确地执行,以消耗最少的心理能量;而且指能让思维过程更有效的各种思维方法(策略、启发式和算法)。

思维技能分为基本思维技能(如分类、分级和比较)和高级思维技能(如决策支持、问题解决和概念形成),前者是基础技能,后者是综合应用。或分为中性技能与矫正性技能,前者让思维过程(识别、聚焦、分类、分级、辨别、比较、选择、提问、假设、一般化、总结、解决、决策等)更有效,后者则帮助人们按照他们非自然形成的方式思考,如打破思维常规、揭示前提、发现偏见等。

教授思维技能有3种方式:思维工具型、融入课程型和形式训练型。融入课程型思维教学主张在教授知识的同时完成思维技能的教学。理想情况是双赢格局,但却容易走入双输格局,因为一方面思维技能教学不够显性化,另一方面知识学习容易模糊焦点。形式训练型则通过对非形式逻辑的学习来实现。

②思维倾向取向。有很多"会思考"但"不愿思考"的人。好的思维需要比思维技能更深层次的基础,受到个人品质的影响。智力品质可以直接影响思维质量,而思维技能不能。

杜威提出思维倾向三要素:开放心态、全心全意和责任心。Perkins给出思维七大倾向:清晰、广度、深度、稳定、好奇、策略和自我觉察。批判性思维运动领军人Paul给出思维九大品质:独立性、好奇心、勇敢、谦逊、同情、诚信、坚持不懈、忠诚和公平。Costa等给出思维16个习惯:坚持、冲动管理、带着理解和同情心倾听、灵活性、元认知、追求精确度、质疑和提问、知识迁移、清晰性、多途径收集数据、想象与创造创新、猎奇、可靠的冒险、寻找幽默、独立思考、对学习保持开放态度。

表4-9 思维教学的实践取向

特征	思维技能取向	思维倾向取向	知识理解取向
基本要素 (元认知)	技能:在给定情境中对思维工具的快速有效应用	倾向:追求"好的思维"的动机	理解:在上下文中定位概念,在情境中应用概念,利用知识进行思考
基本要素的类型	中性、矫正性技能	思维的倾向	实质性、反思性理解
教学模式	告知	培养	建构
好的思考者形态	高效的思考者	聪明的思考者	博学的思考者
典型的缺点	犯错	不足	误解

---

❶ 赵国庆.思维教学研究百年回顾[J].现代远程教育研究,2013(6):39-49.

③知识理解取向。若思考者深刻理解了有关知识内容，其思考就会是深刻的、系统的、批判的和创新的；而不是封闭的。Harpaz从理论和逻辑、教学法与实践角度解释了知识理解取向的合理性。理论上，专家比新手思考得更深入；逻辑上，为理解而教则是必然选择；从教学法角度看，不仅思维是重要教学目标，知识理解也是；从实践角度看，为理解而教比专门教授思维技能和思维倾向更具可行性。

3）大学生创新思维的开发培养原则

(1) 个性化原则

构成思维的基本要素有思维主体、思维材料和思维工具。每个人都是一个特殊的不同于他人的现实存在。培养其自主意识、独立人格和批判精神，不是期望每个人都成为科学家、发明家，而主要是激发其不断进取的开拓精神，使其在创造过程中体验创新的喜悦和乐趣。

(2) 协作性原则

非智力因素在很大程度上影响创造性的发挥。现代科技的快速和专业化发展已经让任何一个人都无法在一生中涉足科技的每一方面。只有信息共享、相互协作，才能有效发挥个人潜能，促进文明进步。

(3) 系统性原则

全面培养创新意识、问题意识、创新人格、创新精神、创新思维、批判性思维、创新能力。

(4) 实践性原则

坚持马克思主义的教育观和人才观。坚持创新是一种创造性实践，坚持以实践作为衡量大学生创新能力的唯一标准。

4.1.2 联想思维与想象思维

4.1.2.1 联想思维

潭清疑水浅，荷动知鱼散(唐·储光羲)。联想，使诗歌意境生动、开阔。

1）联想思维概念与作用

(1) 概念

联想是指在人脑内记忆系统中，由于某种诱因，使不同概念、表象发生联系的一种追忆思维活动，是从一概念想到其他概念，从一事物想到其他事物的一种心理活动或思维方式。联想不是先找到有关系的不同事物才联想，而是把不同事物联想起来再找其相互关系。联想具有情感性、偶然性和隐蔽性。

(2) 作用

联想犹如心理中介，通过事物之间的关联、比较，逐步引导思维趋向广度和深度，从而产生思维突变，获得创造性。其中，还包含着积极的创造性想象。美国心理学家梅德尼克(Mednick)将个体独创性视为远距离联想能力，他认为创造过程是组合相互关联的元素，使之成为一个满足新要求的新联结，人的创造性就是那种在意义距离遥远、表面上看似不存在联系的事物中建立新联系的能力。

运用联想有利于发现创造性课题，或为课题找到解决方案。例如，牛顿从苹果落地联想到引力，又从引力联系到质量、速度、空间距离等因素，进而推导出力学三大定律。据统计，有40%的新事物、新观念是由联想产生的，另有20%也与联想有关。人类如果失去联想，世界将会怎样？

2）联想思维的机制和类型

引起联想的根源是客观事物之间的相互联系及其在人脑中的反映。联想的思维机制，是由此及彼的远距离的内在联系，是由实体到精神的演变，由影像到审美的转变，由显像到隐喻的演变。

(1) 相似联想

由一个事物的刺激引起主体对另一个相似事物的联想。若把表面差别很大，但意义上相似的事物联想起来，更有助于将创造思路从某一领域引导到另一领域。

形状相似，如烟斗与萨克斯；功能相似，如机械表与电子表；动作相似，如风与空调。

案例：轧钢机原理及其改进（图4-6）

用轧钢机轧制金属，由于一次下压量过大，钢板在轧制过程中极易产生裂纹。日本一技术员看到用擀面杖擀面时，其连续渐进、逐渐擀薄的过程，由此特点产生联想，从而发明了行星轧辊，使金属的延展分为多次进行，消除了钢材裂纹现象，并取得专利。

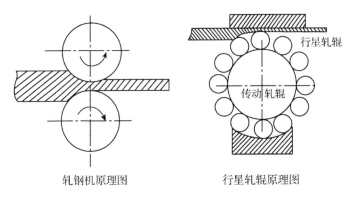

图4-6 轧钢机原理及其改进

(2) 接近联想

从某一思维对象联想到与其有接近关系的思维对象上去的思维形式。这种接近关系可能是时间和空间上的，也可能是功能和用途上的，还可能是结构和形态上的，等等。

案例：化学元素周期表

俄国化学家门捷列夫在1869年宣布的化学元素周期表仅有63个元素。他将其按质量排列后，看到了空间位置的空缺，其空间位置的接近性使他产生联想，进而推断出空间位置有尚未被发现钪、镓、锗等新元素，并给出了基本化学元素属性。

案例：列车气动刹车装置

美国发明家威斯汀豪斯一直希望寻求一种同时作用于整列火车车轮的制动装置。当他看到在挖掘隧道过程中，驱动风钻的压缩空气是用橡胶软管从数百米之外的空气压缩站送来的现象时，脑海里立刻涌现了气动刹车的创意，从而发明了现代火车的气动刹车装置。这种装置将压缩空气沿管道迅速送到各节车厢的气缸里，通过气缸的活塞将刹车闸瓦抱紧在车轮内，从而提高了火车运行的安全性。

(3) 对比联想

利用事物的相反特征或差异进行联想，可以改善功能，或加大视觉冲击力。

1901年时的除尘器只能吹尘，飞扬的尘土令人窒息。英国土木工程师赫伯·布斯运用对比联想设问，吹尘不好，吸尘如何？他继而发明出带有灰尘过滤装置的负压吸尘器。

文学艺术的反衬手法："青山有幸埋忠骨，白铁无辜铸佞臣。"这是移情和对比联想的综合效果。

(4) 因果联想

对有因果关系的事物产生的联想。由一种原因会联想到一种结果，或由事物的结果联想到它的原因。

(5) 相关联想

利用事物、现象间的相互关系进行联想，关键是加大联想跨度。例如，耳朵—梵高—向日葵，只有了解梵高的故事的人，才会做出如此的联想。

(6) 隐喻联想

比喻是不同语境间的特性交易。如果把不同语境的对象分为喻体与本体，根据喻体与本体的距离，可以划分出明喻和隐喻。明喻的喻体与本体往往是类质的，而隐喻的喻体与本体往往是异质的。明喻的修辞形式十分明显，即常常把比喻的事物(喻体)和被比喻的事物(本体)联系起来。它的形式是本体、喻体和比喻词都出现。而隐喻的用法比明喻进了一层，不显露比喻的形迹，本体喻体融为一体。

联想具有隐喻性。隐喻联想指个人看到别人看不到的特殊关联，可以将截然不同的事物有机地接合起来。这种联想通常是直觉的、跳跃的、模棱两可的。美国创造学专家戈尔顿对隐喻联想提出一个形象的口号："将生疏的事物看得熟悉，将熟悉的事物看得生疏。"在隐喻联想中，通常有直接联想、个人联想、象征性联想和幻觉联想等方式。它们均可促使人们在日常分析、解决问题过程中更具创意。隐喻联想可帮助人们在一个更广泛，更特别的情景下看待同一事物的不同功能和作用。

(7) 象征联想

象征就是根据事物之间的某种联系，借助某人某物的具体形象(象征体、喻体)，以表现某种抽象的概念、思想和情感(被象征的本体)，具体又分为托物言志、借物抒情和因物说理等。

与比喻不同，象征只出现喻体，本体只能靠暗示和联想；或通过喻体对本体形成固定的替代而完成。非寓言式象征是在特定语境下，依靠暗示和联想而实现的象征。人们通过特定形状、色彩及图案等，借助于其生活经验，从而产生象征联想。寓言式象征是靠固定的替代而实现的象征，并往往形成一个固定形式。我们先贤将象征高洁、清雅、虚心和气节的梅、兰、竹、菊人格化，称为"四君子"，即为例证。

某些精神寄托物的设计，可通过象征联想和移情的思维方法加以实现。

(8) 移情

联想思维由甲物到乙物、甚至到丙物的推演和投射，其内在的推动性因素是情感记忆。作为一种修辞手法和美学观念，移情是将人的主观感情移到客观事物上，反过来又用被感染了的客观事物衬托主观情绪，使物人一体，从而能够更集中地表达强烈感情。如杜甫诗句："露从今夜白，月是故乡明。"

艺术家有了人生刻骨铭心、难以忘怀的情感体验，便会形成记忆表象。这种记忆是永存的、时忆时新的，它作为一种潜藏于艺术家内心深处的潜流，时时会涌动，时刻都想表现出来；它同时也时刻不忘、永无停息地催动艺术家，从而促使艺术家产生艺术创作冲动并发挥艺术想象，将物化的事物情感化、审美化，进而形成隐喻价值极高的艺术意象。

(9) 强制联想

把本来互不相干的事物牵强附会地拉到一起，实现从形象到意义的新组合。例如，椅子和面包联想，能引发出：面包—软—软乎乎的沙发；面包—热—局部加热的保健椅，如按摩椅、远红外保健椅。

(10) 辐射联想

以某一刺激物为起点，按照特有的目的、方向和程序进行联想的思维，称之为直线型联想，如对比联想、因果联想和强制联想等。辐射联想是以某一刺激物为原点，呈放射状、发散式地向四周进行无限制性、无方向性、全角度的综合性联想。

3) 联想思维的训练

(1) 培养联想意识

所到之处，目光犀利，对不起眼的事物反应敏感并想一探究竟；自觉乃至自发地从感觉到的事物思考感觉不到的事物，把毫不相干的事物联系起来并进行有意识的感悟。

(2) 积累经验素材

利用生活经验和网络材料，积累知识、拓宽视野、扩大空间，使联想的广度、深度和精度增加。

(3) 多角度认识事物

联想能力与观察事物的角度、方法、条件有关，运用发散思维不断变换视角、方法、条件，加以考察，留心存异，抓住规律，促使产生远距离联想。

(4) 训练概念联想能力

概念联想就是从一种概念联想到别的概念，并形成或提出新概念。概念联想要突破概念界限，跨越种类限制。词语转换法是用于联想训练的词语快速链接法。任何两个概念都可以经过四五个阶段建立起联系。关键是要积累一定的词汇，并通过发散这些词汇的意义，训练思维的敏捷性。例如，粉笔—教师—科学知识—科学家—原子弹。强化训练注意事项：读完题目，即进入情境，设身处地进行联想。虚拟的情境越逼真，效果越好。每联想到一件事物，就填写在纸上，直到不能再想为止。

4.1.2.2 想象思维

清华大学教授钱颖一认为，创造性思维由知识、好奇心和想象力、价值取向 3 个因素决定。

1）想象力及其作用

（1）想象力

想象力是个体在已有认识的基础上，通过联想在脑海中构成新事物的能力，即利用原表象形成新形象的过程。表象是人脑对外界事物，通过形象概括而储存下来的信息，是一些或静或动的画面。想象力包括视觉化和建立心像，并对尚未发生过的事物进行各种想象，进行直觉地推测、预测，从而使对事物的认识能够超越感官及现象的界限。

（2）想象的作用：超越现实，调节自我

①想象的作用是将概念或命题的抽象性和模糊性转化为具体性与清晰性，即将无形的概念或命题予以"有形化"。于是，想象往往能使想象者从某个感触较多或体验较深、且已经蕴含了某种道理的现象中，很快或一下子领悟有待其理解的概念或命题。想象往往能使想象者超越已有现象，而对已有现象所说明的概念或命题进行"暗中窃喜"的补充、修正乃至彻底重构。

②想象使创新者能够在头脑中建构问题解决过程。人们在面对问题情景、产生需要尚未得到满足时，常常会在头脑中出现需要得到满足和问题得到解决的情景，这种前瞻性的情景是一种预见。想象的预见是以具体形象的形式出现的，而（逻辑）思维的超前反映是以概念的形式出现的。若原始材料是已知的，方向是基本明确的，解决（结构良好）问题的操作将主要服从于思维规律；若问题情境具有很大的不确定性，由情景提供的信息不充分，解决（结构不良）问题的操作将主要依赖于想象。

③想象能突破时空和条件限制，弥补认识活动的局限和不足，达到"思接千载、神通万里"的境域。

④想象是理性的先驱。杜威说：科学最伟大的进步是由崭新大胆的想象力所带来的。几乎所有的科学家在创建科学理论时，都运用了假说这个方法，而每一种科学假说都是借助想象力发挥作用的。在科学研究中，仅靠有限事实来构成定律和规则，其间所欠缺的环节就要靠各种非逻辑思考与逻辑推理的协同来弥补，人们常凭借想象的翅膀跨越思维的鸿沟，最终完成从科学假说到科学理论的突变。广义相对论是在思维实验❶中发现，之后被科学实验证实的。爱因斯坦说，想象力概括着世界上的一切，并且是知识进化的源泉。严格地说，想象力是科学研究中的实在因素。

⑤通过想象，有利于个体建立良好的自我意象。自我意象就是"我是什么样的人"的自我观念，它建立在人们对自身的认知和评价基础上。一般而言，自我信念是根据过去的成败、他人对自己的反应，特别是童年经验悄然形成的。如年幼时你数学成绩很好，常受老师称赞，你就会自认为有数学天赋。一旦这种信念进入自我意象系统，就会变得真实无疑，从

---

❶ 思维实验是指在头脑里对所构思的事物及其过程进行模拟性的实验。

而引导自己今后的行动。

2)想象力的机理与培养途径[1]

根据脑科学的启示,想象力的提升有赖于右脑潜能的发挥。同时,想象力的水平取决于两个前提:一是具有非常厚实的知识、经验基础。二是善于在现有知识、经验系统中的事物之间建立新的联系。

(1)夯实"陈述性知识"和经验的基础

"陈述性知识"包括各种知识点、定律、规则等,它们既是人们认识世界、社会和人生的基本成果,也是人们在更高水平上进一步把握世界、社会和人生极为重要的基础。

经验的外延极广,既包括对运用相关专业技能解决实际问题的方法和过程的记忆,也包括对种种人生、社会知识和感受的积累。"世事洞明皆学问,人情练达即文章。"鼓励青少年增长见闻,进行各种形式的社会实践,将有力地促进他们学会准确把握社会,了解、理解世事人情,帮助他们加强和充实对种种人生、社会知识、感受的记忆和积累,为想象力的培养提供厚实的基础。

(2)促进"陈述性知识"向"程序性知识"的转化

要善于对现有知识和经验进行加工和新组合,以产生新知识。这就要善于促进"陈述性知识"向"程序性知识"转化。心理学家奥苏贝尔的"同化理论"指出:"学习的实质就是新知识和学习者认知结构中已有的适当观念建立非人为和实质性的联系。"实质性联系指新知识与原有知识网络中的符号、表象、概念、命题建立联系。非人为联系指新知识与原有知识网络中有关观念之间合理的或合乎逻辑的联系。

"陈述性知识"向"程序性知识"转化的主要途径和关键是在"陈述性知识"中相关的知识点、概念、定律、规则等与实际情境中的具体事物之间建立新的联系。"触类旁通"主要指在具有某些相同特点的知识(事物)之间建立联系;"举一反三"则主要指在同一类属的知识(事物)之间分别建立上位、下位、并列的联系。经过反复的"触类旁通"和"举一反三"的练习,人们逐步熟稔在事物之间建立联系,这就为人们在事物之间建立新的联系打下了非常扎实的基础,为瑰丽想象的诞生创设了广阔的舞台。

(3)洞察科技进步与社会发展趋势

科幻带来的社会现实数不胜数。例如,Dr. Martin 在《星际迷航》电视里看到 Kirk 舰长对着手里一个小盒子说话时,就想为何不将其发明出来呢?于是他就发明了手机。他在谈到灵感时说"这不是幻想,这是一个目标。"又如,在凡尔纳的 *Clipper of the Clouds* 书里描述了一种直上直下飞行器。当 Sikorsky 把梦想变成现实的时候,他引用了书中一句话:"但凡人能想象到的事物,必定有人能将它实现。"

同时,创新者应关注科技进步带来的变化,这些变化将进一步推动相关领域的创新。科技进步实现了经济的高速增长和物质的极大丰富,极大地开阔了人们的视野和活动范围。科技进步为人类提供了传播思想文化观念的新媒介,使精神文明建设有了新的载体。科学技术

---

[1] 刘宏森. 想象力:创新能力培养的"切入口"[J]. 山东省青年管理干部学院学报,2007(1):33-36.

改变了人们的生活方式，如人脸识别、移动支付等。而生活方式是产品设计的原点。科学技术引导人们不断开拓发展空间。以信息技术为中心的当代科技革命在全球蓬勃兴起，标志着人类从工业社会向信息社会的历史性跨越。

洞察科技进步与社会发展趋势，提高想象力，首先，要对科技进步有敏锐的感知力。其次，是在现有知识和经验系统中的此事物与彼事物（尤其是新生事物）之间建立新的联系，这是想象力的核心。新的联系一旦建立，往往就意味着新的科研成果、新的艺术作品、新事物的诞生。在事物之间建立新的联系，主要包括两个方面：一是把握事物之间内在的逻辑联系。根据人们对事物发展规律的了解，考量新事物与事物发展规律之间的契合程度，推演新事物发展的方向、轨迹和结果。这就形成了想象力在把握规律、规范基础上的预见性，就是雅·布伦诺斯基所说的"让自己的思维具有穿过时空的能力，还有在通往现代的脚步中看到自己的过去的能力"。飞行器上天、社会科学理论的形成，都离不开这种预见性。二是把握到此事物和彼事物之间深层的共同点。事物之间常有内在的深层的联系。这些联系往往表现为一些共同点，具有"同构"关系。把握这些共同点和"同构"关系，是一种"综合"的方法。联想及类比推理，主要就是在把握了事物之间的某种共同点和"同构"关系的基础上进行的。科学创造、艺术创造中，人们常常通过这样一种"综合"的方法，努力在事物之间建立新的联系，创造出新思想、新事物。

（4）参与创新活动

艺术创造包括创作和接受两个方面。在艺术创作过程中，艺术家以其全部知识、人生经验和感受为背景和基础，在相关人物、事件之间建立新的联系，并从中提炼出新意象（形象）。这一过程是想象力充分施展的过程。对于人们从事的其他工作来说，这一过程具有探索和先导的意义，如同时装表演在告诉人们服饰发展的新概念和新趋势。对于广大青少年来讲，他们更多的还是通过艺术接受过程参与艺术创造。艺术接受过程主要包括欣赏艺术作品和学习相关艺术门类的技法。在欣赏艺术作品、对谱拉琴、按图素描过程中，青少年直接面对艺术家提炼、创造的意象，感受着艺术家创作时想象力飞扬的境界，接受着艺术想象的导引，生发、训练和提升着自己的想象力。

实践可以启发想象力。参与其他类型的创造创新活动，同样有利于想象力的培养。

3）想象力的分类与训练

（1）想象力的分类

①无意想象。云想衣裳花想容，春风拂槛露华浓（唐·李白）。这是触景而生的无意想象。是指无预定目的，不做任何努力，常在意识减弱时，或在某种刺激下，不由自主、自然而然地在头脑中出现一些新的形象。例如，人睡眠时做梦。无意想象常由客观事物的某些外形特征引起。

无意想象训练之法：端坐在椅子上，手掌放在腿上，眼微闭，全身心放松。接着，再一次全身心放松。彻底放松之后，缓慢地进行腹式呼吸，把注意力集中到下腹。进入无意想象几分钟后，停止下来，恢复正常状态，立即用笔把刚才头脑中闪过的形象、事物等记录下来。

②还原与再造性想象。是根据外部信息的启发,对自己脑内已存的记忆表象进行检索和重塑,以再现某种形象的思维活动。可以给定一种残缺或留白的局部性作品,使受众根据创意背景或线索,凭其想象力去补充完成现有作品以外的缺失部分,此时也称之为补充式想象。清代孔尚任在《桃花扇》中描写了"李香君血溅定情诗扇,后来杨龙友将扇面血痕点染成桃花图"的故事情节,使整个故事充满传奇色彩。

③创造性想象(突破式想象)。是通过对原型或已有记忆表象的加工、改造、重组,产生新的形象,或虚拟形象。

④幻想性想象。幻想性想象是对自然界和人类社会事物发展变化的未来进行创造性想象的极端形式。它包含了创造成分,或是创造的先导。科学幻想可以使人看到有可能实现的前景,是发明创造的重要源泉。

(2)想象思维的信息加工方式

①夸张。对客观事物形象中的某一部分进行改变,突出其特点,从而产生新形象。例如,"飞流直下三千尺,疑是银河落九天。"

②典型化。根据一类事物的共同本质特征来创造新形象。常见于艺术形象的构思。原型概括,即以某一原型为模特,再融入其他原型的信息;原型抽象,即将散见的各个原型中的信息进行提炼加工,拼凑成具有鲜明个性特色的典型形象;原型发生,即将新生事物进一步开掘、扩大,塑造出典型形象。

③人格化。对客观事物赋予人的形象和特征,从而产生新形象。例如,偶像。

④组合。人们想象事物时,用储存的各类信息片段组合并模拟事物,在多样化组合中创造出新的事物。其中,属性的组合最为明显,例如,中国龙的形象。

4.1.3 发散思维与聚合思维

发散思维用于冲破思维定式的束缚,开拓思路,从不同方向上设想许许多多方法或方案,其中可能包含新奇、独特的思路。聚合思维则用于将各种方法、方案加以分析、比较,为创新选择方向。只有把发散思维与聚合思维辩证统一起来,才能真正理解、发挥它们的作用。

4.1.3.1 发散思维

1)发散思维概念及特征

(1)概念

发散思维(divergent thinking),又称辐射思维、放射思维、扩散思维和求异思维。它是根据已有信息,以一个问题作为思维的出发点或中心,围绕这一问题沿着不同方向、不同角度,向上下左右多方位地思考,从多方面寻找问题的多个可能答案的思维方法。发散性思维是思维向不同方向分散的能力,它不受给定事实和规则的局限,使得个体在解决问题时能产生各种不同的解决问题的思路和方法。

案例:扭亏为盈的第23届奥运会

第23届奥运会由尤伯罗斯主持。他出让自己的旅游公司作为启动金。通过改造已有体育场地、利用假期大学生宿舍办奥运村、允许赞助商在指定场所营业与做广告、对赞助厂商限额和募捐、竞标出售转播权与火炬传递接力权、预售"赞助人计划票"、专卖专利商品等，使这届奥运会盈利 2 亿美元。

(2) 特征

吉尔福德(J. P. Guilford)、托伦斯等人认为发散思维具有以下 4 个主要特征。

① 流畅性。表明在短时间内对某一刺激迅速做出众多反应、连续表达观念和设想的能力。要求对观点自由发挥，从一个已知信息思考出尽可能多的思维目标。

② 独特性。在发散思维中做出不同寻常的、异于他人的新奇反应的能力。

③ 变通性。注重思维方向多元化，随机应变。它是心理定势、思维惰性、思维僵化的对抗剂。

案例：自由落体定律

古希腊哲学家亚里士多德曾宣布"不同重量物体落地速度不同"。两千年间，人们一直对此深信不疑。直到 1590 年，伽利略通过著名的比萨斜塔试验才把它推翻。

案例：苯胺紫纺织染料

1856 年，18 岁的英国化学家柏琴(Perkin)师从德国化学家霍夫曼(Hofmann)从事合成治疟药物奎宁的试验。某天，柏琴用苯硝化成苯胺，用重铬酸钾氧化后，得到一种黑色黏液。他仔细观察，发现里面隐约有紫色闪光，他向黏液中注入了少量酒精，顷刻间在酒精层里呈现出美丽的紫色。紫色染料在古代是从蜗牛类动物身上提取出来的。他灵机一动，转而制成了苯胺紫纺织染料。

④ 精致性。能想象与描述事物或事件的具体细节，或称思维的深入性。

案例：错误的预言

1873 年，英国物理学家 J. C. 麦克斯韦(James Clerk Maxwell)总结了 19 世纪前期对电磁现象的研究成果，从理论上证明了电磁过程在空间是以相当于光的速度传播的，光的本质是电磁波，从而建立了电磁理论。1887 年，德国物理学家 H. R. 赫兹成功地进行了电磁波的发生和接收实验。可当别人提出用电磁波进行无线电通信的设想时，他说：除非有一面和欧洲大陆面积差不多大的巨型反射镜才行。这一主观武断使他中止了继续独创性试验。

1968 年，瑞士主宰了手表行业。此时发明的电子表被手表厂商弃之不顾。他们认为电子表没有一个轴承或主发条，几无齿轮，不可能成为未来手表。日本精工株式会社利用电子表赢得了世界手表市场。

2) 发散思维的分类和方法

联想和想象是发散思维的引擎，而遵规守纪、过早批判是发散思维的大忌。

按思维操作的方向性和维度，发散思维有如下多种：

(1) 正向思维

在创造性思维活动中，沿袭某些常规思路、模式去分析问题，按照事物发展的进程进行思考、推测，从已知到未知，通过已知来揭示事物本质。或在解决问题时，抓住主要矛盾，寻找矛盾的主要方面。

案例：发现海王星

天王星的实测轨道同理论数据存在偏差，表现出轨道上下摆动的现象。有天文学家大胆推测，天王星外边还有一颗行星。19世纪40年代，英国的亚当斯（John Couch Adams）花费了近两年时间，终于用万有引力定律和天王星实测数据推算出它的轨道。法国天文学家勒威耶也用艰难的数学方法推算出这颗新星的可能位置。1846年，柏林天文台台长加勒按勒威耶推算的方向位置果然找到了一颗未列入星表的八等小星，即海王星。

（2）逆向思维

不是像常理认为的那样，而是换个相反的角度去思考问题，一类背逆通常思路的思考方法。

（3）纵向思维

纵向思维（vertical thinking），或称垂直思考法、历时性思维，属于正向思维，指从对象不同层面切入，在一种结构范围内，按照某种顺序或阶段性、层次性、可预测、程式化的方向对事物的功能、特征和性质的变化进行深入思考、逻辑分析和把握，以产生新观点、新方法，这是一种符合事物发展方向和人类认识习惯的思维方式，遵循由低到高、由浅到深、由始到终等线索，因而清晰明了，合乎逻辑。纵向深入是以事物的现在为起点，遵循原有思路，对事物进行深入细致的分析研究。纵向展开是以事物的现在为起点，将其放在更大的系统中进行宏观分析研究。如大陆漂移说。

纵向思维的连环法，包括以下步骤：首先试问理想成果是什么，即按照理想，希望得到什么样的东西。其次确定妨碍成果实现的障碍是什么。再次找出障碍因素，即障碍的直接原因是什么。最后找出消除障碍的条件，即在哪种条件下障碍不再存在。如此推演下去，最终找到问题解决方式。

（4）横向思维及其程序和方法

横向思维（lateral thinking）是英国爱德华·德·博诺教授针对纵向思维——即传统的逻辑思维——提出的一种看问题的新程式、新方法。他认为纵向思维者对局势采取最理智的态度，从假设一个前提、一个概念开始，进而依靠逻辑认真解决，直至获得正确答案；而横向思维者是对问题本身提出问题、重构问题，它倾向于以跳跃式思维去探求观察事物的不同角度和方法，寻找新的方向，建立新的模式（表4-10）。

横向思维，或称共时性思维、水平思考法，是一种突破问题的结构范围，打破逻辑局限，将思维往更宽广领域拓展的前进式思考模式，其特点是不限制任何范畴，以偶然性概念来逃离逻辑思维，从而可以创造出更多的新想法、新观点、新事物的一种创造性思维。所谓横向，是因为逻辑思维的思考形态是垂直纵向走向，而横向思维则可以创造多点切入，甚至可以从终点返回起点式的思考。例如，司马光砸缸。若直接从缸中拽人，是正向思维；把缸推翻，是反向思维；砸缸将水分离，则是横向思维。

为何对于新产品或新功能不用批判性诘难呢？批判性诘难，不管当前做事方式是否正确和恰当，都会进行评价、判断。通常会说明某件事有错误或不恰当，然后再开始改进或改变

表 4-10 产品设计横向思维方法

	方法	释义
问题发现与界定	立体化	将事物立体化，进行多角度审视，不急于判断它是什么，而是思考它可能是什么
	具体化	将问题具体化，使之在头脑中形成一幅幅图像；一幅图像可以通过改变各个部分，或对它们进行重排而予以重新构思。要能注意到分歧点，发现相互关联，考虑到各组分的功能，以及质疑的限度；粗略的图解也许有益于用符号来表示各种不同的因素
	对假定提出诘难	抱着质疑的态度仔细追究各种显性或隐性假定，它们可能被证明是不可能的或不恰当的，因此或将扫清思想上的障碍，提出富有挑战性的假设
	关注点	关注点可以使我们明确自己到底在思考什么，要思考什么，最后要达到什么目标，它能使我们在任何时刻都知道自己要做什么；关注点是为我们确定思考范围和目标
	停顿	一种主动检点自身行为的行事习惯；试问"那是唯一的解决方法吗？"
概念生成	交叉刺激	对他人建议持开放态度，让一个人的主意刺激另一个人思考，形成交叉刺激
	宽进严出管理设想	科学发现常以假线索（背后隐藏着另外问题，或对问题解决有所启发）为先导，因此在没有彻底探究某种想法会引导出什么之前，不要将其放弃，它也许能孕育出更进一步的想法；要善于发现一种新的有意义的思想组合，而不问是通过何种途径实现的
	逃离逻辑	从所思事物和疑难问题中暂时脱离出来，摆脱传统逻辑，找到问题相关点和突破点
	偶然触发	扩大接触面，寻求随机信息刺激；通过随机诞生的概念和事物、词汇来触发新的思路
	随机输入	使用一个无关刺激物（词汇、图画、物体等），以激发新的思维线索
	激励和纵容	激励，是指对某关注点、目标、问题，通过打破常规轨道（主路）的思维方式，提出相对"不合理"的方法。纵容，是在某一激励的基础上加以思考演化，最终运动到"支路"上。一旦到达支路，即可回到起点，开辟新想法
	概念交叉	将新诞生的各种新想法、新观点与终点目标进行概念组合
	替换方案	如何提取概念并加以利用，以寻找、发现和创造替换方案
	创意提取	从随机诞生的各种概念中发现并提取具有价值的创意点
设计与评估	正式创造	如何在实际工作中应用水平思维工具产生创造性想法，并提供一般指导方针和原则
	收获	有意做出收获性的努力，收集一些不太成熟的观点和概念
	整理	使创造性想法变得有用、有意义和可以实施
	评估	集中精力对新想法、新的解决方案和初步的决策过程进行评估
	应用	如何把水平思维工具应用到自己的实际问题中，做好明天行动的计划

做事方式。若是批判性诘难，只能质疑那些看起来不恰当的事。这会严重限制创造范围。若不能找到有说服力的不当事例，就无法建议寻找其他方法。批判性会引起冒犯。若批判某事，他人就会为现有做事方法进行辩护，从而形成两极分化。在产品设计工作中，对于已上市的产品、功能和设计方案，需要用批判性诘难去判断现有方案的缺点，才能去思考改进方案，推进新方案的实施。否则，为了改动而改动，只会浪费开发资源。

创造性诘难挑战的不是判断而是"唯一性"，即"不管这个方法有多出色，它是不是做这件事的唯一方法？"创造性诘难方式之一是阻塞，假设阻止当前路线或做事方法，就要被迫另找一条可选路径或方法。二是逃离，如果能避开某个主导思想或满足某些限制条件，就可以自由考虑其他可能性。这不是有意寻找替换方案，而是有意避开现有方案。"如果不必让顾客满意，我们可以做什么？"三是放弃，有时我们质疑现有做事方法后，发现完全不需要这样做。此时即可就此放弃，或者在别处做一微调。

重点转移法，即不按最初设想目标或常规方法解决问题，而是将问题横向转移、转换为与之相关的问题，或将解决问题的方法转化为其他方法。例如，曹冲称象，将测量大象的重量转换为测量水的深度。事物内部因素总是相互联系、变化的，当研究问题久攻不下时，不妨将注意力转移或关注偶然现象，暂时改变目标，最终解决问题。由葡萄球菌被青霉孢子所杀的现象入手，青霉素的发明即是一例。

概念扇是一种方案替换思考工具(图4-7)，包括4个部分：首先是目标，有了一个需要解决的问题及其目的、目标，才能往下前进。其次是方向，通过抽象思维，设想多个广义概念，它就是解决问题的方向。再次是概念，即做事的一般方法或方式。最后是方案，即实现概念的明确、具体、可以付诸行动的方法。

例如，想把某物贴到一个普通房间的天花板上。找不到梯子怎么办？"梯子"只是"将人从地面提升"的一个工具。若将其作为一个概念，满足此概念的可选方法还有"站在桌子上"等方法。而"将人从地面提升"只是"缩短物体与天花板距离"的一个工具。若将它作为一个广义概念，满足它的其他概念还有"让物体自己移动"等方法，如将物体系在气球上再将气球抛到天花板上。

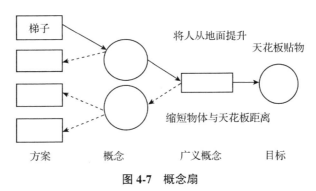

图 4-7 概念扇

爱德华·德·博诺进行横向思维的训练材料主要有视觉材料、言语材料、问题材料、主题材料、轶事与故事以及物质材料。训练方法主要有改变想法、挑战假设、推迟判断、分解问题、逆向思维、头脑风暴、任意激发、类比、寻找核心概念和关键因素、选择切入点和注意范围等。

(5) 转向思维

在一个思维方向受阻时，转向另一个思维方向，经过多次思维转向而达到问题解决的目的。善于转向思维，可以在各种思路变换中迂回前进，使其越来越接近问题的目标状态，直至最后取得成功。例如，一家买方在某个技术合作项目的谈判中，前后找了数家公司都未谈成。在这种情况下，买方又把前面一家情况较好的请来谈。最后，双方洽谈达成协议。

(6) 侧向思维

沿着正向思维旁侧(事物次要矛盾或次要方面)开拓新思路；或触类旁通，利用其他相关领域知识，从侧向迂回地解决问题。其思活泼多变，善于联想推导，随机而就。例如，一幅画《深山藏古寺》：在崇山之中，一股清泉飞流直下，跳珠溅玉，泉边有个老态龙钟的和尚，正一瓢一瓢地舀着水倒进桶里。

案例："叩诊"法由来

两百多年前，奥地利医生奥恩布鲁格想解决怎样查出人的胸腔积水这个问题。他父亲是酒商，只要他用手敲一敲酒桶，凭着叩击声就能知道桶内有多少酒。奥恩布鲁格想：人的胸腔和酒桶相似，若用手敲一敲胸腔，凭声音不也能诊断出胸腔积水病情吗？"叩诊"法由此而来。

从照相机的竞争转到胶卷的竞争，免收技术转让费的背后有何颠覆性玄机？

（7）多路思维

根据研究对象的特征，按照某种分类标准，或人为地分成若干路，然后逐个考虑，以取得解决方案。

（8）立体思维

在考虑问题时，突破点、线、面的限制，从上下左右、四面八方去思考问题，在三维空间解决问题。例如，在农业生产中，想到了空间及时间，可以采取间作、套种等多种措施。

（9）动态思维

静态思维是将事物设定在某一静止状态进行分析研究。它要求人脑的思维活动不能离开这种设定的事物的静止状态，保持人脑思维活动和事物存在的静止状态相一致。知性思维就是一种静态思维。动态思维是对事物的运动状态进行认识的思维形式，通过对事物的运动进行分析研究，从而认识事物的运动、发展、变化及其规律。它要求人们在思维中要坚持全面的、联系的、发展的观点，对客观事物的运动状态、规律进行完整的描绘。辩证思维、生命周期分析都是一种动态思维。

（10）曲解思维

所谓曲解就是说话人出于某种表达需要，利用谐音、一词多义或语言结构等语言条件，对某些词句进行有意的一种歪曲的解释。偷梁换柱重在换，偷换概念在形式逻辑上是合理的。

案例：华南理工大学2013年自主招生题——"面包和馒头打擂，谁会赢？"

从文学角度看，可以从"本是同根生、相煎何太急"拓展；从中外角度看，可以从文化或者产品在市场的竞争拓展；从哲学上说，打擂还需自身硬，馒头赢；面包输在自我膨胀。从历史上说，面包的历史比馒头的历史大约长两千多年，占得先机，面包赢。从场地上说，面包带有外国血统，而馒头里流淌着中国血液，馒头有主场优势，有理论自信，故馒头赢。馒头以2：1获胜。

按思维内容的多样性，发散思维有如下多种：

（1）属性发散法

①材料发散法。假设某个物品有尽可能多的"材料"，并以此为发散点，设想它的可能性和多种用途。

②形色发散法。以事物的形态和色彩为发散点,设想出制造和利用某种形态及配色方案的可能性。

③功能发散法。从某事物的功能出发,构想出获得该功能的各种可能性及用途的适用性。

④结构发散法。以某事物的结构为发散点,设想出采用和利用该结构的各种可能性。

⑤方法发散法。以某种方法为发散点,设想出利用该方法的各种可能性。

⑥因果发散法。以某个事物发展的结果为发散点,推测其各种原因,或由原因推测其各种结果。

⑦关系发散法。试图思考某一特定事物所处的复杂关系,通过分析这些关系,从中寻找相应的思路。

⑧组合发散法。以某事物为发散点,尽可能多地把它与别的事物进行组合,从而成为新事物。

(2) 假设推测法

生活中时常会遇到各种尴尬。例如,在毫无预兆的情况下,电子门锁没电了,一时进不了门。又如,急于想喝水,却被热水烫了嘴。这种不爽、受挫的情景,正是应当做出假设的时刻。

假设的问题不论是任意选取的,还是有所限定的,所涉及的大都是暂时不可能的,或是现实不存在的事物对象和状态。利用联想与发散心理机制,由假设推测法得出的观念可能大多是不切实际的、荒谬的、不可行的,这并不重要,重要的是有些观念在经过转换后,可以成为合理的有用的思想。

运用假想推测法一般分两步:一是假想的构成;二是在假想条件下,探索解决问题的对策。假想应当充分结合所需解决的问题来设计,要有目的性、针对性。为了使假想得到实现,就必须充分搜集有关假想实施的各种技术与工程情报,对假想实施存在的可能性充分拓展想象力,力图开发出设想来。

(3) 多感官方法

发散性思维不仅运用视觉思维和听觉思维,而且也充分利用人体其他感官接收信息并进行加工。若能想办法激发兴趣,产生激情,把信息情绪化,赋予信息以感情色彩,会提高发散思维的速度与效果。

(4) 集体发散思维

发散思维不仅需要用我们自己的全部大脑,有时还需要用身边的无限资源,集思广益。集体发散思维可以采取不同的形式,由来自不同领域的若干人在一起商量,发挥集体智慧,解决困难问题。

4.1.3.2 聚合思维

1) 聚合思维含义及特征

(1) 聚合思维含义

聚合思维,又称收敛思维、集中思维、辐合思维和求同思维。它是以某种研究对象为中心，把发散开的不同部分、不同方面、不同来源、不同角度的众多思路和信息汇集在一个中心点，通过比较、归纳、演绎、抽象、分析、综合、筛选、组合、论证，试图形成对外界事物理解的种种模式，创造性组合为一个整体，从而得出在现有条件下解决问题的最佳方案，追求问题解决的唯一正确答案。

(2) 聚合思维的特征

明确的目标是聚合的焦点，而合理性是聚合的规律，唯一性是聚合的结果。聚合思维具有以下特征。

聚焦性(方向性)：把发散后得到的组合归纳集中起来，选择最佳组合，通过定向、定点的思考，使思维达到一定深度，具有更尖锐的穿透力，从而解释问题的本质。例如，伽利略自一次教堂聚会开始，观察了许多不同材料、不同形状的钟摆，得到共同结论：摆动等时性原理，与摆幅无关。

整体性：思维系统向中心回归。对象整体大于局部之和。

可行性(评判性)：以合理性、可行性为标准选择方案。80%可行即可，不苛刻求全。

2) 聚合思维的方法

聚合思维一般包括归纳思维和演绎思维，具体则包含以下方法。

(1) 求同法

求同除异法是从多种不同的情况中，排除不相干因素，找出共同因素(条件、结果等)的一种方法。它在形式逻辑基础上寻求因果关系，不适用多种因果联系的分析。若与其他方法结合作用，就能提高其可靠性。例如，以前许多地方甲状腺肿盛行，人们不知道是何原因，卫生保健人员进行了多方面调查比较发现，这些地区的人口、气候、风俗民情等各有特点，但是有一个共同情况，即土壤和水流中缺碘，居民饮食和饮水也缺碘。经过各种分析比较和验证发现，缺碘是引起甲状腺肿大的原因。

(2) 求异法

求异法，即从两个或多个场合的差异中来寻找原因的方法。若某种现象在第一种场合出现，在另一种场合不出现，而这两个场合只有一个条件不同，那么这个条件就可能是这一现象的原因。若求同法与求异法结合使用，得出的结论就可靠得多。这两种方法联合起来，称为同异并用法。例如，某山区有一个怪洞，狗、猫、老鼠等动物进去，很快就会倒地而死，而人与马牛在洞内却不受影响。用求同法分析，得出共同条件，凡头部靠近地面的动物就会死亡。用求异法分析，这两种情况的差异也是头部离地面近会造成死亡。进一步考察，岩洞内地下冒出许多二氧化碳，而二氧化碳比空气比重大，洞内又不通风，所以靠近地面之处没有氧气，动物头部靠近地面，因缺氧而死亡。

(3) 共变法

当某一因素发生变化，而另一因素随之发生变化时，它们之间可能存在因果关系。这种分析两因素共同发生变化的方法就称为共变法。例如，在其他条件不变的情况下，气温变化能引起水银体积变化，两者之间存在共变关系，而温度变化是引起水银体积变化的原因。这就是制造温度计的根据。

(4) 排除法

考察某个复合现象，先找出引起该现象的复合原因，一旦其中有些具体现象的具体原因确定了，而另一些现象的原因不能确定，即可把已经确定了原因的现象一一排除，那么剩余部分就可能有因果关系。在诊断疾病时，常用排除法。对病人进行诊断时，病人的某些症状可能标志着某些疾病，当被标志的几种病一一排除，最后剩下不能排除的疾病就是这个病人患的病症。

(5) 求是法

求是，既指探究自然、社会和人本身的运动的奥秘、规律的实践活动，更是一种追求真理的科学态度和精神。求是法，是一种对症下药、解决实际问题的创新性方法，它是根据条件的差异性、事物的因果关系，排除不切实际的干扰，从而使问题解决合乎特定的目的性。在产品设计中，求是法尤其表现为概念设计之后的具体的工程设计及其实施。

4.1.4　系统思维与分合思维

4.1.4.1　系统思维

1) 系统思维的概念与特征

(1) 系统相关概念

系统这一概念反映了人们对事物的一种认识论，即系统是由两个或两个以上的元素相互联系、相互作用而组成的，具有特定功能和运动规律的有机整体，系统的整体不等于其局部的简单相加。这一概念揭示了客观世界的某种本质属性，有无限丰富的内涵和处延，其内容就是系统论(或系统学)。

系统论中有 5 个核心概念：要素、结构、功能、整体以及环境。其中，结构起着至关重要的作用，要素通过形成结构达成一定的系统功能。正是依托这种结构的完成，系统的整体功能不同于各要素功能的简单叠加；也正是这些要素组成了一定的结构，实现了一定的功能，才可能与环境中的其他系统相区别；也正是由于这种差别性，此系统才有可能有与其他系统相组合形成新的系统。中国的系统论学者把很多新的理论(如突变论、耗散结构理论、分形论等)统合在系统论中。

系统论作为一种普遍的方法论，是迄今为止人类所掌握的最高级思维模式。系统思维是根据创新对象的系统特征，以系统分析为思维基本模式，以期获得创新系统目标最优化的科学思维形态，它不同于形象思维等本能思维形态。系统分析法是依照辩证法与系统论的原理，以数学手段和现代技术条件为依托，定性与定量、宏观与微观、静态与动态相结合的科学研究方法。

(2) 系统思维的特征

①以整体为根本。整体性是系统方法的核心。系统法要把整体作为研究对象，整体功能大于各孤立部分功能之和，单独、分别地研究整体中的所有部分并不能揭示整体的本质及其规律。在研究对象时，必须从整体出发去考察各部分；而研究各部分时，必须把它们同整体联系起来，采用"综合—分析—综合"的认识过程，始终把客观世界的一切事物、现象和过

程都看作是由各种局部或要素合乎规律地组成的有机整体。

②注重整体优化。这是系统方法所要达到的目标。整体是由各个不同层次的部分有序地组成的系统。系统方法根据可能和需要确定系统的最优目标，在动态中协调整体与部分的关系，使部分的功能目标服从整体的最优目标，从而达到整体最优化。

③重视结构关联性，揭示系统的本质。系统论认为整体内部的各要素之间、要素与系统之间、系统与环境之间是相互联系、相互制约、相互作用的关系，这种关系体现着系统的本质和功能。因此，运用系统方法研究系统时，必须着重揭示系统内在各要素之间、各要素与系统之间以及系统与环境之间的关联性，才能揭示系统的本质。

④揭示事物发展的动态性，把握事物发展规律。任何系统都是一个"活"的机体。系统各要素之间、要素与系统之间、系统与环境之间都存在着物质、能量、信息的流动。系统是从无序向有序、低级有序向高级有序、低级系统向高级系统不断演化的、运动发展过程。要揭示和认识这种动态系统的历史变化发展过程，把握系统的运动规律。

2) 系统思维方法

(1) 创造性系统思维方法

①整体法。整体法是在分析和处理问题的过程中，始终从整体来考虑，把整体放在第一位，而不是让任何部分的东西凌驾于整体之上。整体法要求把思考问题的方向对准全局和整体，从全局和整体出发思考问题。

②结构法。进行系统思维时，应注意系统内部结构的合理性。系统由各部分组成，部分与部分之间组合是否合理，对系统有很大影响。好的结构，是指组成系统的各部分间组织合理，是有机的联系。

③要素法。每一个系统都由各种各样的因素构成，其中相对具有重要意义的因素称之为构成要素。要使整个系统正常运转并发挥最好的作用或处于最佳状态，必须对各要素考察周全和充分，充分发挥各要素的作用。

④功能法。是指为了使一个系统呈现出最佳态势，从大局出发来调整或改变系统内部各部分的功能与作用。其中，可能使所有部分都向更好的方面改变；也可能以降低系统某部分的功能为代价。

(2) 创新性系统思维技法

①信息思维方法。信息是客观事物存在发展中的反映符号。信息论研究信息的本质，应用数学理论描述与度量信息，研究信息的传递、交换、储存和接受。信息思维方法是信息论和系统论相结合形成的一种科学研究方法。这种方法运用信息观点，把系统作为对象，借助系统对信息的获取、传送、处理、加工和输出，从而实现系统的最优化的目标。信息思维法的特点是以信息为依据来认识、研究、处理问题；信息来源是多维的、全面的；分析必须是综合的、立体的、客观的；以综合分析结论为依据，制定导向措施。

②控制思维法。信息论着眼于对信息的认识，而控制论着眼于对信息的利用。它研究如何用最小的信息量实现最优调控。依据控制论的观点，不可直观的事物也是可知的，从而是可控的；通过信息反馈，可以实现对系统的调控。控制思维法把对象看作一个系统，然后按

照施控系统(如决策、命令、方针、政策)对被控系统(如工作任务、目标等)实施控制。必须始终注意系统的目的性;认识到控制系统的随机性,即被控对象存在着多种发展的可能性;输入系统的信息中有不可控变量,需设法避免或排除。

③反馈思维法。反馈是指一个系统输出端的信息返回来影响输入端的信息,以实现系统目标的过程。反馈是控制论的中心问题。其作用是对系统按预定最佳目标进行控制。通过反馈实现调控,贯穿每一系统活动的始终。把反馈控制方法纳入思维过程,就是反馈思维法。通过反馈调控实现系统的稳态发展不是绝对的。当系统受到相应的干扰时,就会破坏稳态而成为动态。须根据信息的反馈,在动态中求得系统运行优化。

④负熵思维法(能量交换控制法)。熵是体现物质无序状态的概念,而负熵是由无序变为有序的条件。负熵是物质系统有序化、组织化、复杂化、结构化状态的一种量度。在一个与外界有信息和能量交换的开放系统中,由于有了负熵,系统可以由无序逐渐变为有序。负熵方法,就是使处于开放状态的无序系统变为有序系统,即成为耗散结构状态的方法。耗散结构状态是指一个系统的存在与发展离不开与外界相关系统的物质和信息交换。一个不能自发地转向有序状态的无序系统,必须采取系统内外对应能量交换的办法,即对该系统注入一定的负熵,抽出一定的熵,才能使该系统从无序转为有序。负熵方法与思维模型的共同点是有序化、结构化。思维模型以结构和信息表征事物,必然要有序化、结构化。一个人大脑里的思想比较有序,那么在思考问题时就会降低能量消耗。

⑤协调思维法。协调思维法就是指人们从有效协调的高度,寻求系统各因素之间、系统与环境之间的共性,暂时搁置差异,排除干扰因素的思维方法。其理论基础是协同论。协同论研究的是远离平衡状态的系统在一定条件下,如何自发地从无序走向有序的系统科学。"协调"就是"合作中的竞争与竞争中的合作"。

4.1.4.2 分合思维与加减思维

1)分合思维

一种首先在思想上将思考对象加以分解或合并,然后获得一种新的思维产物的思维方式。

(1)合并思维

合并思维是将几个对象合并在一起进行思考,从而找到一种新事物或解决问题的新方法。把几个事物结合、排列组合起来,再或者把事物分解开来或是分成几份,然后把几个事物的一部分及其功能组合起来,在拆分、组合之下,一个新的功能甚至是新的事物便诞生了。

把不同事物组合到一起,有时会产生一种新事物。1821年,一位德国小女孩用两张硬纸片,中间夹一把木梳,放在嘴里面吹着玩,竟能发出好听的声音。音乐家布希曼路过此地,正好看到了这一幕,受到启发,根据中国古代笙和罗马笛的发音和吹奏原理,用象牙雕刻成"药丸筒"似的口琴。

合则意味着综合配套,功能齐全。例如,随身听、望远镜、鸳鸯火锅……皆是组合之物。

(2)分离思维

分离思维是将对象分开剥离进行思考,从而找到解决问题的新思路。例如,曹冲称象,以木船为媒介,将大象分解成等量石头,从而解决了大象称重的难题。有许多企业就是靠做细分市场起家的。

2)加减思维

加减思维法是一种通过对事物进行加与减、分与合的思维操作,从而产生创新的方法。它可以将资源重新打乱、重新配置,通过加与减的不断变化和不断配置,大大增加解决问题的灵活性与创造力。通过对事物进行加减,使工作变得更便捷、更高效,而且往往能够获得意想不到的收益。

(1)思维加法

所谓加,就是将事物规格、数量等增大,把两种或两种以上的事物有机地组合在一起。

案例:3D 打印

哆啦 A 梦口袋里的神奇宝贝——"万能制造机",能将材料和设计图通过入口加入进行加工,立马得出实物。这是一个科学幻想。传统制造大都是"减材制造",也有"等材制造"。能不能"增材制造"?这完全是一个颠覆和否定,当然也体现批判性和逆向思维。以前因为减材制造工艺限制,航空航天中一个小部件需要几十个零件拼成,这对可靠性不利。现在用增材制造,一个零件就好。

(2)思维减法

所谓减,就是将本来一体相连的事物减掉、分开、分解,成为两个独立的部分,甚至通过减免、合并、简化、取消,使原事物彻底改观。

案例:活字印刷术,分合思维与加减思维法的运用

汉字最初是刻在竹简上。汉代蔡伦造纸。唐代雕版印刷术问世,但局限性仍然很大:耗时耗材、一次性、有错难改。宋代毕昇想:这些字若能拆下来,岂不可重复使用?他用胶泥将每个字分别刻成印章,然后按照文章的意思排列;用两块铁板,交替使用,印得很快。这一发明主要有两点突破,一是字与字的分离;二是采用两个版,一个版印刷,一个版排字,时间上也就分离了。因而具有了灵活性。由于开始先强调"分",每次印刷时又根据具体需要进行相应的"合",从而使印刷术进入了一个新时期。

4.1.5 逻辑思维与辩证思维

4.1.5.1 逻辑思维

中国人缺乏逻辑,可追溯到语言上。若说英语特色在理性(思辨),汉语特色则在诗性(抒情),这有碍于逻辑精神的建构。我们的传统虽有说理的一面,终究为诡辩的一面所遮蔽。逻辑必须以事实为前提,否则就叫诡辩。此外,其困境还表现为诉诸群众、诉诸权威、诉诸暴力(谁横,谁有理)、诉诸怜悯(谁穷,谁有理)、人身攻击等谬误的流行。有时,答不上来就跑题,却不认输。逻辑学在西方发轫于亚里士多德,经历了中世纪的漫长沉寂,直到 19 世纪才重新崛起。

逻辑学是关于思维规则和规律、客观规律的推理与论证的科学。它提供识别推理与论证有效性的标准，并教会人们正确地进行推理和论证，识别、揭露和反驳其中的错误。推理的有效性是指推理形式的有效性。逻辑思维是指大脑依据逻辑的规律和形式进行的抽象思维活动。

1）形式逻辑

形式逻辑探讨知性思维形式及其规律，概念、判断和推理是其三大基本要素。形式逻辑主要从形式结构上研究思维的形式和规律。它是由固定范畴建立起来的科学体系，是对既成的、凝固的、间断的认识成果进行概括和总结，只是反映客观对象间最普通的简单关系。推理的每一环节都是完全确定、界限分明的，它用逻辑符号来指称对象，有一套严密的逻辑规则，能够进行精确的逻辑演算。

（1）形式

①概念。概念是反映对象(事物、方法等)特有属性和本质属性的思维形式。内涵是指概念所反映对象的属性，外延是指具有概念所反映属性的范围。例如，商品是为交换而生产的劳动产品。

根据同时呈现的两个以上的属性来下定义的概念为合取概念。根据同时呈现两种以上的属性而只析取一种相关属性来下定义的概念为析取概念。根据各种属性之间特定的关系来下定义的概念为关系概念。例如，三好学生是一个合取概念，而好学生是一个析取概念，同学是一个关系概念。

②命题与判断。命题是关于事物描述的一个观点。陈述句所表达的意义为命题。一个命题所描述的若符合事实，它就是真的；反之，它就是假的。伪命题是指不真实的，或不符合客观事实，不符合一般事理和科学道理，无法断定其真假的没有意义的命题。例如，"团结比原子弹还厉害""凡事都有例外"皆是伪命题。

直言命题对于对象具有或不具有某种性质的断定是直接的、无条件的；假言命题对于对象的某种断定是有条件的；选言命题对于对象的某种断定是有选择的。

被断定了的命题为判断。判断是对思考对象有所断定的思维形式。判断总有真假对错。

③推理。推理描述的是作为前提的命题同作为结论的命题之间的一种逻辑关联性，它是指从具体事物中归纳出一般规律，或根据一般原理推演出新信息的心理过程，是由已知判断推出新判断的思维形式。作为推理根据的已知判断前提，从已知判断推出的新判断结论。

直接推理是从一个直言命题得出另一个直言命题；间接推理是由两个以上的前提推出结论的推理。间接推理分为归纳推理、演绎推理。归纳分为完全归纳和不完全归纳，演绎分为简单判断推理(由直线推理和三段论构成的性质判断推理以及关系推理)和复合判断推理(假言推理、选言推理等)。

在线性推理中，所给的两个前提说明了3个逻辑项之间可以传递的关系。

三段论：由两个假定真实的前提和一个可能符合这两个前提的结论组成。其实是以一个一般性的原则(大前提)以及一个附属于一般性原则的特殊化陈述(小前提)，引申出一个符合一般性原则的特殊化陈述(结论)的过程。例如，所有偶蹄目动物都是脊椎动物，牛是偶蹄目动物，所以牛是脊椎动物。

类比推理：是从已知事物的某种属性，推出类似的另一事物也具有同样属性的方法。其特点是从个别到个别。类比推理的结论是不完全可靠的，其可靠程度取决于类比事物之间相同属性的相关程度。

假言推理：利用条件性命题的逻辑性质进行的推理。分为充分条件推理、必要条件推理和充分必要条件推理三种。"如果关闭电源，设备就停止运转"；现在电源关闭了，所以设备停止运转了。

选言推理：是至少有一个前提为选言命题，并根据选言命题各选言之间的关系而进行推演的演绎推理。一般由两个前提和一个结论所组成。

（2）规律

思维的基本规律是理性思维最基本的前提与预设，是理性的对话、交谈能够进行下去的最起码前提，分别确保理性思维具有确定性、一致性、明确性和论证性。

①同一律。在同一个思维过程中，对于同一思维对象，概念、判断是同一的、确定的。包括"同一立场"和"同一时空"在里面。在同一思维过程中，不加说明、定义地用同一个词项表达不同的含义，或指称不同的对象所犯的逻辑错误，称为混淆概念；用一个似是而非的论题来代替原先论题的现象称作混淆论题。

②矛盾律。在同一思维过程中，关于同一对象的思想必须始终保持一致，不能自相矛盾。逻辑矛盾是在同一思维过程中对同一对象做出互相否定的表述时所产生的逻辑错误。"可以溶化一切的溶液"即违反矛盾律。

③排中律。在同一思维过程中，关于同一事物的两个相互矛盾的思想不可能都是假的，必有一个为真。违反排中律的要求而产生的逻辑错误称为"模棱两可"。排中律并不排除具体事物在其发展过程中有中间环节以及有多种状态和各种可能性。

④充足理由律。在同一思维和论证过程中，一个思想被确定为真，要有充足的理由，即任何判断必须有充足理由。违反充足理由律，就会犯"没有理由""理由虚假"和"推不出来"的错误。

（3）方法

①定义与命名。一个概念的形成，要经过陈述、对比、抽象、概括、命名等步骤。

陈述：对某类指代对象的每一种做出一番细致的阐述。

对比：通过比较，区分出相同点和不同点。

抽象：把物体的大量固有属性进行分离。去繁就简，仅重点关注某类对象的个体特性。

概括：使对象普遍化或具体化的过程。定义是揭示概念内涵的逻辑方式，即揭示概念所反映对象的特有属性和本质属性，是运用简练准确的语言，全面地概括该概念所反映对象的外在整体归属、内在本质和基本特征的科学判断或命题。定义的基本方法是分析、综合，并以等级表达，即"种差"加最邻近的"属"概念。例如，人是处于特定社会关系中，能从事实践活动的高等动物。或通过关系下定义。例如，校友是指曾经在同一所学校或研究院共同学习、工作过（半年以上）的人。定义规则，一是定义概念与被定义概念的外延相同；二是定义不能用否定形式；三是定义不能用比喻；四是不能循环定义。

命名：指代某一范畴的对象、事物或元素的概念或术语。由于历史原因和技术渗透，缺乏分类体系以及标准化管理，甚至缺乏广泛的学科视野，研究者命名角度不统一等原因，某类材料、产品不免会出现归类混乱、命名方法笼统等问题。因此，重视命名与定义以及分类体系，合理制定命名规则，统一管理，才能利于事业发展，尤其在某些学科应对学名、别名、曾用名、商品名以及俗名加以区分。

②比较与分类。比较是将各种事物的心理表征进行对比，鉴别、判断事物之间共同点和差异点的过程，既可以是同中求异，又可以是异中求同。通过比较就能更好地认识事物的本质。

分类是根据事物或现象的异同，将其分为不同种类及其属性的过程。分类是明确概念全部外延的逻辑方法，是将"属"概念按一定标准分为若干"种"概念。分类的逻辑规则，一是子项外延之和等于母项的外延；二是一个划分过程只能有一个标准；三是划分出的子项必须全部列出；四是划分必须按属种关系分层逐级进行，不可以越级。分类重要的是标准的选择，选择的好还可导致重要规律的发现。

③分析与综合。分析是从感性具体到理性抽象，然后在思维中把对象分解为各个部分或因素，分别加以考察的逻辑方法。通过分析，可以进一步认识事物的基本结构、属性和特征；分清表面特性和本质属性，使认识深化；分出问题的情境、条件、任务，便于解决思维问题。分析的方法有定性-定量分析、结构-功能分析、信息分析、模式分析以及流程分析等。

综合是从理性抽象到理性具体，然后在思维中把对象的各个部分或因素结合成为一个统一体加以考察的逻辑方法。通过综合，可以全面完整地认识事物间联系和规律，整体把握问题情境、条件与任务的关系，提高问题解决技巧。

④归纳与演绎。归纳是从个别性的或特殊性的前提推出一般性结论的方法。归纳推理是通过观察分析事物，从而得到一个新的结论，本质就是概念的形成。

演绎是从一般性的前提推出个别性的或特殊性结论的方法。演绎推理是从原理出发，通过逻辑验证事实，本质上属于问题解决的范畴。

⑤抽象与概括。抽象既是一种认识方法，也指思维成果。抽象是把客观事物的本质属性和非本质属性区别开来，抽取同类事物的本质特征，舍弃个别的、非本质特征的思维过程，即先分析属性、再比较求同、最后抽象提炼。抽象（规定）是指人的思维通过感性具体把握对象特征，对事物某一方面本质属性的反映。

概括是把抽象出来的事物的共同本质特征，推广到同类事物中去，使之普遍化的思维过程。

任何概念、原理、理论都是抽象和概括的结果。

⑥具体化与系统化。具体是指有许多属性的统一体。感性具体是指客观事物表面的、感官能够感觉到的具体现象及其反映，是简单而完整的具体表象；理性具体是指思维对事物各方面的本质属性的完整的反映。

具体化是把理论和实践结合起来，把一般与个别结合起来，把抽象与具体结合起来，使人们更好地认识事物、理解知识、检验知识，使认识不断深化。

系统化是把学到的知识分门别类地按一定程序组成层次分明的整体系统的思维过程，可以使我们对事物的认识更加明确、清晰和完整。

(4) 作用

逻辑思维有助于我们正确认识客观事物，使我们通过揭露逻辑错误来发现和纠正谬误，能帮助我们更好地去学习知识，有助于我们准确地表达思想。逻辑思维在创新中有以下助推作用。

① 发现问题。某个结论的逻辑是什么？

② 直接创新。把握事物发展规律，推陈出新。

③ 做出预言。如物理学家泡利(Wolfgang E. Pauli)关于中微子的预言。

④ 总结提高。依据逻辑，使成果条理化、系统化、理论化；对结论进行修正、补充、完善。

⑤ 筛选设想、评价成果。通过分析比较，进行判断取舍；通过评价，鉴定成果。

⑥ 推广应用。通过分析预测，进行市场营销。

逻辑思维局限于其思路常规性和结果必然性；其次在于其假定性：起点可能就是错误的。例如，青麦秸秆可以制作人造板，这是个伪命题，以此为前提出发开展研究试验是没有意义的。

2) 辩证逻辑

辩证逻辑(dialectical logic)研究反映客观世界的辩证发展过程的人类思维形态，即关于辩证思维的形式、规律和方法的科学。它研究概念、判断、推理等思维形式在推演、变化中的规律性、特点及其体现在思维方法上的辩证关系，并通过自身特有的逻辑范畴建立逻辑体系。

辩证逻辑从表现在思维形式之中的认识内容，结合人类认识过程来考察思维形式的联系、运动、发展和转化的规律。所以，它是以流动范畴建立起来的科学体系，是抽象和概括人类认识的发展、变化的连续方面，反映客观对象间的辩证联系，以概念展开方式实现其逻辑进程的。

辩证逻辑与形式逻辑具有不同的逻辑功能，各有其适用范围。无论是客观对象本身还是反映客观对象的思维形式，都具有相对稳定和运动发展的两种状态。这就需要形式逻辑和辩证逻辑互相配合、互相补充，共同作用于人类思维的过程。辩证逻辑并不代替和贬低形式逻辑在科学认识中的地位和作用，人们在辩证思维过程中，同样需要遵循形式逻辑的规则；同样，形式逻辑也不能否定或贬低辩证逻辑。形式逻辑和辩证逻辑都将随着科学的发展和对思维的充分研究而不断取得新的成就。

辩证逻辑与辩证法、认识论三者分别从不同角度反映客观世界的运动发展。辩证法作为自然界、人类社会和思维的运动、发展的普遍规律的学说，既是研究外部世界运动发展的学说，又是研究认识与思维运动发展的学说。认识论是以研究认识的运动和发展，即人类知识产生的全部过程为主要内容的。辩证逻辑以思维的辩证运动和发展，即辩证思维作为自己的研究对象。辩证逻辑是唯物辩证法在思维领域中的具体运用，它通过自身的范畴表现唯物辩证法的基本规律；辩证逻辑又是逻辑科学本身发展的结果，它在研究辩证思维如何反映外部世界的运动、变化和发展时，侧重于揭示辩证思维本身所特有的规律性。辩证逻辑所研究的辩证思维的形式、规律和方法，是从人类认识的历史中总结出来的，因此辩证逻辑就是认识论；但它主要是研究理性思维的辩证运动，如概念、判断、推理等的辩证关系，而不包括感觉、知觉、表象的形成以及它们与概念的关系在内的整个认识的辩证运动。

(1) 形式

辩证逻辑通过概念、判断、推理等抽象思维形式，对外部世界做出概括的、本质的反映。其基本特征是把对象看作一个整体，从内在矛盾的运动、变化及其各个方面的相互联结中考察对象，它把思维形式看作是与内容，即与思维所反映的在现实中客观存在着的事物不可分割地联系着的形式。

概念是辩证思维的最基本形式。辩证逻辑把对概念的辩证本性的研究作为前提和基本任务，它研究概念的形成、发展及其内在的矛盾运动。概念具有一个从抽象向具体发展的过程，它不会只停留在抽象阶段。否则，它就不可能把握客观事物的整体，再现事物多样性的统一。只有在概念从抽象上升到具体，真正反映了事物的本质及其内在的必然联系时，才会达到主观与客观、普遍与特殊的辩证统一，从而形成具体概念。具体概念不是思维的外在形式，而是思维的本质内容和矛盾运动的形式。

从抽象概念到具体概念及概念之间的逻辑联系的过程，是概念展开为判断、推理的运动。原先蕴涵在概念中的矛盾，在判断中以进一步展开的形式显露出来。辩证逻辑正确区分了思维中的逻辑矛盾和客观现实中存在的辩证矛盾，认为判断必须反映客观现实中的辩证矛盾。辩证逻辑不把各种不同的判断形式平列起来，而是从判断的发展和相互转化中揭示它们之间的隶属关系。判断的隶属关系表现着它们的运动，表现着它们以认识深化过程为基础的相互推导，从而明确每一判断形式的认识意义。判断形式的分类及其相互隶属关系反映认识的历史发展。判断形式由单一性判断到特殊性判断和普遍性判断的运动，是思维为了认识事物客观过程的规律性的一种运动形式，从而也是科学认识的一般规律。

辩证逻辑以认识内容的变化、发展的实际过程为依据去研究推理。它并不否定形式逻辑所概括的精确、严密的推理形式，但它同时认为归纳与演绎在人类思维过程中是辩证统一的。思维借助于这些推理形式，从已知到未知，获得关于事物的具体真理性的知识。在确定推理结论的真实性时，辩证逻辑要求用实践去检验。在辩证逻辑中，逻辑证明和实践证明是相统一的，《资本论》第 1 卷关于商品上升到货币以及货币转化为资本的分析，就是范例。辩证逻辑把推理过程看作分析矛盾和解决矛盾的过程。

科学理论是由一系列概念、判断、推理组成的对某一科学领域系统总结的思维形式。辩证逻辑研究科学理论的发生和发展的规律性以及在科学理论的形成和发展中各种思维形式的相互关系。

(2) 规律

辩证逻辑的基本规律是唯物辩证法的基本规律在思维中的具体表现。

客观世界中存在的对立统一关系，在辩证思维中被反映为思维在把握具体真理的过程中，从抽象统一走向具体统一的内在发展机制。辩证逻辑的基本规律贯穿于辩证思维过程的始终，表现为概念、判断、推理的矛盾运动。概念的联系、转化达到具体的统一，就是辩证逻辑的基本规律在概念中的体现；具体概念的展开，就是判断的肯定和否定的矛盾运动；判断从肯定到否定，再从否定到肯定，最后得出结论的统一运动过程，就是判断展开为推理和论证的运动。

在思维中所进行的概念、判断、推理的推演和变化等一系列矛盾运动，达到主观和客观的统一，最终是由实践来证明的。因此，辩证逻辑的基本规律不仅要求辩证思维的逻辑进程必须以客观现实的矛盾运动为前提和出发点，而且要求辩证思维过程的每一步都用实践来检验。实践是逻辑思维的基础，也是检验思维正确与否的标准。逻辑思维本身随着实践的发展而发展。辩证思维遵循着逻辑的基本规律而展开，在反映客观现实矛盾的基础上不断前进。

辩证逻辑包括矛盾逻辑与对称逻辑。矛盾逻辑是研究人的认识从知性阶段上升到理性阶段的思维规律的学说，包括分析与综合两种类型、两个阶段。对称逻辑是人的整体思维的逻辑，是以对称规律为基本的思维方式，关于天与人、思维与存在、思维内容与思维形式、思维主体与思维客体、思维层次与思维对象、抽象与具象、科学本质与客观本质对称的逻辑。

(3) 方法

辩证逻辑方法是辩证思维的逻辑工具，是人们对辩证逻辑基本规律的认识和运用。

①从抽象上升到具体，既体现了人类辩证思维最基本的特征，又是辩证逻辑最主要的方法。抽象是逻辑的起点。感性具体是直观和表象的起点；而思维具体则是思维的结果或逻辑的终点。从抽象上升到具体的方法要求人们客观地分析、研究对象各个方面的本质规定及其内在联系，以便在概念或范畴的相互联结上，从起点经过中介到达终点，形成一个反映客观必然联系的逻辑体系。这种方法反映了科学认识从具体到抽象、再从抽象上升到具体的发展过程。它不仅要求把具体事实作为科学抽象的依据和前提，而且要求从抽象上升到具体，使对客观事物抽象的规定在思维进程中导致具体的再现。

②辩证思维中从抽象上升到具体的逻辑进程，离不开归纳和演绎的统一。辩证逻辑从人的认识是在实践基础上由个别到一般、由一般到个别的完整的认识过程出发，把归纳和演绎看作是相互联系、相互渗透和相互转化的辩证统一的方法。这种方法要求人们从一般和个别、普遍和特殊的相互联结上把握事物的内部矛盾，分析事物的矛盾运动。

③辩证思维同样离不开分析与综合的统一的方法。辩证逻辑把分析与综合看作是同一方法的不可分割的环节。每一具体概念的形成，既要分析对象的各个方面，又要综合地把握对象的整体。在辩证思维过程中，从提出问题到解决问题，每一步都是分析与综合方法的结合运用，一切论断都是经过分析和综合的结果。

④逻辑的与历史的统一的方法。要求思维或理论的逻辑进程与现实的历史发展进程相一致，与思维或理论的发展史相一致。人们在科学研究和建立科学理论时，必须揭示对象发展

过程与认识发展过程的规律性；在安排理论体系的逻辑顺序时，应符合研究对象的历史发展的基本线索，反映其内在联系。

(4)范畴

逻辑范畴是从各门具体科学中概括出来的最一般的概念，是用思维把握真理的必不可少的手段。

辩证逻辑的范畴，如抽象、具体、归纳、演绎、分析、综合等，是辩证思维的基本环节，也是构成辩证逻辑体系的纽带。它具有认识与思维方法的功能和特点，是普遍有效的逻辑方法和工具。

辩证逻辑的范畴是对客观世界辩证运动的本质反映，又体现着辩证思维的基本特性，同时还标志着人类认识的深化。因此，要立足于辩证法、认识论、逻辑三者一致的基础上考察逻辑范畴。辩证逻辑主要从逻辑功能这一侧面研究范畴，它既研究各门科学所共同使用的范畴，又研究自身的范畴体系，揭示客观现实的最一般联系以及人们对其认识发展的最一般途径。

建立辩证逻辑的范畴体系是科学发展的需要，它有助于科学研究和科学理论的系统化。

3)非形式逻辑

非形式逻辑是关于一些好的定义和系统技巧的学科。它运用自然语言论述日常生活中分析、解释、评价、批评和论证建构的非形式标准、尺度和程序，以提高人们的论辩能力，并且不依赖于演绎逻辑形式及其主要评价功能——有效性。非形式逻辑包括日常讨论(公共事务讨论，如报纸社论)和风格化的讨论(一定学科、特定领域的论证、推论和认识论)。它是形式逻辑与自然语言中的推理的调节杠杆；是一种应用认识论，即对论证评价的认识论方面的发现；是研究批判性思维实践及提供智力中心的学科。

由于推理与论证具有不可分割性，即只有在论证中的推理才是有目的的，而所有论证都离不开推理，所以，在形式逻辑中要研究论证，而在非形式逻辑中也要涉及推理。只有通过语义和语用，才能将形式逻辑与非形式逻辑所研究的论证相区别开来，即形式逻辑研究论证主要是基于语义的研究，即真假命题之间的关系研究；而非形式逻辑研究论证主要是基于语用的研究，即从语境和论证目的角度进行研究。

(1)非形式逻辑研究对象与目的

非形式逻辑的主要研究对象是普通人在现实生活中所使用的真实的论证。论证是人们用于交流、传播、表达思想的重要载体，是用以说服并影响他人观点和立场的有力工具，是进行理性探讨深化认识的主要形式。有的论证貌似合理，实则在逻辑上站不住脚。非形式逻辑致力于发现、分析和发展人们在日常生活中运用与分析论证的标准、程序和模式。

非形式逻辑关注运用于现实公共生活的、基于自然语言的论证，这些论证往往具有含混性、歧义性和不完备性。它将论证看作是一种辩证过程、交互式文本，而不是命题语句之间静态的形式化关系。对是否仅靠演绎和归纳就能充分刻画所有(或主要的)合乎逻辑的论证模式持严厉的怀疑态度。认为评估与分析论证存在着一定的规范、标准，这些规范和标准是逻辑性的，而不完全是修辞性的；但演绎有效性、归纳强度等形式逻辑的基本概念不足以刻画论证的丰富性和多样性。力求发展一种超越传统逻辑的更加全面、完整的关于推理的理论。认为对各种非形式化谬误的研究应该是逻辑研究的一个重要部分，一个关于论证本质的基本理论应该能够对理解各种非形式化的谬误提供合理框架。不满于形式逻辑作为讲授分析、评估和建构论证的主要载体，认为逻辑学训练应该有助于培养人的批判性思维以及分析与解决问题的能力，能够对人们的社会生活发生更显著、更直接的影响。从非形式化方面对逻辑推理与论证进行理论探讨，对哲学的其他分支，如认识论、伦理学及语言哲学等，具有积极的影响。

好的论证不能仅靠华美的词藻和磅礴的句式说服人。真正有力的论证离不开理性的力量。如果论证的前提不能在逻辑上为结论提供合理的支持，纵有再好的修辞也最终经不起理性的检验。

虽然人们在日常生活中普遍地使用论证，并具备一定的分析、鉴别论证的能力，但人们也容易采用一些貌似合理实则荒谬的论证结构，并为许多似是而非的论证所迷惑。非形式逻辑的一个重大研究领域是人们在现实生活中容易犯下的各种逻辑谬误，包括偷换概念、转移话题、人身攻击、以势压人、以众压人、循环论证、不适当地诉诸情感、窃取论题、得寸进尺等。非形式逻辑学家研究这些谬误发生的条件与场合，分析其迷惑性的本质，并力图对各式各样的谬误做出合理的分类与概括。

非形式逻辑是一门经验性、描述性学科，也是一门规范性学问，因为它还启示人们"应该"怎样合理地进行思维、交流、传播和辩论。非形式逻辑训练有助于提高学生批判性地分析、评估与建构论证的技能，引导学生实际识别形形色色的逻辑谬误与诡辩，并培养学生建设性地进行理性交流与探讨的习惯。

（2）非形式逻辑研究的问题

①推理与论证新理论。传统逻辑只研究演绎推理和归纳推理。似真推理（plausible reasoning）是一种有助于发现的第三种推理模式，一种启发性方法。传统论证分为演绎论证与归纳论证。诺尔特（J. E. Nolt）把论证分为演绎论证、归纳论证和谬误论证，柯维（David A. Conway）和蒙森（Ronald Munson）把论证分为演绎论证和非演绎论证，其中非演绎论证包括统计论证、归纳论证、因果论证、类比论证和似真论证。

②论证概念的扩充与修改。关于论证主要有两种观点：一是把论证作为一种言语行为或其产品；二是把论证作为一种对话，而说服型对话是其理想境界。后者是对语用辩证理论的贡献。此外，基尔伯特（Gilbert, 1997）主张，论证不专门是言词的，也可是情感的和本能的；布莱尔（1996）认为应当把视觉交流如艺术作品也包括在论证之内；田德尔（Tindale, 1999）提出把修辞学的观点作为基本论证。

③论证分析理论。论证分析是论证评价的前提。分析具体论证的正确方法是什么？这个问题显然应当根据特定分析的目的来回答。论证的类型具有隐蔽性，我们需要到论证新理论中去寻找依据。同时，修辞要素和逻辑要素都会被卷入论证评价中来。但问题是修辞要素和逻辑要素的区别仍然是个问题。一个更广泛的观点是，把论证看作话语的一种类型，因此，话语分析理论瞄准了论证分析，使我们进入了语用学的同源领域。

把论证分为前提与结论两部分,然后根据两者之间的论证强度进行评价论证,这是进行论证分析的基本做法。对简单论证进行分析也许只需要通过演绎有效性、归纳强度或似真性就能直接进行分析和评价,但日常生活中的论证往往都是冗长的、复杂的。为此,图尔敏提出了一个模型来进行分析论证。在图尔敏模型中,他把论证分为支持、主张、资料、论证领域、理由、模态量词和可能辩驳7个要素。除了模态量词(如"必然""可能""偶然"等)以外,每一个都可以用一个在论证中有着不同身份的命题去取代它。其中最基本的两个要素是理由与主张,它们分别相当于前提与结论。

④论证评价理论。如何把"好"论证与"差"论证区别开来?它取决于观点。一个论证逻辑上是好的,修辞上是好的,因此该论证是好的。可是,这些标准是独立于另外一个标准的吗?语用学、社会认识论和交际理论通常似乎都与论证评价有关。

论证的价值取决于前提的真假以及前提对结论的支持度。几乎所有的传统逻辑教科书都会提到"要使推理的结论是真实可靠的,必须同时具备两个条件:一是前提真实;二是形式有效"。非形式逻辑对论证评价的焦点导致了开拓者们思考前提的充足性标准。约翰逊和布莱尔(1977)率先提出了"相关性-充足性-可接受性"三元组合评价模式。Johnson(1998)提出把真作为前提充足性的一个标准。由于传统逻辑是基于语义的分析,因此,某个具体推理的前提是否真实,它实际上是不关心的,只关心前提或真或假。然而,由于进行论证评价时必须考虑到语境问题,因此前提的真实性是很重要的,它直接关系到结论的可靠性。可以把"有效性"和"归纳强度"称为论证评价的语义标准,用"论证强度"(似真标准)实现论证的语用评价。从论证强度上看,演绎论证的论证强度最强,归纳论证次之,似真论证最弱。

谬误研究与论证评价紧密相关。谬误不再是传统意义的作为错误的谬误,而是一种论证策略。

⑤论证批判理论。论证批判不仅包括论证好与差标准的应用,也包括公众的批评行为。我们需要发展论证批判的原则,其中包括弱点原则、辨别原则和逻辑中立原则。论证批判行为假定了存在一个这种批判功能的规范理论。如果论证被正确用于完成一系列目标,那么论证的公众批评就与他们对完成这些目的的贡献有关。在进行论证评价时,应当考虑到社会义务标准。

(3)学术研究中的论证和推导

①论证。即论述与证明,是引用论据来证明论点的过程和方法,进而证明论题的真实性。论述包括序论、立论、论证和结论。论证是立论的依据。立论是针对客观事物或问题,直接提出自己的见解和主张,或先破后立、边破边立,阐明其理由,表明自己的态度,是运用充分有力的证据从正面直接证明自己论点正确性的论证形式。立论的过程是,运用概念、判断和推理等逻辑思维形式,对客观事物进行分析和综合,然后通过摆事实、讲道理,从正面直接证明自己的主张。立论的最终目的是正确地揭示出客观事物的本质和规律。论证主要是由推理构成的。一个论证是可靠的,首先要求构成论证的推理是有效推理。

直接证明通过例证、理论论证、比较论证、因果论证等方法,从论据的真实直接推出论题的真实。间接证明又称反证法,它通过证明反论题的虚假,从而判明我们所要证明的论题是真实的。

间接证明一般有3个步骤:设立反论题(即与我们所要证明的论题相矛盾的论题);证明反论题是虚假的;根据排中律,推出我们所要证明的论题的真实。它实质上是选言推理的否定肯定式的运用,即从否定反论题真实,而推出我们所要证明的论题真实。可见,为了进行间接证明,最关键的是要证明反论题的虚假(即否定反论题的真实)。为此通常采用两种方法:归谬法和穷举法。

归谬法是一种先假定原命题假(即在原命题条件下,结论不成立)而反论题为真,并从中引出谬误的推断,然后根据假言推理(条件推理)的否定式,从否定谬误的推断到否定反论题真实的一种方法。既然否定了反论题的真实,那么根据排中律,自然也就证明了原论题是真实的。

穷举法就是列举出除我们所要证明的论题外还可能成立的其他各种不同论题,然后根据事实或推理将这些不同论题一一予以否定,从而证明我们所要证明的论题为真的一种方法。可见,穷举法实质上是选言推理的否定肯定式和完全归纳推理的联合运用。

论证不仅要对问题单纯地肯定或否定,而且要在事实和论证的基础上培养敏锐的观察力、定量的数理分析和严密的逻辑推理能力、丰富的想象力、较强的动手能力,并能借此建立证据,得出结论。

所有论证都是为了科技创新并培养创新思维能力、分析问题和解决问题能力。所有论证都建立在一定假设基础上,都是在一定观点左右下进行;所有论证都建立在数据、信息和证据之上;所有论证都离不开概念和思想以及得出结论的推理;所有论证都有一定的指向、隐含意义和后果。无论是设立研究问题、研究对象,还是选择研究工具、数据收集,以及数据分析、得出结论,都必须运用分析综合、抽象概括和联想的思维方式;都必须对各步骤之间的客观规律做出推断和判断,从而取得关键性突破;都必须运用逻辑思维对论证过程进行指引和调控。应注意在分析数据的过程中发现新问题,在论证过程中不断修正原有假设;根据新变量调整研究问题、研究方法,并做出合乎逻辑的推理和认证。

②推导。结论推导过程就是根据文献综述、研究结果讨论、研究带来的意义以及对未来研究的建议进行全面总结,充分体现创新思维的结构要素,如质疑精神、宽容精神、求证精神,并体现以下创新技能:

解析能力,对所研究的问题能够发现其不足和错误,能澄清各事物的意义。

评价能力,对事物的意义、推理的正确性和逻辑性、陈述的可靠性、信息的关联性、证据的确凿性、前提的正确性做出恰当的评价。同时能觉察出已表明或未表明的立场、意图和观点,形成疑问。

推测和假设能力,在评价的基础上,根据掌握的资料,运用归纳的方法,形成推测和假设,预测出可能的结果与结论。检测推测和假设能力,通过演绎的方法证实或否定提出的推测或假设。

4.1.5.2 辩证思维

1)辩证思维含义及其作用

辩证思维以变化发展的视角认识事物,以概念、判断、推理等思维形式以及抽象与具体等思维方法的运动，来正确反映客观事物的对立统一的本质。

辩证思维是一种世界观和方法论，具有统率作用。作为一种高级思维，反映事物本来面目，揭露事物内部深层次矛盾。其突破作用在于打破僵局，或发现主要问题，或提供解决问题的有效方案。它由浅入深、概括总结，有助于理论提升，同时指出不足。

2) 辩证思维的特征

只有与知性思维和形而上学思维相比较，才能得到辩证思维的具体规定。知性思维即形式逻辑思维。知性又称为理智或悟性，指介于感性、理性之间的一种认知与情感状态，是以脑中具有的知识作联想对象，运用形式逻辑思维方式进行思考的精神状态和认知能力。知性思维具有静态性特征，因往往缺乏辩证，而容易有偏见和负面情感。形而上学思维具有以下基本特征：第一，非过程的永恒存在思想。这表现在它不能做到把事物看作一种处于不断生成中的过程性存在，而是看作永恒不变的东西。因此，它以获得终极真理为最高目标。第二，无转化的非此即彼思想。这表现在它看不到人与世界、主体与客体、思维与存在之间的相互生成与相互转化。因此，它把真与假、善与恶、美与丑等非此即彼地区分开来。

辩证思维在考察事物时，不满足于知性思维在感性材料基础上所建立起来的抽象的有限规定，而是从这种规定出发，力图在综合抽象规定的基础上建立起具有对立统一关系的具体普遍性，已达到对事物全面具体的把握。它扬弃了知性思维和形而上学思维所坚持的看待事物及其反映的概念的非此即彼的认识方式，在看到事物及其反映的概念间的区别的同时，又看到了它们之间的联系和转化，在统一中把握对立面。它超越了知性思维和形而上学思维对各种认识的逻辑形式和逻辑方法的孤立运用，而是在辩证统一中运用诸如概念、判断、推理等逻辑思维形式以及抽象和具体等各种逻辑思维方法。它把矛盾规律看成是思维活动的基本规律，对事物或概念的矛盾分析是辩证思维方法的基本要求。

3) 辩证思维的基本观点与方法

(1) 辩证思维的基本观点

①矛盾的观点。考察思维对象的一种基本观点和方法。矛盾具有斗争性和同一性、普遍性和特殊性。在客观现实的矛盾系统中的每种矛盾都处于一定的地位，起着不同的作用，其中有根本矛盾和非根本矛盾、主要矛盾和次要矛盾、内部矛盾和外部矛盾等。

②联系的观点。运用普遍联系的观点来考察思维对象，是从空间上来考察思维对象的横向联系。

③发展的观点。运用发展观来考察思维对象，是从时间上来考察思维对象的过去、现在和将来的纵向发展过程。

④全面的观点。运用全面的观点去考察对象，即从时空整体上全面地考察对象的横向联系和纵向发展过程，就是对思维对象做多方面、多角度、多侧面、多方位的考察。

(2) 辩证思维方法

在辩证思维方法中，抽象与具体统一的方法是核心，统领着其他方法的运用目的或方向，而归纳与演绎、分析和综合是抽象与具体统一的必要手段，逻辑与历史则是对抽象与具体循环展开的重要保证。归纳和演绎侧重从认识论角度来处理个别与一般关系，分析和综合侧重从系统论角度来处理部分与整体关系，逻辑与历史侧重从发展的角度来揭示对象历史进程中的偶然性与规律性、共时性与历时性，而所有这些方法都在抽象与具体统一的方法运用过程中得以体现❶。

①抽象与具体统一的方法。即通过把握感性的具体事物的各个方面的本质规定及其相互间的内在联系，在思维中完整再现事物的具体多样性。它体现了抽象与思维具体的相互依存与渗透的特征。抽象是思维具体的基础与前提，思维具体是抽象的目的与方向。抽象的规定包含有思维的具体，思维再现具体时已包含着抽象的规定。

这一方法体现了辩证思维认识客观事物的完整过程，即"感性具体—科学抽象—思维具体"的循环过程，这主要反映在两步论和三点连续论上。两步论是指这一方法的运用需要通过两个步骤来把握思维对象的观点。三点连续论是指从抽象到具体的过程是一个以抽象为逻辑起点，通过各种形式的逻辑中介，达到以思维具体为逻辑终点的思维运行过程。抽象规定必须反映思维对象最一般的本质、关系，而且包含着对象中一切矛盾的"胚芽"，与对象的历史上的最初的东西相符合。它必须是从直观表象中得出的一些最简单规定，即一些抽象的概念或一些比较简单的逻辑范畴。逻辑中介是指从抽象上升到思维具体之间的联系环节。只有通过上升的逻辑中介才能做到按照思维对象自身发展的层次构成完整的逻辑体系，从而把握对象的具体整体，达到思维具体。思维具体是思维的产物，也是通过知识系统表现出来的，对思维对象的许多规定的统一的整体认识。

②归纳与演绎统一的方法。即将"从个别性知识概括出一般性知识，与运用一般性原理去说明个别性知识"统一起来，并全面把握两者的对立统一关系。它以思维对象的个别与一般的辩证关系为基础，即在从若干个别性知识概括出一般性知识的同时，运用一般性知识分析个别性知识，从而全面而系统地把握事物的本质。

归纳与演绎的对立主要表现为思维进程的方向不同，前提与结论的联系性质不同。演绎推理的结论所断定的范围不超出前提的断定范围，因而前提蕴涵结论，即结论是必然的；而归纳推理的结论所断定的范围一般超出了前提的断定范围，前提并不蕴涵结论，即结论一般是或然的。

二者的统一主要表现为：第一，演绎的前提是关于某类事物的一般性知识或对某一事物一般性属性的陈述，即普遍原理和定律，是人们运用归纳从经验认识中直接或间接地概括出来的。归纳的前提是关于个别性知识的陈述，它反映了个别对象的某种属性；而对事物属性的断定，是通过演绎分析所获得的结论。当然，归纳的前提是受历史条件、科技水平制约的。第二，演绎具有逻辑必然性，这一模式是人们对无数次演绎推导情形进行归纳概括、提炼而成的。归纳过程的每一个步骤都需要借助演绎。如果归纳的步骤不能从相关科学知识中做出演绎分析，那么归纳是无法进行的。第三，演绎所得的结论，虽是从前提中必然导出的，演绎前提和结论的逻辑必然性并不能保证结论的真实性。它还需要实验检验，即需要运用大量相关的事实来验证、补充，而事实的验证、补充过程离不开归纳思维。归纳思维所得

---

❶ 宋荣，张大松．论辩证思维方法[J]．重庆工学院学报（社会科学），2008(10)：83-85．

的结论一般不具有必然性，它是否真实可靠还有待于演绎思维的分析、论证，以便做进一步的事实验证。归纳结论一般是关于大量现象的概括，这些现象的因果机制是什么，还需要运用演绎方法进行解释说明。

③分析与综合统一的方法。人们考察某一事物时，在整体观念的前提下，分别考察该事物的各个要素，同时又把相联系的各要素联合为一个整体。这一方法以客观事物整体与部分的对立统一关系为依据。在客观世界中，任何事物都是由部分构成的有机整体，如果部分离开整体，则其性质就会发生变化。因此，我们在认识一个事物时，既要在整体观念下认识部分，同时又要把对部分的认识合成整体。

分析与综合的统一首先在于两者是相互依存的。没有分析，综合就没有基础；没有综合意义上的整体意识，分析就缺乏目的性，就不能准确地把握各因素、各部分的性状，更不可能完整地认识事物的本质。分析与综合的统一还表现为两者相互渗透。分析总是在已有的综合认识下进行的，分析所得的信息又随时调整着综合认识。综合又总是在局部认识的基础上进行的，综合所得的信息又随时调整着对局部的认识。二者相互深化。分析与综合还是相互转化的。运用辩证思维方法来认识事物，既要看到整体中的局部，也要看到局部基础上的整体。因此，分析所得的局部认识就会向综合性整体认识升华；综合所得的整体性认识要向分析性的局部认识深化；向局部深化的分析性认识又要向新的整体性认识升华。如此循环转化，不断更新，从而形成对事物精确的完整认识。

运用这一方法有助于深刻地、整体地认识思维对象。我们的感觉表象对客观事物的反映虽然是整体的，但又是肤浅的。要深刻认识事物，必须把对象在思维中分解为各个部分、要素、方面分别加以考察，透过现象认识本质。而分析所得到的认识是不足以达到认识目的的。必须把各部分、各方面、各要素组合起来，得到对思维对象本质联系的认识，由认识事物的某一本质属性升华为认识事物整体。

④逻辑与历史统一的方法。是指对思维对象的认识，以抽象的系统性理论形态概括地反映事物发展的历史进程及其内在规律性的方法。逻辑是指具有系统性的、反映着事物内在规律的抽象概括的理论形态；逻辑的方法，就是从理论思维形式最基本的关系出发，揭示一切矛盾的萌芽，把握事物发生发展的规律。历史是指反映时间上具有先后相继关系的、曲折性的具体事件、现象；历史的方法，就是遵循历史的顺序把握历史现象的基本线索，把握它的内在联系，从而揭示历史发展的必然性。逻辑与历史相统一的思维方法是与客观事物发展的必然性与偶然性对立统一相一致的。逻辑与历史统一的方法，既要通过逻辑的分析与综合把握事物的内在矛盾及其展开过程，又要把握所考察领域的基本历史线索，把握它是怎样产生的，根据是什么，是怎样发展的，经历了哪些主要的阶段，其发展趋势如何。

正确认识客观事物，就要弄清事物发展的历史进程。只有尊重历史，才能在历史进程中找到事物发展的内在规律，人们对事物的认识才会符合实际。逻辑应"有历史感"，是简史再现。正确认识客观事物，还要找出历史进程的规律性，不能被偶然的历史现象所迷惑。因为事物发展的过程总是表现为大量的现象、事件，甚至包括许多曲折的阶段。

重视逻辑与历史统一方法的运用，力求把握事物的本质、规律，从而使人有合理的思维。只有用辩证的逻辑思维去认识事物，才能达到认识的历史的总计、总和。

⑤二分法和系统法相结合❶。二分法是以两点论为依据，揭示某一矛盾的对立双方及其关系，以便认识该矛盾的思维方法。任何事物或问题都包含矛盾着的两方面，这两个方面既对立又统一，这就是辩证法两点论。二分法的直接任务是认识某种矛盾，而客观现实却是由多种矛盾有机联结构成的统一整体。因此，在认识现实的复杂矛盾时，必须做系统分析。系统法是以系统观为依据，把对象作为系统加以考察的一种方法。

客观现实的矛盾系统是二分法和系统法相联结的客观前提；二分法和系统法相结合是思维反映客观矛盾的必然要求。在人们认识矛盾系统的过程中，二分法和系统法从不同角度发挥各自功能。从揭示对象的矛盾及矛盾之间辩证关系来说是运用二分法的过程；从考察对象的矛盾系统的本质及其规律来说是运用系统法的过程。即二分法的连续运行体现为系统法；系统法的运用涵盖着二分法。

4.1.6 形象思维与直觉思维

4.1.6.1 形象思维

（1）形象思维含义及其作用

形象思维是指思维主体在一定课题(认知任务)的推动下，有意无意地运用表象、图符、心像、想象等在大脑中进行分析、综合、比较、抽象与概括，最终构建出某种新的表象，并通过外化手段建造起一定新形象的思维。主要运行手段是表象，其产物是物化或外化的新形象(图画、图形、效果图等)。

形象思维不仅有利于艺术创作，也有利于科学研究。美国物理学家格拉肖(Sheldon Lee Glashow)说，多涉猎可以开阔思路，抽时间读读小说、逛逛动物园都有好处，可以帮助提高想象力，这同理解力和注意力一样重要……对世界或人类社会的事物形象掌握得越多，越有助于抽象思维。

（2）形象思维的特征

①形象性。形象思维以观念性形象——表象为细胞，用形象化的表象来思维。形象不仅是形象思维的起点，贯穿于形象思维的全过程，而且还体现在形象思维的结果上。新形象更生动具体、典型、美观。

②概括性。形象思维的材料不是原始的感性材料，而是在感知的基础上形成的事物的表象。它不是客观事物的直接映像，而是初步概括了事物某些本质特征的具有一定概括性的观念性形象。抽样试验、典型病例分析、试验田种植等方法以及各种理论模型、图像图表、设计图形图案等，都具有形象概括性特点。

③情感性。形象思维具有表达和认知情感的鲜明特征。文学艺术家在创造典型形象过程中，往往把自己的强烈情感渗透在里面，科学家的整个创造活动更离不开对科学研究的热爱和执着。

---

❶ 张智光.二分法和系统法相结合是辩证思维的重要方法[J].华南师范大学学报(社会科学版)，1995(1)：35-41，132.

④创造性。形象思维所使用的思维材料绝大部分都是加工改造或重新创造出来的形象。艺术家构思人物形象和科学家设计新产品、创造新理论所使用的思维材料都具有这样的特点。

(3) 形象思维的方法

①模仿法。以某种原型为参照，在此基础之上加以变化，产生新事物的方法。例如，模仿蝙蝠发明了雷达。

②想象法。在脑中抛开某事物的实际情况，而构成深刻反映该事物本质的简单化、理想化的形象。

③组合法。从两种或两种以上事物或产品中抽取合适的要素重新组合，构成新的事物或新的产品的创造技法。

④移植法。将一个领域中的原理、方法、结构、材料、用途等移植到另一个领域中去，从而产生新事物的方法。

4.1.6.2 直觉思维

1) 直觉思维概念及其作用

(1) 直觉思维概念

直觉是指根据信息片段，不用太多思考，而出现的感觉、想法、判断和决策，乃至信念或偏好；是不受某种固定逻辑规则约束而由表及里地直接领悟事物本质的一种思维形式。

广义直觉是指包括直接的认知、情感和意志活动在内的一种心理现象。例如，艺术家由某一个体形象一下子上升到典型形象的思维过程。狭义直觉是一种基本思维方式。当把直觉作为一种认知过程和思维方式时，便称为直觉思维。它指人脑对于突然出现在面前新的事物、现象、问题及其关系的一种迅速识别、敏锐而深入的洞察、直接的本质理解和综合的整体判断。例如，科学家对新出现的某一事物非常敏感，一下就意识到其本质和规律的思维过程。

(2) 直觉思维在创新中的作用

①直觉思维有利于突破思维定势，表现为思维主体对过去思维方式、思维内容的一种超越性，或表现为思维主体对原有经验认知、知性认知、理性认知（经与当前的情境迅速整合）的一种创造性，或表现为思维主体的一种应变性，即急中生智；从而对事物产生崭新的认识，创造命题、假设和构思。

案例：中式家具的演绎方略与流派倾向[1]

在设计理论及产品调查分析的基础上，指出现代中式家具的流派倾向（图4-8）。

②直觉思维有利于人们大胆提出假说和猜想，模糊估量研究前景；同时大致选择研究方案，然后再对该结果进行实验验证或逻辑论证，有利于对科学发明中灵感的捕捉和对科学研究过程中顿悟的自觉。

③直觉思维有利于人们从整体上把握事物本质和规律，从而有利于对科学发现中机遇的

---

[1] 韩维生. 中式家具的演绎方略与流派倾向[J]. 家具，2013(6)：59-63.

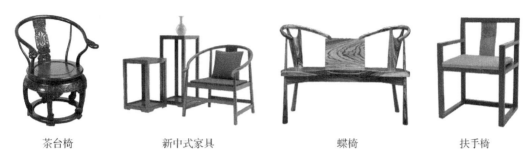

| 茶台椅 | 新中式家具 | 蝶椅 | 扶手椅 |

图 4-8　现代中式家具的流派作品

把握。

2）直觉思维层次、境界、内容和特征

(1) 直觉思维层次

①经验直觉。是一种未经理性抽象而直接呈现给经验主体的现象或操作过程等。

②知性直觉。概念和规律为其存在方式。逻辑直觉表现为主体对一定问题内在的逻辑形式、结构与规律的敏感度与分辨力。数学直觉则表现为思维主体对思维对象的数量关系与空间形式的统摄力。

③理性直觉。是指思维主体对思维对象的观念统摄或对其本质与规律的整体把握。前者称为思辨理性直觉，用概念系统来统摄事物或现象的本质与规律，具有理论上的深刻性、思维上的深邃性和对事物与现象把握的深沉性；后者称为辩证理性直觉，用唯物辩证的方法，从理性的高度对事物与现象的本质和规律进行统摄。它把事物和现象的本质与规律看作是客观的、不以人的意志为转移的，而概念系统则是对事物和现象的本质与规律所做的理性抽象。

(2) 直觉的境界

一是灵感，即主体在瞬间突然捕捉到解决问题的思路，然而还不够清晰；所谓柳暗花明又一村是也。因此，直觉是一种思维能力，而灵感则是一种思维状态。

二是顿悟，即通过理解和洞察情境的能力或行为，主体突然间达到了对事物本质的了解，或者对问题的关键的把握，却对创造主体的知识、经验的作用有所忽视；即茅塞顿开，明白奥秘。

三是直观，即主体在瞬间突然对要解决的问题及其发展达到了整体性的了悟，了然明白问题的真谛。

(3) 直觉思维的内容

首先是直觉的判断。直觉是"人脑对客观存在的实体、现象、词语、符号及其相互关系的一种迅速的识别、直接的理解、综合的判断"。人的这种能力就是洞察力。军事将领在紧急情况下下达命令；学生常常会对某一概念、命题、问题进行直接理解、领会。

其次是直觉的想象。用创造性的想象力和猜测去理解和连贯看似毫无联系的纷杂事物，然后再去寻找证据，以证明或否定自己的初步判断。

最后是直觉的启发。在某种新的外部信息刺激下发生的联想，既包括由实物载体所载信息的启发，也包括由语言载体所载信息的启发。

(4) 直觉思维特征

直觉思维具有本能性、直接性、或然性、非逻辑性、整体性等特征。重点要揭示的是灵感的特征：

①突发性和非自觉性。灵感思维的突发性，必然带来它的非自觉性。这就需要创新者留意和及时捕捉它。

②模糊性。由于是没有在显意识领域单纯地遵循常规逻辑过程所形成，所以灵感思维产生的程序、规则以及思维的要素与过程等都不是被自我意识能清晰地意识到的，而是模糊不清、"只可意会不可言传"的。

③思维活动的意象性。潜意识或显意识领域总伴有思维意象运动的存在。没有意象的暗示与启迪就没有思维的顿悟。

④思维的互补综合性。直觉思维是潜意识与显意识、逻辑思维与非逻辑思维、抽象思维与形象思维的互补综合。

⑤独创性。它是定义灵感思维的必要特征。不具有独创性，就不能叫灵感思维。

3) 直觉思维的生成和培养

(1) 直觉思维的生成

一定直觉的生成必须要有相关知识的积累。直觉的生成有其内在机制。主体在问题激发下，思维处于愤悱状态，进而对这一问题进行多方面、多层次、长期思索或考察；然而却百思不得其解，于是便处于极度困惑状态。这是直觉（灵感）的必经阶段。直觉的生成还须有一种特定的情境：主体或者处于特定的场景之中，或者观察到特定的现象，或者在突发性的压力下，或者是主体思维愤悱状态的暂时"缓冲"，进而使思维出现了突发性的脉动，直觉出现了，随之可能思如泉涌。

(2) 培养直觉思维能力

培养直觉思维，需要有广博而坚实的基础知识。直觉判断不仅是凭主观意愿，而是凭知识、规律。要有丰富的生活经验。直觉思维迅速、灵活、机智，需要有较多的经历，经历过困难，解决过各种复杂问题。要有敏锐的观察力。要有审查全面的能力，较快地看清全貌。着重培养灵感思维能力。

①积累。包括兴趣和知识、经验的准备。智力的准备，主要包括观察、联想、想象。

②迷恋。关于特定问题解决的长期思想活动。

③松弛。乐观镇静的情绪。珍惜最佳时机和环境。

④触发。要有及时抓住灵感的精神准备和及时记录下灵感的物质准备。

4) 灵感的诱发与捕获

(1) 内部积淀意识引发

①久思而至。指思维主体在长期思考、竟日不就的情况下，暂将课题搁置，转而进行与该研究无关的活动。恰好是在这个"不思索"的过程中，无意中找到答案或线索，完成久思

未决的研究项目。

②梦中惊成。梦是以被动的想象和意念表现出来的特殊思维活动,是大脑皮层整体抑制状态中,少数神经细胞兴奋进行随机活动而形成的戏剧性结果。梦中惊成只留给那些"有准备的科学头脑"。

③自由遐想。研究者自觉放弃僵化保守的思维习惯,围绕科研主题,依照一定的随机程序对自身内存的大量信息进行自由组合。经过数次乃至长期的意境驰骋和间或的逻辑推理,最终完成课题的研究。

④急中生智。即情急之中由于潜知、潜能而做出了一些行为,结果证明,这种行为是正确的。曹植《七步诗》即是例证。

⑤另辟新径。在科学研究过程中,课题内容与兴奋中心都没有发生变化,但由于研究者灵机一动,其求解定势却转移到与原来解题思路相异的方向上。

(2) 外部机遇诱发

①原型启示。在触发因素与研究对象的构造或外形几乎完全一致的情况下,已经有充分准备的研究者一旦接触到这些事物,就能产生联想,直接从客观原型推导出新发明的设计构型。

案例:变向水枪

消防战士高昂看到一则以色列军队配备拐弯枪械以减少伤亡的新闻后,豁然开朗。他查资料、画图、找材料、动手尝试,很快就做出了改造后的水枪样品。后来他想到了活套法兰,把法兰用翻边、钢环等套在管端上,与上下枪管各呈45°,转动上枪管,使上下枪管呈现不同角度就达到转方向的效果。

②触类旁通。从其他领域既有事物中受到启发,进行类比、联想、辩证升华而获得成功。这往往需要深刻的洞察力,能把表面上看起来毫不相干的两件事物联系起来,进行内在功能或机制上的类比分析。

③豁然开朗。这种顿悟的诱因来自外界的思想点化。主要是在阅读或交流中,通过语言表达的一些明示或隐喻获得。一般来说要有几个条件:一是"有求";二是"存心";三是"善点";四是"巧破"。

④见微知著。从别人不觉得稀奇的平常小事上,敏锐地发现新生事物的苗头,并且深究下去,直到做出一定创建为止。见微知著必须独具慧眼,也就是用眼睛看的同时,配合敏捷的思维。

⑤巧遇新迹。意外得到与预想目标不一致的创新成果。可谓"天赐良机""妙手偶得"。英国工人哈格里沃斯偶然踢翻了原来水平放置的纺车,使其变成垂直状态,因而受到启发,成功发明纺纱机。

4.1.7 动作思维与多元思维

4.1.7.1 动作思维

皮亚杰说:"思维是从动作开始的,切断了动作与思维之间的联系,思维就不能向前发展。"由动作思维发展到形象思维，再依次发展到抽象逻辑思维，是思维发展的规律。

(1) 动作思维的概念与特征

①动作思维的概念与分类。动作思维是边动作边思维，乃至离开了动作就不能思维，是最原始也最重要的思维形式。

动作思维包括"动作"和"思维"两块内容，因此，可根据以什么为主而把动作思维分为两类：一类是以动作为主，思维围绕动作进行，思维服从动作，如科学实验中实际操作的过程；另一类是以思维为主，动作从属于思维，如科学学习中的解题过程，边思考边动笔画图、运算，这种书写动作就从属于思维。

动作思维是凭借直接感知并在实际操作过程中进行的一种思维形式。成人的动作思维是在经验的基础上，在第二信号系统的调节下实现的，这与尚未完全掌握语言的儿童的动作思维相比有着本质的区别。

②动作思维的特征。动作思维一般是在人类或个体发展的早期所具有的一种思维形式。动作思维结构较简单、抽象性低、流程快、不及预想、卓有成效。动作思维的任务或课题是与当前直接感知到的对象相联系，解决问题的思维方式不是依据表象与概念，而是依据当前的感知觉与实际操作。

动作思维具有认知和意向两大特征。动作思维的认知具有记忆和初步的应变能力和创造性。动作思维的认知具有个体的整体指向性。动作思维的意向具有倾向性和控制作用。

(2) 动作思维的作用及其机制

动作思维是实践活动过渡到思维活动的桥梁。脑神经专家指出，人的双手及十指集中了上千个神经末梢，它们与大脑直接关联，经常运动手指不仅能提高大脑机能，还使头脑保持清醒敏捷。广义的动作思维不仅是肢体动作引发的思维，而且包括其他感觉引发的思维。视觉思维等感觉思维是一种强化认识、强化联想和诱发灵感的重要手段。视觉的重要性在于它能从形象上帮助人们做出准确判断，修正人们的主观臆测，从形象上启发人的想象力，从而进一步诱发灵感。

动作思维以动作来展开，具有非自觉性和创造性。某些技术性动作本身就是一种思考、探索、领悟和记忆，说明内在需要与外在要求相一致，思维和动作之间联系完全不需中介。动作由动机引发，动机本身又是动作的反馈。

动作思维为思维活动提供了材料和工具。人们对与动作有关的现象、事件加以描述，形成经验，而经验是思维的材料，有助于使个体具有善于发现问题的意识。动作思维的主要目的是创设解决问题的各种情境，使人指向成功；这些问题与行为背后的需求和动机有关；这些情境是一个多侧面、多角度、多方位的动作场。动作使个体注意力得以凝聚，以现有认知结构迅速抓住要害，敏锐捕捉问题解决方法。

实践是认识事物、检验知识的必要途径，也是创造性活动中探索问题、评价构思和目标的唯一途径。

案例：动物电的发现

意大利解剖学教授伽伐尼在日记手稿中记载了发现电流的过程。约在1780年，他和助手在做青蛙解剖实验时，偶然发现刀具与蛙体神经接触时，有时会发现蛙腿抽动的现象。开始，他以为或许与附近的起电机有关，于是他将起电机拿走；后来他又想这是否是空中雷电引起的，于是避开雷雨天，但在密闭房间里也同样出现这种抽动。而当他用各种非金属用具做实验时，却见不到这种现象。伽伐尼反复做了上百次实验，连续实验观察达6年之久，才得出"动物电"的结论。伽伐尼发现电流不仅是对电荷本身的认识有了质的飞跃，开辟了电生理学新领域，而且也打开了探索电现象与其他科学现象内在联系的途径。这充分说明了内化了的动作思维是实验科学取得重大发现的主要因素。

（3）动作思维的培养

①充分重视动作思维。思维素质的培养除了要加速思维发展进程以外，也应使每一种思维形式都得到最大限度的发展。

②遵循适时和适度原则。根据皮亚杰儿童思维发展阶段理论，中学阶段青少年思维发展迅速，但初中生的抽象思维还是经验型的，初中生只能初步理解辩证思维。科学学习的思维训练，就得根据思维发展各个阶段表现的不同特点，适度安排训练内容，确立训练要点，编排训练程序，选择训练方法和评估策略。在大学阶段，如工程图学的空间思维训练，适度的动作思维也有利于学生能力的提升。

③利用多种动手机会，培养动作思维。编制习题实验：把一些可以通过简单的仪器来解决的习题编制成实验，通过实验来解决习题。

创造实验机会：若条件许可，宜向学生开放实验室，鼓励他们自己动手去做课外实验。

创设制作机会：利用身边的材料进行课外制作，培养学生动手能力，在动手过程中培养动作思维。

创设动手体验机会：体会各种生活场景、生活用品中的科学。

在创新活动和科学研究过程中，以实践和思维相互作用，促进课题有效开展。

4.1.7.2　情境多元思维（contextualized multiple thinking，CMT）

（1）情境多元思维类型[1]

①科技思维——科技思维的理论基础是科技理性，强调通过客观、科学的方法和组织达到预期的目标和目的。科技建构、方法效能、科技优化是贯穿整个行动过程的关键观念和价值。行动的基本目标是利用科学知识和技术解决存在的问题，取得预期目标。因此，通过正确利用科技和方法，就可以取得预期成果。如果成果有所偏差，就意味着行动的组织、程序和技术出现了误差。

②社会思维——在行动中尤其是教育领域，个人发展和社会关系通常是社会思维关注的核心价值。社会理性是这种思维的基础，强调社会关系和个人动机对顺利完成行动、取得目标的重要性和必要性。因此，社群互动、社会关系、社会需要的满意度、个人动机和个人发展是思维和行动学习中的主要价值和意识形态。行动的主要任务是建立社会网络，并利用这个网络支持行动的实施和目标的实现。

---

[1] 郑燕祥. 多元思维和多元创造：应用和发展[J]. 全球教育展望，2005，34(3)：6-13.

③经济思维——经济思维的基础是经济理性。关注通过有效利用各种资源实现利益最大化、达到预期目标。效率、成本-收益、成本-效益、资源和财政管理、经济最优化是经济思维的关键价值和意识形态。经济思维在行动中的作用，是考虑从内外部取得各种资源，利用这些资源组织和实施行动计划，取得预定的成果和其他显性、隐性的利益。成果和利益是恰当利用各种资源的结果。

④政治思维——政治思维的基础是政治理性。强调识别并满足行动者和相关人士的多种利益和需要。通过政治手段如建立联盟、协商、妥协、参与和民主过程，来解决及处理冲突和争斗，往往是实施行动计划、取得成功的必要途径。主要的意识形态是决策过程中的利益竞争、权力争夺、成员或团体冲突、协商和妥协、民主。政治思维的作用是全面考虑有关人士和团体之间的微观政治的影响，计算政治成本，权衡不同政治策略的后果。

⑤文化思维——文化思维的基础是文化理性。假设行动的特性、目标和效能主要由行动者和相关者的价值、信仰、道德和传统所决定。因此，价值、信仰和道德的分享，不同成员的整合团结以及行动中的道德，通常被认为是思维和行动中的关键意识形态。思维在设计行动中的作用是寻找隐藏在不同行动方案之后的文化意义，选择学习者和相关人士都能认同的、比较稳定的价值和信仰，并从可能的外显和隐性结果中挖掘内涵。

⑥学习思维——学习思维或称适应思维的基础是适应理性，即强调持续学习、成功适应变化和挑战是行动学习的关键。因此，学习者学习方式的持续发展和认知能力持续提高是学习思维的关键意识形态。行动设计包括反思以前的行动经验（如学习模式的长处和弱点，学习和实践情境的特征）并探寻新的行动模式，以便于在下一个循环中更有效地学习、获得更深刻的理解。思维的成果包括探索行动实施中的新知识和新方法，提高行动者的智慧，以更好地理解和处理来自变化环境的挑战。

情境多元智能（contextualized multiple intelligence，CMI）与 CMT 类型对应，它可以分为科技智能、社会智能、经济智能、政治智能、文化智能及学习智能。不同人的 CMI 强项不同。

与此相关，PEST 分析法是从政治法律（politics）、经济（economic）、社会文化（society）、技术（technology）4 个方面，基于公司战略的眼光来分析企业外部宏观环境的一种方法。

（2）多元思维层次及相应的思维过程

多元化的资料、信息、知识和智能是个体或组织行动学习的关键因素，也是思维内容的不同层次。

①行动中的思维层次。行动学习循环中存在着不同思维层次，主要包括二级思维、四个层次：

第一级思维，包括从行动到资料的思维过程和从资料到信息的思维过程两个层次。

第二级思维，包括从信息到知识的思维过程和从知识到智能的思维过程两个层次。

第一级思维是表面思维，仅涉及可观察的资料和信息，根据资料和信息反馈引起行为上的变化；第二级思维是深层次思维，可以引起心智系统的变化（与知识和智能有关的认知变化）。

②行动中的向下思维过程。在行动学习循环中，学习者从智能到知识、到信息、到资料，再到行动。这是一个知识应用过程。利用多元智能(CMI)，学习者根据情境对行动进行理论解释，并进行合理的概念建构。然后，学习者思考如何利用相关的知识来预测、解释行动中的关键因素(如输入、过程、产出)之间的关系。这种预测的关系，将成为测试、检验实际操作的主要信息。为了测试信息可信性，学习者需要思考如何计划、设计行动细节，收集预期的资料。最后，学习者通过在真实情境下开展的行动，测试和证实上述假定的基本原理、相关知识、预期的联系(被测试的信息)，以及实践中的资料。

思维过程将利用情境多元智能、多元知识、多元信息和多元资料。若在行动过程中，可以一致地证实假定的基本原理、相关知识、预期联系和期望资料，那么现有的 CMI 和相关知识将得到肯定和巩固。若在实际行动中，发现这些东西是不一致、不正确的，学习者需要思考并检查是否在行动设计中存在着差距，或者自己最初的思维是否存在着错误概念。以行动的实际结果(资料和信息)为基础，学习者思考如何纠正行动计划中的错误或修正已有的智能和知识。然后，学习者开始向上思维过程。

③行动中的向上思维过程。学习者通过监控、评价行动过程和成果，或者根据经验和观察获得资料。如果在行动学习中，运用了多元思维架构，则可以获得多元的资料。通过对资料的详细分类和描述，学习者可以获得一些实际的含义或理解，这将转化成行动的信息。数次行动循环之后，学习者通过联系和分析行动的输入、过程和产出之间的各种信息，获得更可靠而一致的理解，这种理解将变成学习者关于行动的知识。通过概念化和整合性分析，将知识内化成高层认知，这将成为学习者的情境智能。由于资料的种类非常多，相关的信息、知识和智能也相应多元化。

从资料上升到信息，从信息到知识，再从知识转化为智能，是行动中的思维过程，也是学习过程。思维通常是指内部的智力运用及发展过程，但学习是一个总概念，包括内部的智力变化和外部的动作过程。这也是一个知识生产过程。

4.2 知识结构合理化

知识就是力量？知识转化为力量，主要体现在拥有知识的主体的能力上。能力是反映一个人观察问题、发现问题、认识问题、分析问题、解决问题的速度、深度、质量和效率的一个范畴。在一定程度上，创新能力并不是指从无到有的构建能力，而是指从"原有"到"新有"的发展能力。

4.2.1 知识结构及其特征

知识是客观事物的属性与联系的反映，是客观世界在人脑中的主观映像；有时表现为主体对事物的感知或表象，属于感性知识，有时表现为关于事物的概念或规律，属于理性知识。

知识结构是指主体所掌握的各类知识按一定关系排列组合、相互影响而形成的知识框架以及各类知识在框架中的比重,包括各种知识间的相互比例、联系、协调和作用。它反映一个人的知识构成状况,以及由此而形成的整体功能。

要具备某种能力,必须有相应的某种结构才行。知识面要广,是围绕某种目标的广。在多门知识中,哪些知识应该充分掌握,哪些知识应该达到精深的程度,哪些知识只要略知则可,等等,以实现功能的需要为准。这些知识是按一定结构组织起来的化合物。有一部分知识用于丰富自己的业余生活。一种知识结构的价值,决定于它简化资料、产生新命题和增强使用一种知识的能力。

(1)创新能力的知识结构

创新型人才一般是指具有良好身心素质、思想道德修养、人文素养、科学知识素养,更具创新意识、创新精神、创新思维、创新知识、创新能力并具有良好的创新人格,能够通过自己的创造性劳动取得创新成果,在某一领域、行业、工作上为社会发展和人类进步做出创新贡献的人(表4-11)。

表4-11 常规人才与创新型人才的知识结构比较

人才类型	常规人才	创新型人才
	知识型、技巧型	素质型、能力型
学习知识的目的	传承知识、应用知识	创造新知识
学习的知识范围	按照学科专业严格分类	跨专业、跨学科
学习的知识内容	经典的、长效的	变化的、易过时的
获得知识的途径	灌输的	启发式的
工作方式	在各自专业学科内工作	源于不同背景的人组成团队合作工作

知识多少与创新能力无直接比例关系,但知识多少、知识结构的合理完善程度却可以制约一个人创新能力发挥的层次水平。

①知识内容上纵向的层次性结合。哲学知识、科学知识、专业知识、业务知识、管理知识,每一部分都不可少。知识太单一、狭窄,容易影响主体观察问题的视角和深度,影响四维空间的广度,进而影响创新层次水平。

②知识内容上横向的互补性结合。任何创新活动所需的知识都不是单一学科专业知识所能提供的,都需要一个或数个以自己从事的或感兴趣的专业知识为主轴,从而形成一个和邻近的、相关的学科知识相配合的知识结构。

③理论(间接)知识与经验(直接)知识渗透性的结合。经验与理论并重,过于偏重某一方都是有缺陷的知识结构。

④一般性知识(鱼)与方法性知识(渔)有机的结合。方法性知识包括工具性知识,如逻辑学、辩证法、系统论等。

⑤基础性知识与前沿知识的结合。站在他人肩上,才有认知高度,认识才更有意义。谦

虚地接受他人启发，勇敢地挑明他人之错。

(2) 合理知识结构的主要特征

美国建构主义代表斯皮罗(Rand J. Sprio)等人依据知识及其应用的复杂与变化程度，将知识分为结构良好领域知识和结构不良领域知识。前者是较为稳定、符合基本规则的初级知识，或有关某一主题的以一定层次结构组织在一起、与具体情境具有直接对应关系的事实、概念、规则和原理，并依靠感知、记忆、重复和练习来掌握；后者是不够稳定、缺乏规则、灵活性和弹性较大的高级知识，或结构良好领域知识但对于具体问题情境无直接对应关系，需要通过理解、领悟、加工和重组建构才能逐渐把握。

①整体性。知识数量和种类的丰富性与知识结构的合理性是辩证统一的关系。一个人所有知识组成了一个知识系统，其中孤立、破碎的知识单元是没有意义的。知识单元在相互作用中产生意义。知识单元相互连接、相互作用形成了知识结构，而特定的知识结构能够实现特定的知识功能，解决特定的问题，从而具有现实意义。知识结构决定了知识的广度与深度。不同的知识结构反映了一个人不同的能力。知识的接受能力、表达能力、沟通能力、生活能力、创新能力、评价能力等都是通过知识结构体现出来的。知识的储备情况、知识结构组成状况等，将直接决定创新过程的深度和效率及创新成果的大小。

②层次性。由于受重视程度、记忆与理解程度、熟练程度不一样，不同的知识在一个人的头脑中形成了不同的层次。核心层次知识是深刻性知识，对主体智能等具有重要影响，充分体现知识结构的特点、功能。基础层次知识是熟练性知识，必备的基本文化素质和修养。外围层次知识是常识性知识，是核心知识的必要补充和完善。一般来说，只有核心知识才能在创新活动中直接解决创新难题。而非核心知识有助于人们针对问题触类联想、诱发灵感，使人进入创新境界，对于创新课题的解决具有原型启发作用，从而使人们再通过核心知识的灵活运用直接解决创新问题。掌握核心知识的人能融会贯通这些知识。

③比例性。各层次知识、同一层次内部不同知识之间存在着一定数量和质量的合理配比。每个人必须有选择地学习，比例的确定应根据成长成才的目标和主体的个人需要决定。

④动态性。有的知识会因时代变化、对象变化而过时；或因社会变革和企业需求而重生；更多的知识可能增加新内容；或在实践过程中被人类创造出来。人们的知识结构状态也是一种动态的平衡与稳定，是一种不断地打破、重建的过程；人们要解决现实生活中的问题，就必须调整知识结构。

4.2.2 通识教育与创新能力培养

通识教育的培养内容包括人文科学、社会科学、数学与自然科学、艺术审美、思维能力、体育等，使人具有较强的人文素养、逻辑辩证等知识与能力，具备自主学习能力，拥有综合分析处理科学知识的基础能力。通识教育更加注重学生个性发展、人格品德的培养、创新能力训练，这种以人为本的教育理念更有利于创新能力的培养。

4.2.2.1 哲学

(1)哲学对创新能力培养的作用

哲学是给人智慧、使人明智的学问。它还是一种思维的科学。哲学主要通过理论思维,即抽象、概括、归纳、推理等方式来论证物质与精神、存在与意识的终极关系。马克思主义哲学以科学的世界观和方法论为基础,不仅充分体现了哲学应用的思辨色彩,还具有十分鲜明的科学性、实践性和革命性。哲学在方法论体系中占有至高无上的地位。

(2)启示

大学生要不断提高自身哲学修养,尤其是马克思主义哲学修养,为创新能力培养、提高奠定更加坚实的基础。提高哲学修养,第一,有助于提高认知能力,包括抽象概括、归纳演绎、分析综合、直觉想象、论证推导能力。第二,有助于培养创新思维能力。要从唯物辩证法之联系的观点、矛盾的观点、对立统一规律、质量互变规律、否定之否定规律等中汲取智慧。第三,有利于提高辩证思维能力。学会用全面、发展与联系的观点观察与分析问题,从而为我们认识事物的内在本质及其矛盾运动的规律性提供了正确的途径和方法。第四,有助于保持正确价值取向。马克思主义哲学作为科学、系统化的世界观和人生观,深刻回答了人是什么,人的生命的意义是什么,人如何实现自身价值和社会价值的统一等人生重大课题。

4.2.2.2 文学

(1)文学对创新能力培养的作用

文学是以语言为手段塑造形象来反映社会生活、表达作者思想感情的一种艺术。文学即是想象。文学(诗歌、小说、散文、戏剧)修养越高的人,其想象力也可以得到越多的锻炼。

(2)启示

提高文学修养,有助于培养和提高大学生的想象力。第一,想象是催生文学的重要原因,没有想象就没有文学。第二,有助于不断积累创新激情和热情。当欣赏文学精品时,也在进行各具特色的再造想象。第三,有助于培养和提高大学生的批判意识。文学就是批判。文艺复兴、古典主义、启蒙主义、浪漫主义、现实主义、现代主义,各种文学无不充溢强烈的现实批判精神。文学欣赏要批判性选择。

4.2.2.3 艺术

(1)艺术对创新能力培养的作用

艺术活动能培养人正确观察事物,教会人通过对点线面体、时空、色调、肌理、音色、旋律、情境等的领悟、认识和实践,构建对事物的简与繁、表与里、动与静、局部与整体的认识理解力和驾驭力,从而达到完美境界。艺术教育能开发右脑潜能,并能使左右脑平衡协调发展,有助于酝酿和产生创造性设想,激发创新动机,提供科学研究的方法论原则。

(2)启示

加强艺术修养,有助于启迪创新精神。第一,科学创造中许多设想、理念的提出,形象思维往往占重要成分,想象力尤其起重要作用。科学上的设想、假说的提出,开始常常是在一种不可名状的模糊思维状态中出现的。模糊状态中夹杂着逻辑思维和非逻辑思维。第二,有助于培养审美感情。对美的追求是科学家、艺术家、技术人员进行创造的重要心理动因。

第三，有助于丰富精神生活。让艺术平抚精神、陶冶情操、舒缓紧张焦虑。

4.2.2.4 数学

(1) 数学对创新能力培养的作用

数学研究现实世界的空间形式和数量关系。作为人类理性思维的高度结晶，在科学技术特别是计算机技术、信息技术飞速发展的今天，其所提供的思想和方法已经渗透到了包括自然学科和人文学科的各个领域。一个缺乏数学素质的人，其洞察力、理解力、判断力以及创造能力必然会受到很大的制约。

数学思维方式的5个重要环节：观察—抽象—探索—猜测—论证。

(2) 启示

加强数学修养，可以训练大学生的想象能力。第一，空间想象能力是人们对客观事物空间形式进行抽象思维的能力，是形成主体创新思维的重要组成部分。第二，可以训练大学生定量认识事物的能力。定性的划分是认识事物的前提，但真正科学的认识还在于定量的分析及数学模型的建立。第三，可以锻炼思维的严密性和逻辑性。数理逻辑的思路和方法也适用于其他工作，这也是一种态度和修养。第四，可以训练抽象思维能力。用数学公式所揭示的规律，简约而深刻。

4.2.3 知识结构合理化及其创新

(1) 知识结构合理化

学生要学会求知，就要使自身知识在量上比以往要丰富得多，具有综合性和全面性。从质上来说，要学会求知，就要具有必备的创造性品格和实践能力。学生的知识结构进行下述转换和优化[1]：

①从轻量型结构到重量型结构。知识经济时代，要求学生的知识结构从轻型结构向重型结构过渡，以便能与迅速扩张的知识量相适应。在未来社会中，教育者与学习者并无绝对严格的界限。合格的职业者必然伴随着终身学习。所有这些都要求学生成为一个学识渊博的人，要求学生的知识拥有量从轻量级向重量级转化。这种转化是学生知识的整体性跃迁和结构性变化，是学生知识结构在质上的飞跃。

②从单一型结构到复合型结构。当今知识发展的一个重要趋势是自然科学、社会科学和人文科学在高度分化的基础上走向高度统一。随着知识经济的到来，知识社会化和社会知识化程度日益提高，上述趋势越来越明显。因此，新时代的学生不应是狭隘的专业人士，而应成为具有丰富知识的人才。对每个学生来说，科学、技术、宗教、艺术、社会学等，都应在其视野之内。当然，新型知识结构的复合性和多样性并不是简单排斥统一性和方向性，不同学生的知识结构仍有各自侧重点，它体现了一与多的辩证统一。

③封闭型结构到开放型结构。封闭型结构是知识内容基本不变的结构。主要知识基本上局限于教材内容，而这些内容往往长期不变，知识陈旧老化成为这种封闭型结构的重要特

---

[1] 陈秀平，林建成. 论提高大学生综合素质的三种途径[J]. 教学研究，2003(2)：118-120，154.

征。这样的知识结构显然不能适应当代社会知识不断更新的状况和社会不断发展的要求。有人认为，在当今社会，谁不更新知识就会成为新文盲。此观点虽用词过重，却也发人深省。既然大量已有知识会随着时光的流逝不断陈旧和过时，那么就应当有源源不断的新知识来进行补充。因此，要适应知识发展和教育改革的要求，学生的知识结构应成为开放性结构，即对一切有用的新知识开放；通过对新知识不断接纳和吸收，使自身知识结构不断得到更新。

④从被动型结构到创造型结构。个人头脑中接受知识的类型和程度不同，其创造性的强度和方向也不同。在以前，大多数学生的知识结构属于被动型结构，这样的结构在实践中处于消极被动状态，不能在创造活动中起到应有的启发引导作用。因为学生没有主动选择那些与创造力密切相关的因素和材料。要成为创新型人才，首先应当具备创新意识和必要的创新能力。要做到这一点，必须调整学生的知识结构，使其从被动型结构转向创造型结构。其中，十分重要的是要增加能力及方法方面的知识在学生知识结构中的比重。在被动型结构中，知识与能力是分离的；而在创造型结构中，知识和能力是统一的。

总之，要提高大学生的综合素质，就必须达到知识与能力的统一，理论与实践的统一。要做到这一点，就必须转换和优化大学生的知识结构。

（2）建立合理知识结构的主要方法

①选择法。对各种类型、各个层次的知识进行分类，有选择地予以吸收，尤其要精选那些对提高自身素质和能力最有用的知识来充实、完善自身知识结构。为此要明确自己的目标和需求，善于鉴别知识类别，远离虚妄误人的知识，避免过分偏科，提升知识结构整体水平。

②转化法。是指新旧知识之间相互转化。一方面，通过学而时习之，温故知新：在已掌握的旧知识基础上进行延伸、辐射，从而掌握与旧知识有关的那些知识。另一方面，通过深入理解、研究性学习，兼收并蓄：把新知识通过同化、顺应、镶嵌，纳入原有知识结构中。

③组装法。按照认知规律，先自上而下地将知识体系化整为零——分类、分析、分化，然后自下而上地将知识单元化零为整——串点成线、结线成网、组网成块、融会贯通，从而实现对知识的序列化、层次化、条理化、系统化的掌握，在高一级层次上加以认识。为此，在构建或理解学科体系的基础上，厘清学科与学科之间、学科内部之间的逻辑关系，通过模块化和路线图，进行学习的计划和管理，并付诸实践。

④织网法。织网法是一种积累知识和运用知识的有效方法。从开始积累到形成知识之网，一般要经过3个阶段。

博采，就是博览相关的书刊资料，采集众长。精思，就是在理解的基础上，认真思考，进行分析、归纳、概括的思维加工。求同，就是在异中求同，发现各个知识点之间的逻辑联系，找出组成知识之网纵横线的交结点，然后从这些材料出发，把所有有用的知识有机地组织起来，形成结构化的知识体系。在综合性实践项目中，要善于分析项目所需的知识及其相互关系，利用内外环境补充有益的知识。

织网法在捕获和运用知识方面具有独到的作用。它有助于提高捕获知识的灵敏度。知识之网一旦形成，捕获知识的能力就会大幅提高，甚至能从他人容易忽视的现象中发现有用的线索。不仅能从相邻学科汲取有益启示，而且能够接受从看似不相干的领域内发出的信息。它有助于扩大存储知识的容量，激发创造性思维。应用知识的时候，思维会触类旁通，很容易在知识网上交结处获得突破。

⑤基于知识图谱的知识结构构建。知识图谱（knowledge graph），在图书情报界被称为知识域可视化或知识领域映射地图，是显示知识发展进程与结构关系的一系列各种不同的图形，它用可视化技术描述知识资源及其载体，用以挖掘、分析、构建、绘制和显示知识及它们之间的相互联系。

知识图谱是通过将应用数学、图形学、信息可视化技术、信息科学等学科的理论与方法与计量学引文分析、共现分析等方法结合，并利用可视化的图谱形象地展示学科的核心结构、发展历史、前沿领域以及整体知识架构，达到多学科融合目的的现代理论。它把复杂的知识领域通过数据挖掘、信息处理、知识计量和图形绘制而显示出来，揭示知识领域的动态发展规律，为学科研究提供切实、有价值的参考。

知识图谱为互联网上海量、异构、动态的大数据表达、组织、管理以及利用提供了一种更为有效的方式，使得网络的智能化水平更高，更加接近于人类的认知思维。

(3) 知识结构创新

知识创新主要包括知识系统中知识要素和知识结构的创新。知识要素是指分别针对解决特定问题所需的陈述性知识与程序性知识。

知识结构的创新是一种方向性的创新。一定的知识结构所能容纳的知识存量是有限的，所具备的潜在功能也是有限的，如果遇到新的问题就需要重组知识单元，形成新的知识结构，使知识系统具有解决问题的功能。知识结构的变化要有的放矢。但在现实社会中，"的"是很难确定的。系统论经过多年的发展为我们提供了一种比较好的思路与方法❶。

①整体优化。系统目的性是系统功能的表现，也是系统的立身之本；系统优化则是系统更好实现系统功能的过程。

目的系统是系统与环境之间存在相互作用的系统，这种作用表现为系统反馈机制的建立。在相当大的范围内造成环境向系统进行不同的输入时，系统能够通过其反馈调节机制去应付不同的环境影响，表现出自主性、自稳定、自协调，从而产生相同或相似的输出，使系统仍然保持不变的发展方向性。

系统的目的性告诉我们，一个特定的知识系统是指向一个大致方向的，一个人在建构自己的知识结构的时候，应充分考虑到自己成才方向和事业目标，要与自身兴趣爱好和社会需要紧密相连。因为一旦对自己定位之后，自己的知识系统就会呈现出一定目的性，在相当长时间内，知识系统所进行的构建与吸纳的知识要素都会围绕着目标进行。目标具有选择过滤器的作用。另外，个体观念对于知识结构也有很大影响，如果一个人有自我学习、终身学习观念，那么这种观念转化为一种目标，这样就会长期保持对学习的兴趣与要求，就可以长期保持知识结构的更新与活力。

---

❶ 柳冠中. 系统论指导下的知识结构创新型人才培养[J]. 设计, 2014(3)：130-133.

大系统的基本思想是综合和整体优化。优化是系统演化的进步方面，是在一定条件下对于系统的组织、结构和功能的改进，从而实现耗散最小而效率最高、效益最大的过程。

一个人的知识结构所实现的功能比知识本身更重要。著名的短板理论说明的就是这个问题。一个人如果在知识系统上，有一个方面有很大的缺失，使得其他方面的知识难以得到发挥，这样会导致知识系统的失灵。如果有某一个知识的子系统很突出，是不是一件好事呢？这也要具体情况具体分析，如果一个人在某方面有很大的优势，这个人为了保持这种优势又耗费了大量的时间、精力、金钱。这在无形中就挤占了其他的知识子系统的更新，也将会对整个知识结构没有好的影响，进而影响了整个知识系统的功能。随着个体成长和社会变化，知识代谢必然促成新的知识结构，新的知识结构必须具有容纳新知识的能力。要调整知识结构，注意各个知识子系统之间的比例、重要性，使得各种知识子系统能够进退有度、相互作用、彼此协调，从而发挥出整体的优势，而不是由于某些方面的差距而望洋兴叹。

②超循环。老知识促进新知识的发展。超循环是指包含有催化反应的循环，即在整个循环中，有产物对整个循环起催化作用。人们的知识也是一样，不能安于把各种知识按照已有的结构进行组合，其实很多新知识结合在一起，能够起到自我更新、自我循环的作用。如一个人有一个比较良好的知识结构，外语水平较高，专业知识较扎实，而且学习欲望较强。那么在学习中，专业知识较扎实，又有较强的学习欲望，必然会参考大量外文文献，以吸取先进学术成果，其间专业知识得到了很大的提高，同时进一步提高了外文水平。由于专业水平得到了进一步的提高，其学习的欲望也会更加强烈。如此一来就进入了下一个循环。

所以，在整个知识结构的调整中，要有意识地使得自己的知识结构有助于超循环的形成，这样可以很快地提高效率，同时对于已有的知识也能更加合理地应用，这种超循环结构极大程度上继承和吸收了已有的知识，而不是重新建立一个新的知识结构，可以使得以前投入的精力、时间、金钱在新的知识结构中继续起作用，达到一种累加效应。

③突变论。抓取关键点。法国数学家托姆的突变论认为，"原因连续的作用有可能导致结果的突然变化"。那么，知识结构的相对稳定发展也有可能导致十分杰出的贡献。想获得十分突出的成果不一定就得尽快地、大量地引进新知识，而对于原有知识结构的发展也有可能导致全新知识结构，导致突破性进展。

因此，在学习中要注意积累，同时还要注意对于知识结构中演化出的新知识、新动向保持敏锐感，能够对于新知识抓住不放，以此为切入点，从而获得突破性进展。

④混沌的边缘。注意学科交叉。混沌的边缘，是指一个系统中的各种因素从无真正静止在某一个状态中，但也没有动荡至解体的那个地方。混沌的边缘就是生命有足够的稳定性来支撑自己的存在，又有足够的创造性使自己名副其实的那个地方。这便是复杂系统能够自发地调整和存活的地带。正是由于系统的复杂性以及系统的自组织性，才为创新留出足够的空间。

学科交叉边缘地带是创新的重要领域。学科间进行划分（以及学科内部分类）是为了人们认识的方便，而不是真实世界的反映。真正的事物是复杂地存在的，是多种因素共同作用的结果。科技创新不应该过于重视学科间的界限，而更多地应该具有大学科的观念，敢于进行跨学科研究,敢于进行学科交叉。

⑤协同学。注意与别人合作。如果把德国物理学家、协同学创始人哈肯讲到的序参量借用到知识生产中,知识生产中的"序参量"就是指生产者在一起工作时所产生的工作关系,这种关系产生于各个生产者,但是一旦形成后,又支配着每个生产者。这就要求知识生产者具备与人合作的能力,这不是个人(性格)问题,而是关系到整个团队和组织的生产能力、效率与质量的问题。所以,在知识生产者的知识结构中的人际交往能力,是对整个团队很有影响的。如果在整个知识结构中缺乏沟通能力,将会极大地限制知识生产者的能力发挥,进而还会影响到整个团队的能力。

在知识生产团队中,合作与竞争并存。个体差异构成了组织内相互竞争的基础,而共存于一个系统内则为竞争提供了条件,同时竞争也是保持系统活力的重要原因。合作则是系统的基本要求。所以在整个知识结构中,拥有与人共事的知识和能力是至关重要的,知识生产远非凭一己之力就能完成的。

⑥开放性。密切注意科技与社会发展趋势,注意了解一些貌似无关的东西。系统的存在是相对于环境而言的,没有环境的存在,系统不可能与其他系统相互作用,从而就会丧失自己的功能,导致没有存在的价值。系统必须与环境有物质、能源、信息的交流,才能保证自己不进入一种死寂状态。系统的开放不仅仅指对外部的开放,同时也指对内部的开放。

个体知识结构需要相应内部的变化,根据外部环境变化来调整自己的知识结构。个人知识结构的演化必定具有时代性。如果落后于时代,会被时代淘汰掉,如果想超越时代进行思考,那是幻想。一个人的知识结构作为社会整个知识结构的一部分,必须融入其中,方能生存发展。这种融入的过程,就要求个人的知识结构对内也是开放的,不是被动地以过时的知识结构去勉强地适应外部变化,而是主动地调整自己的知识结构去适应外部变化。如果要主动适应外部变化,就需要了解社会发展趋势,而社会发展趋势并不是一个显性存在,对于趋势的把握要从社会出现的若干现象上去把握,所以一个人要有相对宽泛的知识范围,能够敏锐地从看似不相关的信息中捕捉到趋势,进而调整自己的知识结构。

案例、研讨、训练

案例与素材

关于我创造性思维的一孔之见(吴征镒[1])

一、师承的涵养

我从中国实际出发,在科学实践中开拓前进的创造性思维,不是一朝一夕形成的,也不是一人独立形成的,而是站在巨人的肩膀上攀登的结果。中学、大学和以后八年抗战的教研生涯中,我逐步树立了自己的人生观、世界观,培养了能吃苦耐劳的体魄和坚韧不拔的性格,也打下了坚实的生物学、地理学和化学等方面的基本功,终身按清华校训"自强不息,厚德载物"立身行事。吴韫珍和陈桢老师给我以进化发育的基本理论和使现代植物学完全中国化的基本观点;李继侗老师给我以从简单事物中发现真理和解决问题的

---

[1] 吴征镒,植物学家,中国植物区系地理学派的奠基人。他的学术生涯是一部现代植物学在中国本土化和中国植物学走向世界的历史。文章来源:中国科学院科技创新案例。

思路和分析能力；张景钺老师教我以从实际出发、一丝不苟、严肃认真的科学态度；闻一多、朱自清老师等则启发我的爱国心、革命性和想象力。

二、关于生态系统的若干认识的形成

当我在1949年后首次参与大规模生产实践时，首先与罗宗洛、李庆逵、马溶之、刘崇乐和蔡希陶等本土学者共同工作和相互学习，先后又和苏联的生物学家、农学家、林学家合作考察和研究，开始用唯物辩证法观察热带种植业中的矛盾和问题，逐渐形成了生态系统的概念，认识到植物（尤其是建群种）和土壤、小气候的相互关系，认识到上层树种和中下层树种、甚至地被，不但有相互竞争矛盾的一面，而且有互补互利的一面。我运用小环境（由植被表现出来的小地形、小气候变化），结合线调查，明确具体种植热带雨林作物的宜林地的条件，从而解决了在北回归线以北山地开辟橡胶宜林地的难题，解决了当时国家的战略物资需要，促成我国热带，特别是云南橡胶种植业的开拓和发展。但我同时认识到我国热带地区反而种植需要多，只有发展多层、多种经营，即在热带地区发展混交林和复层林，才能适应热带的自然规律，才能满足各方面需要。因此，在积极开展研究热带森林生物、地理群落（按即苏加乔夫式的生态系统概念），长期观察、试验的同时，我从热带推开了我国的自然保护事业。另外，则具体指导搞胶茶人工群落的研究，20年后成功在海南推广，并获得国际奖（我未署名，主持验收）。这一自然保护与研究和人工生态系统对立统一的观点就是后来在世界植物园协会上和大阪五人（中国、英国、美国、日本首席学者）座谈会上一再提出的"人类生态、植物资源和近代农业"问题中反复强调的观点。我还提出了人在利用自然生态系统中各种措施的双刃性问题，人既可以成为最高的生产者，也可以成为最大的破坏者。人类利用植物资源的历史发展过程问题，以及近代农业不但要有微观上利用和改造植物遗传特性的一面，还要有在热带至温带以多层多种经营为核心的生态农业工程，这一对立统一观点，是我在保护生物学和生物资源合理开发和有效保护工作中的根本思路和发展过程，也是我获得国际大奖"COSMOS"奖的主要根据。到现在，我还是抓住这一主要矛盾，即自然保护事业必须与当地的农业现代化发展过程密切结合，否则很难"有效"，因为人越多，地越少，必然对山林和湿地自然生态系统继续破坏甚至掠夺。从这一当代严重任务才引发出建立"野生生物种质资源库"的设想和建议。

另外，我在学术思想上认为：当代和今后，人在其所处的一切生态系统中将是主宰，持双面刃的主宰，但人与自然的主要矛盾方面却在于绿色高等植物。人类只有合理利用这第一性生产者，保护其不断增殖能力和种质资源，才能使绿色高等植物在一切生态系统中起协调作用，才能解决人类只有一个地球，也就是人类只有一个地球生态系统的矛盾，也为今后人类上天所需的进化工程做准备。

由于我在植物学、植物资源学方面的科学实践，使我认识到绿色高等植物既是一切生物资源的最初物质基础，又是人类和一切动物、微生物的生存环境的主要创造者。对它们的进一步认识必须弄清生物多样性的系统和发生发展过程，简言之，是"要过区系关"。所以我在"文化大革命"后大力抓中国植物志和重要地区植物志编辑，以及植物系统发育和地理分布的规律和研究等。

三、关于系统学和区系地理学中创造性思维的形成

在高等植物系统发育中，我主要通过多年的分类学和区系学知识的积累，深入认识到时至今日，首先应掌握这基本真理：生物的系统发育深受地球发生、发展规律的制约，地球演化的规律又深受天体演化规律的制约。认识到生命系统从一开始就形成绿色植物、动物和微生物三者同源而又三位一体的生态系统，以及绿色植物一直占据第一生产者的主导地位。它们的演化并非是单系、单期、单域方式发生，沿上升而逐渐扩大螺旋演化的，而是从一开始就多系、多期、多域发生，并有节律地、历经多次渐变和突变解决矛盾的。在地球的历次大事件、大变动中通过多次大爆发，越喷发而越大、越复杂的爆发式前进方式，并不沿螺旋曲线上升。进化的动力是地球上已有各类群自身矛盾运动（遗传与环境是主要矛盾）的矛盾的解决而

不断爆发式上升的，因而创立了三维节律演化和多系、多期、多域发生的理论，并在世界区系的背景上，具体分析了我国 350 多科，3300 多属，3 万多种的种子植物(有花植物)，发展了系统发育和区系地理分化相结合的系统分析方法，逐科属(有些到种)分析，从而确认被子植物起源于两亿年前(侏罗纪)，现今的太平洋作为泛古大洋从当时泛古大陆中在北半球东北部的一个海沟中经过海底扩张而产生，其后才有古地中海和印度洋的出现，最后才是大西洋。这一理论有其地质、地史根据，是和绿色高等植物，及其协同进化的昆虫、鸟兽的生物地理分布规律相符的。澳大利亚、印度板块和非洲大陆各在印度洋中徘徊，分别形成古南大陆和古北大陆之间的两次分合，而形成与被子植物发生、发展密切相关的两次泛古大陆。海陆的不同组合和以后在旧世界兴起的基本东西向的阿尔卑斯、喜马拉雅造山运动和新世界的基本南北向的落基山、安第斯山造山运动都分别影响了白垩—老第三纪以来第二次大爆发后高等植物各类群的分布及分布区的形成。我在世界植物科属和区系地理的分异背景上所掌握的中国植物种属和区系地理的分异，构成了我对高等植物系统发育、世界科属区系的发生、发展的认识，我的认识和近代西方有关学者所拟的图景有了许多不同，更加明确了上述演化方式和种属、区系的发生发展方式，初步创立了东方人的认识系统。

在植物地理方面自觉运用唯物辩证法分析的结果，使我发展了对许多对立统一范畴的具体认识，如连续分布和间断分布、新特有和古特有、洲际间断分布和洲际洲内的对应科属种、区系发生分布、发生发展等方面的认识都有新的开拓和发展，使我能够探索到科属种和区系地理学能向植物历史地理学发展的方向，进一步解决具体演化过程，或者能使宏观的生物多样性研究和微观的基因形成和基因表达相结合方面有所贡献，并使人类可能进一步控制绿色高等植物，使其在适应自然、影响自然、改造自然中能进一步解放其第一生产力，从而使人类生产能够有一个更加稳定的基础，人类生存环境有一个更加稳定的发展。

点评：综观吴征镒先生创造性思维形成与发展的过程，其核心是他善于运用唯物辩证法的科学方法来思考、认识和解决问题。例如，他运用唯物辩证法分析的方法，发展了植物区系研究中许多对立统一范畴的具体认识，提出生物进化的动力是地球上已有各类群自身矛盾运动的结果，并据此创立了三维节律演化和多系、多期、多域发生的理论。在众多错综复杂的问题中，他还特别善于抓住事物发展的主要矛盾，并从国家需求和科学发展的高度提出解决问题的办法。

研讨与互动

如何在情境中发现问题？

问题情境有三个层次。一是障碍情境：是在原有知识和经验的基础上，无法对当前情境进行科学合理的解释，发生了认知冲突，进而唤起了问题意识。二是发现情境：是面对一定的背景材料，试图引出新的学科问题，发现问题的特征或内在规律，产生新的学科概念。三是解决情境：就是面对直接呈现的学科问题，围绕如何解决这一问题去展开学习、探求知识、寻找解决问题办法。

社会责任感和工程伦理、同理心和同情心、观察和体验是产生问题意识的前提，是创新思维的发生机制。以少数大学生从宿舍双层床上摔亡事故(或其他生活困境)为例，试图提出问题、发现规律，并应用专业知识和方法，提出问题解决方案。

训练与思考

1. 通过对照反省，描述几例可能影响你创新的心智障碍、心理障碍、人格障碍、思维障碍等。

2. 克服功能固着思维障碍的顿悟类测验。

请把蜡烛固定在墙上。德国心理学家邓克尔(Karl Duncker)创造的一个蜡烛问题实验，用于测试人的创造性解决问题的能力。给被测验者一根蜡烛，一盒图钉和火柴，要求被测试者把蜡烛固定在墙上，不要让烛泪滴在

图 4-9　蜡烛问题测验材料

桌上(图4-9)。

3. 描述一个故事(专业的、学习的或生活的),证明你的联想能力。

4. 词语联想思维导图练习。

①选择发散主题概念词语:禅;把主题放在中央,并使用清晰、有强烈冲击力的文字或图形。

②快速向外发散,分支数量最好维持5~7个;使用关键词表达各分支的内容,如静、雅、空等。

③可以继续发散,然后把有创意的闪光点圈起来,并用形象进行表达。

④几个人不加讨论地同时练习,然后比较,找到那些共同词语和个别词语。

⑤进行小组讨论,或写一首禅诗,或绘一幅禅画,或设计一把禅椅,或一个禅意空间。

5. 举例说明你的想象力。譬如,3~5年之后,社会、科技等方面会有怎样的场景或情景?注意描述,可以适当夸张,延迟进行批判。

6. 阅读后即把自己头脑里想象的东西记下,并提出解决问题的方法:

①若不妥善解决某地、某种能源问题,未来经济和社会生活将会出现哪些问题?

②防盗门有哪些种类?除了安装防盗门,你还能想出哪些居家防盗的高招?

7. 想象力练习:未来学习空间。

请从空间、课桌椅、媒体及其功能、结构等角度,对未来教室、未来图书馆、未来课堂、未来学习空间进行推测和想象,并对现有产品提出相应的改进设想。

第5章　创新性思维技法与项目管理基础

在概念设计基础上，简要说明讨论式课桌的产品及其组合设计。

主要阐述洞察发现、列举分析、组合分解、类比模仿、设问联想、逆向思维、多元思考、群体集智等多种创新技法，以及项目管理基础知识。

基本要求：理解洞察发现、列举分析、组合分解、类比模仿、设问联想、逆向思维、多元思考、群体集智等各类创新技法的分类、方法，结合实际有意应用某几种创新技法，提升创新能力。

教学重点及难点：NM法、形态分析法、统摄法、5W2H法、还原分析法等。

基于事理学的高校课桌概念设计总结与产品组合设计

1. 现有课桌缺点及其深层次原因

现有高校课桌椅，无论是固定式还是非固定式，均不能有效满足研讨式教学的需求；即使是市场上的新品，由于其弧形桌面或长方形桌面，在重组性等方面存在不足，也仅使用户体验由痛变痒。

其深层次原因是对课堂教学事理、场景或教学组织形式(课桌排列模式)缺乏深入研究。

2. 基于事理学的高校课桌概念设计创新之处

(1) 提出课堂教学事理学理论

将产品设计的原点由"实事"还原为"心愿"，深入研究多种教学方式下基于课桌椅及其排列模式的课堂教学事理，提出课堂教学事理学理论。

(2) 设计模式创新

提供了一种基于事理学挖掘潜在需求，明确问题，进而提炼产品属性，建立设计概念、产品概念的过程原理与方法，确保概念设计的准确性、多样性与可实施性。

这种面向集体用户的新品家具的研发，与通常面向散户的定制家具项目不同，它需要利用事理学深入挖掘潜在业务需求，意味着一种新的设计模式和商业模式。

(3) 讨论式教学课桌的新概念设计

在课堂教学事理分析基础上，着重探究研讨式教学对课桌的潜在需求，明确问题，进一步提炼新型课桌的属性，将用户需求转换为设计需求，提炼设计概念，进行研讨式教学课桌的新概念设计。

(4)开拓课桌产品创新空间

高校课桌椅概念产品将突破现有课桌的种类和规格。通过该项目的研究,也将带动中小学校课桌椅产品的研发。基于用户不同、产品功能和经济成本等方面的考虑,这类家具将有十分丰富的品种。

3. 讨论式课桌的产品及其组合设计

(1)讨论式课桌的标准化设计

适应小班讨论式教学的高校课桌标准化设计,即参照国内外先进合理的标准,利用其有价值的部分进行创新设计。若按常规采用 GB/T 3976—2014 学校课桌椅功能尺寸,即使是移动式课桌椅也不能有效实现模块化组合(表 5-1)。以燕几图为设计原型,用现代人体工程学、GB/T 26158—2010《中国未成年人人体尺寸》(GB/T 10000—1988 中国成年人人体尺寸已落伍于时代要求)和课桌椅国家标准等理论加以改造,不仅能传承和创新中国家具文化,也能有效满足教学发展的新需求。

表 5-1　高校非固定式课桌主要尺寸(摘自 GB/T 3976—2014)

指标	规格/mm
桌(面)高	730±10
桌(面)宽	600
桌(面)深	400

①桌高的确定。依据 GB/T 26158—2010《中国未成年人人体尺寸》,16~17 岁未成年男女小腿加足高第 50 百分位数分别为 414mm、379mm,与 GB/T 10000—1988 中国成年人人体尺寸几无差别,座高以 400 mm 为宜,相应地桌高为 720mm。而依据 GB/T 3976—2014 学校课桌椅功能尺寸,座高为 410±10mm,相应地桌高为 730±10mm。

考虑大学生进行研讨活动时起立比较频繁,参考中学课桌尺寸,将大学生研讨式课桌高度确定为 760mm 为宜。

②桌面幅面的确定。第一方案,以每席位桌宽尺寸标准化为出发点,适当加大桌深,研讨式课桌基本规格见表 5-2 所列。

表 5-2　方案一:研讨式课桌基本规格[桌面高(730±10)mm,桌面深 600mm]

指标	矩桌	条桌	线桌
席位	2	3	4
桌宽(mm)	1200	1800	2400
桌宽之比	2	3	4

第二方案,以桌深尺寸标准化为出发点,适当加大单个席位的桌宽,研讨式课桌基本规格见表 5-3 所列。

表 5-3　方案二：研讨式课桌基本规格 [桌面高(730±10)mm，桌面深 400mm]

指标	单桌	两联桌	三联桌
席位	1	2	3
桌面宽(mm)	800	1200	2000
桌面宽之比	2	3	5

该方案打破每个席位的平等关系，组合更加简单。图 5-1 为其中两联桌的设计。在具体设计中，将进一步考虑一系列设计原则和设计方法，如对称设计原则。

磁条旋转手柄

前侧8mm方形磁条

侧边半径4mm圆柱磁条

N级状态　　　　　S级状态　　　　　桌下挡板

图 5-1　两联桌及其细节设计

(2) 讨论式课桌的组合及其适应性研究

高校课桌总体设计及适应性研究，主要研究课桌不同组合形式及其教学适应性，以课桌椅及其布局为中心的人体近身空间、学习活动空间及其与教室总体空间的关系，空间设计评价等。

标准化设计所得研讨式课桌的组合，既保留了燕几图的原有组合，又可以衍生出新的组合。表 5-4 所列为研讨式教学可以直接采用的燕几图格局。

表 5-4　研讨式教学组织形式所适用的燕几图[1]

组织形式	适用人数(总数/组内人数)	名称	备注
宴会厅式	40~60/8~12	磬矩 千斯 一厨 朵云	边长比 4:4
		排峦 小布算	边长比 3:3
会议方桌式	30~42/10~14	瑶池 金井 玉沼	"回"形(虚中)
马蹄形	21~30/7~10	小鼎峙 鼎峙 连衡折矩 双磬折 小双磬	拼桌,班级教学
		口字 小口 中口	单桌,小组教学
咖啡厅式	20~30/4~8	俪方 双鱼	小组讨论
小型论坛式	20 左右	平山 层级 云蝶 石床 杏坛	梯形成排布局
辩论式	30/10~16	振衣 披褐	"T"形布局

图 5-2 所示是以第二方案为基础,设计绘制的研讨式课桌组合效果图。

变型设计一般是指针对已存在的设计,做特定的修改,以产生一个和原设计相似的新产品。依据第二方案进行组合设计,实际是对燕几图的变型设计。

请以此项目为参照,简要设计中小学课桌,说明遇到什么新问题,如何加以解决?相比高校课桌,中小学课桌产品属性有何变化?用简图表达出来。

如何使设计或创新更深入、更丰富、更实际,让我们继续学习创新技法。

---

[1] 表中所列名称为燕几图中原有格局名称,其对应图形可参考有关燕几图书籍。

弘扬传统文化，培养健全人格；改革教学形式，活跃课堂气氛；布置多变格局，适应不同人数；深化学习内容，培养创新能力。

对话·辩论·研讨·演讲

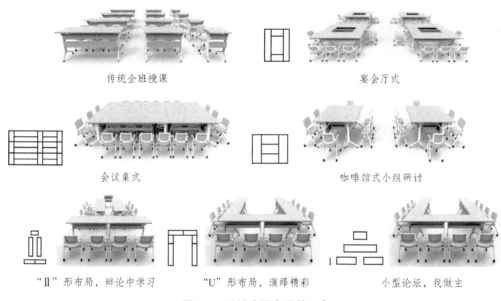

图 5-2　研讨式课桌及其组合

5.1　创新性思维技法训练

创新技法是创新经验及技巧的总称，而创新技巧是解决问题的路径和方式。创新技法是在问题导向的方略指导下，主要研究在科学研究和发明创造过程中分析解决问题，形成新设想、产生新方案的规律、途径、手段和方法，目的在于拓展创造性思维的深度和广度，缩短创造探索过程，提高创新活动的成效。

5.1.1　洞察发现

5.1.1.1　洞察力

（1）洞察力及其形成

①洞察力的内涵。观察力是指全面发现事物准确信息的能力。洞察力也称预见力、前瞻能力，是指一个人多方面观察事物，从多种问题中把握其原因、核心、实质、规律、原理和趋势的能力；是一种从理性角度质疑和批判的能力，运用洞察力可在习以为常的观念和表述中找出问题，从而深化思考、走近事实真相；是独具慧眼，能察觉别人所不觉，有先见之明，却又预料正确；是一种着眼未来、预测未来和把握未来的能力。

洞察力体现在情商上，是对人的情绪察觉，对人性、心理、心情走势的把握；在智商上,是对事物的本质、规律、演化的预见。洞察力不仅体现在对一件事物的准确预测,还体现在发现新鲜事物的能力。达尔文凭借洞察力提出了进化论,沃森和克里克更是靠洞察力发现了 DNA。对于普通人来说,洞察力是防止被骗、少走弯路、做出正确选择的重要保证。

②洞察力的形成。洞察力的形成是一个行动中向上的思维过程。

人在行动中获取资料和信息之后,信息是真是假?如何通过这些表面信息,挖掘出更多潜在信息?这就需要大脑进一步处理。处理后得出的结论,既正确,又有先进性,是别人想象不到的,这就是洞察力了。所以,洞察力是观察力、分析判断能力、想象力的合集。若没有分析判断能力,获得的信息无从下手,也解剖不出新信息。分析判断就是甄别信息并对表面现象进行追溯,追溯其原因、原理,从而得出本质性的结论。而想象力则是建立在观察到的信息和分析后的新信息上对事情发展的推演和预想。想象力也是行动的动力,凡是能够忍耐眼前的艰苦而坚持下去的,也一般都是想象力较丰富,能看清未来的人。但想象最终能不能与实际吻合,就看之前的分析判断对不对了。

(2)提升洞察力的路径

①经验知识、好奇心、敏锐的感知与直觉。只有好奇心,才会让思考变得广泛,即使一件事与自身利益无关,也想去探个究竟。

很多人之所以缺乏洞察力,对一件事物熟视无睹,就是因为对自身的行为目标看得太重,事不关己不做,无关利益不做。殊不知,世间很多事情的运行原理,在某个层面却是相通的,是有互鉴意义的。经常好奇于各种事物的人,就容易从中得到启示,继而触类旁通,形成洞察力。所以,不要把自己的眼界局限起来,多培养广泛兴趣,多涉猎不同知识,才是洞察力之源。很多时候那些看起来没用的知识,关键时候却成了解决问题的助力。所以,洞察来自知识的广泛,而后者又取决于好奇心以及求知欲。在科学实践中,地质学家会仅凭岩石上的巨大擦痕就判断出这是远古时代冰川的遗址;一条微不足道的线索,就足以令人发现背后巨大的秘密,这就是敏锐的感知力、直觉和洞察力。

②深入了解,苦心钻研。在一项事业或一件事情上,若不专注、不深耕,只是浅尝即止,也是不行的。深耕是对某一行业、主题持续不断地调研、分析、判断的过程。要能准确预测或把握科技(学科)发展规律,对相应学科与相关学科客观规律有较深的了解,并用于科学探索。同时,要准确把握社会科技发展战略及其对科技的客观需求,善于进行科技发展环境分析。很多重大创新,都是深入研究者的突然灵感爆发。

③联想和想象。此处所谓联想,就是把不同的知识联系起来想象。人通过广泛的兴趣,获取到不同领域的知识、不同事件的道理、原理,把不同知识、见识、道理融合起来,就有可能产生联合反应,继而得到新的方法。一个好的点子、灵感、理论的产生,往往就是这种不同知识之间联合反应的产物。

(3)激发洞察力的策略

①好奇心。就是说在发现问题的时候,要不断问自己:"这到底是怎么回事儿?"这样有助于获得洞察力。

②触类旁通。人们要把新的信息和旧的信息合到一起,就有可能产生新想法或者有了洞察力。

案例：达尔文进化论

达尔文22岁时搭乘英国海军"小猎犬"号远渡重洋。在佛得角，他发现了悬崖高处的贝壳；在巴塔哥尼亚，他发现了已经灭绝的大型哺乳动物的骨化石；在加拉帕戈斯群岛，他发现了不同岛屿上截然不同的知更鸟。是何原因让物种如此丰富？自然界为什么会培育出新品种？一天，他翻看马尔萨斯的《人口学原理》，书中阐述："人口会不断增长，但当达到食物供给的极限之后，人类之间就会为了食物相互竞争。"达尔文因此意识到，这正好解释了他所观察到的物种之间的各种区别——物种之间为了资源进行竞争，任何随机进化都可能会成为某个物种的优势，于是就有了优胜劣汰。

③自相矛盾。即从那些不合理或者自相矛盾的情况(言行)里发现新信息。

④巧合事件。一般发生巧合的时候，很多人都不会太在意，但其实巧合往往是洞察力的来源。

⑤急中生智。一些具有良好心理素质(阅历丰富、从容镇定、思维敏捷、判断准确、举措合理)的人在遇到极端情况时，不按常理出牌，但最后问题解决了。生死关头，人们往往能以求生本能激发潜知潜能，集中注意力，抓住事物本质，采取果断行为。"空城计"，就是一个典型的洞察人性、急中生智的故事。

5.1.1.2 发现能力

(1) 发现是一种洞察和辩证分析能力

法国雕塑家罗丹："所谓大师是这样的人，他们用自己的眼睛去看别人见过的东西，在别人司空见惯的东西上发现未来。"

发现源于观察，观察不等于发现。由于新思想的发生发展有一定的契机和过程，有时难以很快取代旧思想，加之社会环境条件的限制，从而常使新思想不得不仍以旧思想的面貌出现，这就要求人们必须善于从旧思想中品出新思想的成分，从而发现、发明创造出新事物。

(2) 发现的切入点

发现的切入点不同，其创新点就不同❶。

①发现问题。有意识地发现问题，在很大程度上应特别着眼于在人们普遍认为已经解决了的问题，甚至在认为根本不存在问题的地方或方面去发现问题。

②发现异同。发现异同是指在相同(或同类)的事物中发现其不同所在，而在不同的事物中又能发现其相同所在的能力，即同中求异、异中求同的能力。为了同中求异，就要科学地做到"不理解最明显的东西"。当有人问爱因斯坦他的那些科学概念是怎样产生的时候，他明确回答说是由于"不理解最明显的东西"而产生的。例如，对新型冠状病毒的认知，就伴随对其与SARS的同源性以及差异的研究。

③发现可能。一个客观事物的出现和变化绝不仅仅是与单一的因素有关的，对于任何一个事物都要尽可能多地发现与其相关的可能性。由于人类总体认识水平的限制，又由于各人在知识占有量上的差异和考虑问题的角度、思维方式的不同，常常会造成许多人以为不可能发生的事情反而恰恰是可能发生的。事实上，往往是一个重大的发明创造成果，当初或许恰

---

❶ 刘晓宏. 创新设计方法及应用[M]. 北京：化学工业出版社, 2016.

恰就是在人们认为不可能或极少可能的地方出现。例如，"接吻也不会留下唇印的口红""拍立得相机"。

④发现关系。不同事物之间往往存在着各种各样千丝万缕的关系，但由于种种原因，这些关系并非一眼就能被识别。例如，因果关系，同一种原因可引起不同的结果，同一种结果也可由多种不同原因所致，确定并利用因果之间的关系便成为创新路上的必要工作。橡皮铅笔，因"写错字"与"擦除笔迹"之间的事物功能存在因果关系而被组合在一起。

(3)如何培养一双善于发现的眼睛

①培养良好的观察习惯。培养一双善于发现的眼睛，首先要培养善于观察的能力。在观察过程中，只有目的明确、目标清楚，观察才能抓住重点，注意力才能集中围绕着被观察的对象，观察者才能通过感知和思维把握其特征，做出符合客观实际的判断。要培养合理的观察方法，这对抓住事物的主要特征具有十分重要的作用。

②发现能力是观察力的进一步升华。创设良好情境，激发创造动机。创设情境，以良好的氛围、新颖的方式激发兴趣和欲望，并以积极发现的态度产生创新的动机。合理运用联想和想象，培养发散性思维、辩证性思维，多角度思考问题。尊重个性，培养独创性。要敢于质疑且善于质疑，有疑问才能去探索，去发现。努力营造一个民主、和谐、宽松的气氛，尊重和保护好奇心，这样才敢于质疑，勇于创新。

5.1.2 列举分析

列举分析是通过对事物特性的详细分析，以列举方式把问题展开，并列出其各方面的特性特征，帮助人们克服感知不足和思维束缚的障碍，从中找到有利于选择和确定创造发明题目的一种创新技法。

列举分析是利用具有比较性质的一览表对事物进行强制分析。它有助于克服感知觉不敏锐的障碍，使思维走出麻木僵化的状态；促使人们全面感知事物，防止遗漏；有利于克服先行判断的障碍；是改进老产品(特性列举、缺点列举)、开发新产品(希望点列举、列举配对)的非常实用的方法。

5.1.2.1 属性列举法

属性列举法，又称特征列举法，由美国克劳福德(Robert Crawford, 1954)于20世纪50年代提出。

(1)基本原理

通过对需要革新改进的对象做全面的观察分析，尽量列举该事物各种不同的特性或属性，然后确定应改善的方向及如何改善。此法常与设问法、头脑风暴法、类比法、移植法、换元法等同时使用。

(2)实施步骤

①确定研究对象。创新对象是具体的，但研究对象可能不是唯一的，而是以某一具体对象为主的一类对象。

②属性列举。将对象的特征或属性全部写出来。包括要素与整体的关系。

③从实际出发，属性列举具体化。

名词特性：整体、部分、材料、结构、原理、制造方法、应用场所等。

形容词特性：颜色、形状、状态、性质、感觉等方面。

动词特性：功能、作用等。

也可以是物理、化学、形态、结构、功能、用途、使用者、经济等方面的特性。

④设问联想。在各项目下通过提问，试用可替代的各种属性加以置换，引出独创性方案。

⑤新概念设计。提出方案并对方案进行评价讨论，使产品能符合人们的需要和目的。

(3) 应用提示

属性列举法一般应用于在已有产品基础上进行新产品开发和革新改造。

①对象应具体。若是产品，应指明具体型号；若是问题，应指明具体问题。

②题目不宜过大。对于较为庞大的复杂物体，应先将其拆分，分别加以研究，然后再加以综合。

③属性越详细越好。突破定势，进行思考。

案例：试用特性列举法提出电风扇创新设计新设想

①分析现有电风扇。观察待改进的电风扇，搞清其基本组成、工作原理、性能及外观特点等问题。

②对电风扇进行特性列举(表5-5)。

表5-5 电风扇特性列举

类别	项目	特性
名词特性	整体	落地式电风扇
	部件	电机、扇叶、网罩、立柱、底座、控制器
	材料	钢、铝合金、铸铁
	制造方法	铸造、机加工、手工装配
	性能	风量、转速、转角范围
形容词特性	外观	圆形网罩、圆形截面立柱、圆形底座
	颜色	浅蓝、米黄、象牙白
动词特性	功能	扇风、调速、摇头、升降

③提出改进新设想。

针对名词特性进行思考。

设想一：扇叶能否增加一个？改用两头有轴的电动机；使电动机座旋转180°，送风面达360°。

设想二：扇叶材料可否改变？如用檀香木，再用特配中药浸剂加压浸泡，制成"保健风扇"。

设想三：调节风速和转速的控制按钮能否改进？改成遥控式？加上微电脑，使电风扇智能化？

针对形容词特性思考。

设想一：能否将有级调速改为无级调速？

设想二：网罩的外形是否多样化？椭圆形、方形、菱形、动物造型？

设想三：电风扇的外表涂色能否多样化？将单色变彩色，采用变色材料开发"迷幻式电风扇"。

针对动词特性思考。

设想一：冷热两用扇，夏天出凉风，且使电风扇具有驱赶蚊子的功能；冬天出热风。

设想二：消毒电风扇，能定时喷洒空气净化剂，消除空气中的有害病毒。

设想三：理疗风扇，它不仅能带来凉意，而且能保健按摩，具有理疗功能。

5.1.2.2 缺点列举法

(1) 基本原理

缺点列举法，是从社会需要的事理、需求、功能、审美、经济等角度出发，分析研究对象的缺陷；然后抓住事物的缺点进行分析，以便确定发明目的、提出改进方案，或对缺点逆用的一种创造技法。

(2) 实施方法

①对比分析法。与同类名牌竞争产品进行比较，找出差距和弱点。应用对比分析，首先要确定具有可比性的参照物。如列举电冰箱的缺点，则应将同类型的多种电冰箱拿来比较。在比较时，还应确定比较的项目。对一般产品来说，主要是功能、性能、质量、价格等技术经济方面的比较。

如果产品尚处于设计阶段，应注意与国内外先进技术标准相比较，以发现设计中的缺点，及早改进设计，确保产品的技术先进性。显然，搜集和掌握有关技术情报资料是进行这种比较的前提。

②用户调查法。通过销售和售后服务、意见卡，收集用户意见。事先应设好用户调查表，以便引导用户列举缺点，同时便于分类统计。如果列举现有产品的缺点，最好将产品投放市场试销，让用户提意见，这样获得的缺点对于改进企业产品或提出新产品概念最有参考价值。

例如，将普通单缸洗衣机投放市场试销，并搜集用户意见后，便可列举其缺点：功能单一，缺乏甩干功能；使用不便，需要人工进水、排水；洗净度不高，尤其是衣领、袖口等处；混洗不同颜色的衣物时，容易造成互染；排水速度太慢，肥皂泡沫更难速排；衣物品容易绞结，不易快速漂洗……

③会议列举法。请5~10名不同领域的专业人士参加会议。会议一般持续1~2小时。围绕主题讨论，挑选主要问题。研讨的主题宜小不宜大。可以结合特性列举法，针对事物特性列举缺点。一般步骤：由会议主持者根据创造活动需要，确定列举缺点的对象和目标，确定会议人员；召开会议，发动与会者根据会议主题尽可能地列举缺点，并将其逐条写在预先准备好的小卡片上；对写在卡片上的缺点进行分类整理，确定主要的缺点；研讨克服缺点的办法。

(3) 实施步骤

①确定某一创新对象。在确定创新对象的同时，尽可能联想、罗列与之相比较的同类对象。

②缺点列举。尽量列举该事物的缺点，可事先调研、征求意见。

③将缺点加以归类整理。列举缺点的目的在于改进,而分析鉴别出有价值的主要缺点,创新才有出发点和目标。

一般可从影响性质、程度和表现方式两方面入手。

不同的缺点对事物特性或功能的影响程度不同。如电动工具的绝缘性能差,较之其重量偏重、外观欠佳来说要影响大得多。分析鉴别缺点,首先要从产品功能、性能、质量等影响较大的方面出发,使提出的新设想、新建议或新方案更有实用价值。关键性缺点是指对事物功能有重大影响的缺点。

在表现方式上,在某些情况下,发现潜在缺点比发现显性缺点更有创造价值。潜伏性缺点是指潜在的、近期没有明显表现出的,但具有慢性副作用(如电子辐射、塑料不能降解),或会对未来带来重要影响的缺点。有人发现洗衣机存在着病毒传染的缺点,提出了开发具有消毒功能的洗衣粉的新建议;针对普通洗衣机不能分类洗涤衣物的缺点,开发设计出具有分洗功能的三缸洗衣机。

任何事物都有双重性,缺点在一定条件下可以向有利方面转化,成为优点。这种缺点是可逆用缺点(表5-6)。

表5-6 缺点逆用常见思路及应用案例

思路	案例
无中生有	焦耳从不可能的永动机中发现能量守恒定律
以毒攻毒	接种疫苗故意染病,增强免疫力
感觉补偿	盲人暗室处理胶片、盲人按摩
错位利用	不干胶、吸墨纸
因势利导	风浪发电、噪声除尘
变废为宝	空调、冰箱的余热利用

④提出方案,实施创新。针对所列缺点逐条进行原因分析,研究改进方案。或者缺点逆用、化弊为利。

在缺点利用、寻找化弊为利、变害为宝的方法和途径时,也可能产生创新和发明。关键是透过现象认清缺点的本质,即抽象出这种被视为缺点的现象背后所隐藏的可利用的基本原理或表现为缺点的现象本身的特性、行为、作用过程等,并判断缺点是否具有可利用性,为下一步利用的途径和方法提供科学依据。然后,研究可利用的方法和对象。例如,不干胶、蛤蟆夯、蚀刻和电化学加工工艺的利用。

案例:试列举电冰箱的潜伏式缺点,并提出若干创意

(1)列举潜伏式缺点

通过创造性观察和思考,重点列举在使用电冰箱过程中产生的问题。例如,使用氟利昂,产生环境污染;使冷冻方便食品带有李斯德氏菌,可引起人体血液中毒,孕妇流产等疾病;除霜时,冰水易使高血压患者人手毛细管及小动脉迅速收缩,血压骤升,危及人身安全。

(2) 提出改善的新设想

研制一种"磁冰箱",无须压缩机,采用磁热效应制冷,不用有污染的氟利昂介质。研制一种能抑制或消灭李斯德氏菌及其他细菌的"冰箱灭菌器",作为冰箱附件使用。从自动定时除霜和方便除霜、无霜等角度,改进冰箱性能。

5.1.2.3 希望点列举法

(1) 基本原理

希望点列举法是通过提出来的种种希望,经过归纳,确定发明目标的创造技法。

希望是人们心理期待达到某种目的或出现某种情况,是人们需求心理的反映。希望的类别:

①表面希望和内心希望。任何一位消费者都有其表面希望和内心希望。在分析关于消费希望的情报资料时,若仅以表面希望来构思课题或方案,容易造成失误。因此,必须谨慎地进行鉴别,以列举出人们心中真正的希望。

②现实希望和潜在希望。列举的希望中,有现实希望和未来的潜在希望,二者分别对应现实需求和潜在需求。如家庭希望安全,汽车需要安全,对防盗产品便有需求。防盗锁、防盗门窗等产品,是现实希望的产物。家用保险柜、计算机报警系统等创意产品或新产品,对普通家庭来说当属潜在希望的对象。

创新设计,对现实希望,要审时度势,兵贵神速;对潜在希望,要高瞻远瞩,暗度陈仓。

③一般希望和特殊希望。一般希望是大多数人的希望,特殊希望是少数人的希望或特殊群体的需求。例如,不用纽扣的服装——尼龙搭扣;不论胖瘦都能穿的衣服——膨体衫。

希望点列举法的思维基线比缺点列举法要宽,涉及的目标更广,更侧重于联想方法。

(2) 实施方法

①书面收集法。按事先拟定的目标,设计一种卡片,发动用户和员工,请其提供各种希望和需求。

②访问谈话法。走访用户或商家,倾听各类希望性的建议和设想。

③会议法。5~10人,1~3小时,头脑风暴,相互启发。

(3) 实施步骤

①确定革新对象。根据发展需要和市场反应,确定革新对象。

②希望点列举。对现有的某个事物及其属性提出希望。希望源于事物本身不足或人们需求变更。

③提出设想。评价所产生的希望,找出可行的设想。

④具体实施。对其做具体研究,并制订方案,实施创造。

5.1.2.4 列举配对法

把任意选择的两个事物结合起来,成对列举其特征,或把某一范围内的不同事物一一列举出来,依次成对组合,然后从中寻求创新设想。这种方法兼具列举法的全面性和强制联想组合的新颖性。

以座机电话改进为例,任取一拟组合物(如苹果),列出座机和苹果的属性,分别是机座、话筒、连线,和球形、果皮、香味,再将两个物体的属性任意两两组合,从而试图激发创新性设想。

以家具组合设计为例,其过程可以简化为列举—配对—筛选方案。先把所有家居用品都列举出来,再将其中任意物品两两组合(也可以多物组合),最后进行组合分析,筛选出新颖、实用的方案。

5.1.2.5 NM 法

NM 法由日本创造学家中山正和提出、高桥诚改进,NM 是中山正和姓名的罗马字母缩写。

1)理论基础

(1)记忆与联想

根据人的高级神经活动理论,将人的记忆分成两种。由第一信号系统对具体刺激形成的条件反射为点性记忆;由第二信号系统对抽象刺激形成的条件反射为线性记忆。前者是在断断续续中联想出意想不到的结果;后者是以意志、理论为契机产生的关系性联想。若通过联想、类比等方法,搜集平时积累起来的点性记忆,再经过重新组合,把它们连接成线性记忆,就会涌现出大量创造性设想。

(2)大脑机能的5个层次

中山正和建立 HBC(human brain computer)模型,依据动物大脑机能进化,将其分为5个层次,见表 5-7 所列。

表 5-7 大脑机能的 5 个层次

	层次	机能
1	S→O stimulus→output	因刺激而反应,有刺激就有反应,无刺激则无反应。此情况大脑只具备转换器机能,是无意识的、肉体的学习
2	I→O image→output	因心像(image)而反应;例如,子辈以父辈的动作作为自己的心像(来自父辈动作的印记,而非来自自身大脑的记忆),再依此采取动作
3	I.S image—storage	心像之储存或记忆;大脑作为心像之储存或记忆,当接受外在刺激时,若探求脑中所储存记忆的心像而采取行动,此时储存于脑中的心像即为 I.S
4	W.S word—storage	语言之记忆,不单以心像来记忆,而且以语言来记忆,为人类专有特性。W.S 是针对 I.S 而产生的语言或文字符号,所以可与 I.S 加以连接,但并非一对一连接
5	W.R word—retrieval	言语检索,即法则之叙述,这仅靠 W.S 或 I.S 是不够的,譬如幸福一词的语义即无心像,也无相对的语言,必须先将概念抽象化才可能建立法则;人类因有这些 W.R 才能归纳,也才能了解老师所传授的法则,演绎也才可能

(3)假说检定的辩证思考模式

对于任何问题的解决,如有"这样做应可解决问题吧"此种想法时,此想法即为"假说",而此假说即为"创意"。对于某问题想办法加以解决时,是因为在直觉上认为可以解决此问题,因为过去对类似问题已获得解决,而在意识上留下记忆印象,所以认为此问题也可获得解决。

为解决此问题尚需进行各种调查,并利用知识进行分析。分析结果若与直觉无矛盾之处,则此题目始终不成问题。问题之所以为问题是此分析数据与直觉产生矛盾。此时若继续分析下去,且具备足够知识时,终将解决问题。当无法继续分析下去时,则必须在直觉与分析中设立假说,以消除两者之间的对立矛盾。矛盾越大,越需有飞跃性假说,假说通常要经过多次尝试才能获得事实证明或认同。

2) NM 法的特点

NM 法的特点是,以模拟法引发创意,以假说检定法组合创意,充分利用图像进行思考。

(1) 创意引发

创意引发(扩散性思考),有观察、想象、联想等各种方法。自由联想环绕主题全方位思考,范围最不受拘束;强制联想则因从所设定的角度引发创意,思考范围稍受限制,但在创意引发的暗示作用或由此产生的创发速度而言,则具有促进的效果;模拟法则是由一个观念到一个图像,再由图像想到很多创意,故在范围上最为狭窄,但因其透过图像的直觉作用,故其创意的引发最为自然便捷。

在 HBC 模型里,1~3 层相当于第一信号系统或三脑说❶的本能作用;这些本能作用有利于促使创意的产生。NM 法依据问题解决目标的 key words 引发相似图像,再由此图像引发解决问题相关创意。这种依赖 key words 引发图像,再由图像引发创意的做法符合上述模拟法所述直觉的精神。

(2) 假说检定

假说检定法是在创意与创意集合在一起以后,引发更大创意的方法。当进行创意组合时,均无固定标准可循,所依循标准只能说是操作者本人的自我假设,而不管这个假设的来源为何,假设终究只是一种暂时标准而非固定标准,假若经不起检定,假设即会被放弃,而另循其他假设性标准。以此类推,直到操作者所设定的假设性标准或依其标准所获得的结果被操作者所接受为止,这种假说检定式的创意组合方法与 KJ 法❷的统合法或演绎法等其他创意组合方式相较也大不相同。

3) 创意组合类型

由于 NM 法的创意引发依循的模拟法特别着重第一信号系统之本能作用,NM 法的 T 型、A 型及 H 型各型都充分使用到图像。其中 T 型属构想产出(创意引发),在模拟阶段相当程度地使用到图像。A 型则纯属构想转换(创意组合),其素材、拟创造物在性质上以硬件之物质为主。NM 法的思考方法属于模拟思考,如情境模拟、现象模拟、拟人模拟等,较容易产生联想,故也称为想法移植术。

---

❶ 三脑理论,又叫"三位一体的大脑假说",形成于 19 世纪 60 年代,由美国神经学家保罗·D. 麦克莱恩首次提出。三脑理论认为,理性脑负责思维,情感脑负责情绪、记忆、社会关系等,本能脑控制自运行生理机能和应激反应。

❷ KJ 法是将未知的问题、未曾接触过领域问题的相关事实、意见或设想之类的语言文字资料收集起来,并利用其内在的相互关系作成归类合并图,以便从复杂的现象中整理出思路,抓住实质,找出解决问题的途径的一种方法。

(1) 问题发现型——D 型

从很多事实资料中发现问题重点，以假说方式创造新观念，最后以直觉判断结果。

①将所搜集数据、资料卡片化，并散置于桌面上；将类似内容的卡片放在一起。

②从汇集在一起的卡片中，挑出代表性卡片并置于其他卡片之上，将有关系者放置于近旁。

③从隔离的岛中，逐一取出卡片，取的卡片彼此之间具有矛盾性；设立"假说"看看；

④以所设立的假说检视其他数据，以便了解假说是否正确。

(2) 硬件发明型——H 型

H 型是 NM 法之原型。"从逻辑性、理论性的记忆"中引出资料，称作 H 型展开，适用于设备、工具等硬件之发明、改良及问题解决，以个人方式实施，以图标代替文字为其特色。

①明确问题，将其记在卡片上，置于右面。例如，洗衣机的本质问题是"洗"衣机。据此设立几个关键词，例如"洗""清洁""安全"等。这些逻辑性提示能够激起类比和联想。将其排列在问题左面。

②针对这些卡片进行类比和联想，将类比和联想的结果（可用图形图像表示出来，并说明场景）排列在各张卡片下面。例如，围绕"洗"字，进行类比和联想，突破原有洗衣服的概念，充分发挥自己的想象力，把各种洗涤方法列举出来，如擦板搓洗、刷子刷洗、棒槌敲打、河水漂洗、流水冲洗等。

③对类比对象、场景与现实问题的关系加以分析。这能作为深一步探索的线索，引发具体创意图像。类比的洗涤方法，其本质是通过加速水的流动，将粘附在衣服上的污物冲刷掉。应用类比等方法，设想各种可以加速水的流动的机构，如泵抽水、转盘甩水、喷嘴甩水、超声波发生器等。

④分析后，根据价值观和现有技术条件等，将现实可行性构思排列在下面。如用转盘甩水结构，简单经济，较适用于小型家用洗衣机；若用超声波发生器，价格高，功率小，可用在精密仪器的洗涤上。

另选其他关键词，用同样的步骤重新寻找设计方案。进行比较、综合之后，筛选出最佳设计方案。

这样集中起来的构思，依据中山正和的第二信号体系，是以意志的理论性的记忆来处理的。

(3) 构想产出型——T 型

通过对第一信号体系的"线性记忆"展开的构思，称为 T 型展开，具有比较抽象的特点。透过模拟法进行创意引发，采取小组方式，以扩散法实施。在 HBC 模型中，1~3 层相当于大脑旧皮质（无意识反应）的作用，是人类创意的源泉。创意引发，即利用此旧皮质之作用。

①了解有关问题。设定一个代表问题解决方向的关键词，以易于进行类比和联想；关键词不用名词，而用动词和形容词，然后写在卡片上。例如，"轻"型材料。

②探寻模拟。从该关键词开始询问"联想什么""比如像什么什么一样"一类问题。

③思考模拟的场景。将被问者得出的类比和联想记在卡片上,排列在关键词的下面。接着对其中感兴趣的成员发问,"在那里发生了什么""那个怎么样了"这一阶段提出的问题没必要逐个做笔记。

④寻求启发。对联想产生的回答发问"那个回答对问题意味着什么?"不要固执于一个问题,如没有材料就对下一个记录进行同样抽象。最后把自由的线性联想产生的这些构思的卡片弄乱,然后依靠想象力进行重组,引入到明确构思的道路上来。

(4)空间(领域)结合型——A型

将T型所获得的大量观念加以整理变换,其整理原则是将无因果关系的观念予以结合,创造出新观念。适用于发明、新技术、新产品开发及工业设计等。

①以纯真的态度凝视T型展开的卡片内容。当有某张卡片内容与别的卡片内容加以组合而有更好的创意之感觉时,即将组合后的创意予以记录。

②从观念卡片中随意取出两张卡片看看,由于采取随机抽样方式(常识上无法由此两张卡片产生创意),故此两张卡片在性质上是异质的,为消除其间异质性,非在此两张卡片之间设立假说不可。其方法是扩张此两卡片各自的形象,再从彼此形象的交叉重叠中发现共同之处。此时纯属异想天开之创意构想阶段,故尚不能拥有创意是否实现等判断性思考。

5.1.3 组合分解

5.1.3.1 组合及其特征

(1)组合及其作用

组合创新型技法,是指按照一定的目的或功能需求,将现有的科学技术原理或方法、现象、物品做适当的组合或重新安排,从而获得具有统一整体功能的新技术、新产品、新形象的创新技法。该方法可以运用已有技术实现技术突破,同时有利于为新技术、新工艺、新材料的推广应用寻找途径。

(2)组合创新的特征

①创造性。组合是按照创新目标,经过分析,择取相关组合物(或组合要素),通过巧妙地组合(方式),获得一个新颖的或一个新功能的事物。例如,药物牙膏、可视电话均是组合创新产物。

②奇特性。通过组合创新,获得重大突破,取得显著效益。如多级火箭能把飞船送入太空。

③广泛性。组合创新易于普及,灵活多样。从简单日用品到诸如宇宙开发等尖端技术,从普通改进到新学科、新理论的创建。自20世纪50年代以来,原理突破型成果的比例明显下降,而组合型发明开始变成技术创新的主要方式。据统计,现代技术中组合型成果已占全部发明的60%~70%。

5.1.3.2 组合的基本类型

1)按组合层次划分

组合层次是指将对象整体或部分组合成特定的树形结构,表示组合对象的"部分—整体"层次关系。

(1) 整体组合

将两对象,整体而不加以拆分地简单组合在一起。原有对象既保持独立性,彼此又有特定的关系。

(2) 整体与部分组合

将某一对象的部分与另一对象的整体组合在一起,使功能更加丰富完善。

(3) 分解后部分组合

将某一对象的部分与另一对象的部分组合在一起,构成新的配置和功能。

2) 按组分异同及其关系分类

(1) 重组组合

在事物的不同层次分解原来的组合,然后再按新的目标,重新安排各部分之间的组合关系。例如,燕几图、七巧板、组合家具、双面穿的服装、真空吸尘器、生产流水线。

案例:变形金刚式万能自行车

退休工人魏山发明了一种万能自行车,仅凭一把扳手就可以变换出111种不同车型。这种自行车不仅能用脚刹车、用脚转向,还能为无臂的残疾人代步,而且打破了传统自行车的结构和装备定势,使得车把、驱动、转向、车轮等部分能够随意变换,形成有车把、无车把、前轮驱动、后轮驱动、轮前驱动、前转向、后转向、双转向等各种新颖、奇特的样式。可广泛应用于代步、康复、娱乐、载货、体育训练等方面,还可作为智力玩具,让儿童在动手装配中学到不同车式的结构原理。

(2) 同物组合

由若干相同事物形成组合,旨在保持事物原有功能或意义的前提下,通过数量的增加,弥补功能的不足,或取得新功能、产生新意义、高效率,而这种新功能或新意义是原有事物单独存在时所缺乏的。

同物组合的特点是,组合对象是同一(类)事物,其基本原理和结构不发生质的变化,组合产物往往具有对称性或一致性。如情侣表,双人自行车,并联彩灯,五斗橱,多孔钻头、水车、插秧机等。

(3) 异类组合

不同领域的技术思想组合,求同存异。组合对象从意义、原理、构成、成分、功能等任一方面多方面互相渗透,整体变化比较显著。按组分性质细分:

①元件组合。把本来不是一体的两种或两种以上的不同元件适当地安排在一起,使其具有新功能。如收录机、香味橡皮、音乐贺卡、电子秤、数控机床等。其中,补代组合是指通过对某一事物的要素进行摒弃、补充和替代,形成一种在性能上更为先进、新颖、实用的新事物、换代产品。例如,各种门锁。共享组合是指把某一组事物中具有相同功能的部件要素抽取出来,使之达到同组事物共享的目的。例如,以干电池为动力源的各种用品、计算机控制的各种仪器设备。

②材料组合。是指将不同性能、不同成分的材料组合起来,从而获得新材料、新性能的

方法。例如，混纺毛线、玻璃纤维制品、塑钢门窗等。

③功能组合。将某一物品适当改变，使其集多功能于一身；或将不同功能的物品集成在一起，使其具有新的复合功能。例如，智能自动洒水、拖地、烘干、吸尘一体机。

④技术原理与技术手段的组合。把不同的技术原理与技术手段组合起来，使已有的原理或手段得到改造或补充，直至形成全新的产品。喷气式发动机、晶体电子显微镜皆是此类产品。

⑤方法组合。把解决同一问题或相关联问题的不同方法，组合在一起，使之功能增强。如中药配方、激光-超声波灭菌、药液灯光灭蚊器。

⑥现象组合。把不同的物理现象组合起来，形成新的技术原理，导致新的发明。

案例：活版印刷机

德国发明家古腾堡把两个毫无关联的现象——硬币打印器和葡萄榨汁机——结合起来形成一个新创意。硬币打印器的用途是在金币之类的小面积上留下印记，而葡萄榨汁机则是在一块大面积上用力压出葡萄汁。有一天，古腾堡可能是带着三分醉意，开玩笑地对自己说："为什么我不能把硬币打印器放在葡萄榨汁机下面压，然后在纸上留下印记呢？"这项结合，终于使他发明了活版印刷机。

⑦概念组合。在不同词语（名词或动词）之间、命题之间，通过想象加以连接，实现组合创新。

创造力可能涉及两大关键性认知能力：概念组合和观念生成，通过概念组合产生的新内涵、新观念，为随后形成的新思想提供基础。技术专长为概念组合提供丰富的知识结构。

例如，西北农林科技大学2018级张永强同学提出的"蔬菜新鲜度测试仪"。在此概念基础上，试图根据蔬菜的汁液、叶色来研究蔬菜新鲜度及其合理范围值，进而判断蔬菜新鲜程度，研发相应的仪器（包括取汁口、检测仪、显示屏）和检测程序，甚至考虑将安全测试也涵盖其中。无独有偶，2017年江南大学的研究人员分析了上架几天之后的菠菜、卷心菜和生菜的新鲜度。他们连续3天每隔半小时就测量一次蔬菜中的叶绿素荧光水平。把所得数据进行对比分析之后，得到可以显示蔬菜新鲜度与上架时间长短的叶绿素荧光水平参数对照。研究人员发现了一些可以用于检测绿叶蔬菜新鲜度的指数。虽然洒在蔬菜上的水让消费者很难辨别蔬菜新鲜度，但这些参数却能够在蔬菜上架两天到两天半之后显示出其实际新鲜度。研究人员将继续在不同环境条件下对蔬菜新鲜度进行评估，并将测试运用于其他种类的蔬菜。

命题组合遵从如下法则：若两个命题中，有能表示一定意义的连续相同的文字，那么将此相同部分去掉，但不改变剩余部分的结构顺序，再结合在一起，就能得到一个新的并且对其正确性加以判断的命题结论。例如，命题一：水壶盖在水蒸气作用下能连续做功；命题二：能连续做功的装置可设计成一种动力机。命题组合结论为"水壶盖在水蒸气作用下的装置可设计成一种动力机"。此即蒸汽机原理。

(4)综合

面对现代社会技术系统，综合就是创造。综合是在更高思想层次上，将若干单因素（原理、技术、方法等)融汇为一个新整体,从而发生质的飞跃。阿波罗登月计划总指挥韦伯说:"阿波罗飞船计划中,没有一项是突破性新技术,关键在于综合。"技术集成是将公知技术、有效专利和部分自创技术,系统化地组合集成为一个新的具有创造性的技术方案直至获得实际应用,并产生良好的经济和社会效益的商业化全过程的活动。现代手机即将手机、触屏、全球卫星定位系统、重力感应等现代技术集成到手机中。

5.1.3.3 组合创新技法

1)主体附加性组合法

(1)概念

主体附加性组合法,是以某一特定的对象为主体,通过发散、想象等思维加工,插入(或置换)其他技术或增加新的附件,而使发明或创造诞生的方法。

(2)实施过程

①选定创新主体。一般为企业的主打产品。所为主打,即在吸引大众、顾客,打开市场上起主要作用的。

②列举缺点和希望点。应根据细分市场,有针对性地列举。

③选择附加功能。确定插入的技术、组合物,使主体功能发挥更好或增加辅助功能。当然,也可以反其道而行之。

④分析确定课题。研究如何落实,可行性及其方法。例如,电风扇逐渐增加摇头、升降、改变风量、风向、风速、风态、定时、遥控和能够吹出不同香味风的新功能。图 5-3 所示为电视机的产品衍生图。

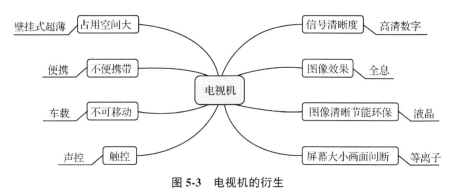

图 5-3 电视机的衍生

2)焦点组合法

(1)概念

以一特定事物、技术或问题为中心、为焦点,以其他任一事物为参照,并罗列参照物的各种特征元素,依次将预定事物与罗列的各元素一一构成联想点,以便寻求新技术、新产品的推广应用,或对某一问题的解决途径。前者称为扩散式焦点组合法,后者称为收敛式焦点组合法。

它以联想、想象、发散、收敛思维为主,属于强制联想法,也是横向思维的随机输入工具。

(2)实施步骤

①以研究对象为焦点。选择貌似不相干的事物或技术为参照物,列举其各种特征元素或要点。

②将预定事物与罗列的各元素一一强制联想,得出组合方案。

③评价、判断并进行可行性分析。筛选最佳答案。

选好一个希望获得创意的焦点(如复印机),再应用随机输入,任意选取一个名词(如鼻子),然后把两者联系起来进行创造性思考。由此例可能想到气味。也许可以设计一种弹药筒给复印机打入某种气味,使得复印机出毛病时就会散发出不同气味。若闻到薰衣草味道,就知道应该添加复印纸了。若闻到樟脑丸味道,就知道该换墨筒了。以气味表示机器工作情况,是一个非常有用的产品概念。

3)二元坐标组合法

(1)概念

首先,借用平面直角坐标系,利用发散思维,在两条数轴上标出任意不同事物(元素)或概念;其次,按序轮番地进行两两组合,强制联想,并对每组联系做创造性想象;最后,选出有意义的组合物,再进行可行性分析,确定技术课题。

(2)实施步骤

①绘制二元坐标系,随心所欲地分别标出若干事物、元素或概念。

②列出联想元素,把联想元素列在坐标点上。

③进行想象和正反判断,分析意义。

④选出有意义的组合,进行可行性分析,选择确定课题。

4)信息交合法

(1)概念

许国泰1983年创设了信息交合法(信息反应场法),即根据课题需要,采用二元坐标法,或从中心点按独立要素分别拉线,标出信息点,然后进行组合,以产生大量新观念、新方案、新产品。

(2)形式

①本体交合。将原信息坐标系中的信息点相互交合。

②立体动态交合。原信息坐标系中的任何信息点都可以再分解,从而把交合引入多维空间。信息间的关系呈现出更复杂的交合趋势,会产生更高级的成果。

(3)实施步骤

①围绕所要创新的目标,确定中心点;根据中心需要,确定画几条坐标线。

②根据需要,确定并标注信息点数量;进行信息交合,本体的,或立体的。

③想象,评价、筛选方案。

案例：某食品厂开发香肠品种(图 5-4)

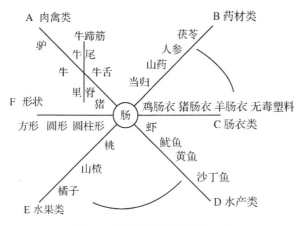

图 5-4 香肠品种开发信息交合

掌握这种方法的人，能自觉拓宽视野，更新思维方式，调整智能结构，开拓智慧资源，培养多方位、多系统、多功能、高效率的思维素质。

5) 形态分析组合法

(1) 概念

形态分析组合法是一种利用系统观念来网络组合方案设想的创造发明方法。它由瑞士天文学家兹维基(F. Zwicky)创建。

因素和形态是形态分析中的两个基本概念。所谓因素，是指构成某种事物的特性因子。如工业产品，可以用若干产品特定用途或功能、结构、材料、图案、色彩等作为基本属性。相应地实现各功能的技术手段、具体要素等，则称之为形态。

(2) 程序

因素分析是利用发散思维，对创造对象进行因素分解，并提取因素属性的过程；而形态综合是在形态要素细分的基础上，利用集中思维，对形态要素进行组合的过程。

应用形态分析法的基本途径，是先进行因素分析，即将创造课题(要创新的事物)系统分解为若干相互独立的基本因素；再进行形态综合，即找出实现每个因素要求的所有可能的技术手段(形态)，然后通过对研究对象相关形态要素重新组合，用形态矩阵或网络图形、综合表等方式，全面寻求各种解决问题方案。经系统综合而得到多种可行性解决方案，经筛选可获得最佳方案。

①明确要解决的问题，确定构成因素。确定的构成因素应满足以下基本要求：一是各因素在逻辑上彼此独立；二是在本质上是重要的；三是在数量上是全面的。要满足这些要求，一方面要参考创造对象所属类别的其他所有技术系统，都包含哪些共同的子系统或过程，哪些是可能影响最终方案的重要因素；另一方面要与可能的方案联系起来，理解因素的本质及重要性。这就要求必须预先在性质上感觉到经过聚合所形成的全部方案的粗略结构。

②按照创造对象对因素所要求的功能等属性，列出多因素可能的全部形态(技术手段和

具体要素)。不仅要分解出独立的形态要素,而且要揭示每个形态要素的可能变量。

③采取形态矩阵、网络图形或综合表等形式进行方案综合。绘制形态图进行图解,适用于独立要素在3个以下的情况。利用魔方状形态组合箱,可以将各项变量组合成可能的解决方案。

④评定最佳组合方案。评选时先要制定选优标准,一般用新颖性、先进性和实用性3条标准进行初评,再用技术经济指标进行综合评价,好中选优。

案例:运用形态分析法探索新型单缸洗衣机的创意

①因素分析。从总体功能出发,分析实现"洗衣"功能的手段(分功能),即形态分析的因素。

②形态分析。对应分功能因素的形态,是实现这些功能的各种技术手段或方法。为列举功能形态,应进行信息检索,密切注意各种有效技术手段与方法。在考虑利用新方法时,可能还要进行必要的试验,以验证其可利用性和可靠性。在上述分功能中,"分离脏物"是最关键因素,列举其技术形态或功能载体时,要针对"分离"二字广思、深思和精思,从多个技术领域(机、电、热、声等)去思考。

③列出形态矩阵并进行方案综合。经过一系列分析和思考,在条件成熟时即可建立起如下洗衣机形态矩阵,理论上从中可组合出 4×4×3=48 种方案(表5-8)。

表5-8 洗衣机形态矩阵

因素(分功能)		形态(功能解)			
		1	2	3	4
A	盛装衣物	铝桶	塑料桶	玻璃钢桶	陶瓷桶
B	分离脏物	机械摩擦	电磁振荡	热胀	超声波
C	控制洗涤	手控	机械定时	计算机自控	—

④方案评选。

方案一:A1—B1—C2 是普及型单缸洗衣机。它通过电动机和带传动使洗衣桶底部的波轮旋转,产生涡流并与衣物相互摩擦,再借助洗衣粉的化学作用达到洗净衣物的目的。

方案二:A1—B2—C2 是一种利用电磁振荡原理进行分离脏物的洗衣机。它可以不用洗涤波轮,把水排干后还可利用电磁振荡使衣物脱水。

方案三:A1—B4—C2 是超声波洗衣机的设想,即考虑利用超声波产生很强的水压使衣物纤维振动,同时借助气泡上升的力使衣物运动而产生摩擦,达到洗涤去脏的目的。

经初步分析,挑出少数方案进一步研究。为便于技术经济分析,对优选方案应设计出基本原理图。

5.1.3.4 分解法

以现有事物的功能为前提,以改变功能为目的,达到完善旧功能、增添新功能、开发新产品的不同目标,这是分解法和组合法的同一思路。但分解法却长期被人们忽视,许多人至今对这一创新技法感到陌生。

(1) 分解法概念

分解法是从其目的(功能减负、搬运便利、产业分工等)出发，将一个整体分成若干部分或分出某个部分的创造方法。

(2) 分解法分类

按照分解前后的结构变化，分解法分为两种情况。

①分解之后，使分成的若干部分仍构成一个整体，但有了新的功用。

②将从一个整体中分出的某几个部分或某个部分构成一个新整体。例如，近视镜可以分解为镜片和镜架，留下镜片，摒弃镜架，再把镜片加以变化，就成为隐形眼镜。

按照分解前后的功能对比，可以将分解法分成两类。

①原功能分解。将某个整体分成若干部分或分出某一部分作为一个新整体时，其功能结构同整体时的一样，这样的分解叫作原功能分解。虽然功能目的、功能结构基本不变，但功能的性能、效果、表现形式、载体、代价、寿命、意义等发生了变化，就可能产生新价值。例如，把地毯化整为零。

②变功能分解。将某个整体分成若干部分或分出某一部分，作为一个新整体和新的组合整体时，结构基本不变，而功能却不同于整体原来的功能，这样的分解叫作变功能分解。例如，独轮自行车。

(3) 分解创新法的运用要点

①分解创新的首要环节是选择和确定分解的对象。分解的对象与组合对象不同，分解创新的对象只是一个事物。经过分解创新，该事物的局部结构或局部功能产生脱离整体的变化。

②分解的对象绝不是把组合创新的成果再分离成组合前的状况。对于任何一个整体，只要能分解成异于原先的状态，区别于原先的功能，或者分解出新的事物，就具有进行分解创新的意义和价值。通过分解事物，可以使人们深入事物内部，进行系统的观察与周密的思考。在分解过程中，接触事物各层次的结构、功能，学到许多结构设计的方法。

5.1.4 类比模仿

5.1.4.1 类比及其方式

(1) 类比法及其关键

类比法，是通过两个(或两类)不同对象之间某些方面的相同或相似，推出其他方面的相同或相似。它以比较为基础，将陌生与熟悉、未知与已知相对比。关键是本质的类似，并且不但要分析本质的类似，还要认识到它们之间的差别，避免生搬硬套，牵强附会。类比思维源于自由联想和超常的构思。

(2) 类比的方式

①直接类比。将创造对象直接与相类似的概念、事物或现象、问题做比较。通过将一个对象或问题情境的条件换为另一个条件，以求获得对它的新的观察角度。类比对象的本质特征越接近，则成功率越大。

案例：欧姆定律

物理学家欧姆将电与热从流动特征考虑进行直接类比，把电势比作温度，把电流总量比作一定的热量，终于首先提出了著名的欧姆定律。

案例：深潜器

瑞士科学家皮卡尔（Auguste Piccard）是研究大气平流层的专家。在研究海洋深潜器的过程中，他分析海水和空气都是相似的流体，因而进行直接类比，借用具有浮力的平流层气球结构特点，在深潜器上加一只浮筒，让其中充满轻于海水的汽油，使深潜器借助浮筒的浮力和压仓的铁砂，可以在任何深度的海洋中自由行动。

②因果类比。两事物间有某些共同属性，根据一事物的因果关系推出另一事物的因果关系的思维方法，称之为因果类比。因果类比需要联想，要善于寻找过去已确定的因果关系，善于发现事物的本质。

案例：人工牛黄

天然牛黄是珍贵药材，是由于某种异物进入了牛的胆囊后，在其周围凝聚起许多胆囊分泌物而形成的一种胆结石。一家医药公司集思广益，联想到了"人工育珠"：既然河蚌经过人工将异物放入其体内能培育出珍珠，那么通过人工把异物放进牛的胆囊内也同样能培育出牛黄来。他们找来了一些伤残的菜牛，把一些异物埋在牛的胆囊里，一年后果然从牛的胆囊里取出了人工牛黄。

③拟人类比。通过感情移入，角色扮演，将创造对象拟人化；或将人设想为创造对象的某个物质因素，舍身处地展开想象，从而得到有益的启发，最终改变观念、解决问题。

案例：苯的结构

19世纪中叶，化学家们面临一个难题。碳的化合价是四价，氢是一价，苯分子怎么会是6个碳原子和6个氢原子化合呢？德国化学家凯库勒为此全身心投入，一次半梦半醒中，感到碳原子和氢原子排着长队舞动着，忽而纤纤一线，忽而首尾相接，宛如游蛇。凯库勒据此悟到了苯分子的环结构，为有机化学理论奠定了基础。此事看似偶然，实际上是他数月思考而导致的必然。

④象征类比。借助事物形象和象征符号，通过象征物与象征本体之间的属性（包括起源、实事和价值等）类比，来比喻某种抽象的概念或思维感情。象征类比是一种直觉感知，并使问题关键显现、简化。

例如，纪念碑、纪念馆要赋予"宏伟""庄严"的象征格调，如何调动象征性设计语言是关键。

⑤幻想类比。它是变已知为未知的主要机制，通过幻想形象对创新对象进行比较，从而寻求解决方法。通过幻想，可以使深奥费解的事物变得清晰，使问题解决的方案变得具体，从而给创新带来启发。

5.1.4.2 类比模仿型技法

1) 移植法

将某个领域的原理、技术、方法、材料、结构，引用或渗透到其他领域，用以创造新事物。这种横向思维，通过相似联想、相似类比等，力求从貌似毫不相干的两个事物或现象中，发现其联系。

（1）按移植的向度分

①横向移入。即跳出问题、跳出专业，摆脱惯性思维，将其他领域技术、方法、原理移植过来，或从其他领域事物的特征、属性、机理中得到启发，解决本领域问题。例如，借鉴传统驿站的传递方法，设置中继站放大中途信号，解决电报信号随距离增大而衰减的问题。为解决问题，寻求可以移植过来的原理、方法和技术，首先，要提出对未来发明物的要求；其次，明确需要解决的关键问题；再次，列出在现实中能解决这个问题的各种装置；次之，提出各种移植设想；最后，检验这些设想。

案例：磁性轴承

为减少摩擦，改进轴承，正常思路是改变滚珠形状、轴承结构或润滑剂等。有人把视野和注意力转到其他方向，想到高压空气可使气垫船漂浮，磁性材料同性相斥并保持一定距离。于是发明了只需向轴套中吹入高压空气，使旋转轴呈悬浮状的空气轴承，或用磁性材料制成的磁性轴承。

②横向移出。即将现有设想、已有发明或技术、产品，从现有使用领域或对象中平移出来，将其推广到其他领域或对象。例如，消灭或隔离细菌可以防止物质腐败，约瑟夫·李斯特将这一理论用于医学领域，发明了外科手术消毒法。根据已成熟的原理、方法、技术或已知事物的特征、属性、机理，用于某一具体事物，首先，要明确已知原理、方法；其次，列出该原理、方法能产生的具体功能；再次，列出现实生活中需要这些功能的事物；次之，提出各种应用原理、方法的设想；最后，检验这些设想。

（2）按主要途径分

①功能移植。把诸如激光技术、超声波技术、超导技术、光纤技术、生物工程技术以及其他信息、控制、动力、材料等一系列通用技术所具有的技术功能，以某种恰当的形式用于其他领域。例如，电子计算机的应用使机械加工程序化、自动化，诞生了数控机床和机器人。又如，将遗传工程移植至机械工程，出现了生物机构（生物机械）；反之，电子与人类的融合造就了令人震惊的黑科技❶。

②原理移植。无论是理论还是技术，尽管领域不同，却时常可发现一些共同的基本原理。根据不同需求、要求和目的，可做相应的原理移植。例如，诊断、夜视、探测、遥感及伪装等，都可利用红外辐射原理。

③方法移植。把某一领域的技术方法有意地移植到另一领域。例如，笛卡尔借助曲线上"点的运动"的想象，把代数方法移植于几何领域，创立解析几何。照相技术被移植于印刷

---

❶ 黑科技原意指非人类自力研发、凌驾于人类现有科技之上的知识，远超现今人类科技或知识所能及的范畴、缺乏目前科学根据并且违反自然原理的科学技术或者产品，后引申为以人类现有世界观无法理解的猎奇物。现指高科技泛滥之后演变出来更强大或者更先进的技术以及创新、软硬件结合等，也包括基于现有技术进行较大改进升级和改进产品的使用体验等。或指具有隐藏性、突破性、超越性和开拓性的创新高科技或产品，包含硬件、软件、技术、工艺、材料等。

排字，形成了先进排版技术。

④回采移植。对许多被弃置不用的陈旧事物，只要用现代材料、技术加以改造，往往会导致新创造。例如，现代帆船采用计算机辅助设计，其制作材料从尼龙发展为铝合金，帆的控制也是自动化的，因而具有最佳采风性能和推进性能。具有快速、载重、节能、安全、无噪声、无污染等特点。

2）统摄法

1944年，戈登在智力激励法的基础上提出统摄法（synectics method）。

（1）统摄法的内涵

有些矛盾，乍看上去似乎是不可调和的。矛盾压缩法，就是把矛盾的两个事物凝缩在一起，直面问题，揭示本质，系统分析，统筹考虑，加以解决。矛盾压缩法为探究新课题提供了最广阔的洞察力，能反映问题解决者把某一事物的两个不同的评价标准融合在一起的能力。

面临此类复杂问题时，为了开阔思路，探索新设想，要暂时抛开原本想要解决的问题，通过类比探索得到启发，即通过已知事物为媒介，将表面上看来不同而实际上有联系的事物或要素结合起来，以打开"未知世界的门扉"，激起人们的创作欲，使潜在的创造力发挥出来，产生众多创造性设想。即首先变陌生为熟悉（求同），然后再返回来，变熟悉为陌生（求异），根据实际情况解决实际问题。变陌生为熟悉，即在头脑中把给定的陌生事物与以前熟悉了解的事物进行比较，借此把陌生的事物转换成熟悉的事物，如病毒、黑客。变熟悉为陌生，即对已有的各种事物，用新知识、新角度、新需求来观察、分析、处理，使看习惯了的东西变成貌似新鲜的东西，如从拉杆天线到可伸缩教鞭等。

（2）统摄法的步骤

一般来说，统摄法的全过程分8个阶段：

①问题的界定，主要是设想目标状态。

②通过求同、举偶，变陌生为熟悉。联想与当前事物相类似的事物，以便在事物之间进行求同。功能相似度越高越好。举偶，又称提喻，是一种修辞手法，它不直接说某一事物的名称，而是借事物本身所呈现的与某物有部分相似和各种对应的现象来表现该事物。大致归纳为4种情况：一是部分和全体互代，如以面孔指代人：在聚会上，我看到了许多熟悉的面孔。二是以个体代替整个种类，如以牛顿指代科学家：他就是本世纪的牛顿。三是以材料代替事物，如纸张贵指代文章好。四是抽象和具体互代，如以屋檐指代权势：人在屋檐下，不得不低头。

③问题的理解。借助熟悉的事物，要分析问题本质、抓住重点。

④操作机制。发挥各种类比的作用，广泛寻找启发。研究问题解决的原理、操作的机制。

⑤变熟悉为陌生。回归待解决的问题本身，在事物之间进行求异。

⑥进入求解心理状态。对问题的理解达到卷入、思索、超脱等状态。

⑦把心理状态中最贴切的类比、最可能的设想与已理解的问题结合起来。

⑧得到新观点、新见解，进而为答案或研究任务。观点付诸实践或变为进一步研究课题。

3）等价变换法

(1) 等价变换法的内涵

等价变换法（equivalent transformation，ET 法）是以客观事物的相似性或共性为基础，通过相互模拟、借鉴，以及事物之间的等价关系变换而获取新认识成果的一种创造学方法。此法由日本学者市川龟久弥提出。起初，他对蚕的变化发生了浓厚的兴趣，在对蚕的进化观察与思考中，逐渐悟出一种"等价变换原理"。市川认为世界上一切事物之间都存在着等价关系，只要人们能发现这种等价关系，有针对性地在事物之间进行变换，即可在认识和改造客观世界中取得创造性进展。这种等价关系，实质上是一种传递关系，即不同事物之间可以本质上的共性为基础而实现转换。例如，生物进化过程和人的认识过程有其相似性。昆虫通过这种等价变换，可由幼虫变成蛹，再进而变成美丽的蝴蝶。人的认识可通过这种等价变换过程而获得新认识。

案例：滚筒式打稻机的发明

1914 年以前，梳子式打稻机效率很低。一天雨后，岩田继清在田间小路上行走，无意中将伞尖碰到稻穗上，弹掉了一些稻粒，岩田受此启发想到了滚筒式打稻机的方案。用等价变换法解释此过程就是：雨伞尖是原型，"旋转打掉"是伞打掉稻粒的本质或原理，也就是等价因素；由此将伞把、伞布等无关事物抛弃，引进表面布满金属的滚筒及相应的脚踏旋转机构，便逐步形成滚筒打稻的方案。

(2) 等价变换法的基本程序

等价变换法的基本程序是：

①异质同化。对已有技术进行要素分析，通过比较，舍弃次要要素，抽取主要要素，为发明新的技术奠定基础。

②同质异化。从新的角度看待旧技术，使抽出的主要要素与新的要求、条件相结合，即用新的知识对其进行重组和转化，形成新的思路，转化成新的技术。

关键环节是舍弃特殊条件，抽出一般性限制条件，建立要素等价关系的一般结构与转化模式。

例如，从热水瓶技术转化成保温杯技术，就是从茶杯的角度重新分析认识热水瓶技术。茶杯与保温杯的等价性在于"保温"这一共性，只有把茶杯设计成保温结构，才能实现转化，而真正实现转化的关键条件是新保温材料。结构和条件是相互制约的，只有两者都具备，才能提出和实现新技术设想。

4）动作类比法

以事物完成的动作为线索，在能够完成相同或类似动作的事物之间进行类比，从而导致横向移入或横向外推，进而产生创造性设想。动作往往能反映某一事物或技术装置的抽象本质。问题的提出者一般不直接、如实描述问题，而是抽象其中带有普遍性的动作，将问题转化，然后寻找有类似动作的原型，分析其原理、机制，以求开阔思路。如拉链和插销的共同本质是"开合"。

5）模仿

模仿原本是指对某事物的声音、样貌、风格、格式、做法等方面几乎不加修改，或没有本质区别即加以利用的行为，但随着技术进步，人们的模仿水平变得越来越高。

（1）分类

按模仿程度，有直接模仿和间接模仿。直接模仿是以类似事物为参照，制作出相似的事物。间接模仿为了避免雷同，有不同的途径和方法。抽象仿生是对自然元素经简化后进行对比、混合、分割及分割后重复、渐变、集散等再组合手法，生成一些与本来视觉所见并不相同的形象。后仿生是对植物等自然物进行人为加工或处理后，模仿其加工形态或其他非自然呈现的特征进行仿生设计。

按模仿对象分类，有仿物、仿生和仿文化。仿物是以性质类似或相近的商品为模仿对象。仿生是从自然界获得灵感，再将其应用于人造产品中。仿生法具有启发、诱导、拓宽创造思路之功效。将模仿与现代科技手段相结合，可以设计出具有新功能的仿生系统。文化仿生属于意象仿生设计，即借助仿生设计的思维和方法，将文化领域的事物形态和意象作为仿生对象，实现文化之"意象"与产品之形态、行为、情境设计的创造性拟合，在赋予产品丰富文化语义的同时，实现传统文化审美的现代化传承。

（2）仿生

生物界所具有的精确可靠的定向、导航、探测、控制调节、能量转换、生物合成等生物系统的基本原理和结构，是人类创造新事物的巨大智慧源泉。仿生类比是通过仿生学对自然系统生物分析和类比的启发式创新方法。仿生学是为解决技术难题而研究和应用生物系统知识的一门学问。

中国科技大学刘仲林教授总结，仿生类比一般步骤如下：首先，根据生产实际提出技术问题，选择性地研究生物体的某些结构和功能，简化所得的生物资料，择其有益内容，得到一个生物模型。其次，对生物资料进行数学分析，抽象出其中的内在联系，建立数学模型。然后，采用电子、机械、化学等手段，根据数学模型，制造出实物模型，最终实现对生物系统的工程模拟。

①形态仿生。形态仿生是一种研究并模仿生物外部形状的创造方法。例如，对爬越45°以上的陡坡来说，坦克也只能望洋兴叹。美国科学家模仿蝗虫行走方式，研制出六腿行走式机器，可轻松地行进在崎岖山路之中。

②结构仿生。结构仿生是一种研究并模仿生物结构以取得创新成果的方法。例如，苍蝇和蜻蜓有复眼角膜结构，以此为模仿对象，发明复眼透镜照相机，一次可拍多张相同影像。18世纪初，蜂房独特、精确的结构形状引起人们注意。每间巢房的体积几乎都是$0.25cm^3$，壁厚都精确保持在$0.073mm±0.002mm$范围内。巢房正面均为正六边形，背面的尖顶处由三个完全相同的菱形拼接而成。经数学计算证明，蜂房的这一特殊结构具有同样容积下最节省材料的特点。研究发现蜂房单薄的结构还具有很高的强度。据此，人们发明了各种重量轻、强度高、隔音和隔热等性能良好的蜂窝结构材料，广泛用于飞机、火箭及建筑上。

③信息仿生。通过研究、模拟生物的感觉、语言、智能等信息及其存储、提取、传输等方面的机理，构思和研制出新的信息系统。例如，从狗鼻子到电鼻子，集智能传感技术、人工智能专家系统及并行处理技术等高科技成果于一体的高自动化仿生系统。它由20种型号不同的味觉传感器、一个超薄型微处理芯片和用来分析气味信号并进行处理的智能软件包组成。使用一个小泵抽取地面空气，使之流过这20种传感器表面，传感器接受到微量气味后，形成相应数字信号送入微处理器，微处理器中的专家系统对这些数字信号进行比较、分析和处理，将结果显示在屏幕上。其灵敏性、耐久性和抗干扰性远远超过狗鼻子。

④原理仿生。模仿生物的生理原理和功能而创造新事物。例如，按蜘蛛爬行原理设计军用越野车。

⑤拟人仿生。通过模仿人体结构与功能等进行创造。例如，机器人的机体、信息处理部分、执行部分、传感部分、动力部分就相当于人的骨骼、头脑、手足、五官、心脏。智能机器人有进行记忆、计算、推理、思维、决策等的电脑，有感觉识别外界环境的视觉、听觉、触觉等系统，有能灵活操作的手以及完成运动的脚。

5.1.5 设问联想

根据需要解决的问题，或者要发明创造的对象，列出有关问题，进行逐个核对讨论分析，从中获得解决问题的方法和发明创造设想。应用发散思维，从多角度进行思维变换和设问检查。

5.1.5.1 奥斯本检核表法

(1) 奥斯本检核表法概要

检核表法，又称稽核表法、对照表法、分项检查法、设问探求法等，奥斯本检核表法原有75个问题，可归纳为9组提问：

①现有的东西(材料、方法、发明等)是否有其他用途？打破"功能固着"论。现有的东西是否可以直接用于新的用途？或稍加改造后有无别的用途？例如，拉链原本是为了方便穿鞋而发明的，后来用于钱包和衣服。

②现有的东西能否借用？通过联想、移植、模仿设问。现有发明创造能否引入其他创新设想中？能否系列化？例如，电灯在开始时只用来照明，后来改进了光线的波长，发明了紫外线灯、红外线加热灯、灭菌灯等。

③现有的东西能否改变？改变形状、颜色、声响、味道、型号、模具、运动形式、意义？例如，滚柱轴承改成滚珠轴承。

④现有的东西能否扩大使用范围？能否增加时间、长度、寿命、价值、强度、速度、数量？例如，药物牙膏、强化麦乳精。

⑤现有的东西能否缩小？能否取消某些东西，使之变小、变薄、减轻、压缩、分开？省略一些部件、结构或使用手续？例如，傻瓜相机、一次成像机、微机、折叠床。

⑥现有的东西能否替代？能否用别的食物、材料、方法、工艺、能源、动力代替？例如，装饰材料的流行与趋势。

⑦现有的东西能否调整?改变布局、型号、计划、规格、顺序?例如,田忌赛马、直升机和喷气式飞机的螺旋桨。

⑧现有的东西能否颠倒?运用逆向思维。正反、上下、主次、位置、作用颠倒?

⑨现有的事物能否组合?如原理、方案、材料、部件、现状、功能、目的组合?例如,组合机床、合金、复合材料。

(2)奥斯本检核表法特点

①强制性。设问探求法是一种强制性思考工具,有利于突破不愿提问的心理障碍。运用设问探求法的顺藤模瓜式自问自答,比起随机自思思考要规范些,目的性更强些。

②发散性。设问探求是一种多角度发散性思考。由于习惯心理,人们很难对同一问题从不同方向和角度去思考。为了广而思之,固然可以进行非逻辑思考或使用别的创造技法,但是使用设问探求法,可以在一定程度上帮助人们克服思维障碍。因为设问探求特点之一是多向思维,用多条提示引导你去发散思考。

③基础性。设问探求提供了创造活动最基本的思路。采用设问探求法就可以使创造者尽快地集中精力朝提示的目标和方向思考。广思之后再深思和精思是创造性思考的规律。因此,这种方法被称为创造技法之母。

(3)检核表法的运用要点

①创造对象的分析。进行产品改进设计或新产品的系列开发,应当分析产品的功能、性能及所处的市场环境。对产品的现状和发展趋势、消费者的愿望、同类产品的竞争情况等信息也要做到心中有数,避免闭门造车。

②探求思考注意要点。其一,每一提问项可视为单独的一种创造技法,如"有无其他用途"可视力"用途扩展法"。其二,结合其他创造技法运用,如"能否改变"一项,可结合缺点列举法改变事物的缺点。其三,在检核每项内容时,要尽可能地发挥自己的想象力和联想力,产生更多的创造性设想。

案例:自行车的新创意(表 5-9)

表 5-9 自行车创新设计设问探求表

序号	设问项目	产品概念	创意说明
1	有无其他用途	保健自行车	将自行车改造设计,使其成为组合式多功能家用健身器
2	能否借用	自助自行车	借用机动车传动原理,使之成为自助车、混合动力自行车
3	能否改变	太空自行车	改变自行车形态(如采用椭圆形链轮传动),设计太空自行车
4	能否扩大	新型鞍座	扩大自行车鞍座,使之舒适,必要时可储存物品
5	能否缩小	儿童自行车	设计各种儿童玩耍的微型自行车
6	能否代用	新材料自行车	用复合材料、工程塑料代替钢材,制作轻便高强度自行车
7	能否重新调整	长度可调自行车	设计前后轮距离可调的自行车
8	能否颠倒	可后退自行车	开发设计可后退的自行车,方便使用
9	能否组合	自行车水泵	将小型离心泵与自行车组合成自行车水泵
		三轮自行车	设计三轮自行车,供两人同乘

5.1.5.2 5W2H 法

5W2H 法，又称设问联想法，是对选定的事物、项目、工序或操作等，从原因、对象、地点、时间、人员、方法、数量 7 个方面提出问题并进行思考，进一步使用概念进行联想的一种创新性思维方法。它通过有目的的思考问答，进行概念联想，使思维空间拓展得更加宽阔，被广泛应用于技术开发等方面。

（1）基本操作层次

在选定对象的基础上，从 3 个层次对其进行设问检查，寻找思路，以便选择并开发、获得创新方案。

①区分。对某一种现行的方法或现有的产品，从 7 个角度进行检查提问。
②质疑。对 7 个方面问题一一审核，分析利弊，将发现的疑点、难点一一列出。
③反问。就新的可能性进行讨论分析，寻找改进措施。

（2）问题提示（表 5-10）

表 5-10 设问联想法问题提示

设问项目	基点	详细区分（现状）	重点质疑（利弊）	反问（比较）	新方案（新概念）
对象（what）	革新什么事物？	条件、范围、内容、功能是什么？重点和关键是什么？与什么有关等	为何是该前提？有什么优缺点	能不能改成别的	这么改有何新颖性
目的（why）	为什么需要革新	为什么使用、停用、创新	非该原理、结构、环节、参数不可	何不另作良图	有何增值
人员（who）	什么人来承担革新任务	谁在做、谁决策、谁监督、谁是顾客、谁受益、谁支持、谁反对等	谁还能做	谁不宜加入、能否机器代人	谁来做合适、谁最受益
时间和程序（when）	什么时候完成	何时启动、何时完成、何时交货、何时拥堵、维持多久、关键路线等	为何这么耗时，如此排序有何优缺点	能否改变顺序	究竟何时进行最合适
场所和地点（where）	从什么地方着手	何处材料便宜、何地最适合加工或使用、安装何处、何部位要创新等	为什么偏偏放在这里	换个地方行不行	究竟何地最适宜
方式和方法（how to）	怎样实施	怎么做不会失败、怎么做节约、怎么赢得客户信任、怎么掌握关键技术	为什么要这么做、这么做有什么意义	有无别的途径、手段、工具	适宜技术和途径
程度、成本或标准（how much）	达到怎样的水平	目标状态是什么，要多少人、财、物、成本、利润多少等	现行标准是否合理	是否应予及时更新	目标优化

（3）实施步骤

①确定主题。例如，环保广告创意。以环保为主题和起点，进行发散联想和设问联想。
②进行系统而广泛的设问。什么环保，什么是好的环保？何时、何地、何人、为什么、怎么做、效果怎样？
③回答这些设问。进行多角度思考，每个问题给出 5 个答案。

④以每个答案为命题,再通过质疑、反问,做5个以内不可替代的问答,依次下去。在答案的基础上,再度提问、回答,再三反问、回答。这一步是激发创意的关键。

⑤找到有创意的点并将其圈起来,进行概念重构,创造出有突破性的创意点来。仔细找出有创意的点(如生机、贫瘠、憔悴),圈出来。

⑥将有创意的点用形象表达。用形象进行再创造,即将概念形象化,进一步叙事化。

案例:机会、联想和追问

所有的创新机会都来自外界环境的变化,而意外事件会引起认知的变化,但这种认知的变化不会自然发生。2010年,木文化国际研讨会在陕西·杨凌召开,由此联想到陕西传统木艺制品的传承与创新问题。在调查木版年画等陕西传统木艺制品及其文化内涵的基础上,探讨了陕西传统木艺制品的创新技法和技术途径。其中,木版年画等已被列入非物质文化遗产,由此追问非物质文化遗产中的木作及其保护问题。运用5W2H方法,研究了该问题,重点论述了研究和保护它们的意义,对它们的范围进行了初步确认,并认为保护工作的关键在于木作工具和中间技术的应用及传统技艺的传承❶。

5.1.5.3 行停法

这是美国创造学家奥斯本总结的一套设问方法。它通过"行"——发散思维(提出创造性设想)与"停"——收敛思维(对创造性设想进行可行性分析)的反复交叉进行,逐步解决问题。其一般过程为见表5-11所列。

表5-11 行停法操作步骤

	行	停
1	想出与问题相关联的地方	对此进行详细的分析和比较
2	对解决问题有哪些可能用得上的资料	如何方便快速地得到这些资料
3	提出解决问题的所有关键处	决定最佳解决方法
4	尽量找出试验的方法	选择最佳试验方法,直至发明成功

5.1.6 逆向思维

5.1.6.1 基本原理和方法

逆向思维型技法是用辩证思维、反向求索的方式进行创新。为了达到某一目的,不按常规常理思路,而以相反的思路方式、顺序去寻找解决问题的新方法、新途径。其主要特点有三。一是普遍性:对立面往往处在背景之中,不易察觉;二是批判性:没有绝对正确的叛逆;三是创新性:出人意料,妙手偶得。

(1)基本原理

①反向思维。当我们碰到按原有习惯、思路、方法、程序等无法解决问题,陷入困境时,可以从不同角度,或从相反方向、对立面再来观察思考,也就是突破传统、常规、常理、常识、公理、习惯、经验、定式,反向求索,很可能会出现一些出人意料的崭新的方

---

❶ 韩维生,张书宝,王宏斌,等. 非物质文化遗产中的木作及其保护[J]. 西北林学院学报,2012,27(4):209-212.

式、方法、关系、结构等，从而有助于实现创新。

在以下情况下，可以进行反向思维：一是考虑要做某种相反的事情；二是考虑用其对立面来取某物；三是如果意识到别人是错的，而你是正确的，但你仍然认为对方错误的观点中也有值得肯定的地方。

②雅努斯式思维。雅努斯[1]式思维，即以把握思维对象中对立的两个面为目标，在人的大脑里构想或引入事物的正反两个方面，并使它们同时并存于大脑里，考虑它们之间的关系，如相似之处、正与反、相互作用、互补关系等，将正向思维与逆向思维相结合，从而创造出新事物。

这种双面思维相当艰难，因为它要求保持两个对立面并存在你的大脑中，是一种大脑技能。为此，首先必须认识到事物都是由两个方面构成的，问题总有其对立面。即面对一个难题时，可能会面对这个难题的条件、问题和答案，需要做的是对这个难题的构成重新洗牌，逆向思考。其次要把握对立面之间相互渗透的关系，以达到对问题解决认识的质的飞跃。然后解析对立的双方，进行问题重组建构。

③黑格尔式思维。采取一种观念，容纳它的反面，然后试着把两者融合成第三种观念，即变成一种独立的新观念。这种辩证的过程需要3个连续的步骤：论题、反题以及合题。一国两制，即是黑格尔式思维产物。

不同于反向思维的单一性，也有别于雅努斯式思维的双向性，黑格尔式思维是一种嫁接式逆向思维。

（2）逆向思维的方法

①怀疑法。有一种敢于怀疑的精神，打破习惯，反过来想一下。这种精神越强烈越好。习惯性做法并不总是对的，对一切事物都报有怀疑之心是逆向思维所需要的。

②反事实法。在心理上对已经发生了的事件进行否定，并表征其原本可能出现而实际未出现的结果的心理活动，是人类意识的一个重要特征。主要有加法式、减法式、替代式3种类型。

③对立互补法。以把握思维对象的对立统一为目标。要求人们在处理问题时，既要看到事物之间的差异，也要看到事物之间因差异的存在而带来的互补性。

④悖论法。悖论法就是对一个概念、命题、假设或学说，积极主动从正反两方面进行思考，以求找出其中的悖论之处。悖论是同一命题或推理中隐含着两个对立的结论，而这两个结论都能自圆其说。悖论的抽象公式就是：如果事件A发生，则推导出非A；非A发生，则推导出A。悖论是命题或推理中隐含思维的不同层次、意义（内容）和表达方式（形式）、主观和客观、主体和客体、事实和价值的混淆，是思维内容与思维形式、思维主体与思维客体、思维层次与思维对象、思维结构与逻辑结构的不对称。

悖论根源于形式逻辑、矛盾逻辑的局限性。产生悖论的根本原因是把形式逻辑普适性绝

---

[1] 雅努斯是一尊罗马神话中的两面神，他的脑袋前后各有一副面孔，一副凝视着过去，一副注视着未来；他站在过去与未来之间，一手握着开门钥匙，一手执杖警卫。

对化。所有悖论都是因形式逻辑思维方式产生，而形式逻辑思维方式又发现不了、解释不了、解决不了的逻辑错误。所谓解悖，就是运用对称逻辑思维方式发现、纠正悖论中的逻辑错误。

⑤批判法。对言论、行为进行分辨、评判、剖析，以见正理。需要以一般性的思维技能为基础，如比较、分类、分析、综合、抽象和概括等。

5.1.6.2 逆向思维型技法的种类

1) 逆向反转法

任何事物都包含相互依赖、相互排斥的两方面，当从一个方面无法解决矛盾时，就从与其相应的对立面找出路、找办法，即从不同角度进行反向思考，以图实现创新。

(1) 属性反转

事物的属性，主要指动词属性和形容词属性，彼此对立，如升降、快慢、软硬、干湿、曲直、正负、冷热、虚实等，有时又可以相互转化。属性反转，就是有意地以某一相反属性去尝试取代原有属性，从而进行创造活动。例如，亮光与哑光涂饰，正片与负片，实心材料与空心材料。

(2) 功能逆向

从原有事物功能上进行逆向思维，以求解决问题，获得新的创造发明。例如，电冰箱背后的散热器可以当作加热器，新式电冰箱中有热水箱。又如，可擦圆珠笔油墨。

案例：风湿病的"冷治疗法"

"以毒攻毒"是一种典型的功能逆向思维。采取反常规治疗措施，把风湿病患者放到冰天雪地的恶劣条件中，运用人所独具的高强适应能力，增强患者肌体的抵抗力。因为"冷浴有反激之力，初极冷，继而极热，足以清毛管、除废料。有经络肌肤为寒温所困，不能发汗者，冷浴最有效"。通过治疗，许多患者疼痛症状完全消失，肌体功能恢复正常，少部分患者虽然没有完全恢复，但症状均明显减轻。

(3) 原理逆向

从相反的方面或相反的途径对某种原理及其运用进行思考。

案例：电解化学

1800年，意大利物理学家伏特发明了伏特电池，第一次将化学能转换成电能。英国化学家戴维(Humphry Davy)想，电能是否也可以"反过来"转化为化学能呢？他做了电解化学的实验而获得成功。他通过电解各种物质，1807年发现了钾和钠，1808年又发现了钙、锶、镁、钡、硼等元素。迄今人类发现的109种元素中，他一人竟发现了7种。

案例：发电机

1819年，丹麦物理学家奥斯特发现通电导体可使磁针转动的磁效应。英国物理学家法拉第想："为什么不能用磁产生电呢?"于是他开始做各种各样的实验，经过9年艰苦探索，于1831年成功发现在磁场中运动的导体可产生电流(电磁效应)。由此，研制了世界上第一台发电机。

(4) 方法逆向

在解决问题时，采用与惯用方法截然相反的方法。

案例：如何定价

意大利琴德餐馆想出一个由顾客定价的经营方式。店主将菜肴、饮料等分成五、六种一套，每种套餐分别规定 5 种价格，由顾客自己认付。大部分顾客都付二等价格，因为顾客认为自定价格偏低有失体面。只有当顾客对餐馆的菜肴感到不合口味，或遇到质量不好，才赌气支付三等价钱。让顾客自定价钱可招徕顾客，还可以根据顾客付款情况来反馈服务质量，以便改进经营，提高菜肴制作水平。

(5) 状态逆向

人们根据事物某一状态的反面来认识事物，以图从中找到解决问题的办法或方案。

案例：木工刨床

过去木匠用刨加工木料，都是木料不动而人操作工具动，因此，体力消耗大，质量还得不到保证。后来发明了电刨，刨刀在固定位置上旋转，人们按住木板将其送进刨切区，这样容易出事故。农村木工李林森经过反复摸索，改变刨床结构，让木材不动，刨刀来回滚动，从而杜绝了这类事故。

案例：提纯与掺杂

20 世纪 60 年代，索尼公司为造出高灵敏度电子管，一直在提高锗的纯度上下工夫。一天，黑田小姐对江崎博士说："看来我难以胜任提纯锗的研究工作，如果让我做往锗里掺杂的事，可能要干得好一些。"黑田的话突然提醒了江崎教授，于是江崎真的安排黑田小姐每天朝着相反方向做实验。当锗的纯度降到原来的一半时，测定仪上出现了大弧度曲线，几乎令人认为测定仪出了故障。江崎重复了多次这种掺杂实验，终于发现电晶体现象，并在此基础上发明出电子元件晶体管。

(6) 结构逆向

从事物的已有结构形式出发，通过结构关系的颠倒、置换等技巧，使该事物产生新性能。

案例：反向画面电视机

日本索尼公司总工程师井深大有一天理发时心生一计：如果设计一种反向画面电视机，那么就能在对面镜子里看到正面画面。于是，他利用公司既有优势，设计、生产、经营反向画面索尼电视机。

(7) 序位逆向

序位指顺序和方位。顺序又指时序或程序，方位又指方向和位置。序位逆向是指对事物的顺序和方位逆向变动，以产生新的较佳效果的思维。

①从时间顺序、程序关系上进行逆向思维。"种菜种瓜要抢先，迟了不值钱"？越夏西红柿、秋西瓜、冬天结果的桂圆等，却以迟取胜。生产中，上道工序为下道工序提供零件是常规。本田公司却用逆向思维提出"三及时"的思想，即下道工序在需要时向上道工序索要所需数量的合格零件。结果取消了大量在制品的库存。

②从方向、方位上进行逆向思维。火箭向天上打,而苏联工程师米海依尔于1968年研制成的钻井火箭,能穿透土壤、冰层、冻土、岩石,每分钟钻进10米,重量只有普通钻机的1/17,耗能少2/3,效率提高5~8倍。

邓丽娜的父亲欠某商人一笔钱。欠债不还依法要坐牢。商人让邓丽娜用摸彩的办法来决定命运:在商人口袋里放两块一黑一白的石子,让她去摸,若摸到黑石子就嫁给他,债就免了;若摸到白石子不用嫁给他,债也免了。她发现商人往口袋里放了两块黑石子。于是假装未发现商人花招,伸手摸到一块石子后,飞快地将其扔进河里。对着商人说,只要看看留在口袋里的是什么石子就可以啦。

(8)因果反转

有时候,某种恶果在一定条件下又可以翻转为有利因素,关键是如何进行逆向思考。倒因为果最辉煌的案例应当是人类对疫苗的研究。

(9)观念反转

观念是一个人对某一事物的认识、看法、见解、观点。观念反转是在一定背景条件下,通过角色变换等,做出相反的思想和行为。例如,翻转课堂。

(10)心理逆反

禁止意味着加强。送来者贱,求之不得者贵。你所能提供的东西,你一个也不要。车越破开得越疯。剧场里越不靠近通道的座位上的观众来得越晚。如果你顺当地找到停车的地方,那你就会找不到你的车。

心理逆反法,是指摒弃自身局限,先探究对方思想,然后反对方思路而行事;更进一步,让对方跟着你的思路走,让他做出你需要他做出的选择。它立足于对对方心理的预测和反馈,并依此抢先布局,在应对自如之余,反将一军。

2)还原分析法

有人从岔路口行至某处遇到了障碍,解决的思路通常是设法寻找克服困难的办法,然后继续前进,最终抵达预设的目标。还原分析法则先不急于往下走,而是折回头去查找出发的岔路口或原点(还原),然后站在原点处重新分析该怎么办?或者另选一条能避开困难的路;或者改变原有行动方式。

还原分析是放弃原有思路,或按原思路返回,把创造的起点移到创造的原点。即先暂时放下所研究的问题,反过来追本溯源,分析问题本质,然后从本质出发,另寻视角、另辟蹊径,寻找新的创造方法。在产品设计方面,则着眼于在功能上还原,从原理上换元。此法有"退一步海阔天空"之功效。

(1)还原换元法

还原换元法即先还原后再换元。还原就是在发明创造时,不以现有事物为起点,继续沿着原有思路同向探索,而是先摆脱思维惯性和传统影响,反向还原。换元是指改变原有的方法或材料等。此法创造性极强,是开辟发明创造新路的一种有效方法。

(2)换元还原法

此法着重于解决具体问题,并非是提出问题的方法。关键在于换元,即发现并决定可以互相代替的事物及其等值关系以及实施代替的具体方法。科学研究中的模拟试验,也都是先换元取得有关参数、经验或方法后,再还原。曹冲称象就是把无法称重的大象换元成可以分散称重的石块,才将问题解决的。

5.1.7 多元思考

5.1.7.1 注意力思维工具

1)注意力思维工具简介

注意力思维工具(direct attention thinking tools,DATT),是基于"思维是一种后天习得的技能,并且容易掌握"的理念,摒弃传统的"分析、批判、争论",力求达到建设性目的,力图克服感知不足,避免遗漏某些东西,或者没有考虑乃至忽略他人想法,以及没有考虑其他可行方案的情况发生,从而提供一个具体情境的思考框架。

(1)结果与结局(C&S)

对于一个行动、机会、决定或规定等,思考其可能导致的结果与结局。

(2)有利因素、不利因素、兴趣点(P.M.I.)

在做出决定或表示赞同之前,确保对该事情已进行过全面考察。

(3)辨认、分析、划分(RAD)

将一个较大的概念分解成几个小部分,使之更加容易辨认。

(4)考虑所有因素(CAF)

对于行动、决定、计划、判断或结论相关的所有因素进行考察。

(5)目标、目的、方向(A.G.O.)

找出行动背后的目的和意图。

(6)其他的选择、可能性、方案(A.P.C.)

有意识地寻找其他选择方案。

(7)其他人的观点(O.P.V.)

站在其他人的立场看问题。

(8)所涉及的重要价值(K.V.I.)

确保你的思考符合你的价值观。

(9)优先考虑的事情(FIP)

从纷繁复杂的事物中找出最重要的和最需要优先考虑的事情。

(10)决定/设计、结果、方法、行动(DOCA)

关注思考的结果,以及随之而来的行动步骤。

2)思考训练法(PMI)

(1)概念、作用与目的

PMI思考训练法,或称三思法,是爱德华·波诺提出的一项有效思考工具。P(plus)表示优点或好处,M(minus)代表缺点或坏处,I(interesting)代表有趣或有趣的地方。PMI也是一项导引注意力的工具。它先把思考者的注意力集中在好的方面;再转到不好的方面;最后转到广而有趣的方面。

一思，从正方向思考，即从积极方面，有益的、好处的或优点的方面去思考。二思，从反方向思考，从消极的、不利的、坏处的或缺点的方面去思考。三思，从兴趣、感触方面去思考。每一思，一分钟，养成高效率积极思考问题的习惯。

PMI 在任何情况下都可运用。对模棱两可的问题情境，的确如此，但这并非 PMI 的主要目的。相反，PMI 最宜用在明确的问题情境，目的在于帮助我们养成由不同方向思索、探测问题的习惯。

(2) 注意事项

在做 PMI 思考训练时，重点不在于审查各个想法所伴随的价值意义，不在于价值评断，而是按照思考的 PMI 方向，尽量地把各种想法引发出来，列举出来。

"I" 部分的功能为：客观中立者的综合看法，要抛开判断，探索有趣的地方。从"I"角度思考时，类似下列说法："如果……将会很有趣。或者可看看……将会很有趣。"或者"我不喜欢这么做，不过它有趣的是……"通过这种方式，有可能激发思考者的兴趣，使之拓展思路，探求不同想法。

此法操作简单，一学就会，越用越灵，熟练后使人获益匪浅。它是行之有效的思考训练课。

5.1.7.2 六顶思考帽

(1) 概述

每个人都有各自的思维天性，有的人注重分析，有的人擅长雄辩，有的人喜欢批判。思考的困难往往在于混淆不清，我们试图在同一时刻考虑诸多的事情，如情感、信息、逻辑、希望和创造力都一股脑儿地涌现。"六顶思考帽"是一种工具化思维技能。它将各个观点并列在一起，即将情感与逻辑分开，将创造力与信息分开，依此类推，并用 6 种颜色的帽子代表 6 种思维方式，思考者一次只做一件事，没有冲突，没有争论，也无对与错。这是一种真正的对于问题的探索，在交流中的思想互相尊重。

(2) 多元分析

①白帽，象征着信息、事实和数据。白色是中立而客观的。努力发现信息并增强信息基础是思维的基本部分。使用白帽思维时，将注意力集中在平行地罗列信息上，要牢记 3 个问题：我们现在有什么信息？还需要什么信息？怎么得到所需要的信息？这些信息的种类包括确凿的事实、需要验证的问题，也包括坊间传闻及个人观点等。若出现意见不一的情况，可以简单地将不同观点平行排列在一起。若是这个有冲突的问题尤其重要，也可以在稍后对它进行检验。

白色思维可以帮助你做到：像计算机那样提出事实和数据；用事实和数据支持一种观点；为某种观点搜寻事实和数据；信任事实和检验事实；处理两种观点提供的信息冲突；评估信息的相关性和准确性；区分事实和推论；明确弥补事实和推论两者差距所需的行为。

②红帽，象征着感觉、情绪、直觉。红色，使人想到热烈与情绪。这是对某种事或某种观点的预感、直觉和印象；它既不是事实也不是逻辑思考；它与不偏不倚的、客观的、不带

感情色彩的白帽思维相反。红帽思维就像一面镜子，反射人们的一切感受。使用红色思维时，无需给出证明，无需提出理由和根据。

红色思维可以帮你做到：你的情感与直觉是什么样，你就怎么样将它们表达出来。在使用红帽思维时，将思考时间限制在30秒内就给出答案。红帽的问题是：自己对此的感觉是什么？

③黑帽，象征着谨慎、批评以及对于风险的评估。黑色是逻辑上的否定。使用黑帽思维的主要目的有两个：发现缺点，做出评价。思考中有什么错误？这件事可能的结果是什么？黑帽思维有许多检查的功能，我们可以用它来检查证据、逻辑、可能性、影响、适用性和缺点。

通过黑色思维也可以让人做出最佳决策；指出遇到的困难；对所有的问题给出合乎逻辑的理由；当用在黄色思维之后，它是一个强有力的评估工具；在绿色思维之前使用黑色思维，可以提供改进和解决问题的方法。总而言之，黑帽子问的是"哪里有问题"。

④黄帽，象征着价值或者利益。黄色代表阳光和乐观，代表事物合乎逻辑性、积极性的一面。黄色思维追求的是利益和价值，是寻求解决问题的可能性。在使用黄色思维时，要时刻想到以下问题：有哪些积极因素？存在哪些有价值的方面？这个理念有没有什么特别吸引人的地方？这样充分可行吗？

通过黄色思维的帮助，可以让我们做到深思熟虑，强化创造性方法和新的思维方向。当说明为什么一个主意是有价值的或者是可行的，必须给出理由。黄帽的问题是"优点是什么"或"利益是什么"。

⑤绿帽，用以指导创造性努力。绿色是生命色，代表创意与变革，绿色思维不需要逻辑性指导。绿色思维允许人们做出多种假设。使用绿色思维时，要时刻想到下列问题：我们还有其他方法来做这件事吗？还能做其他什么事情吗？有什么可能发生的事情吗？什么方法可以克服我们遇到的困难？

绿色思维可以帮助寻求新方案和备选方案，修改和去除现存方法的错误；为创造力的尝试提供时间和空间。绿色思维激发行动的指导思想，提出解释，预言结果和新的设计。总之，与绿色思维密切相关的就是"可能性"。"可能性"也许就是思维领域中最重要的词语。可能性包括了在科学领域使用假设的工具。可能性为人类感知的形成、观点与信息的排列提供了一个框架，包括了不确定性的存在，可能性也允许想象力的发挥。绿色思维提出了"我们有什么样的想法"的问题。

⑥蓝帽，掌握思维过程本身，代表控制与成果。蓝色是天空色，有纵观全局的气概。蓝色思维常在思维的开始、中间和结束时使用。我们用蓝帽来定义目的、制订思维计划，观察和做结论，决定下一步。使用蓝色思维时，要时刻想到下列问题：我们的议程是怎样的？下一步怎么办？现在使用的是哪一种帽子？怎样总结现有讨论？我们的决定是什么？

蓝色思维可以让你发挥思维促进者的作用；集中和再次集中思考；处理对特殊种类思考的需求；指出不合适的意见；按需要对思考进行总结；促进团队做出决策。用蓝帽提问的是"需要什么样的思维""下一步是什么""已经做了什么思维"。

(3) 综合应用

用不同颜色的帽子将思考的不同方面分开，思考者只需在同一时间内集中思考一个方面的问题，下一时段再换上另一种颜色帽子去思考……就可以依次对问题的不同侧面给予足够的重视和充分的考虑。这种能分解、又能综合出新意的工具，最终能得到对事物全方位的"彩色"思考。在这里，每一顶帽子都可以反复使用，不必强制它们的次序，更没有孰轻孰重之分，全靠思考者的目标、条件和智慧。用一句话就是：思考要有多角度，绕着圈去观察事物才能产生新想法。

创造性可能是一种灵感：摆脱束缚，相信直觉，学会使用右脑，有了创造热情，就会有创造性。重点在于改变精神状态。通过运用缜密的工具则更能可靠、系统、高效地产生创造性效果。

5.1.8 群体集智

5.1.8.1 文献研究与利用法

1) 文献研究法

(1) 概念

文献（document）是对某件事件或事物的记录，以便于这些信息不会丢失。

文献研究也称情报研究或文献调查、文献分析，是指对某方面的文献资料进行检索、搜集、鉴别、整理、分析、研究，以探明研究对象的性质和状况，获得新论据、找到新视角、发现新问题、提出新观点、形成新认识。它是一种以证据为基础的实证研究方法[1]，既可以是定量方法，也可以是定性方法。

研究方法是研究者用来回答研究问题所使用的工具，而研究工具用来收集数据、资料并实现研究目的。只有那些使用了大量的原始文献的研究才算是真正的研究，其使用的方法才算是文献研究法。为撰写文献综述而对文献进行整理的"文献法"算不上研究方法，通篇通过分析大量期刊论文来进行研究或完全以出版文献作为研究材料进行内容分析的文章并不能算是地道的文献研究法[2]。

文献综述是对所收集的文献进行阅读、选择、比较、分类、分析和综合，它不只是对已有文献的重复、罗列和一般性介绍，而是对以往研究的优点、不足和贡献的批判性分析和讨论。因此，文献综述包括综合提炼和分析评论双重意义。

文献综述是学术论文中关键内容之一，反映当前某一领域中某分支学科或重要专题的历史现状、最新进展、学术见解和建议，往往能反映出有关问题的新动态、新趋势、新水平、新原理和新技术等。通过文献综述，提高归纳、分析、综合能力，可以进一步提高研究和论文的创新性。

---

[1] 实证研究方法是在价值中立的条件下，以对经验事实的观察为基础，来建立和检验知识性命题的各种方法的总称。所谓价值中立，指的是在研究的过程中研究者不可以用自己特定的价值标准和主观好恶来影响资料和结论的取舍，从而保证研究的客观性。包括观察法、谈话法、测验法、个案法、实验法等。

[2] 肖军. 教育研究中的文献法：争论、属性及价值[J]. 当代教育理论与实践，2018(4)：152-156.

在文献综述中,要善于提出问题,能够分析、评判论证过程、评价结论。首先要看文章的目的陈述是否清楚准确,文章究竟要分析和解决什么问题,假设是否清楚恰当,用于论证的数据、信息和观点是否充分、清楚和准确,概念是否清楚正确,推理和论据之间是否有必然联系,推理之间是否连贯,结论是否靠得住。同时,还要在思考时不受别人暗示影响,能严格而客观地评价、冷静地分析一种思想、一种决定的是非利弊。具有批判性思维的文献综述,不仅要知道关于某一事物的结论,而且要审查借以得出这一结论的依据,能够把自己对事物的推测看作尚待验证的假设,认真加以检验,去伪存真,甚至推翻整个假设。尤其要克服"书本型思维障碍",不要盲目地认为只要资料上写的都是正确的,资料上没说的不敢做,不敢去纠正前人错误、探索新的领域。文献阅读和综述不仅可以帮助寻找、确定选题,而且在借鉴他人思想成果或其他领域研究方法来研究原有问题的过程中,还可以帮助建立新的思维模式,创造出具有社会价值的新理论和新事物,提高分析问题和解决问题的能力。

文献研究法包括内容分析法等3种。内容分析法也是以文献为研究对象的方法,但更加注重对文献的内容进行分析、揭示文献的隐性内容,同时注重将定性的文献定量化。

(2)目的与作用

文献研究法所要解决的主要是如何在浩如烟海的文献资料中选取适用于课题的资料,并对这些资料做出恰当的分析,归纳出有关问题。它能帮助调查研究者形成关于研究对象的一般印象,有利于对研究对象做出历史的动态把握,还可研究已不可能接近的研究对象。

(3)渠道与内容

搜集科技文献的主要渠道有:图书馆、档案馆、博物馆、科学及教育事业单位或机构、学术会议、个人交往和计算机互联网。主要内容有:公开出版的书籍、刊物等资料;企事业单位内部有关档案资料;有关个人的日记、笔记、传记。

2)专利文献利用法

专利文献是人们发明创造的重要信息来源,对专利文献的查阅可以避免重复,少走弯路。专利文献利用法,即利用专利文献引发创新构思的一种创新技法。

(1)引申

通过专利检索,可使创造者寻找创造对象,或掌握相关动态、选择目标、寻求启示,或在某一专利文献基础上,受某一专利文献的启发,提出或引发新的创造设想。

(2)综合

在对专利文献调研的基础上,通过对几种专利成果的综合而产生新的创造。

(3)寻隙

在对专利文献的调研中,通过发现被人忽视、未被推广利用的专利空隙或潜力,来形成技术创造的目标或设想。

5.1.8.2 头脑风暴法

头脑风暴法(brain storming,BS)是一种群体集智法,以智力激励法为主,包括该法的一系列变种。

头脑风暴法,即智力激励法,由美国创造学家奥斯本(Osborn)于1939年首次提出,

1953年正式发表。头脑风暴即通过无限制的自由联想和讨论，达到产生新观念或激发新设想的目的。奥斯本从心理功能的角度，将人的心理能力分为信息输入能力、记忆力、思维能力和创造能力4种，将思维分为批判性思维和创造性思维。他认为，经验是产生新思想的源泉，数量中包含质量。推迟判断能使人们产生更多想法。

头脑风暴法可以排除折中方案，对所讨论问题通过客观、连续的分析，找到一组切实可行的方案。但不适用于一些具有机密性和高技术含量及专业性问题。它的实施成本(时间、费用等)很高。

1) 头脑风暴的激发机理

①知识互补。参与者来自方向不同的领域，有利于解决综合性问题。

②联想反应。在集体讨论过程中，每提出一个新观念，都能引发他人联想，产生连锁反应。

③热情感染。在不受限情况下，集体讨论问题能激发人的热情。人人自由发言、相互感染，能形成热潮。

④竞争意识。在竞争意识驱使下，人人不断开动思维机器，力求独到见解、新奇观念，人的心理活动效率倍增。

⑤个人欲望。不批评仓促的发言，不许有怀疑的表情、动作、神色，从而使每个人畅所欲言，产生大量新观念。

2) 头脑风暴法的目的和组织

(1) 会议类型

一是设想开发型。即为获取大量设想、为课题寻找多种解题思路而召开会议。因此，要求参与者要善于想象，语言表达能力要强。二是设想论证型。即为将众多设想归纳转换成实用型方案而召开会议。要求与会者善于归纳、分析判断。

(2) 组织形式

会议时间一般控制在20~60分钟；参加人数一般为5~10人；设主持人1名，主持人只主持会议，对设想不做评论。设记录员1~2人，要求认真将与会者每一设想都简要、完整地记录下来。

①自由发散型。无拘无束发言，思维广度很好；但效率不高，思维深度不够，最后结果要达到什么样的目的，责任难以明确。若大家都很自觉，只要有想法都一定能够说出来，就运用自由发散型。

②主持访谈型。需要一个主持人精妙地控制局面。主持人必须熟悉某个专业领域，其水平和能力关系到头脑风暴的质量。

③击鼓传花型。就是按照事先确定的规则，轮到者就发言，即按照某种顺序来发言，迫使每个人必须要拿出自己的主意。

④辩论型。类似辩论赛，将主题分为两个相反观点，通过辩论来决定我们到底要支持哪种观点。

⑤辩论抢答型。就是发言者抢先举手发言。可以采用激励的方式，调动团队成员的积

极性。

(3) 会议原则

为使与会者畅所欲言，互相启发和激励，达到较高效率，必须严格遵守的原则见表 5-12 所列。

表 5-12　头脑风暴会议原则

原则	阐述
延迟评论 庭外判决	认真对待任一设想，而不管其是否适当和可行，即使自认为是幼稚、错误的，甚至是荒诞离奇的，也不得予以驳斥，不能批判和评论、不得阻拦；同时也不允许自我批判或自谦，在心理上调动每一个与会者的积极性；要耐心，可以使用适当幽默，彻底防止出现一些否定性的"扼杀性语句"和"自我扼杀语句"，诸如"这根本行不通"以及"我提一个不成熟的看法"等语句；对各种意见、方案的评判必须放到最后阶段。只有这样，与会者才能在充分放松的心境下，在别人设想的激励下，集中全部精力开拓自己思路
独立自由	提倡任意想象，尽量发挥，自由奔放，畅所欲言。主意越新、越怪越好，因为它能启发人推导出好的观念；创造一种自由的气氛，激发参加者提出各种荒诞的想法；不允许私下交谈，以免干扰别人思维。与会人员，不论级别，还是专家外行，一律平等
以量求质	追求设想数量，不求全责备；只强制大家提设想，越多越好，以谋取设想的数量为目标；意见越多，产生好意见的可能性越大；各种设想，不论大小、荒诞与否，记录人员也要认真地将其完整地记录下来
综合改善	除提出自己的意见外，鼓励巧妙地利用和改善他人的设想；这是激励的关键所在；每个与会者都要从他人的设想中激励自己，从中得到启示，或补充他人的设想，或将他人的若干设想综合起来提出新的设想等；探索取长补短和改进办法
主题聚焦 目标导向	目标集中，有目的地讨论；不强调个人成绩，应以小组整体利益为重；注意和理解别人的贡献，不以多数人意见阻碍个人新观点的产生，激发个人追求更多更好的主意

3) 会议程序

(1) 会前准备

要做到课题任务和主持人、参与人三落实。

①明确主题。由主持者与问题提出者一起分析研究，进一步明确会议主题。出于智力激励法适宜解决比较单一的问题，因此对涉及面广或包含因素过多的复杂问题应进行分解，使会议主题目标明确和易于获得方向一致的众多设想。会议主题提前通报给与会人员，让与会者有一定准备。

②选好主持人、记录人。主持人应摸清主题现状和发展趋势；有一定组织能力；懂得各种创造性思维和技法，熟悉并掌握头脑风暴法的原理、程序及方法和操作要素。记录人记录速度要快，不带个人观点。

主持人应掌握技巧。会前重申会议原则并善于激发成员思考，使场面轻松活跃而又不失规则；通常在开始时，主持者需要采取询问的做法，因为主持者很少有可能在会议开始数分钟内创造一个自由交换意见的气氛。以赏识激励的词句语气和微笑点头的行为语言，鼓励与会者。"好主意！这一点对开阔思路很有好处"等；禁止说："这点别人已说过了！""实际情况会怎样呢？""就这一点有用"等。经常强调设想的数量。遇到人人皆才尽计短而暂时停滞时，可采取一些措施，如短暂休息，可以散步、喝水等，再进行几轮脑力激荡；或发给每人一张无关图画，要求讲出从图画中所获得的灵感。根据课题和实际情况需要，引导大家掀起一次又一次脑力激荡的"激波"。如课题是某产品的进一步开发，可以改进配方为第一激波、以降低成本为第二激波、以扩大销售为第三激波等。又如，对某一问题解决方案的讨论，引导大家"设想开发"，及时抓住"拐点"，适时引导"设想论证"。

③对参与者的要求。参与者要有一定的训练基础，善于联想，懂得该会议提倡的原则和方法；最好由不同专业或不同岗位者组成，尽量选择一些对问题有实践经验的人。有的创造性强的人喜欢沉思，应予以发言机会；会上表现力和控制力强的人会影响他人提出设想，应简明扼要发言。方法论学者适合做主持人，专业领域专家最有可能是设想产生者，高级专家宜做分析者，具有较高逻辑思维能力的专家宜做演绎者。若是少数服从多数，头脑发热，缺乏批判精神和创造力，可能导致错误决策。

（2）会议进展

会前可进行柔化训练，即看一段有关创造的录像，讲一个创造技法灵活运用的小故事，或出几道"脑筋急转弯"之类的题目，对缺乏创新锻炼者进行打破常规思考、转变思维角度的训练活动，以减少思维惯性，从单调的紧张工作环境中解放出来，以饱满的创造热情投入激励设想活动。

明确问题：由主持人公布会议主题并介绍与主题相关的背景和参考情况；介绍问题时应注意掌握简明扼要原则和启发性原则。简明扼要，是要求主持人只向与会者提供有关问题的最低数量信息，切忌将背景材料介绍得过多，尤其不要将自己的初步设想也和盘托出。启发思考，是指介绍问题时要选择有利于开拓大家思路的方式，使与会者对问题有明确、全面的了解，以便有的放矢地去创造性思考。

轮流发言：要求与会者突破思维惯性，大胆进行联想；不要私下交谈，以免分散注意力；不妨碍他人发言，不去评论他人发言，每人只谈自己的想法。每轮每人发表见解时要简明扼要说清楚，一次发言只谈一种见解，发言时间为2分钟。如有其他创意设想，可在下一轮次接着发言。避免形成辩论会和发言不均。没有建议时说"过"。鼓励所有的人积极思考、贡献观点。

主持人要掌握好时间，1小时形成设想应不少于100种。最好的设想往往是会议要结束时提出的，因此可以根据情况再延长5分钟。记录人员应将每个发言内容尽量详细记录，即使是荒谬的。

（3）会议结果分析与处理

①设想的系统化处理和讨论结果的筛选。会议结束后不久，课题执笔人应对会议记录进行整理，并继续向与会者了解会后的新想法和新思路，补充会议记录。对大家的想法进行梳理，合并同类观点，然后进行综合性分析，去粗取精、去伪存真，筛选可用的观点、创意，形成最佳方案用于承担的课题。

为此要对所有设想编制名称一览表；用通用术语说明每一个设想的要点；找出重复的和互为补充的设想，并在此基础上形成综合设想；提出对设想进行评价的准则；分组编制设想一览表。

②质疑和完善。在决策分析过程中，对上述系统化方案和设想，还经常采用质疑头脑风

暴法(逆向头脑风暴法)进行质疑和完善。这是头脑风暴法中对设想或方案的现实可行性进行估价的一个专门程序。

在进行质疑头脑风暴法时,主持者应简明介绍所讨论问题的内容,扼要介绍各种系统化的设想和方案,以便把参加者的注意力集中于对所讨论问题进行全面评价上。首先,要求参加者对每一个提出的设想都要提出质疑,并进行全面评论。评论的重点是研究有碍设想实现的所有限制性因素。在质疑过程中可能产生一些可行的新设想。这些新设想包括对已提出的设想无法实现原因的论证,存在的限制因素,以及排除限制因素的建议。其次,是对每一组或每一个设想,编制一个评论意见一览表,以及可行设想一览表。质疑头脑风暴法禁止对已有的设想提出肯定意见,而鼓励提出批评和新的可行设想。质疑过程一直进行到没有问题可以质疑为止。质疑中抽出的所有评价意见和可行设想,应专门予以记录。最后,是对质疑过程中抽出的评价意见进行估价,以便形成一个对解决所讨论问题实际可行的最终设想一览表。评价意见与质疑一样重要。因为在质疑阶段,重点是研究有碍设想实施的所有限制因素。由分析组负责处理和分析质疑结果。分析组要吸收一些有能力对设想实施做出较准确判断的专家参加。如果须在很短时间就重大问题做出决策时,吸收这些专家参加尤为重要。

③设想的再开发。完善实用型设想,即对目前技术工艺可以实现的设想,再用脑力激荡法去进行论证和二次开发,进一步扩大设想的实现范围。对幻想型设想再开发,即对目前技术工艺还不能完成的设想,再用脑力激荡法进行开发,这样可能将创意的萌芽转化为实用型设想。这是体现方法质量的一个关键步骤。

案例:让核桃自动裂开

某蛋糕厂对"如何使核桃裂开而不破碎"进行了一次小型头脑风暴会议。有人提出:"干脆培育出一种新品种,它在成熟时,核桃壳会自动裂开。"有人借此继续思考,终于想出了一个核桃被完整无损取出而简单有效的好方法:在外壳上钻一小孔,灌入压缩空气,依靠核桃内部张力使核桃自动裂开。

4)头脑风暴的表现形式

头脑风暴是思维创新的活动形式,概念图和思维导图则是思维的表现形式。将外界信息、人的知识同语言文字结合,以图形的方式进行表达,或转换成图文并茂的形式,使人左右脑都参与思维加工,就是知识的可视化。概念图和思维导图为知识可视化提供了以现代信息技术为依托的支撑工具。

(1)概念图

概念图(concept map)是由美国康奈尔大学的诺瓦克(J. D. Novak)博士在20世纪60年代开发的一种"能形象表达命题网络中一系列概念含义及其关系的图解",是用来组织和表征知识的工具。

概念图通常将某一主题的概念(或超链接)置于圆圈或方框之中,形成概念节点,表达概念内涵;然后用连线及箭头将相关的概念和命题连接;连线上标明关系描述以反映两个概念之间的意义关系。主题没有中心;连线可以是虚实多种线型;单向箭头表示概念节点之间有单向关系,单线双向箭头用于反映概念节点之间对称双向关系;双线单边箭头用于强调概念之间在不同条件下的关系❶。

(2) 思维导图

思维导图是英国学者东尼·博赞(Tony Buzan)在20世纪70年代所创。思维导图又叫脑图、心智地图等,是运用文字、数字、符号、图形、图像、颜色等图文并重的形式技巧表达发散性思维中的关键主题(词语或形象),同时表现各级主题的隶属和层级关系的有效思维工具。

思维导图是概念图的一种特殊形式,但概念节点之间连线没有箭头,节点之间关系要么是"亲子关系",要么是"同胞关系",而且全图有一个中心节点(根节点)——中心主题。它从一个中心主题开始,建立与其密切相关的一级概念主题,每个一级主题下面包含若干个二级主题;依次类推,构成一个树状结构,以方便最终寻找创意。

5) 头脑风暴法的变型

经实践和发展,头脑风暴法现已形成一个发明技法群。基本激励原理不变,但操作形式和规则有异。

(1) 默写式"635"法

默写式"635"法是德国人鲁尔巴赫根据德意志民族惯于沉思的性格,同时鉴于智力激励法数人争着发言易使点子遗漏的缺点,对奥斯本智力激励法进行改造而创立的。

每次会议由6人参加,每人在5分钟之内,要提3个设想。开会时首先说出主题和目标,在对题目解释完毕后,让到会者填写卡片,然后将卡片传给下面的人。每张卡片上画有6个大格18个小格(每一大格内有3个小格)。后一轮受前一轮启发。半小时6轮,共可产生108个设想。

(2) 由日本创造开发研究所所长高桥诚改良的CBS法

会前明确主题,会议举行1小时左右。会议由3~8人参加。最初10分钟为"独奏"阶段,每人持50张卡片,在卡片上填写设想,每张卡片上写一个设想。接下来的30分钟,由到会者按座位次序轮流发表自己的设想,每次只能宣读一张卡片,宣读时将卡片放在桌子中间,让到会者都能看清楚。在宣读后,其他人可以提出质询,也可以将启发出来的设想填入未用的卡片中。余下的20分钟,让到会者相互交流和探讨各自提出的设想。

此法兼有会议法和默写法的长处,既有沉思,也有语言激励,便于提出新设想。

(3) 由日本广播电台开发的NBS法

会前必须明确主题,会议由5~8人参加,每人必须提出5个以上设想,每个设想用一张卡片。

会议开始后,每人出示各自卡片,并依次说明。在别人宣读设想时,如果自己发生了"思维共振",产生新设想,应立即填写在备用卡片上。待与会者发言完毕,将所有卡片集中起来,按内容进行分类,横排在桌面上,在每类卡片上加一个标题,然后再进行讨论,挑选出可供实施的方案。

---

❶ 罗辉. 思维导图的普及与应用[J]. 天津电大学报, 2012, 16(4): 1-7.

(4) 由日本三菱树脂公司改进的 MBS 法

第一步,提出问题。由参会者各自在纸上填写设想。第二步,每人轮流宣读自己的设想,每人宣读 1~5 个设想,由会议主持者记下每个人宣读的设想。别人宣读认真听,并根据宣读者提出的设想,填写新的设想。第三步,将设想汇总,写成正式提案,并进行详细说明。相互质询,进一步修订提案。由主持者将各个提案用图解的方式画在黑板上,让到会者进一步讨论,并把修改的意见写在相应位置。第四步,组织专门人员对所有的提案进行筛选,以获得最佳方案。

(5) 戈登-李特变式

为避免创意太简单,从而减弱参与者的积极性,威廉·戈登和阿瑟·李特对经典头脑风暴法进行了一些改进,称为教诲式头脑风暴法。在操作过程中,尽量避免在一开始就将要解决的初始问题呈现出来,而是把参与者的注意力集中在问题的基本概念或基本原理上。组织者的作用在于把参与者的注意力引导到这些抽象的形式上去,随着观念的产生,组织者逐渐揭示越来越多的信息。

具体步骤如下:首先,组织者以抽象的形式引入问题的相关信息,并要求参与者寻找解决抽象问题的办法;其次,在观念形成过程中,组织者逐步引入一些关键信息,对问题进行重新界定,直到问题比较具体为止;再次,组织者揭示最初的问题;最后,小组以提示问题前的想法为参考,激发对解决初始问题有帮助的创意。

5.2 用项目管理提升创新能力

5.2.1 课题、项目与项目管理

5.2.1.1 项目的基本概念与类别

(1) 课题、项目的基本概念及其关系

课题是人们从事研究他人还未认识或解决的问题,它具有较为单一而又独立的特征。

任何一个需要在特定时间内解决的问题都是项目。项目是一系列需要在特定时间内完成的相互关联的活动,是为创造独特的产品、服务或成果而进行的临时性工作。

项目是由若干彼此相关的课题所组成的一个较为复杂的综合性科研问题。例如,"学校教育综合改革实验研究"包含以下课题:综合改革实验目标、评价研究,幼小、中小衔接研究,课程、教材、教法综合改革研究,德育、美育、体育综合管理研究,以及学校与家庭社会教育的沟通和联系研究等。

课题是科学研究的最基本单元,课题的有机组合形成项目。课题与项目的划分标准又是相对的。对某一个研究者或群体来说,可以从单个课题入手,不断深入,形成系列课题,从而组成项目。或者承担一个项目后,分成若干课题逐一进行研究,最终取得较大突破。

(2) 大学生项目

大学生创新创业项目一般要求课外完成,兼顾课内;周期不能太长,一般两年内能够完

成；投入一般不太大；课题一般不宜过大，但必须有创新；自然科学类论文一定要有新见解；科技发明制作一般是利用已有理论创造性地制作一种产品，因此必须要有发明、产品或模型。

毕业论文(设计)是大学生必须完成的综合性独立作业。在教师指导下，学生独立进行国内外文献、资料或现场实际生产过程的调研，完成一定量的科学实验、数据处理任务，最后进行毕业答辩。毕业论文(设计)具有完成过程的自主性、方式的开放性、过程与结果并重的评价综合性等特征。

5.2.1.2 项目管理基本框架

项目管理是在一定时间范围内，为完成既定目标，并通过特殊形式的临时性组织运行机制，通过有效的计划、组织、领导与控制，充分利用有效资源并进行有效的质量与成本控制的一种系统管理方法。

(1)项目生命周期与项目管理过程组(表5-13)

项目生命周期分为概念阶段、设计阶段、实施阶段、终止阶段。可以按项目技术成果的完成和技术任务的交接来划分项目周期的不同阶段。将某技术成果移交给下一阶段使用，就构成技术任务交接。

"过程"是旨在导致一定结果的一系列行动的集合；之所以叫过程组，是因为每个过程组中都有多个相对独立又相互联系的过程。过程组分为以下5个。

①启动。从正式发起项目到授权项目开始，确立项目的合法地位和总体要求。在此期间，申请者按项目发起文件和有关管理规定，积极申报项目，组建团队。扪心自问，自己为何要申报或参与创新项目？申报书上签字意味着遵守有关章程，承担相应的责权利。同时，正确识别项目发起人的真正需求，通过发现问题并提供解决方案，开发并满足他们的具体需求。大学生创新创业训练计划项目的核心需求在于"转变教育思想观念、培养人才、强化创新创业能力训练"，具体需求则落实在项目和实施者身上。

②计划。就是编制项目计划，把项目目标具体化，并制定目标的路线图。

③实施。按计划实施，把纸上设想变成实在成果。

④监控。是把实际情况与计划要求相比较，发现和分析偏差，必要时进行变更(调整计划或实施)。

⑤收尾。是按一定的程序和要求正式结束项目。包括技术收尾、合同收尾和行政收尾。

表 5-13　项目生命周期与项目管理过程组对比

项目生命周期	项目管理过程组
按技术工作划分阶段	按管理工作划分阶段
每阶段产出技术成果，涉及技术工作交接	每阶段产出管理成果，涉及管理工作交接
通常阶段之间首尾相接，特殊情况可部分交叉	各阶段通常相互交叉，不是严格地一个接一个
每个阶段可看作一个子项目	在项目生命周期的各阶段重复进行
不同类型项目，阶段划分差别较大	所有项目的阶段划分都一样

(2)项目管理的九大知识领域

①整体目标。项目是综合性的,涉及范围、时间、成本和质量等相互矛盾的分目标,以及许多不同专业工作、不同利害关系者。必须掌握好整合管理,在相互矛盾的各要素之间寻找平衡点,追求综合最优。

②范围、进度、成本和质量。项目范围是项目进度、成本和质量的基础。做项目首先必须决定要提交什么可交付成果,为项目确定工作边界。项目范围确定之后,自然要确定什么时候做,用多大代价做,以及该做到什么质量标准。应达到什么工作质量和产品质量的要求,以便使项目产品能发挥既定功能。时间、成本和质量相互制约。

③人力资源、采购和沟通。项目总是靠人做的。要提交符合要求的项目产品,就必须考虑需要什么人力资源。组建项目团队就要用到人力资源管理。如果自己没有足够的人力资源,就必须把部分工作外包出去,就需要应用项目采购管理。不同的人做同一项目,有不同需求,需要沟通,就用到项目沟通管理。这三项是项目手段。

④风险。项目是独特的,充满各种风险。项目风险管理为项目的成功保驾护航。

此外,项目管理涉及安全管理、技术管理、环境管理、财务管理等。

5.2.2 项目目标与范围管理

5.2.2.1 目标管理

目标管理,是用系统的方法,结合许多关键管理活动,高效率地实现组织目标和个人目标。自我目标管理是指确定自己所担负的主要职责,制定表现优与差的标准,并据此衡量自己的行为结果。

(1)确定目标和预期成果

要顺利完成项目,首先要指定明确目标。至少包括问题、范围、时间、成本和质量5个方面。

设定目标要考虑方向性、针对性、预见性、可行性、相关性、量化性和可操作性。应符合SMART原则:具体明确的(specific)、可测量的(measurable)、行动导向的(action-oriented)或各方认同的(agreed)、务实于自身与社会的(realistic)、有时间表的(time-related)。

目标较为概括和抽象,是某种项目或活动的普遍性的、终极性的追求。成果较为具体,是某种项目或活动的特殊性、阶段性的追求。目标的最终实现有赖于许多隶属的具体行为成果的实现,目标的内涵是贯穿于各个具体成果之中的,成果也是表征目标达到的形式,如高水平论文(内容和研究目标对应)、专利(和突破的技术难点对应)、人才培养(和成员分工对应)等。

"挑战杯"全国大学生课外学术科技作品竞赛自然论文和发明制作研究报告撰写注意事项,见表5-14所列。

(2)工作分解

常规目标是为维持组织生存所必须设定的目标。解决问题的目标是当生存发生某些困难时,须解决问题而设定的目标。革新目标是为改善、发展而设定的目标。

表 5-14　大学生课外学术科技作品注意事项

	事项	自然论文	发明制作研究报告
1	题目	反映论文内容、研究范围和深度，合理归类	反映发明研究内容、范围和深度，合理归类
2	内容	内容切题、结构分明、逻辑严密、条理清楚	内容切题、结构分明、逻辑严密、条理清楚
3	结构完整	包括简介、详细介绍、撰写目的和基本思路、科学性与先进性及独特之处、应用价值和现实意义、同类课题研究水平、摘要、关键词、前言、正文、结论、参考文献等	有简介、详细介绍、设计/发明目的和基本思路及创新点、技术关键和主要技术指标、科学性与先进性、参考文献等内容
4	结论可靠	有理有据，有新思想、新见解	使用说明、技术特点和优势、适应范围，推广前景的技术性说明、市场分析、经济效益预测、同类课题研究水平概述
5	善于表达	灵活运用图表、曲线、附录、加注等手段，以达到突出重点、显示主线的目的。可附获批获奖(发表)情况、鉴定结果(查新报告)	附有相关曲线、试验数据、原理结构图、实物外观图(照片)、录像、模型等，也可附以获批获奖情况及鉴定结果(证书)、应用证明和专利证书、作品所处设计制作和试验阶段
6	文笔	反复阅读和修改论文手稿，达到简明、流畅	研究报告简明流畅

项目的目标分解是工作分解的基础，分目标是上层目标手段保证。每一个被细化出来的项目可交付成果及相应工作都必须有相应的时间、成本和质量要求。工作分解包括各项具体工作内容和实施措施。

(3)项目实施，包括活动排序、综合计划、动态监控

得到活动清单之后，需要对活动进行排序。这要弄清楚活动之间的逻辑关系(同时、先后)，统筹安排。接下来，形成综合的项目计划。包括目标计划(工作分解、活动排序、工期安排、成本预算、质量标准制定等)和实现项目目标手段的计划(人力资源、沟通、采购)以及风险计划。

明确实施步骤以及每一步骤所要达到的要求和标准，明确完成自己的分目标对实现最终目标所起的作用并落实措施。监控是收集项目信息，把实际实施情况与计划要求作比较，发现和分析偏差，必要时纠偏或调整计划。监控是动态的。计划的修正必须经过严格的审批程序。

(4)项目收尾，包括评估目标、项目后评价、进入新循环

收尾阶段也需要计划，做完工作、提交产品、了结合同。及时找出脱离目标、导致失败的原因，要进行全面深入的分析综合，对挫败结果进行定性、定量分析，并做出较为准确客观的判断和评价，采取措施控制目标运行的方向和速度，最后实现目标要求。

全面、系统、深入的完工后评价，总结经验教训，形成文档，使经验教训成为组织过程资产的一部分。即使提前终止的项目也应如此。将有关信息和问题反馈到下一个循环目标，修正以往错误，明确未来注意事项，为新目标制定及管理提供依据和借鉴。目标管理的每个循环周期的目标体系都建立在上一个周期的实践基础上，且有新内容、新高度，既具有挑战性又可以通过努力实现。

5.2.2.2 范围

项目范围是指项目的工作任务范围。做范围内的事,而且只做范围内的事,才能保证在规定的时间、成本和质量下完成项目任务和目标。项目范围扩大,就意味着项目成本要增加。要明确项目范围,必须走访主要项目关系人,多了解和分析他们的需求,明确产品和服务范围。

大学生创新项目或毕业论文(设计)中,题目的大小通常是指范围大小,进而影响项目目标大小。

(1)小题大做

很多大课题都是从不起眼的例子开始,最终得到了非常重要的结论。能把小题做成大题,得到大的结论才是做科研最让人兴奋的事情。伽利略研究物体运动,是从斜坡开始的。他研究了各种不同坡度,甚至斜坡上不是完全直线的情况,最终得出结论,物体下落的最终速度与高度差有关,与路径无关。

小题一般被人忽视,往往意味着集体视觉盲点。大家的目光往往非常集中。在一段时间内,世上的热点问题往往并不多,似乎一下子全世界都在讨论一个问题。可是小课题太多了,若缺乏眼光,都不知道那些课题背后还有什么可研究的,所以大多数人就只剩下一条路,那就是做点热门的,改进一个算法,提高一点效率。这些尽管谈不上很大,但也算是实实在在做了点科研。能不被集体视觉盲点干扰,发现小课题,并能够有所创新的人,才是真正有大贡献的人,后来者可能做得更系统、更漂亮,但是那都是解题解得漂亮,不算是最高明的能力。

小题往往很快就能看到效果。其最大的好处就是简单。我们很快就能发现其中的部分规律,通过这些规律能够进一步思考这些表面蕴藏的规律是否有更大价值。我们不能一下子就看准哪个题目一定有大价值。在很多情况下,还需要不断地尝试。如孟德尔,最终选择了豌豆作为遗传行为的代表研究。所以,从所有可能的小题目中选择一批值得尝试的课题,要考验我们的眼光,而从中发现真正的课题,就必须要求这些课题的初始研究不那么艰难,不然可能一辈子还在尝试中出不来。

隐藏在常识或者小课题表面下的普适性规律需要逐渐挖掘,不断深入、不断提炼总结,并最终形成人类的共同知识。这中间的过程非常复杂,也许不是一个人能够完成,甚至不是一个世纪能够完成。因此,我们如果想真正做点有意义的事情,就不要奢望一上来就得到所谓普适性规律,形式化很好的东西。好东西需要人类共同的积累,但是起点往往是最重要的。

小题做成大题是科学素养的综合集成,不具备一定功力的人很难做大。把大题目或者难题目解得很彻底是一种能力,但是仍然比不上把小课题做成大课题的本领。能发现有价值的小课题,并把小课题做成大课题,这是一个完整的科学修养链条,能够从头走到尾的人在整个科研界都是少之又少的。

数学上有个方法论,就是从简单开始。如果我们试图证明一个复杂的问题无法一下子就得到证明的方法,我们往往从最简单的非凡情况入手进行考察,先得到一些结果,然后看其中有哪些结论可以一般化，进而得到一系列的假设或者猜想，再对这些假设或者猜想进行论证，最终得到完整的结论。

(2) 复杂问题简单化

德鲁克说："如果它不够简单，就无法操作。如果太过复杂，就难以修正。"

复杂问题简单化，一是要学会透过现象看本质。当我们面对一个很复杂问题的时候，先要看他的本质和核心在哪里。找到了本质和核心才可以有的放矢。二是要把握客观规律。每个事物都有它发展的规律，要学会从规律找出方法。平时我们就要练习自己看问题的能力，要全面地，而不是片面地看问题，这样到了关键时候，就能够把握规律。三是要学会简单思维。简单思维就是不要绕来绕去地把问题弄得更复杂了。有时候，直觉是很正确的一种思维方式。四是要进行深入思考。复杂事情实际上是由简单事情组成的，因此思考时要从简单处着手，一个个的简单要素突破之后，复杂问题也就解决了。简单化并非不认真去解决，而是要从简单入手，揭开复杂的外衣，找到问题的本质和规律，然后对症下药，药到病除。不要总是绕弯子，想办法找到本质规律和突破口！

笛卡尔提出了思考问题的4个重要原则和步骤。基于这4个原则，能够从基础上论证和认识一个问题，这种认识方式被称为批判性思维和系列性思考。

原则一是学会批判性思考，在逻辑上要求严谨。例如，即使我们知道某个定理，但是依然要问，为什么是这样的，并对此展开严密论证。凡是没有明确认识到的东西，绝对不把它当作真的去接受。

原则二是将要研究的复杂问题，尽量分解为多个比较简单的小问题，一个一个地分开解决。要整理出一个体系，其关键在于分解，即尽可能地把问题分解成若干部分，找到其内部的自然结构。

原则三是对分解的问题区分层次，将它们系统化。按照问题本身的难度区分难度层次，搭建问题的相关框架，让所有被分解的问题系统化。将小问题从简单到复杂排列，先从容易解决的问题着手。

原则四是从头审视整个框架。在将问题进行逐个分解、建立整体系统之后，再回顾尽可能全面考量问题，不断反思这个考量是对还是错。问题解决后，再综合检验，看是否完全将问题彻底解决了。

这4个原则不仅可以解决单个问题，而且可以运用在学科上。这种逻辑思考方式是整个现代科学的基础。所谓科学只不过是把笛卡尔思想用来考察现实当中的每一个问题，再通过测量和实验得到答案而已。正是在现代科学发展完善之前出现了这种方法论，才建立起如此庞大的现代科学体系。

5.2.3 技术路线与项目计划

5.2.3.1 技术路线

(1) 技术路线图概念及种类

路线图是指应用简洁的图形、文字、表格等形式，描述目标和行动的步骤、重点及相关环节之间的逻辑关系。它是一种结构化规划方法，具有概括性、综合性、前瞻性、指导性。

技术路线，是为达到研究目标，准备先后采取的技术手段及关键性问题的解决方法、具体步骤和研究途径，每一步骤的关键点要阐述清楚并具有可操作性。它是以研究假设为核心，将理论支撑、研究内容、研究方法、研究步骤、研究成果有机组合起来的逻辑结构。研究假设即提前预设出解决问题的若干路径，且假设这些路径是可行的；并在随后的研究过程中，证其真或证其伪。技术路线的主要框架就是研究假设的框架。逻辑结构是把思维的规律和规则以可视化框架的方式呈现出来。技术路线能够体现出课题研究思路、研究方法，能够把研究过程中诸多要素的逻辑关系呈现出来。

一般情况下，技术路线以流程图或树形图的方式呈现出来，并给予必要解释，称为技术路线图。技术路线图，根据其执行层次或规模可分为行业层技术路线图、公司层技术路线图和项目层技术路线图。根据绘制过程的不同可分为科学驱动的技术路线图、技术驱动的技术路线图和市场驱动的技术路线图。根据其不同应用目的和构建方法，还存在其他分类形式。如美国圣地亚纳国家实验室将其分为：产品技术路线图、问题导向技术路线图和新兴技术路线图 3 类。Radnor 将其分为行业路线图、技术开发路线图、产品开发路线图、产品技术发展路线图 4 类。Kostoff 等学者按照技术路线图应用的领域及其目标将其分为科学技术路线图、工业技术路线图、公司产品技术路线图和产品管理路线图。技术路线图广泛应用于科学研究、知识管理、技术预测、技术管理、项目规划等方面。

（2）技术路线图的结构和制定

技术路线图可以用数据图表、文字报告等形式表现，常用的是图表形式。不管用哪种形式，都要回答 3 个问题：在充分考虑技术、产品、市场等因素发展前景的情况下，我们计划到哪里去？我们现在在哪里？我们如何达到那里？为回答这些基本问题，技术路线图一般在结构上采用多层结构格式，在横坐标上（时间维度）反映技术随时间的演变，在纵坐标（空间维度）上反映技术发展与研发活动、产业、基础设施、市场前景等不同层面的社会技术条件的联动关系。根据制定技术路线图不同的目的、不同的应用领域，在纵坐标上表示的内容（层面）也会有所不同。

案例：小班讨论式教学课桌概念设计技术路线图（图 5-5）

从课堂教学事理出发，同时将设计原点还原为师生对讨论式课桌的心愿，基于课桌及其排列模式细致分析教学事理及教学组织形式、教学方式，同时追溯分析现有课桌椅的优缺点，着眼于讨论式教学对课桌的潜在需求，界定设计面临的问题。明确设计原则和方向，设计原则为重组性、灵活性（针对潜在具体需求明确设计方向）、宜人性、差异化（针对原有产品和竞品进行独创性设计）、兼容性、适配性（与学习用品及室内空间协调）。对课桌属性进行列举、评估与决策，以提取设计需求。依据设计定位，确定设计概念，其间从中国传统燕几图中抽取原型，作为问题解决的重要方法。构思产品概念，突出创新特色，完成概念产品。对照设计需求，进行设计评价，从而完成产品概念设计。

制定技术路线图的过程是组织利益相关者对未来领域发展达成共识并表达出来的过程。一般而言，国家层面上的技术路线图的制定过程大致分为 4 个步骤：第一步，准备阶段。确

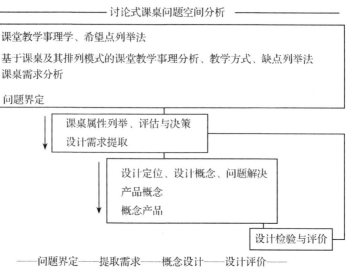

图 5-5　小班讨论式教学课桌概念设计技术路线

定制定技术路线图的方法论；收集相关文献；确定利益相关人；形成对技术发展和市场现状的初步分析。第二步，确认未来愿景。分析技术现状和各种社会条件及面临的障碍，确定未来发展的大致目标和时间框架，可采用研讨会方式完成。第三步，确认技术发展路线。为实现预期目标，根据技术发展状况和现实条件，确定优先发展方向，描述研究项目，可采用研讨会方式完成。第四步，形成技术路线图报告。

5.2.3.2　项目计划

策划是为了达成某种特定的目标，借助一定的科学方法和艺术，为决策、计划而构思、设计、制作方案的过程；是一种对未来采取的行为做决定的准备过程，一种构思或理性思维程序。规划是一项综合性的、完整的、全面的发展计划，包含目标、政策、程序、任务分配、步骤、资源等。计划则是在工作或行动以前，预先拟定的有关具体内容和步骤的安排。

确定项目总体目标之后，即可开始编制项目计划。考虑需要多少资源来满足项目的要求，制订出项目范围计划、时间计划、成本计划、质量计划、风险计划及沟通计划等，并加以整合，形成切实可行的项目综合计划，即项目实施方案。不能以沟通计划替代项目计划。项目计划其实也包括实体计划和程序计划。前者是关于项目技术工作的安排，后者是关于项目管理工作的安排。管理工作是用来保证技术工作按时、按量、按要求做到位的。

（1）项目计划的作用

项目管理特别强调计划，并做到全面、系统、具体和符合逻辑。书面计划可以使项目目标(要求)具体化、可操作化，项目工作想得更全面、系统、深入、清晰。项目计划显示了项目要解决的问题和要达到的目标，提出了相关问题的解决方案，是项目团队的行动指南。项目计划通常不是一个人编制的，编写计划的过程就是一个促进相关人员之间沟通的过程。项目计划便于项目实施期间有效沟通，避免误解。项目计划是项目监控的依据，有利于计划调整和逐渐细化，并追踪计划演变过程。没有计划，做起事来必然丢三落四、手忙脚乱，工期、成本和质量等都得不到保证；项目就只能靠领导管着，领导在和不在不一样；项目工作闲时很闲、忙时很忙，经常依赖大赶工、大会战解决问题。好的项目实施必须是项目计划管着的。失败的项目是一开始就失败的！一份项目计划书也许胜过所有的简历和证书。

(2) 项目时间计划

任何一个人、一个企业都可以将其计划分为短、中、长期计划。长期计划是成长的战略方向。对于本科生而言，入学之初就应当面向毕业(论文)，着手做好学业和职业规划(表5-15)。

表 5-15　本科毕业论文(设计)长期规划

阶段	主要解决问题
准备阶段 1~5 学期	①毕业论文(设计)的创新观问题，同时训练学生问题意识 ②所需知识和技能的准备；明确毕业论文(设计)与各门课程学习之间的关系，初步收集文献、发现问题，自觉将毕业论文(设计)与各门课程学习有机结合
学习阶段 第 6 学期	①学习怎样收集和整理文献；文献收集指查找文献，文献整理指文献归类，即把基础性、前沿性、拓展性、辅助性、理论性、经验性、实践性的各类资料进行归类分析 ②学习怎样发现和提出问题；发现问题就是在大量的现象或资料中找到有疑问的地方，提出问题即运用理性思维概括出问题的实质和规律，发现的问题究竟是什么 ③学习怎样进行概念的生成和厘定；概念的生成是指从所发现和提出的问题中形成核心概念，即运用思辨、归纳、分析、综合等方法，找到现象与本质规律之间关系；概念的厘定即对概念进行界定或阐述，说明概念所指涉的对象、内涵和外延 ④提出学术命题；将一组组概念联系起来，成为一个整体的概念链，使概念所不能言指的对象说明得更清楚，指涉得更明了，精炼、准确地表达深刻思想 ⑤选择研究方法
实施阶段 7~8 学期	①进行文献整理分析综述，初步确定论题和支撑论题的材料，形成初步的观点，拟出写作提纲；同时，分析所研究问题的现状和价值所在，以保证论文写作或创作设计的成功 ②进行论文初稿撰写、修改和定稿，或完成毕业设计雏形并厘清设计原理的理论线路

项目时间管理的内容包括确保项目准时完工所需的一系列管理的过程与活动。项目时间是指项目的开始和结束时间。项目必须在规定的时间内完成。项目时间计划，即项目进度计划，是对项目所有活动的顺序和工期进行安排、协调，并确定项目的总工期。

(1) 活动定义、活动时间估算和活动排序

把整个项目工作分解成一系列技术活动，弄清楚完成每一个工作需要做哪些具体活动，从而弄清楚完成整个项目需要做的所有活动，得到项目的活动清单。

有了活动清单还需要通过活动排序弄清楚活动之间的逻辑关系(先后或同时)，同时考虑资源约束。

活动和项目的工期估算。参数估计法是找出影响活动工期的各种因素，在这些自变量因素与因变量工期之间建立数学模型，如回归分析，进行估算。概率估算法是运用概率技术估计各种情况发生的可能性以及相应的各种工期，然后求出一个综合平均的期望工期。

$$期望工期 = (乐观估计 + 一般估计 \times 4 + 悲观估计)/6$$

关键路径是在网络计划中总工期最长的那条路线，它决定着整个项目的工期。

(2) 进度安排、控制与优化

最终的进度计划通常要放在日历表上。大学生项目可以将进度安排到学期、月份乃至每

一周。

编制项目进度计划,并据此实施与监控项目的进度绩效,这就是项目进度管理,即项目时间管理。可以按某些重大事件,把项目计划与实施过程划分为几个阶段。这些事件就是里程碑(管理检查点),标志着某个阶段的结束。

滚动计划是用滚动的方法逐步制订和更新计划,随着目标的推进重新估计项目进度和预算。

5.2.4 团队、沟通及风险管理

5.2.4.1 团队管理

项目团队是为实现项目目标,由具有共同愿景、技能互补、相互依赖与协作的临时性群体。

(1)组织结构

在项目申请时就应考虑:采用什么组织结构来做项目?把项目放在公司某一职能部门中(职能型),还是专门组建一个基本独立于各职能部门之外的项目团队(项目型),或采取半独立的项目团队(矩阵型)。这在很大程度上决定项目经理权力的大小、队员之间的报告关系、团队与公司之间的关系等。

大学生项目,单一或交叉学科,都是课余完成,其组织结构是职能型或弱矩阵型。项目负责人权力非常有限,又要完成任务(方向和目标),这考验其作为项目经理的领导力和管理能力。

(2)团队建设

①目标是团队组建的核心。在选题和申请项目时,要按项目需要组建团队,并进行有效沟通,以确保在充分构思方案的基础上落实任务。心理学认为,项目团队成员人数以 7 ± 2 人为佳;团队人数和规模还应根据项目需要来确定,一般为3~5人。人数下限要能保证按时完成项目,最佳人数需要发挥团队最佳工作效率,人数上限应防止人浮于事、互相扯皮现象的发生。

团队结构包括专业结构、能力结构、性格结构、气质结构、年龄结构及性别特征、信念、观点结构等。个体专业结构取决于他所学知识的内容及广度、深度,而团队成员之间的专业结构应具有互补性。团队能力结构,应能针对具体问题的关键,对症下药;能得心应手地把目标转化为现实;能应变自如,善于应用非常规方法解决问题。一个有不同角色的异质结构群体,在解决复杂问题上具有较高效率和创造性。核心人物具有如下特征:精通业务、注重贡献和实效;能有效解决问题;善于发现人才、培养人才和使用人才;热情直爽,乐于助人,对人坦诚,敢于为大家说话、担当责任;建立有效的工作秩序;具有较广知识面和较多社会经验,并具有统一团队意识、维系团队稳定、提供行为模式等重要作用。

②团队协作。工作分解既是技术工作,也是团队建设工作。团队中的分工是相对的。

多人共事,需要依靠两种关系:一种是有形关系,由组织结构和规章制度确定,用来保证成员做必须做的事情,如该做什么、何时做、该与谁沟通等,若他们没有按要求做到位,

就会受到惩罚；另一种是无形关系，由组织文化决定，旨在把成员愿意做的事情引导到必须做的事情上来，使两者尽可能统一。若组织文化不能强有力地支持组织的规章制度，规章制度的执行就得不到保证。例如，规章制度要求成员上班不迟到，而大家都认为迟到几分钟没关系，那这个规定就得不到严格执行。建立有形关系，需要运用组织理论，特别是组织结构理论；建立无形关系，就得运用团队建设理论。

若缺乏团队精神和相互合作，团队难以形成集体合力。成员意识和团队精神相辅相成。理想的项目团队能在既定的时间、既定的预算成本内成功地实现项目目标；同时，每位成员都能获得事业发展和个人进步。成员之间应相互信任、共享信息，以便促进合作。每个成员都能在某个时候或某个方面成为团队核心；不能有任何一个成员长期被忽视，长久没有机会在某方面起核心作用。在假团队中，成员不把自己看成其中成员，不认同所在团队，可能只是因某种原因而不得不留在团队。

③编制项目组织与团队计划。即人员配备管理计划。考虑组织、技术、人际关系、后勤保障、政治氛围等环节因素，人力资源需求应按时间段和资源种类列出。

(3) 责任明确，致力于共同目标(效益和业绩)

项目经理通常是项目的唯一责任点，对成功完成项目、对项目发起人(高级管理层)负最终责任。项目的每一项工作也要有唯一责任点。激励是驱使一个人产生做某件事的内在动力。这种内在动力来自个人的某种需求，并且他认为做某件事能满足这个需求。

5.2.4.2 沟通管理

做项目必须照顾项目干系人的需求。沟通不仅是传递信息，还必须设法让被传递的信息被理解。沟通是指传递信息或想法，并使其被对方接受和理解。"理解"是指"明白"，不一定非要"赞同"。

问题解决的过程就是沟通协商的过程，有效的沟通通常会为问题的解决带来意想不到的效果。

(1) 选题

学生自主选题，或参与教师科研项目、请教老师进行选题。对于前者，学生能自主确定课题，只需提供项目申请书，请指导教师进行进一步指导和提升、落实；对于后者，学生应能展示自己的欲望、兴趣和志向，以听者有心的心理倾向虚心请教，并善于领会和记录老师的建议。最好有选题的初步方向和意向，能够提前或及时收集和阅读有关文献，经过系统分析和归纳，从而确定选题，进而组建团队。

(2) 开题

开题是公布拟研究问题的一种科研过程。开题要求完善研究思路，使研究方案更加系统化。将思考的东西正式写出来、讲出来，是对原有思考的细化和升华，因为其中加入了逻辑的创造过程，从而能够思想凝练、条理清楚、重点突出、图文并茂地加以展示。通过开题，能够收集反馈信息。开题会引起的各种反应，无论赞成、建议或反对、质疑、忧虑，都有极高价值。

(3) 接受指导

指导教师是学生完成创新项目的全程参与者和指导者，教师的悉心指导是创新项目质量的根本保障。一位学术精湛、治学严谨的导师是学生从事科研的典范和引路人。一方面，导师以身作则，用渊博的学识和高尚的人格影响和感染学生，并利用其特殊地位和作用对学生严格要求，为学生完成创新项目营造有利的条件和环境；另一方面，学生应该充分认识导师的意义和作用，主动与教师探讨所感、交流所想、分享所得，使自己的创新项目能够在导师的监督、辅导和参与中获得质量保障和创新提升。

(4) 中期检查

中期检查主要是及时了解和掌握项目进展情况，保证学生顺利完成其项目。对于发现的问题应查找原因，督促改进。学生应及时总结阶段性成果，根据项目执行情况对后续工作计划和措施做出安排。

(5) 答辩

精心答辩是项目质量的保证。答辩前，要对项目成果及其形式进行各级审查，创新项目主要是对项目创新程度的评估，毕业论文或设计则首先是对其规范性的审查。了解答辩基本要求、程序和评分细则，有针对性地做好充分准备。要对创新成果了然于胸，对创新之处做充分解读和展示，以整体架构和有机联系来应对评委提问和质疑。答辩后，认真审读评委提出的问题，合理吸收有益建议，拓宽学术视野，增强项目创新价值。即使受到质疑，依然要以创新的眼光进行修改，提升项目的科学性和创新性。

5.2.4.3 风险管理

(1) 风险意识

风险是一种不确定的事件或条件，一旦发生，会对项目目标产生积极或者消极的影响。任何项目都建立在潜在的或明显的条件上。约束条件是限制项目经理及其团队选择余地的各种条件，例如场地和设备。假设条件是假设为真实的、作为项目工作的前提条件的各种条件，例如团队协作。

(2) 风险识别与管理

项目可能遇到什么风险？这需要风险识别。之后，需要分析每个工作包所存在的风险，并做出相应的管理计划。可以根据风险处理的时间点，从事前、事中、事后去进行风险分析、管理。应对消极风险威胁的策略有回避、转嫁、减轻和接受，而利用积极机会的策略有开拓、分享和提高。

(3) 避免拖延的风险

拖延将使计划失去意义。为什么总是拖延？可能有多种原因，例如团队自身不确定性、项目外来干扰（组织）、项目范围蔓延、技术风险、完美主义（质量）。进度延期不一定导致项目彻底失败，但无疑会引起成本增加和项目干系人不满。必须培养时间管理意识，具备时间观念和诚实守信精神，能认真编制计划、严格实施计划，避免前松后紧和后期的大赶工、大会战等现象出现。

案例、研讨、训练

案例与素材

1. 国家级大学生创新创业训练计划平台

http://gjcxcy.bjtu.edu.cn/Index.aspx

2. 挑战杯全国大学生课外学术科技作品竞赛

http://www.tiaozhanbei.net/

研讨与互动

微辩论：要模仿还是要创新

课题的创新性往往就在大量的模仿基础之上。只有在大量阅读前人的研究成果，做大量的模仿性试验，才能在此基础之上另辟蹊径，进行创新性研究。就像牛顿所说：我之所以能取得如此大的成就，就是因为我站在巨人的肩膀上。只有站在巨人的肩膀上，我们才能看得更远，获得更多。

DNA双螺旋结构的发现(Watson. James Dewey 和 Crick. Francis Harry Compton，1953)，正是因为有前人(Rosalind Franklin，1951)在核酸方面做出过相应的努力(DNA 晶体 X 射线衍射照片)，他们才在此基础上进一步取得突破性的成就。

刚开始接触课题者，不要因为课题不是国际性，不是前沿，课题不新颖，就觉得没有什么研究价值。我们只有立足现有条件，认认真真做好现有课题，才能在此基础上进行创新。对原有的工艺进行改良，对原有条件进行改造，其实就算是一种创新。我们不能好高骛远，应该脚踏实地，在现有的实验条件上，做出非凡的成就！

训练与思考

1. 创新技法案例自我分析。寻找若干个本专业的大学生创新案例，或创业案例，并对其进行创新思维、创新技法以及基本原理等方面的深入分析。也可以多案例比较，也可以跟同学进行讨论。从案例分析中，你得到什么启示？

2. 创新思维和创新技法应用。积极申报大学生创新创业训练计划。在创新创业项目中，自觉应用创新思维和创新技法。在创新创业项目中，检验和提高自我创新能力。教学案例和教材内容中某些方法并未举例，课后可有兴趣去实践？

3. 具体深化设计中小学课桌，并给出布局，说明场景，加以命名，编写脚本。

4. 运用动作类比法，思考讨论各种升降功能，设想一种升降装置。

5. 如何设计一款野鸡野兔诱捕器，谈谈你的思路。

6. 以《存》为主题，进行概念设问联想训练。要求从主题提炼开始，完成对概念内涵的拓展。可用问答式的概念联想的方法画出思维导图，寻找创意点，完成从概念到形象的转换。

7. 通过组合的方法，提出一个概念设想，逐步设法使其内涵越来越清晰，并用图文并茂的方式展示出来。例如，未来教室的内涵和特点是什么？发展趋势有哪些方面？其中的教学活动又应有怎样的变化？

8. 简要说明你的一个奇特性/应用性设想及其创新思维和技法。包括设想(设想及简要解释)、设想的独特性或差异性(竞品分析)、你是如何想到的(问题的来源、创新思维和技法)、如何落实或实施(条件分析、关键技术)和附图。